U0109649

古典文獻研究輯刊

三　編

潘美月・杜潔祥 主編

第 29 冊

《上海博物館藏戰國楚竹書（二）校釋》（上）

蘇 建 洲　著

國家圖書館出版品預行編目資料

《上海博物館藏戰國楚竹書（二）校釋》（上）／蘇建洲著 ——
初版 —— 台北縣永和市：花木蘭文化出版社，2006〔民95〕

目 1+266 面；19×26 公分（古典文獻研究輯刊 三編；第 29 冊）

ISBN：978-986-7128-58-4（精裝）
ISBN：986-7128-58-3（精裝）
1. 簡牘－研究與考訂
796.8   95015499

ISBN 986712858-3

9 789867 128584

古典文獻研究輯刊   ISBN：978-986-7128-58-4
三　編　第二九冊   ISBN：986-7128-58-3

《上海博物館藏戰國楚竹書（二）校釋》（上）

作　　者　蘇建洲
主　　編　潘美月　杜潔祥
企劃出版　北京大學文化資源研究中心
出　　版　花木蘭文化出版社
發 行 所　花木蘭文化出版社
發 行 人　高小娟
聯絡地址　台北縣永和市中正路五九五號七樓之三
　　　　　電話：02-2923-1455／傳真：02-2923-1452
電子信箱　sut81518@ms59.hinet.net
初　　版　2006 年 9 月
定　　價　三編 30 冊（精裝）新台幣 46,500 元

《上海博物館藏戰國楚竹書（二）校釋》（上）

蘇建洲　著

作者簡介

蘇建洲，台南市人，一九七四年生，國立臺灣師範大學國文研究所碩士、博士，目前為國立彰化師範大學國文系所專任助理教授、國立中興大學中文系兼任助理教授。撰有《戰國燕系文字研究》（碩士論文）、《上海博物館藏戰國楚竹書（二）讀本》（合撰，台北：萬卷樓圖書公司）、《上海博物館藏戰國楚竹書（二）校釋》（博士論文）及相關論文二十餘篇。

提　　要

　　本書以 2002 年 12 月出版的《上海博物館藏戰國楚竹書（二）》為研究的對象，針對其中的內容—〈容成氏〉、〈民之父母〉、〈魯邦大旱〉、〈從政〉、〈昔者君老〉等楚國竹書從事「校釋」的工作。所謂「校釋」表示既有字句篇章的校勘，又有文字考釋或詞句注釋。首先，楚簡文字的考釋成果關係著後續其他領域是否能順利開展，這是本書特別著重的地方。其次，地下出土先秦竹書，無可避免需要校勘的工作，也就是所謂「文本復原」的問題。唐顏師古在《漢書注・敘例》中曾談及他的校勘工作，「《漢書》舊文，多有古字，解說之後，屢經遷易。後人習讀，以意刊改，傳寫既多，彌更淺俗。今則『曲覈古本，歸其真正，一往難識者，皆從而釋之』。」誠為經驗之談。另外，時永樂先生說：「由於校書工作本身就是一種勘正文字的工作，……所以，兩漢時期善於校書的學者，像劉向、揚雄、鄭玄等都是小學名家；唐代的陸德明、顏師古，也都長於小學。他們校訂古書，能夠取得輝煌成績，絕非偶然。清代學者研究訓詁、文字、音韻之學，較之以前，可謂登峰造極，也進而推動了校書工作的進一步深入發展。」可見「文字考釋」與「古書校勘」是完全相關的。本文寫作過程中，對於諸家學說盡量搜羅，希望避免遺珠之憾。在學者論述的基礎上，筆者在每一「校釋」條目下再提出自己的看法，或駁議，或補證。具體寫作過程所依循的幾個角度大致如下：（一）字形比對（二）聲韻假借（三）訓詁詞意（四）語法分析（五）歷史背景探究（六）辭例推勘等等。本書所涉及到學術領域有古文字學、上古史、先秦學術史、經學史等範疇，具有一定程度的參考價值。

目 錄

凡　例

一、本文的結構可分爲三部分，第一節「前言」；第二節「竹簡形制及編連」；第三節「簡文校釋」。

二、「簡文校釋」分爲「釋文」與「校釋」兩部分。「釋文」中「簡號」以阿拉伯數字表示，如「簡 1」；簡文中注釋則以國字數字標出，如〔一〕。「校釋」部分先列出辭條，其次羅舉各家說法。各家說法視篇幅大小而有不同的行文方式，倘若篇幅太長，則筆者濃縮大意來表示。最後，每一說法之下均冠以「建洲按」之筆者按語。

三、本書所列諸家說法中，一般以竹簡整理者列爲首位，這時不列《上博（二）》書名，而僅書其姓名，後標出頁碼。如〈容成氏〉注釋〔一〕：「李零先生：『上文疑脫一簡，……』（頁 250）」。

四、本書【原文】中的符號，□代表簡文中殘缺或殘泐不能辨識的字，而可據本簡或旁簡格式推定字數者；……代表簡文中殘缺或殘泐不能辨識又不能確定字數的；（　）標示本字；（？）表示括號前的隸定或釋文有疑問；【　】代表依文義所擬補的字；〔　〕代表衍文；｛　｝代表脫文；訛文後用〈　〉注出正確的字。

五、本文所欲討論的字，字形標列於辭條之中，如「而上惡（愛）〔⿰　〕下」。下文若再出現，則以「△」代替。

六、爲方便檢索，有時雖然討論的是單字，但所列出的辭條仍以一個詞或一個句子爲單位。又所列出的一段句子如需就其中關鍵字詞加以說明，則不另標出注釋號碼，而該字詞會以較小字形來呈現，參見〈魯邦大旱〉注釋〔十二〕。

七、本書古音方面若無特別說明，皆參考郭錫良《漢字古音手冊》（北京：北京大學出版社，1986）。有時爲行文方便，會在字後括號直接標出聲紐韻部，如「擊」（見錫），即「見紐錫部」。

八、本文對常用參考篇目多採「簡稱」，全名請參文末「引用篇目簡稱」。凡是見於「引用篇目簡稱」者，在「參考書目」中一律不重出。

九、本書是在博士論文的基礎上修訂而來。對於新公佈的竹簡材料以及學者隨時提出的精闢意見，本書以【洲再按】的方式在相關內容下作補充說明。

第一章　緒　論

第一節　研究動機

　　上個世紀二〇年代王國維先生首倡「二重證據法」,香港饒宗頤先生近年又提出「三重證據法」,他說「我認爲探索夏文化必須將田野考古、文獻記載和甲骨文的研究三個方面結合起來,即用『三重證據法』(比王國維的「二重證據法」多了一重甲骨文)進行研究,互相抉發和證明〔註1〕。」所謂第三種證據就是古文字資料,「楚簡文字」亦是其中的一種〔註2〕。1957年「信陽楚墓」出土一批竹書,這是《郭店》、《上博》出土之前,唯一可讀的戰國竹書,被稱爲「最早的戰國竹書」〔註3〕。雖然迄今對竹書性質究竟屬於「儒家著作」〔註4〕或《墨子》佚篇〔註5〕,還存在著爭議,但是這種能夠眞正了解王國維先生所說「紙上之材料外更得地下之新材料,由此種材料,我輩固得據以補正紙上之材料,亦得證明古書之某部分爲實錄,即百

〔註1〕饒宗頤〈談「十干」和「立主」——殷因夏禮的一、二例證〉《饒宗頤史學論著選》(上海:上海古籍出版社,1993.11),頁22。
〔註2〕李學勤《走出疑古時代》(瀋陽:遼寧大學出版社,1997.12),頁3。
〔註3〕李學勤《中國古史尋證》(上海:上海科技教育出版社,2002.5),頁241。
〔註4〕楊澤生〈信陽楚簡第1組38號和3號研究〉《簡帛研究二〇〇一》(桂林:廣西師範大學,2001.9),頁1~5、楊澤生〈長臺觀竹書的學派性質新探〉《文史》2001年第4輯(北京:中華書局,2001.12),頁31~37、蘇建洲〈楚簡文字考釋二則〉《國文學報》三十四期(台北:台灣師範大學國文學系,2003.12),頁82~84。
〔註5〕李學勤〈長台關竹簡中的《墨子》佚篇〉《簡帛佚籍與學術史》(臺北:時報文化出版社,1994.12),頁341~348、駢宇騫、段書安《本世紀以來出土簡帛概述》(台北:萬卷樓出版社,1999.4),頁12~13、李零〈長台關楚簡《申徒狄》研究〉,簡帛研究網,2000/08/08,http://www.bamboosilk.org/Wssf/Liling2.htm。

家不雅馴之言亦不無表示一面之事實」〔註6〕的激動心情，仍是令人非常動容的。

1925 年 7 月王國維先生在清華研究院作〈最近二三十年中中國新發見之學問〉的演講中提到：「古來新學問，大都由於新發現」〔註7〕，他說「自漢以來，中國學問上最大之發現有三：一為孔子壁中書，二為汲冢書，三則今之殷墟甲骨文字、敦煌塞上及西域各處之漢晉木簡、敦煌千佛洞之六朝及唐人書本寫卷、內閣大庫之元明以來書籍檔冊。此四者之一已足當孔壁、汲冢所出，而各地零星發見之金石書籍，於學術有大關係者，尚不與焉〔註8〕。」所以王國維稱十九世紀末二十世紀初為「發現時代」。這些重大發現看來都是文字資料，也分別形成專門的學科，如「敦煌學」、「甲骨學」、「簡牘學」等等。而近年來隨著考古事業的如日中天，李學勤先生說「現在可以說我們正處於前所未有的『大發現時代』。王國維先生所說的殷墟甲骨、樓蘭等簡牘及敦煌卷子研究，都早已成為專門學問。二十世紀七十年代以來各地出土的大量簡牘、帛書，在重要性上也能與之相比〔註9〕。」葛兆光先生亦有相同看法，他說：「七十年代以來的出土簡帛文獻越來越多地衝擊著傳統的歷史學，尤其是思想史、文化史和學術史的研究，臨沂銀雀山漢簡（1972）、馬王堆帛書（1973）、定縣八角廊漢簡（1973）、睡虎地秦簡（1975）、阜陽雙古堆漢簡（1977）、張家山漢簡（1983）、尹灣漢簡（1993），以及最近發現正陸續公佈的荊門郭店一號楚墓的戰國竹簡、上海博物館收購的戰國竹簡，更是幾乎改寫了整個上古史尤其是思想文化史的看法，長沙走馬樓發現的吳簡雖然尚未整理和公佈，但可以預言的是，由於它集中為嘉禾年間（232-238）長沙郡的資料，包括戶籍簿、名刺、經濟文書、司法文書，將對下一世紀初新思路中的區域史、城市史、制度史、生活史研究發生重大的影響，當然也將間接地影響到思想史，因為思想史也需要重建那個時代的社會環境和知識背景，以理解和判斷思想的語境（context）〔註10〕。」說極是，1993 年荊門郭店楚簡出土，其中所含典籍之多，內容之豐富，對學術界影響之深遠，皆是前所未有的。一時之間，台灣、大陸、美國、

〔註6〕王國維《古史新證——王國維最後的講義》（北京：清華大學出版社，1997.8 四刷），頁2。

〔註7〕《清華周刊》1925.9。引自朱淵清《再現的文明：中國出土文獻與傳統學術》（上海：華東師範大學，2001.5），頁47。李學勤、裘錫圭〈新學問大都由於新發現——考古發現與先秦、秦漢典籍文明〉《文學遺產》2000.3，頁4。

〔註8〕《清華周刊》1925.9。引自朱淵清《再現的文明：中國出土文獻與傳統學術》（上海：華東師範大學，2001.5），頁47。李學勤、裘錫圭〈新學問大都由於新發現——考古發現與先秦、秦漢典籍文明〉《文學遺產》2000.3，頁4。

〔註9〕李學勤《中國古史尋證》（上海：上海科技教育出版社，2002.5），頁241。

〔註10〕葛兆光〈思想史視野中的考古與文物〉《文物》2000.1。亦見於「國學研究網」，2002.1.16。

日本各地漢學界紛紛舉辦相關研討會，使這股楚簡熱潮達到最高點。沒想到，1994年初，香港中文大學張光裕教授在香港文物市場又發現一批竹簡，這批竹簡就是著名的《上博簡》〔註11〕。據估計共有簡數一千二百餘支，計達三萬五千字，其中約有八十多種（部）戰國古籍，內容涵蓋儒家、道家、兵家、陰陽家等，其中多數古籍為佚書〔註12〕。《上博（二）》除〈民之父母〉有今本《禮記・孔子閒居》及《孔子家語・論禮》可供對照外，其餘五種，〈子羔〉、〈魯邦大旱〉、〈從政甲乙〉、〈昔者君老〉、〈容成氏〉皆為佚書，為它們尋找根源有助於我們對古代文化、歷史不同面貌的認識。

　　李學勤先生為劉信芳先生的大作《孔子詩論述學》作序時提到：「從《孔子詩論述學》，讀者不難看出，有關討論大多仍限於基本的一些方面，例如《詩論》簡的綴合編排，文字考釋。這肯定是必要的，祇有在這些地方做好，才有可能正確理解《詩論》的內涵。急于作深層次的探討，恐怕是不明智的〔註13〕。」2002 年 7 月 28-30日，由上海大學古代文明研究中心和臺灣楚文化研究會共同舉辦、上海博物館協辦的「新出土文獻與古代文明研究」國際學術研討會在上海舉行。會場上李學勤先生提到：「這次研討會最多的論文還是考釋文字。這說明了出土文獻的研究工作最基礎的還是考釋文字。考釋工作是工作重心，必不可缺，不認識字是很危險的，目前考釋文字已經取得了許多成果。但同時，這也反映了新出土文獻實在太多了，當前對出土文獻的研究主要還處於考釋文字階段。不能正確考釋文字，建立的推論恐怕很危險，很成問題。這也使我們認識到必須進一步作文字考釋，認識到戰國文字研究有必要進一步深入發展〔註14〕。」可見楚簡文字的「考釋」成果關係著後續其他領域是否能順利開展，這也是本文主要的思考點。以目前全部楚簡帛而論，大概出土有二十餘批，字數估計超過十萬字〔註15〕。在這樣的基礎上，加上竹書的性質有傳

〔註11〕朱淵清〈馬承源先生談上博簡〉《上博館藏戰國楚竹書研究》（上海：上海書店出版社，2002.3），頁 1。

〔註12〕駢宇騫、段書安《本世紀以來出土簡帛概述》（台北：萬卷樓出版社，1999.4），頁 119、陳燮君《上海博物館藏戰國楚竹書（一）序》《上海博物館藏戰國楚竹書（一）》（上海：上海古籍出版社，2001.11），頁 2。

〔註13〕劉信芳《孔子詩論述學》（合肥：安徽大學出版社，2003.1），頁 2。

〔註14〕李學勤〈新出土文獻与古代文明研究〉，簡帛研究網，
　　　　http://www.jianbo.org/Wssf/2002/lixueqin001.htm。

〔註15〕如楚帛書、五里牌簡、仰天湖簡、楊家灣簡、信陽簡、望山簡、藤店簡、天星觀簡、曾侯乙簡、九店簡、江陵磚場簡、常德簡、包山簡、秦家嘴簡、雞公山簡、老河口簡、黃州簡、慈利簡、郭店簡、葛陵簡、上博簡等。詳情請見駢宇騫、段書安編著《本世紀以來出土簡帛概述》（台北：萬卷樓，1999.4）、劉信芳〈一份沉重的歷史文化遺產──關於楚簡帛的幾點認識和思考〉《中國典籍與文化》第 37 期（2001.2），頁 15、朱淵清〈馬承源先生談上博簡〉《上博館藏戰國楚竹書研究》（上海：上海書

世文獻可供參考，所以辨識文字的難度上似乎降低了一點。然而不當的趨同或立異就因而出現了。裘錫圭先生曾說過：

> 在將簡帛古書與傳世古書（包括同一書的簡帛本漢傳本）相對照的時候，則要注意防止不恰當的「趨同」和「立異」兩種傾向。前者主要指將簡帛古書和傳世古書中意義本不相同之處說成相同，後者主要指將簡帛古書和傳世古書中彼此對應的、意義相同或很相近的字說成意義不同〔註16〕。

也就是說，簡本所書寫的字也許並非今本的相應字，若將二者畫上等號來曲解文字是很危險的〔註17〕。雖不至於如《說文敘》所說：「馬頭人爲長，人持十爲斗」這麼離譜，然而這種以己意釋字，無任何學理基礎的謬誤現象所反應的正是「考釋文字」的專業性。

地下出土先秦「竹書」，無可避免需要「校勘」的工作，也就是所謂「文本復原」的問題〔註18〕。因爲「我國古籍，最大損失，在遭秦火。秦火以後，亦代有散亡。雖或求而復出，存者多寡不同；得之先後亦異，不經斠讎，則不可讀〔註19〕。」周祖謨先生也說：「我們讀書的目的在於通解大義，然而常常因爲書中文句有錯誤，便難以理解。所以要想讀通古書，非切實的先校讎一下不可〔註20〕。」比如唐顏師古在《漢書注・敘例》中曾談及他的校勘工作，「《漢書》舊文，多有古字，解說之後，屢經遷易。後人習讀，以意刊改，傳寫既多，彌更淺俗。今則『曲覈古本，歸其眞正，一往難識者，皆從而釋之』〔註21〕。」時永樂先生說：「由於校書工作本身就是一種勘正文字的工作，……所以，兩漢時期善於校書的學者，像劉向、揚雄、鄭玄等都是小學名家；唐代的陸德明、顏師古，也都長於小學。他們校訂古書，能夠取得輝煌成績，絕非偶然。清代學者研究訓詁、文字、音韻之學，較之以前，可謂登峰造極，也進而推動了校書工作的進一步深入發展〔註22〕。」可見「文字考釋」

店出版社，2002.3），頁1～8。

〔註16〕裘錫圭〈中國古典學重建中應該注意的問題〉《北京大學中國古文獻研究中心集刊》第二輯（北京：北京燕山出版社，2001.12），頁8。

〔註17〕參馮勝君《二十世紀古文獻新證研究》（長春：吉林大學博士學位論文，2002.6），頁146 的說明。

〔註18〕陳偉〈文本復原是一項長期艱鉅的任務〉《湖北大學學報》1999.2。

〔註19〕王叔岷《斠讎學（補訂本）》（台北：中央研究院歷史語言研究所專刊之三十七，1995.6），頁16。

〔註20〕周祖謨〈論校勘古書的方法〉《語言文史論集》（台北：五南出版社，1992.11），頁519。

〔註21〕〔漢〕班固等著《漢書》（一）（台北：鼎文書局，1986.10 六版），頁2。

〔註22〕時永樂《古籍整理教程》（保定：河北大學出版社，2003.2 二版二刷），頁114。

與「古書校勘」是完全相關的。而且陳偉先生大作《郭店竹書別釋‧凡例》中提到全書章目略分三種，其中「對竹書通篇討論的稱『校釋』」〔註23〕。基於以上的考慮，筆者選定《上海博物館藏戰國楚竹書（二）校釋》爲題。依古籍舊注的類型，所謂「校釋」或「校注」，都表示既有校勘，又有注釋〔註24〕。在未來《上博》陸續出版之前，將現有文字資料做這樣的整理、校釋相信是非常有意義的。而且這樣的工作，有助於不同領域的學者深入闡發竹簡的內容，開拓學術的新領域，引起歷史研究方法的變化。

第二節　研究方法與步驟

　　自《上海博物館藏戰國楚竹書（二）》出版以來，簡帛研究網（www.jianbo.org 或 www.bamboosilk.org）上相關論文多如繁星，這些都是最即時的學界研究成果，非常值得閱讀。大家知道唯有站在巨人肩上，才能讓我們眼界更加開闊。本文寫作過程中，對於諸家學說盡量搜羅，希望避免遺珠之憾。在學者論述的基礎上，筆者在每一「校釋」條目之下均會提出自己的看法，即**建洲按**，或駁議，或補證〔註25〕。其次，陳垣先生《校勘學釋例》曾總結校勘學四種方法，分別是對校法、本校法、他校法、理校法〔註26〕。其後學者更精簡爲「版本的校勘」與「理性的校勘」〔註27〕，或稱爲「對校」與「理校」〔註28〕、「書校法」與「理校法」〔註29〕。裘錫圭先生曾說：「通過郭簡的釋讀，我們深刻地認識到，像我們這種古書不夠熟的人，在釋讀簡帛佚籍時，必須隨時翻看有關古書，必須不怕麻煩地使用索引和電腦做大量的檢索工作。」〔註30〕此說反映出「書校法」的重要性。但是「遇無古本可據，

〔註23〕陳偉《郭店竹書別釋‧凡例》（武漢：湖北教育出版社，2003.1）。
〔註24〕時永樂《古籍整理教程》（保定：河北大學出版社，2003.2 二版二刷），頁176。類似體例可參考劉信芳《孔子詩論述學》（合肥：安徽大學出版社，2003.1）、廖名春《郭店楚簡老子校釋》（北京：清華大學出版社，2003.6）、黃人二《《上海博物館藏戰國楚竹書（一）》研究》、高大倫《張家山漢簡〈脈書〉校釋》、劉釗《郭店楚簡校釋》（福州：福建人民出版社，2003.12）等書。至於書面材料者，如張雙棣《淮南子校釋》、陳奇猷《呂氏春秋校釋》、陳啓天《增訂韓非子校釋》、黃暉《論衡校釋》、劉起釪《尚書校釋譯論》等書。
〔註25〕體例如同陳奇猷《呂氏春秋校釋》（台北：華正書局，1988.7）。
〔註26〕參陳垣《校勘學釋例》（北京：中華書局，1959.6）。
〔註27〕周祖謨〈論校勘古書的方法〉《語言文史論集》（台北：五南出版社，1992.11），頁520。
〔註28〕程千帆、徐有富《校讎廣義——校勘編》（濟南：齊魯書社，1998.4），頁382。
〔註29〕陳偉《郭店竹書別釋》（武漢：湖北教育出版社，2003.1），頁10。
〔註30〕裘錫圭〈中國古典學重建中應該注意的問題〉《北京大學中國古文獻研究中心集刊》

或數本互異，而無所適從之時」則須用「理校法」〔註31〕。比如王國維跋《四部叢刊》影明本《李文鏡文集》二十卷、《別集》十卷、《外集》四卷云：「辛酉冬日讀一過，恨無別本可校，以意改正訛字數百，又更定錯簡兩處，至爲快意〔註32〕。」王氏所用即是「理校法」，本書二法並用之。

其次，本論文有校有釋，所依循的大致有以下幾個角度：（一）字形比對（二）聲韻假借（三）訓詁詞意（四）語法分析（五）歷史背景（六）辭例推勘等等。茲舉例如下：

（一）〈民之父母〉2「必達乎禮樂之𣏾」，「△」一般釋爲「蔗」，筆者經由與𦣞字形比對，以爲應釋爲「茝」。「茝」經由聲韻假借讀作「汜」，「汜」由典籍佐證有「凡水流之岐流，復還本水者曰汜。」類似本源的意思。

（二）〈容成氏〉14「免執𢫦」，筆者考釋以爲「𢫦」即「錢」，古農具，又作「銚」。首先典籍常見「銚」、「鎒」一起出現，如《管子‧輕重乙》：「一農之事，必有一耜、一『銚』、一鎌、一『鎒』……，然後成爲農〔註33〕。」亦有「合言」者，如《莊子‧外物》：「春雨日時，草木怒生，『銚鎒』於是乎始脩，草木之到植者過半而不知其然〔註34〕。」《戰國策‧齊策三》：「使曹沫釋三尺之劍，而操『銚鎒』與農夫居壟畝之中，則不若農夫〔註35〕。」與簡文相似。其次，「𢫦」，見紐元部；「錢」，精紐元部，聲韻有相通的證據，是以可釋爲「錢」。

（三）〈容成氏〉簡29「民又（有）余（餘）飤（食），無求不曼（得），民乃賽」，「賽」字李零先生釋爲「爭利競勝」。但我們遍查字書，早期典籍中「賽」未見競賽義。筆者改釋爲「賽禱」之意。又如簡21「衣不𧝒（製）娸（美）」，李零先生以爲「𧝒」，即「䙝」字，疑讀爲「鮮」。「鮮美」是色彩艷麗之義。筆者則以爲「鮮美」一詞似未見先秦典籍，而且不用於形容衣服者，所以改讀作「製」。《左傳‧襄公三十一年》：「子有美錦，不使人學製焉。」〔註36〕「製美錦」意即「製美衣」，簡文「衣不製美」正與之相反。又「製衣」一詞，典籍有載，如《莊子‧讓王》：「曾子居衛，縕袍無表，顏色腫噲，手足胼胝，

第二輯（北京：北京燕山出版社，2001.12），頁8。

〔註31〕陳垣《校勘學釋例》（北京：中華書局，1959.6），頁148。

〔註32〕北京圖書館善本組輯錄《觀堂題跋選錄（子集部分）》，載《文獻》第十輯。引自程千帆、徐有富《校讎廣義——校勘編》（濟南：齊魯書社，1998.4），頁415。

〔註33〕陳麗桂師等《新編管子》（下），頁1618。

〔註34〕〔清〕郭慶藩集釋《莊子集釋》（台北：貫雅出版社，1991.9），頁942。

〔註35〕〔漢〕劉向集錄《戰國策》（台北：里仁出版社，1990.9），頁384。

〔註36〕《十三經注疏——左傳》，頁689。

三日不舉火，十年不製衣〔註37〕。」

（四）〈昔者君老〉1「𠂤」學者或釋爲「遜」，理由之一是將「太子前之母弟」讀作「太子請叔父先行」，即將「前」讀作「使動詞」。所以接下來才會有「母弟遜退（叔父遜讓）」這一動。但是「太子前之母弟」之「前」使否能讀作「使動詞」呢？我們舉了不及物動詞帶賓語作「使動用法」的句式，但「太子前之母弟」均與之不合，反而比較接近《莊子・盜跖》：「孔子下車而前，見謁者曰：『魯人孔丘，聞將軍高義，敬再拜謁者。』〔註38〕」我們可以改作「孔子下車前之謁者」，很明顯是「孔子前往謁者之處」，而非「孔子請謁者往前」。所以「太子前之母弟」恐怕解成「太子前往母弟之處」較爲合理。果如此，則不存在所謂「遜讓」的問題。

（五）〈容成氏〉36「湯〈桀？〉乃專（博）爲正（征）复（籍），㝅正（征）闢（關）坼（市）。」簡文這一段是描寫「湯」的事蹟，但我們對照史書所載，懷疑簡文「湯」有可能是「桀」之誤寫。另外，〈子羔〉簡11上「【禹之母，又（有）莘是（氏）之女……】□也，觀於伊（西？）而旻（得）之」，其中「伊」字整理者無說，對照簡10來看，這應該是有關禹誕生的傳說。根據《帝王世紀》所記載來看，「有莘氏」是見「流星貫昴」才生禹，頗疑此處的「伊」應讀作「西」。

（六）〈容成氏〉簡25「於是虖（乎）夾州、滄（徐）州𠃛（始）可尻（處）𠃊。墅（禹）迵（通）淮與忻（沂），東敀（注）之洢（海），於是虖（乎）競（青）州、䇂（莒）州𠃛（始）可尻（處）也。」簡文此處文例是「於是乎某州始可處」。值得注意的是，其他相同文例的地方，於其後均有「也」字，本簡却沒有「也」字，只是在「處」之後加「𠃊」鉤識號，可見其作用相當於「也」。筆者懷疑簡文此處應是書手漏鈔「也」字，只好在事後校讀時補上一「鉤識號」。顏世鉉先生稱爲「以墨點標示脫文」〔註39〕。

以上的分類，只是爲了突顯個別釋讀方法。其實，眞正考釋文字時，幾乎需要好幾種方法同時運用。通過以上的校釋之後，直接影響到文本的是「句讀」、「編連」、「分篇」等問題〔註40〕。比如說上述〈昔者君老〉簡1，隨著內容理解的不同，「句

〔註37〕〔清〕郭慶藩《莊子集釋》（臺北：貫雅文化，1991.9），頁977。
〔註38〕〔清〕郭慶藩《莊子集釋》（台北：貫雅文化，1991.9），頁991。
〔註39〕顏世鉉〈郭店竹書校勘與考釋問題舉隅〉《中央研究院歷史語言研究所集刊》74：4（台北：中央研究院歷史語言研究所，2003.12），頁630～631。
〔註40〕陳偉先生說：「具體說到郭店簡文本復原的問題，幾乎存在於先秦時代竹簡形態保存的出土資料整理的所有環節，即識字、句讀、編連、分篇等各個方面。」（《郭店竹

讀」的斷定自然會有截然不同的結果。又如〈容成氏〉36 究竟是「湯」或「桀」，也會影響到「編連」的結論。至於「分篇」的問題，則不見於《上博（二）》。

　　其三，對於今本和簡本異文的對應上，我們不能機械性的認爲今本一定是本字，簡本一定是假借字。李零先生曾說：「我們的閱讀習慣是從哪裡來的？它和古代閱讀習慣有何不同？這確實是帶根本性的大問題。我們讀古書，不可避免要按今天的習慣去讀，但古書是『本』，我們的習慣不是『本』。這點現在要有清醒認識〔註41〕。」又說：「現已出土的簡帛材料主要是楚國的，它和我們的閱讀習慣很不一樣。我們的閱讀習慣是由來自秦系文字的漢代文字所培養，現在的釋文都是『楚書秦讀』，並不一定代表楚國文字的本來讀法〔註42〕。」一語道出問題的焦點。劉信芳先生也說「其實『尊重今本』不僅不能成爲原則，也不能成其爲『方法論』。以出土文獻校正傳世文獻中的誤字，其例比比皆是，只要一讀裘錫圭《古代文史研究新探》等論著，就不難理解。大凡此類研究，都不存在『將傳世本慣用字視爲正字』的所謂原則和方法〔註43〕。」追究其中原因，可能如同李零先生所說「古人著書之義強調『意』勝於『言』，『言』勝於『筆』〔註44〕。」張富海先生就舉例說：「楚簡中有時同一個字形可以表示不同的詞，而這個字形對兩個詞的音義來說都切合，很難說哪個是本義，哪個是假借義。如郭店簡《語叢四》『江湖』之『湖』作『沽』，而『沽』這個字形在《上海博物館藏楚竹書（二）·魯邦大旱》篇中卻用爲『涸』，但恐怕不能說『沽』的本義就是『湖』，『涸』是其假借義；或者說『沽』的本義就是『涸』，『湖』是其假借義。『攷』字表示『捍』和『搴』是同樣的情況〔註45〕。」可見隨著不同的抄手有著不同的書寫習慣、文化水平，便會出現不同的書寫字形，但是背後所反映的思想都是一樣的。這以當時人的閱讀習慣並不會造成困擾，但隨著後來各朝公佈字書之後，書寫、閱讀習慣趨於穩定之後，便會以今代古，改成所謂的「本字」。這時若還是一貫的保持「許多學者已經指出，應當慎重對待傳世本。……我們今天在整理《孔子詩論》時，應當在汲取歷代學者研究成果的基礎上充分尊重今本的文本狀況〔註46〕。」這樣的想法，往往會適得其反，未獲其眞，先蒙其弊。比如說〈民

　　書別釋》，頁 3）。

〔註41〕李零〈郭店楚簡研究中的兩個問題〉《郭店楚簡國際學術研討會論文集》，頁 50。

〔註42〕李零〈簡帛古書的整理與研究〉《中國典籍與文化》第 47 期 2003.4，頁 10。

〔註43〕劉信芳《孔子詩論述學》（合肥：安徽大學出版社，2003.1），頁 78。

〔註44〕李零〈出土發現與古書年代的再認識〉《李零自選集》（桂林：廣西師範大學出版社，1998.2）。

〔註45〕張富海〈上博簡《子羔》篇「后稷之母」節考釋〉，簡帛研究網，2003.01.17。

〔註46〕姚小鷗〈《孔子詩論》第六簡釋文考釋的若干問題〉《上博館藏戰國楚竹書研究》（上海：上海書店，2002.3），頁 353。

之父母〉有「日述月相」一句，相當於今本「日就月將」，正好西周史惠鼎也作「日就月將」〔註47〕，所以就以爲是單純的通假字，直覺的在「述」、「相」後括注（就）、（將）二字。殊不知二者不僅聲韻相近，實際上意義也是相同的。換言之，在楚國當時的確是有可能寫作「日述月相」的。總之，作古書校勘時，如何不趨同不求異，這要更多的經驗和例證來佐助，任何不經查證或以常理判斷的說法，都是不適宜的。最後要說明的是，筆者曾參與季旭昇師主編《《上海博物館藏戰國楚竹書（二）》讀本》中〈容成氏〉的撰寫〔註48〕。本書內容則在前書基礎上，又作了更進一步的補充與研究。

〔註47〕李學勤《中國古史尋證》（上海：上海科技教育出版社，2002.5），頁93。

〔註48〕蘇建洲〈容成氏譯釋〉刊載於季旭昇師主編《《上海博物館藏戰國楚竹書（二）》讀本》（台北：萬卷樓，2003.7）。

第二章 〈容成氏〉校釋

第一節 前 言

　　本篇是《上海博物館藏戰國楚竹書（二）》的第六篇。〔註1〕由於現存竹簡數目較多，內容較為豐富，可供討論之處相對較多，所以將本篇置於論文正文首章。其他竹簡內容若有重複時，則可省去贅述之繁蕪。

　　先秦之書大多無書名篇題，而是由編輯論纂而定。余嘉錫先生說：

　　　　古人著書，多單篇別行；及其編次成書，類出於門弟子或後學之手，
　　　　因推本其學之所自出，以人名其書。《史記‧韓非傳》云：「作《孤憤》、《五
　　　　蠹》、《內外儲說》、《說林》、《說難》，十餘萬言。」……此所敘諸子著書，
　　　　皆只有篇名，無書名；又因全書不可勝舉，故只隨舉數篇，以見其大凡。

　　蓋由古人著書，其初僅有小題，謂篇名。並無大題也。謂書名〔註2〕。

而對篇題的定名原則，余嘉錫先生認為：

　　　　古之經典，書於簡策，而編之以韋若絲，名之為篇。簡策厚重，不能
　　　　過多，一書既分為若干篇，則各為之名，題之篇首，以為識別。……其有
　　　　古人手著之書，為記一事或明一義自為起訖者，則以事與義題篇，如《書》
　　　　之〈堯典〉、〈舜典〉，《春秋》之十二公，《爾雅》之〈釋詁〉、〈釋言〉等
　　　　是也。其有雜記言行，積章成篇，出於後人編次，首尾初無一定者，則摘

〔註1〕馬承源主編《上海博物館藏戰國楚竹書（二）》（上海：上海古籍出版社，2002.12）。
〔註2〕余嘉錫《古書通例》卷一，載於《余嘉錫說文獻學》（上海：上海古籍出版社，2001.3），
　　　頁190。

其首簡之數字以題篇，《論語》之〈學而〉、〈爲政〉，《孟子》之〈梁惠王〉、〈公孫丑〉是也〔註3〕。

李零先生也有相似意見：

其題篇方式也有兩種，一種是拈篇首之語（情況同於現在電腦存盤自動題名的方式），一種是撮内容大義，前者更普遍。它們不一定都能概括全書内容。比如我負責注釋的上博楚簡《曹沫之陳》（尚未公布），它分上下兩篇（各有篇號），上篇是一個内容，下篇是一個内容，篇題寫在卷首第二簡的背面，就是隱括下篇的内容，但位置反而在上篇第二簡的背面〔註4〕。

對於小題（篇名）的取名原則「多摘首句二字以題篇」〔註5〕，可以補充宋·朱熹曾說：「『學而』，說此篇名也，取篇首兩字爲別，初無意義〔註6〕。」王國維亦說：「《詩》、《書》及周、秦諸子，大抵以二字名篇，此古代書名之通例。字書亦然。《倉頡篇》首句雖不可考，然《流沙墜簡》卷二第十八簡上，有漢人學書字中有『倉頡作』三字，疑是《倉頡篇》首句中語，故學者書之。其全句當云『倉頡作書』。《爰歷》、《博學》、《凡將》諸篇，亦有首二字名篇，今《急就篇》尚存，可證也〔註7〕。」

近來，林清源師對目前所出土的簡牘帛書的標題作過全面的探討，老師將古代文獻標題語的定名原則，歸納爲如下四類：

甲、概括篇章大義

乙、標舉主述事物

丙、摘錄內文首句

丁、選取第一單元

其中甲類相當於余嘉錫先生所指的「明一義」、乙類相當於余嘉錫先生所指的「記一事」，丙類則是所謂「多摘首句二字以題篇」，丁類則是老師的創見。〔註8〕至於〈容

〔註3〕余嘉錫《目錄學發微》卷二，載於《余嘉錫說文獻學》（上海：上海古籍出版社，2001.3），頁30。

〔註4〕李零〈上博楚簡校讀記（之一）──《子羔》篇「孔子詩論」部分〉，簡帛研究網，2002.01.04。

〔註5〕余嘉錫《古書通例》卷一，載於《余嘉錫說文獻學》（上海：上海古籍出版社，2001.3），頁188。

〔註6〕朱熹〈答張敬夫問目〉《朱熹集》卷三十二，（成都：四川教育出版社，1996.8），頁1382。

〔註7〕王國維〈史籀篇疏證序〉《定本觀堂集林》卷五（臺北：世界書局，1991.9 六版），頁253。

〔註8〕林清源師《簡牘帛書標題格式研究》（臺北：藝文印書館，2004.2），頁53。

成氏〉的篇名「訟（容）城（成）氏（氏）」，李零先生指出當是「拈篇首帝王名中第一個名字而題之」，即《莊子‧胠篋》所載上古帝王第一人「容成氏」，可惜本篇第一簡已經亡佚〔註9〕。對此意見，林清源師是同意的，並進一步認為「訟（容）城（成）氏（氏）」應屬於上述的「丁類」，這一類的定名原則是「專指在若干平等並列的單元中，截取第一單元首句某些特定詞語為標題語的型態」〔註10〕。而根據李零、廖名春等先生的擬補，〈容成氏〉簡1之前的闕文是「【昔者訟（容）城（成）氏、大庭氏、伯皇氏、中央氏、栗陸氏、驪畜氏、祝融氏、昊英氏、有巢氏、葛天氏、陰康氏、朱襄氏、無懷氏、尊】膚（盧）」，所以林老師認為「人名『容成氏』所以會被選取為篇題，係因它居於許多並列人名的首位」〔註11〕、「從若干組平等並列的單元，選取其中第一單元以為篇題〔註12〕。」其說可信從。

其次，對於篇題的位置，李零先生曾指出：

> 古書的篇題，從出土發現看，多在卷首第二簡或第三簡，或卷尾第二簡或第三簡。前者是從後往前卷，把卷首露在外面，卷尾收在裏面；後者是從前往後卷，把卷首收在裏面，卷尾露在外面〔註13〕。

而本篇篇題「訟成氏」書於五十三簡背，李零先生認為由五十三簡正來看，絕非末簡，所以篇題位置「估計是在倒數第二、三簡的背面」〔註14〕。

對於李零的說法，濮茅左先生並不同意，他認為

> 提出「首題、尾題」定位「多第二、三簡（或正或倒）」說，也定了未出土簡的簡位。這個發明如果成立，則為今後排簡提供了不少方便，可把具有篇題的簡以這個方法來作為定位，或作為上海博物館所藏竹書的定位標準。但是，見一定百說難以成立，從目前發現的竹簡情況來看，此說脫離了實際。上海博物館所藏竹書中，發現了二十餘名篇題，這些篇題都是時人所命，無前後處位規律，不多書於某固定簡次，如《子羔》、《恆先》、《容城氏》、《曹沫之陣》、《宮》等等，篇題處位各有所異，在今後發表的竹書中，我們可以注意一下這個問題。我們還不明白「首題、尾題」定位

〔註9〕馬承源主編《上海博物館藏戰國楚竹書（二）》（上海：上海古籍出版社，2002.12），頁249。

〔註10〕林清源師《簡牘帛書標題格式研究》（台北：藝文印書館，2004.2），頁54。

〔註11〕林清源師《簡牘帛書標題格式研究》（台北：藝文印書館，2004.2），頁67。

〔註12〕林清源師《簡牘帛書標題格式研究》（台北：藝文印書館，2004.2），頁191。

〔註13〕李零〈上博楚簡校讀記（之一）——《子羔》篇「孔子詩論」部分〉，簡帛研究網，2002.01.04。

〔註14〕馬承源主編《上海博物館藏戰國楚竹書（二）》（上海：上海古籍出版社，2002.12），頁293。

「多第二、三簡（或首或尾）」說是怎麼推導的？通過了多少楚竹書篇題的歸納、研究才得出的結論？如果説是得啓於收卷的方法而產生「首、尾題」說的話，那麼，爲什麼一定要多個「多第二、三簡（或正或倒）」說？如果説是爲了書題（卷題）的檢索方便，而把書題（卷題）寫於書卷外周的話，那麼，爲什麼書卷外周的其他簡次出現的概率就必須少？如果説竹書殘缺或排序不夠完美，那麼，這個「簡定位」是怎樣體現的？總之，無法通説，我們需要看到更多的例證〔註15〕。

其他若日本學者池田知久先生所歸納的篇名題寫法的四種類型：（一）是書名、篇名被附加於各文獻末尾部分；（二）篇名被附加於其文獻第一號簡背或最後一支簡的簡背；（三）專設一條竹簡用於單獨紀錄篇名；（四）篇名及小標題被附加於各自文章的開頭部分〔註16〕。這四條也無法包含〈容成氏〉篇題位置。還有張顯成先生所提出的四種類型：（一）標題書於全書或篇章末尾，即傳統所説的「篇題在後」，若是簡牘，則書於最末的那枚簡上；（二）標題書於全書開頭處或篇章開頭處，若是簡牘，則書於第一、二簡上（常於簡背面，以便於辨識）；（三）標題書於正文中間；（四）標題同時書於篇首和篇末〔註17〕。這四條同樣無法包含〈容成氏〉篇題位置。而研究最全面的林清源師也對李零先生所指出的篇題位置提出了質疑〔註18〕。

不過，趙平安先生倒是贊同李零先生的説法：

> 一般説來，一篇完整的竹書，篇題往往是寫在最後一支簡上的。如果竹書後面部分脫去，篇名也會隨之脫去。《容成氏》的情況不是這樣，值得引起注意。第53簡正反兩面的字迹，明顯有所不同。正面文字起筆和收筆比較細，多鋒芒，整體風格犀利粗獷，背面則筆劃均齊，風格秀媚，不像是一次書寫完成的。第53簡正面的文字和1～52簡係同時所書，篇題「訟城氏」應是脫簡之後補上去的。這一判斷引導我們思考一個問題：既然篇題補了上去，爲什麼不把殘缺的簡文也補上去呢？想來原因不外兩個，一是沒有必要，二是沒有可能。既然篇題都已經補上去了，補足簡文

〔註15〕濮茅左〈《孔子詩論》簡序解析〉《上博館藏戰國楚竹書研究》（上海：上海書店，2002.3），頁14。

〔註16〕池田知久〈郭店楚簡《五行》研究〉《中國哲學》21輯 （瀋陽：遼寧教育出版社，2000.1），頁94。

〔註17〕張顯成〈簡帛標題初探〉《新出土文獻與古代文明研究國際學術研討會會議論文》2002.7，頁11。

〔註18〕參林清源師《簡牘帛書標題格式研究》（台北：藝文印書館，2004.2），頁26「表一：各類標題格式特徵一覽表」中「位置」的部分。老師於筆者博士學位口試時再次表達了這樣的意見。

的必要性是不容懷疑的。所以後一種可能性最大。那麼,《容成氏》在抄寫的時候應該已經是殘本了。李零先生說原書的篇題「估計是在倒數第二、三簡的背面」。言下之意是原書結尾處大約缺兩三支簡,但沒有說明依據。在戰國文獻中,正面舉例常稱「堯舜禹湯文武」,反面常稱「桀紂幽厲」,下限往往止於西周。《容成氏》敘述古帝王已到周武,缺簡應該不會太多〔註19〕。

筆者當初閱讀〈容成氏〉時曾注意到簡1～53凡是本字是「氏」者,簡文皆寫作「是」,惟獨簡53背的「氏」却寫作「氏」。經趙先生這麼一說,方注意到彼此書法風格的確不同,如「成」字,簡53背作【成】,而簡44作【成】、簡50作【成】、簡52作【成】,風格確實有所不同。其次,他談到在戰國文獻中,正面舉例常稱「堯舜禹湯文武」,反面常稱「桀紂幽厲」,下限往往止於西周。這是很對的,我們在〈從政〉簡1～2所引文獻如《墨子》亦曾指出這個現象來。但是假如我們承認這個現象,那所謂「殘本」的說法似乎就不存在了,反而應該理解為出土時竹簡亡佚了。面對上述的矛盾,比較合理的猜測是:如果當時書手所根據的本子就是「殘本」,也就是說簡53正「武王素慝(甲)【曰】申(陳)於營(殷)蒿(郊),而營(殷)」就是當時書手根據的抄本,那在最末一簡簡背寫上篇題「容成氏」就可以理解了,這如同《張家山・蓋廬》的篇題位置。曹錦炎先生認為:「《蓋廬》的篇題寫在篇末最後一簡的背……是新出現的一種形式。這種書寫在簡背的形式主要是為了便於檢索,因為簡冊書寫完畢後,是捲起來放置的,故題於首簡(或末簡)簡背的篇題就外露,一見便知。以前只見到篇題寫在首簡簡背的形式,故學術界認為簡冊捲的方向是從左到右,甚至有人認為這是中國人書寫方式從右到左的緣故,現在《蓋廬》篇題的發現,說明并不盡然,簡冊也可以從右到左卷〔註20〕。」不過,要替曹先生補充的是,其所謂「新出現的一種形式」是指「竹書」。若不局限此範疇,則《睡虎地・日書》乙篇、〈語書〉、〈封診式〉這些篇題均位於末簡簡背。以上的猜測若能成立,當然就不存在所謂篇題「估計是在倒數第二、三簡的背面」的例外現象了,但是目前來看證據力仍然是不足的,我們期待更多的出土簡牘帛書來解決這項疑難。

其三,對於〈容成氏〉的思想傾向。李零先生曾指出「這七部分,三代以上,皆授賢不授子,天下艾安;三代以下,啓攻益,湯伐桀,文、武圖商,則禪讓之道

〔註19〕趙平安〈楚竹書《容成氏》的篇名及其性質〉《華學》第六輯(北京:紫禁城出版社,2003.6),頁75。

〔註20〕曹錦炎〈論張家山漢簡《蓋廬》〉《東南文化》2002.9,頁63。

廢而革命之說起。前後適成對比〔註21〕。」這對〈容成氏〉的中心思想是非常好的
概括。姜廣輝先生同意其說，並進一步認爲〈容成氏〉屬於儒家的作品，並推論上
博藏簡《容成氏》成書的年代，應該在西元前 314 年，燕王噲讓國予子之導致亡國
之前〔註22〕。趙平安先生則認爲〈容成氏〉是反映了墨家思想，如果不是早期墨家
的作品，就應該是墨家講學時講義一類的東西〔註23〕。他所說的例證如簡 45-49 談
到「周文王佐紂的描述，與儒家文獻大異其趣，給人印象極爲深刻。這個文王是作
爲紂臣的身分出現的，儼然成了尚同、非攻的典範。」這段簡文是：「文王嗣（聞）
之，曰：「唯（雖）君亡道，臣敢勿事虖（乎）？唯（雖）父亡道，子敢勿事虖（乎）？
箸（孰）天子而可反？」受（紂）嗣（聞）之，乃出文王於 46 昰（夏）臺（臺）〈羑
里？〉之下而嗣（問）安（焉），……」亦見於《呂氏春秋·恃君覽·行論》：「昔者
紂爲無道，殺梅伯而醢之，殺鬼侯而脯之，以禮諸侯於廟。文王流涕而咨之。紂恐
其畔，欲殺文王而滅周。文王曰：『父雖無道，子敢不事父乎？君雖不惠，臣敢不事
君乎？孰王而可畔也？』紂乃赦之。天下聞之，以文王爲畏上而哀下也。《詩》曰：
『惟此文王，小心翼翼，昭事上帝，聿懷多福。』〔註24〕」對於〈行論〉篇的旨趣，
陳奇猷先生說：「本篇要旨，言勢不便、時不利則事讎以求存；待勢便、時利而舉事
然後功可成，與〈首時〉旨趣全同，則此篇亦陰陽家言〔註25〕。」張雙棣先生也說：
「本篇旨在論述君王處於逆境時應該如何行事。文章認爲，君王是『執民之命』的，
因此，在『勢不便，時不利』的情況下，應該『事仇以求存』，而不應以『快志』爲
能事。文章列舉的禹事舜、文王事紂、燕王事齊王等事例，都是爲了闡明這一觀點
的〔註26〕。」表面看起來，這似乎可以推翻趙平安先生「墨家」之說，但已有學者
指出簡文與文獻二者「語境」並不相同〔註27〕。但是這並不意味〈容成氏〉的內容
一定得歸到「墨家」不可，比如最近李零先生亦談到簡文「文王伐九邦」這歷史事

〔註21〕馬承源主編《上海博物館藏戰國楚竹書（二）》（上海：上海古籍出版社，2002.12），
　　　　頁 249。

〔註22〕姜廣輝〈上博藏簡《容成氏》的思想史意義——上海博物館藏戰國楚竹書（二）《容
　　　　成氏》初讀印象札記〉，簡帛研究網，03/01/09，
　　　　http://www.jianbo.org/Wssf/2003/jiangguanghui01.htm。

〔註23〕趙平安〈楚竹書《容成氏》的篇名及其性質〉《華學》第六輯（北京：紫禁城出版社，
　　　　2003.6），頁 77。

〔註24〕〔漢〕高誘注《呂氏春秋》（臺北：藝文印書館，1974.1 三版），頁 595。

〔註25〕陳奇猷《呂氏春秋校釋》（臺北：華正書局，1988.7），頁 1391 注一。

〔註26〕張雙棣《呂氏春秋譯注》（北京：北京大學出版社，2000.9），頁 716。

〔註27〕許子濱〈讀《上海博物館藏戰國楚竹書（二）》小識〉《第四屆國際中國古文字學研討
　　　　會論文》（香港：香港中文大學，2003.10.15），頁 10。

件，他認爲「但是，現在上博楚簡告訴我們的是另一個故事。它說，周的崛起，是因商紂無道，九邦反叛，文王自告奮勇，願意前往平叛，商紂釋其囚禁（從殷墟南的羑里釋放，但簡文作『出文王於夏台之下』），讓他討伐九邦，才使周的勢力得以壯大〔註28〕。」也不從「墨家」的角度來看這件事。其次，趙先生又說「而商湯伐桀，武王伐紂被描寫成稟承天意、撥亂反正之舉。在《墨子・非攻下》中對此有明確的解釋。當有人舉湯伐桀，武王伐紂皆立爲聖王來非難墨子的非攻說時，墨子回答說：『子未察吾言之類，未明其故也。彼非所謂攻，謂誅也。』墨子的非攻是指攻打無罪之國，討伐有罪之國爲『誅』，『誅』也是墨子所認同的。因此由《容成氏》簡文的敘事過程看來，確實反映出明確的墨家思想傾向〔註29〕。」此說亦非明確證據，因爲大家知道《孟子・梁惠王下》亦曰：「賊仁者謂之賊，賊義者謂之殘，殘賊之人，謂之一夫。聞誅一夫紂矣，未聞弑君也〔註30〕。」《荀子・議兵》：「誅桀紂若誅獨夫，故〈太誓〉云『獨夫紂』，此之謂也。」況且目前未見可確定是墨家性質的楚簡文獻〔註31〕，則將〈容成氏〉歸屬於墨家學說恐怕還可進一步討論〔註32〕。

本篇內容是講述上古帝王傳說，大致分爲三個層次，開頭一段是講容成氏等相傳最早也是最虛無飄渺的上古帝王，這是第一個層次；接下來，是講唐、虞二代，即堯、舜，又是一個層次，也比較虛無飄渺，中心都是講禪讓，內容較爲單調。再下來，是講夏、商、周三代，即禹、湯、文、武，禪讓之道廢，革命之說興，內容才比較靠實〔註33〕。由於簡文未見「章號」，無法予以分「章」。所以李零先生說「全篇內容分七『部分』」。筆者在此基礎上將簡文爲九部分：第一是關於容成氏等上古的帝王（約二十一位）；第二是簡三五的後段，是講堯之前的一位古帝王，但簡文殘

〔註28〕李零〈三代考古的歷史斷想——從最近發表的上博楚簡〈容成氏〉、燹公盨和虞逑諸器想到的〉《中國學術》（北京：商務印書館，2003.8），頁197。

〔註29〕趙平安〈楚竹書《容成氏》的篇名及其性質〉《華學》第六輯（北京：紫禁城出版社，2003.6），頁77。

〔註30〕〔清〕焦循《孟子正義》（北京：中華書局，1998.12四刷），頁145。

〔註31〕對於《信陽楚簡・竹書》的性質，雖然李學勤先生主張是「墨家」，但仍有學者認爲應該屬於「儒家」，詳見楊澤生〈信陽楚簡第1組38號和3號研究〉《簡帛研究二〇〇一》（桂林：廣西師範大學，2001.9），頁1～5、楊澤生〈長臺觀竹書的學派性質新探〉《文史》2001年第4輯（北京：中華書局，2001.12），頁31～37、蘇建洲〈楚簡文字考釋二則〉《國文學報》三十四期（台北：台灣師範大學國文學系，2003.12）。

〔註32〕陳劍先生在〈上博楚簡《容成氏》與古史傳說〉《中國南方文明學術研討會論文》（台北：中央研究院歷史語言研究所，2003.12.19），頁16一文雖然列出目前有儒、墨兩家的說法，但會議現場則認爲儒家的可能性大一些。

〔註33〕李零〈三代考古的歷史斷想——從最近發表的上博楚簡〈容成氏〉、燹公盨和虞逑諸器想到的〉《中國學術》（北京：商務印書館，2003.8），頁189～190。

缺嚴重，不知所指何人，亦無法將其與它簡拼合，故獨立爲一部分；第三亦是講堯之前的一位古帝王，但簡文殘缺，不知所指何人；第四是講帝堯；第五是講帝舜；第六是講夏禹；第七是講商湯；第八是講周文王；第九是講周武王。另外，簡文所述歷史內容，有與典籍吻合者。但更有價值者，如「禹畫九州」〔註34〕、「文王平九邦」、「夏啓攻益自取」、「炮格之刑」的過程等，有助於我們「走出疑古時代」，對古史的構建有相當程度的助益。

第二節　竹簡形制及編連

中山大學的學者曾依照其所整理的七批竹簡〔註35〕，將內容分爲竹書、疾病等雜事札記、遣策、其他〔註36〕。對照之後出土的楚簡，這樣的分類大抵可從。其中第二類目前多稱爲「卜筮祭禱簡」。至於第四類「其他」，是由於《楊家灣竹簡》「有二十二簡無字，有字的五十簡中，十三簡文字模糊不清，無法辨認其筆劃，又有一部分筆劃不完整，文字清晰的實在不多。有字的簡，二字者四簡，餘皆僅書一字，既難辨識，復不知其所指。故這項竹簡的性質目前還難確定，有待進一步研究〔註37〕。」唯一要補充的是《包山楚簡》中屬於「文書類」的內容〔註38〕。扣除字迹不清無法卒讀的「其他」類，其後學者的分類大抵不出這四種〔註39〕。而著名的《上海博物館藏戰國楚竹書》無疑的屬於竹書類。胡平生先生曾歸納楚國的書籍簡冊的形制，大致可分爲四種：

> 一、長45厘米左右，約合戰國尺二尺（引按：文中以23.1厘米爲戰國時一尺）；二、長32厘米左右，約合一尺四寸；三、長28厘米左右，約合一尺二寸；四、長15厘米左右，約合六寸五分。《南齊書・文惠太子

〔註34〕參《左傳・襄公四年》魏絳引《虞人之箴》曰：「茫茫禹迹，畫爲九州」。

〔註35〕分別是信陽竹簡第一組、第二組；望山一號墓、二號墓竹簡；長沙仰天湖竹簡；長沙仰天湖竹簡；長沙楊家灣竹簡。

〔註36〕中山大學古文字研究室《戰國楚簡研究》（五）（廣州：中山大學，1977），頁9。

〔註37〕中山大學古文字研究室《戰國楚簡研究》（五），頁13、商承祚編著《戰國楚竹簡匯編》（濟南：齊魯書社，1995.11），頁9、陳松長〈湖南歷年出土簡牘概說〉，台灣師大國文系專題演講，2004.03.18。

〔註38〕湖北省荊沙鐵路考古隊《包山楚簡》（北京：文物出版社，1991.10），頁3。

〔註39〕如胡平生先生分爲卜筮祭禱與遣策、文書、書籍。見氏著〈簡牘制度新探〉《文物》2000.3，頁66～73；林素清先生分爲遣策、卜筮祭禱紀錄、公文檔案、文獻典籍。〈郭店、上博〈緇衣〉簡之比較——兼論戰國文字的國別問題〉《新出土文獻與古代文明研究國際學術研討會會議論文》（上海：上海大學，2002.7.28）。

傳》記:「時襄陽有盜發古冢者,相傳云是楚王冢大獲寶物:玉屐、玉屏風、竹簡書青絲編。簡廣數分,長二尺,皮節如新,盜以把火自照。後人有得十餘簡,以示撫軍王僧虔,僧虔云是科斗書《考工記》,周官所闕文也。」可見冊「長二尺」,是楚國書籍的一種常制,不過不是唯一制度。荊門郭店 M1〈語叢〉冊長 15 厘米,應當是王文所謂「懷持之便也」,是當時的「袖珍本」。春秋戰國之時,百家爭鳴,諸子無高下尊卑之分,因此冊之長短大小,除了便攜式外,大概主要取決於個人〔註40〕。

〈容成氏〉全篇共存完、殘簡五十三枝,簡長約四十四.五釐米,每簡約抄寫四十二到四十五字。屬於胡氏所說的第一種,亦即所謂「楚國書籍的一種常制」。

關於竹簡編連的方式,錢存訓先生曾指出有「先寫後編」、「先編後寫」二種形式〔註41〕。馮勝君先生曾對此問題提出判斷的依據:「如果簡上的文字或符號寫在了編聯的痕迹上(有的時候編聯的痕迹已經將文字的部分筆劃破壞),那麼就表明該簡上的文字是在編聯之前就已經寫好的〔註42〕。」依圖版看來,〈容成氏〉似乎是先寫後編。如簡 1「墥遷是之又天下也」的「又」、簡 10「天下之臤者」的「臤」、簡 16「豈是時也」的「也」、簡 46「文王䤧之」的「之」等等正好寫在竹簡編連之處均可爲證。

本文的編連順序大抵依照史實的發展,其順序已如上文所述。陳劍先生〈編連二〉在整理者李零先生編連的基礎上作了高水平的調整,這些成果已取得學界的認同,值得加以參考。惟第 35 簡,陳劍先生〈編連二〉說:「簡 35 上段簡首殘缺,第一道編繩痕跡已不存。中間一道編繩痕跡位於『□王天下十又六年而桀作』的『作』字下,從第 12 頁的小圖版可以清楚地看出,按整理者的編排,則這道編繩痕跡的位置太靠上,跟同篇其他簡完全不能相合。如果將其下移與其他簡的中間一道編繩對齊,則其下端與 35 簡下段將有一大段重合的部分。由此看來,簡 35 上段與下段決不可能屬於同一簡。它們應該分別編號重新排列,下面我們把此簡的上段和下段分別編爲『35A』和『35B』。」說大抵可信,惟 35A 下的拼合是 35A+38~41+36~37+42,本文則從李零先生作 35-42(說詳下)〔註43〕。另外,白於藍先生亦提出新說,認爲陳劍先生本來「21+31~32+22+33+34+35A」的順序應易爲「21-22-31-33-34-32-35A」〔註44〕,此說較陳劍之說有理,故從之。我們把全篇竹簡重新編連後的簡

〔註40〕 胡平生〈簡牘制度新探〉《文物》2000.3,頁 70。
〔註41〕 錢存訓《書於竹帛》(上海:上海書店,2002.4),頁 88。
〔註42〕 馮勝君《二十世紀古文獻新證研究》(長春:吉林大學博士論文,2002),頁 151。
〔註43〕 淺野裕一教授及于凱先生均有相同看法。
〔註44〕 白於藍(補議):〈〈容成氏〉編連問題補議〉《第四屆國際中國古文字學研討會論文》(香港:香港中文大學,2003.10.15),頁 301~308。

序爲：1～3，35B，4～7+43，9～11+13～14+8+12+23+15+24～30+16～22+31+33+34+32+35A～42+44～53 背。若配合上述內容分段，則第一部分是關於容成氏等上古的帝王（約二十一位），相當於簡 1～3；第二部分是簡三五的後段（35B），是講堯之前的一位古帝王，但簡文殘缺嚴重，不知所指何人，亦無法將其與它簡拼合，故獨立爲一部分；第三部分亦是講堯之前的一位古帝王，但簡文殘缺，不知所指何人，相當於簡 4～6，以上可歸屬「遠古帝王」；第四部分是講帝堯，相當於簡 6～7+43，9～11+13；第五是講帝舜，相當於簡 13～14+8+12+23+15+24～30+16～18；第六是講夏禹，相當於簡 18～22+31+33+34；第七是講商湯，相當於簡 32+35A～42；第八是講周文王，相當於簡 42～49；第九是講周武王，相當於簡 49～53 背。

第三節　簡文校釋

由於〈容成氏〉簡文數量不少，爲方便讀者一覽全貌，底下先列出全部簡文，並於每部分之後附上本書頁碼，方便檢索。「全文」之後，即是分段校釋。

〈容成氏〉全文

【昔者訟（容）城（成）氏、大庭氏、伯皇氏、中央氏、栗陸氏、驪畜氏、祝融氏、昊英氏、有巢氏、葛天氏、陰康氏、朱襄氏、無懷氏、尊】膚（盧）是（氏）、荅（赫）疋（胥）是（氏）、喬（高？）結（辛？）是（氏）、倉頡是（氏）、軒緩（轅）是（氏）、斱（神）戎（農）是（氏）、樟（混）𠂤（沌）是（氏）、壏遟是（氏）之有天下也，皆不受（授）亓（其）子而受（授）臤（賢）。亓（其）悳酋清，而上怎（愛）1 下，而一亓（其）志，而戢（寢）亓（其）兵，而官亓（其）才（材）。於是虖（乎）唫（喑）聾執燭，榍（矇）戏（瞽）鼓瑟（瑟），癶（跛）窒（躄）獸（守）門，牧（侏）需（儒）爲矢，長（或張）者醉乇（宅），婁（僂或瘻）者坆（事）嚮（數），痩（癭）2 者煮盬乇，畺（禿）者鮫（漁）澤，𤻪（癘？）棄不喿（舉）。凡民俾（卑）敊（末或蔽）者，敄（教）而荌（誨）之，歙（飲）而臥（食）之，思（使）遵（役）百官而月青（請）之。古（故）豈（當）是旹（時）也，亡幷 3（頁 26～67）

……□是（氏）之有天下，厚惎（施）而泊（薄）䤻（斂）安（焉）。身力呂裳（勞）百眚（姓）。**35B**（頁 67～76）

……□於是虖（乎）不賞不罰，不型（刑）不殺，邦無飢〈飢？〉人，道迯（路）

無殤**4**死者。上下貴戔（賤），各旻（得）亓（其）殢（宜）。四海（海）之外宎（賓），四海（海）之內貞（廷）。肣（禽）獸（獸）朝，魚蟊（鼈）獻，又（有）吳（無）迵（通）。坓（匡）天下之正（政）十又（有）九年而王天下，卅＝（三十）又（有）七**5**年而奴（繹？）冬（終）。（頁76～86）

昔亓（堯）尻（處）於丹府與藋隆（陵）之閒（閒），亓（堯）戔（踐）陁（施）而峕＝（時時）賨（賽），不懽（勸）而民力，不型（刑）殺而無規（盜）惻（賊），甚緩而民備（服）。於是虗（乎）方**6**百里之审（中）銜（率），天下之人遷（就），奉而立之，吕為天子。於是虗（乎）方圀（圓）千里，〔於是於〕夌（持）板正立（位），四向陕（委）禾（和），褱（懷）以逨（來）天下之民。**7**亓（其）政絕（治）而不賞，官而不簐（爵），無萬（勵）於民，而絕（治）醔（亂）不□。古（故）曰：叞（賢）及□……**43**是吕視叞（賢）：頯（履）隉（地）戴（戴）天，竺（篤）義與信。會才（在）天隉（地）之壬（閒），而橐（包）在四海（海）之內，遷（畢）能亓（其）事，而立為天子。亓（堯）乃為之教，曰：「自**9**內（納）乆（焉），余穴赹（窺）乆（焉），以求叞（賢）者而毉（讓）乆（焉）。」亓（堯）吕天下毉（讓）於叞（賢）者，天下之叞（賢）者莫之能受也。萬邦之君皆吕亓（其）邦毉（讓）於叞（賢）**10**……□□□叞（賢）者，而叞（賢）者莫之能受也。於是唶（乎）天下之人，吕**11**亓（堯）為善興叞（賢），而肵（卒）立之。　（頁87～112）

昔｛者｝夋（舜）靜（耕）於曆（歷）丘，宙（陶）於河賓（濱），魚（漁）於靁（雷）澤，孝兼（養）父母，以善亓（其）新（親），乃及邦子。亓（堯）聞（聞）之**13**而敇（美）亓（其）行。亓（堯）於是虗（乎）為車十又五輚（乘），吕三從夋（舜）於旬（畎）畮（畝）之中，夋（舜）於是虗（乎）訋（始）亝（免）藪（執）干（錢）、橑（耨）、葽（鋪），价（介）而坐之子（茲），亓（堯）南面，舜北面，舜**14**於是唶（乎）始語亓（堯）天隉（地）人民之道。與之言正（政），敚（悅）柬（簡）吕行；與之言樂，敚（悅）和吕長；與之言豊（禮），敚（悅）古（博）吕不逆，亓（堯）乃敚（悅）。亓（堯）**8**……【堯乃老，視不明，】聖（聽）不聰（聰）。亓（堯）又（有）子九人，不吕亓（其）子為逡（後），見夋（舜）之叞（賢）也，而欲吕為逡（後）**12**【舜乃五讓以天下之叞（賢）者，不旻（得）已，然後敢受之。】

夋（舜）聖（聽）正（政）三年，山隆（陵）不尻（疏），水浹（潦）不淆（？），乃立墨（禹）吕為司工。墨（禹）既巳（已）**23**受命，乃卉備（服），蒘（笞）若（箬）冒（帽），芙藪□定□……**15**……面旱（乾）鱛（散），壓（脛）不生〔之〕毛，訓灖湝潼（流）。墨（禹）親執枌（畚）妃（耜），吕波（陂）明者（都）之澤，決九河**24**之濼（結），於是虗（乎）夾州、潨（徐）州訋（始）可尻（處）**L**。墨

（禹）迵（通）淮與忻（沂），東豉（注）之沺（海），於是虖（乎）競（青）州、簷（莒）州𡉚（始）可凥（處）也。墨（禹）乃迵（通）蔞與湯，東豉（注）之 25 沺（海），於是虖（乎）𦬸（藕？）州𡉚（始）可凥（處）也。墨（禹）乃迵（通）三江五沽（湖），東豉（注）之沺（海），於是虖（乎）䎸（荊）州、鄒（揚）州𡉚（始）可凥（處）也。墨（禹）乃迵（通）浘（伊）、洛，并里〈廛（瀍）〉、干（澗），東 26 豉（注）之河，於是於（乎）敍（豫）州始可凥（處）也。墨（禹）乃迵（通）經（涇）與渭，北豉（注）之河，於是虖（乎）虞州𡉚（始）可凥（處）也。墨（禹）乃從灘（漢）以南爲名浴（谷）五百，從 27 灘（漢）以北爲名浴（谷）五百。天下之民居奠（定），乃飤（？飭）飤（食），乃立句（后）禝（稷）㠯爲緹（甸或田）。句（后）禝（稷）既已受命，乃飤（食）於埜（野），佰（宿）於埜（野），復穀（穀）豢（換）土，五年乃 28 㽞（穰）。民又（有）余（餘）飤（食），無求不旻（得），民乃賽，喬（驕）能（態）𡉚（始）乍（作），乃立咎（皋）𡊄（陶）㠯爲孷（李）。咎（皋）𡊄（陶）既已受命，乃支（辨）侌（陰）昜（陽）之氣（氣），而聖（聽）亓（其）訟獄，三 29 年而天下之人無訟獄者，天下大和䵋（均）。叁（舜）乃欲會天陛（地）之燹（氣）而聖（聽）甬（用）之，乃立𢿡（？質或契）㠯（以）爲樂正。𢿡（？質或契）既受命，乍（作）爲六頪（律）六 30 郘〈郘（呂）〉，支（辨）爲五音，㠯定男女之聖（聲）。堂（當）是時也，㦰（癘）渡（疫）不至，𡩒（祆？）羕（祥）不行，祡（禍）才（災）迲（去）亡，肣（禽）獸（獸）肥大，卉（艸）木晉長。昔者天陛（地）之差（佐）舜而 16 右（佑）善，女（如）是脜（狀）也。叁（舜）乃老，視不明，聖（聽）不聦（聰）。叁（舜）又（有）子七人，不㠯亓（其）子爲逡（後），見墨（禹）之臤（賢）也，而欲以爲逡（後）。墨（禹）乃五㽞（讓）㠯天下之臤（賢）17 者，不旻（得）已，肰（然）句（後）敢受之。（頁 113～208）

墨（禹）聖（聽）正（政）三年，不斳（製）革，不釰（刃）金，不鉻（略）矢，田無𠜲（蔡或藿），尾（宅）不工（空），闡（關）坾（市）無賦。墨（禹）乃因山陞（陵）坪（平）𨻰（隰）之可坣（封）邑 18 者而緐（繁）實之，乃因迒（？量）以智（知）遠，迲（去）蠠（苛）而行柬（簡），因民之欲，會天陛（地）之利，夫是㠯逮（？近）者敓（悅）紿（治），而遠者自至。四沺（海）之內亙（及）19 四沺（海）之外皆青（請）社（貢）。墨（禹）肰（然）句（後）𡉚（始）爲之䖒（號）羿（旗），㠯支（辨）亓（其）左右，思民毋𢙼（惑）。東方之羿（旗）㠯日，西方之羿（旗）㠯月，南方之羿（旗）㠯它（蛇），20 审（中）正之羿（旗）以澳（熊），北方之羿（旗）以鳥。墨（禹）肰（然）句（後）𡉚（始）行㠯𠅫（儉）：衣不褺（製）媺（美），飤（食）不童（重）香（味），朝不車逆，穜（種）不粻（毇）米，𨩧（饗）

不斲（折）骨。斲（製？）**21**……表皯（皮）專。墨（禹）乃畫（建）鼓於廷，吕（以）為民之又（有）詀（謁）告者軒（鼓？）女（焉）。敱（撞）〈擊？〉鼓，墨（禹）必速出，冬不敢吕（以）蒼（寒）訇（辭），顋（夏）不敢以屠（暑）訇（辭）。身言 **22** 孝脣（辰？厚？），方為三俈，救聖（聲）之絽：東方為三俈，西方為三俈，南方為三俈，北方為三俈，吕（以）甼（衛？）於溪浴（谷），凄（濟）於坣（廣）川，高山陞（登），蓁林 **31**……□泉所曰聖人，亓（其）生賜羕（養）也，亓（其）死賜肰（葬），法（去）蠱（苛）匿（慝），是吕（以）為名。墨（禹）又（有）子五人，不吕（以）亓（其）子為遂（後），見 **33** 咎（皋）咎（陶）之臤（賢）也，而欲吕（以）為遂（後）。咎（皋）秀（陶）乃五嬰（讓）吕（以）天下之臤（賢）者，述（遂）夏（稱）疾不出而死。墨（禹）於是唐（乎）嬰（讓）冉（益），啓於是唐（乎）攻冉（益）自取，**34** 內（入）女（焉）以行政。於是於（乎）訇（始）箻（爵）而行彔（祿），吕（以）嬰（讓）於來（？），亦＝迵＝，曰慹速羕……**32**（頁209～248）

　　……【啓】王天下十又六年〈世〉而桀复（作）。桀不述亓（其）先王之道，自為【芑（改）為】……**35A** 嘗（當）是旹（時），弜（強）溺（弱）不絽（辭）諹（聽），眾寡不聖（聽）訟，天陸（地）四嘗（時）之事不攸（修）。湯〈桀？〉乃專（博）為正（征）复（籍），吕（以）正（征）闑（關）坏（市）。民乃宜肎（怨），唐（虐）疾訇（始）生，於是 **36** 唐（乎）又（有）諲（暗）、聾、皮（跛）、𪗨（眇）、瘦（瘻）、宎（府）、婁（瘻或僂）訇（始）迠（起）。湯乃葚（謀）戒求臤（賢），乃立泗（伊）尹吕（以）為差（佐）。泗（伊）尹既巳（已）受命，乃執兵欽（禁）暴。羕（伴）旻（得）于民，述（遂）迷，而 **37** 不量亓（其）力之不足，迠（起）帀（師）吕（以）伐昏（岷）山是（氏），取亓（其）兩女晉（琰）、𤩷（琬），妖北迖（去）亓（其）邦，□為旨宮，篁（築）為璿室，玖（飾）為彔（瑤）臺（臺），立為玉閨，亓（其）喬（驕）**38** 大（泰）女（如）是牐（狀）▄。湯畓（聞）之，於是唐（乎）訢（慎）戒陞（徵）臤（賢），慹（德）惠而不貫（恃），秖三十尸（年？）而能之，女（如）是而不可，肰（然）句（後）從而攻之。降自戎述（遂），內（入）自北 **39** 門，立於中□，傑（桀）乃逃之鬲（歷）山氏。湯或（又）從而攻之，陞（降）自鳴攸（條）之述（遂），吕（以）伐高神之門，傑（桀）乃逃之南巢（巢）是（氏）。湯或（又）從而攻之，**40** 述（遂）逃迖（去），之喪（蒼）虐（梧）之埜（野）。湯於是唐（乎）誙（徵）九州之帀（師），吕（以）霝（略）四海（海）之內，於是唐（乎）天下之兵大迠（起），於是唐（乎）羿（亡）宗鹿（戮）族戔（殘）群，女（焉）備（服）。**41**……惻（賊）逃（盜），夫是吕（以）旻（得）眾而王天下。　　（頁248～290）

　　湯王天下卅＝（三十）又（有）一傑（世）而受（紂）复（作）。受（紂）不述

亓（其）先王之道，自爲芑（改）爲，於**42**是虖（乎）复（作）爲九城（成）之臺（臺）。視（寘）盂炭（炭）亓（其）下，加圜（圜）木於亓（其）上，思（使）民道（蹈）之，能述（遂）者述（遂），不能述（遂）者■，內（墜）而死。不從命者，從而桎䇬（梏）之，於是**44**虖（乎）复（作）爲金桎三千。既爲金桎，或（又）爲西（酒）池，𧩁（厚）樂於酒，専（溥）亦（夜）㠯爲槿（淫），不聖（聽）亓（其）邦之政。於是虖（乎）九邦畬（叛）之，豐、禞（鎬）、郍（舟）、䈉（石）、于（邘）、鹿、**45**㮑（黎）、宗（崇）、𡨦（密）須是（氏）。文王䎽（聞）之，曰：「唯（雖）君亡道，臣敢勿事虖（乎）？唯（雖）父亡道，子敢勿事虖（乎）？簹（孰）天子而可反？」受（紂）䎽（聞）之，乃出文王於**46**虽（夏）臺（臺）〈羑里？〉之下而䎽（問）玄（焉），曰：「九邦者亓（其）可逨（來）虖（乎）？」文王曰：「可。」文王於是虖（乎）素専（端）䙍（？）裳㠯行九邦，七邦逨（來）備（服），豐、喬（鎬）不備（服）。文王乃㐅（起）帀（師）㠯鄉（嚮）**47**豐、喬（鎬），三鼓而進之，三鼓而退之，曰：「虗（吾）所智（知）多廌（災），一人爲亡道，百眚（姓）亓（其）可（何）辠（罪）？」豐、喬（鎬）之民䎽（聞）之，乃降文=王=（文王。文王）時（持）故時而𡥈（教）民**48**時，高下肥毳（磽）之利𦘔（盡）智（知）之，智（知）天之道，智（知）陘（地）之利，思（使）民不疾。昔者文王之差（佐）受（紂）也，如是𤇏（狀）也。（頁290～312）

文王堋（崩），武王即立（位）。武王**49**曰：「成悳（德）者，虗（吾）敚（說）而弋（代）之。亓（其）即（次），虗（吾）伐而弋（代）之。含（今）受（紂）爲無道，䎽（泯）者（捨）百眚（姓），至（桎或制）紃（約？斂？）者（諸）矦（侯），天𤂰（將）戠（誅）玄（焉），虗（吾）𢧵（勴）天畏（威）之。」武王於**50**是虖（乎）复（作）爲革車千䡅（乘），䊵（帶）𩊚（甲）𥖏（萬）人，戊午峕=（之日），涉於孟𣸾（津），至於共、滕之閒（間），三軍大軋（範）。武王乃出革車五百䡅（乘），䊵（帶）甲三千，**51**㠯少（小？宵？）會者（諸）矦（侯）之帀（師）於𤲞（牧）之埜（野）。受（紂）不智（知）亓（其）未又（有）成正（政），而𣌭（得）遊（失）行於民之唇（辰？則？）也，或亦㐅（起）帀（師）㠯逆之。武王於是虖（乎）素冕（冠）弁（弁），㠯造**52**吝（類）于天，曰：「受（紂）爲亡道，䎽（泯）者（捨）百眚（姓），至（桎）約諸侯，𢇍（絕）穜（種）悉（侮）眚（姓），土玉水西（酒），天𤂰（將）戠（誅）玄（焉），虗（吾）𢧵（勴）天畏（威）之。」武王素𩊚（甲）㠯申（陳）於𣪘（殷）蒿（郊），而𣪘（殷）**53**正訟（容）城（成）氏（氏）。**53背**（頁312～330）

【釋　文】

　　【昔者訟（容）城（成）氏、大庭氏、伯皇氏、中央氏、栗陸氏、驪畜氏、祝融氏、昊英氏、有巢氏、葛天氏、陰康氏、朱襄氏、無懷氏〔一〕、尊】膚（盧）是（氏）〔二〕、苕（赫）疋（胥）是（氏）〔三〕、喬（高？）結（辛？）是（氏）〔四〕、倉頡是（氏）、軒緩（轅）是（氏）〔五〕、斳（神）戎（農）是（氏）〔六〕、樟（混）𠂤（沌）是（氏）〔七〕、墥遅是（氏）〔八〕之有天下也，皆不受（授）亓（其）子而受（授）臤（賢）〔九〕。亓（其）悳畬清，而上怎（愛）**1**下〔十〕，而一亓（其）志，而穀（寢）亓（其）兵〔十一〕，而官亓（其）才（材）〔十二〕。於是虖（乎）〔十三〕喑（暗）聲執燭〔十四〕，椙（矇）戉（瞽）鼓瑟（瑟）〔十五〕，坒（跛）𡉈（躃）戦（守）門〔十六〕，救（侏）需（儒）爲矢〔十七〕，長（或張）者酥尾（宅）〔十八〕，婁（僂或瘻）者坆（事）臀（數）〔十九〕，瘦（瘿）**2**者煮鹽尾〔二十〕，壴（禿）者鮫（漁）澤〔二一〕，瘠（癃？）棄不獎（舉）〔二二〕。凡民俾（卑）敀（末或敝）者〔二三〕，孝（教）而茝（誨）之〔二四〕，歙（飲）而臥（食）之〔二五〕，思（使）遞（役）百官而月青（請）之〔二六〕。古（故）嘗（當）是旹（時）〔二七〕也，亡并**3**（頁26～67）

　　……□是（氏）之有天下〔二八〕，厚怎（施）而泊（薄）酓（斂）安（焉）〔二九〕。身力吕袋（勞）百眚（姓）〔三十〕。35B（頁67～76）

　　……□於是虖（乎）不賞不罰，不型（刑）不殺，邦無飢〈飢？〉人〔三一〕，道迻（路）無殤**4**死者〔三二〕。上下貴戔（賤），各旻（得）其殢（宜）〔三三〕。四沬（海）之外宅（賓），四沬（海）之內貞（廷）〔三四〕。肣（禽）獣（獸）朝，魚蟲（鼈）獻〔三五〕，又（有）吳（無）迵（通）。坒（匡）天下〔三六〕之正（政）十又（有）九年〔三七〕而王天下，卅＝（三十）又（有）七**5**年而奴（繹？）冬（終）〔三八〕。（頁76～86）

【校　釋】

〔一〕【昔者訟（容）城（成）氏、大庭氏、伯皇氏、中央氏、栗陸氏、驪畜氏、祝融氏、昊英氏、有巢氏、葛天氏、陰康氏、朱襄氏、無懷氏】

　　李零先生：上文疑脫一簡，作「昔者訟成是、□□是、□□是、□□是、□□是、□□是、□□是、□□是、□□是、□□是、□□是、□□是、□□是、尊」，「訟成」即「容成」，「是」讀「氏」。案：上古傳說帝王很多（《史記・封禪書》引

《管子・封禪》佚篇謂古者封禪泰山者七十二家）。（頁250）

廖名春先生〈容箚〉：「容成氏」後可補「大庭氏、伯皇氏、中央氏、栗陸氏、驪畜氏、祝融氏、昊英氏、有巢氏、葛天氏、陰康氏、朱襄氏、無懷氏」。其中「大庭」、「伯皇」、「中央」、「栗陸」、「驪畜」、「祝融」六氏據《莊子・胠篋》補。「昊英」、「有巢」、「葛天」、「陰康」、「朱襄」、「無懷」六氏據《漢書・古今人表》、《六韜》佚文〈大明〉篇、《帝王世紀》補。

建洲按：關於古史傳說的帝王名，典籍並不少見。李零先生已舉出不少，李氏已列出者，筆者查其出處，另筆者亦補充一些：《莊子・胠篋》：「昔者容成氏、大庭氏、伯皇氏、中央氏、栗陸氏、驪畜氏、軒轅氏、赫胥氏、尊盧氏、祝融氏、伏羲氏、神農氏……」〔註45〕。

《資治通鑑外紀一》引《六韜・大明》：「柏皇、栗陸、黎連、軒轅、共工、宗盧、祝融、庸成、混沌、昊英、有巢、朱襄、葛天、陰康、無懷」共十五氏〔註46〕。

《漢書》卷二十〈古今人表〉云：「『上上聖人』，太昊帝宓羲、炎帝神農氏、黃帝軒轅氏、少昊帝金天氏、顓頊帝高陽氏、帝嚳高辛氏、陶唐氏、帝舜有虞氏、帝禹夏后氏、帝湯殷商氏、文王周氏、武王、周公、宋弗父何、仲尼。『上中仁人』，女媧氏、共工氏、容成氏、大廷氏、柏皇氏、中央氏、栗陸氏、驪連氏、赫胥氏、尊盧氏、沌渾氏、昊英氏、有巢氏、朱襄氏、葛天氏、陰康氏、亡懷氏、東扈氏、帝鴻氏、……」〔註47〕。

《帝王世紀》：「及女媧氏沒，次有大庭氏、柏皇氏、中央氏、栗陸氏、驪連氏、赫胥氏、尊盧氏、混沌氏、皥英氏、有巢氏、朱襄氏、葛天氏、陰康氏、無懷氏，凡十五世，皆襲庖犧氏之號〔註48〕。」

《太平御覽》卷七十六云：「昔柏皇氏、栗陸氏、驪連氏、軒轅氏、赫胥氏、尊盧氏、祝融氏，此古之王者也，未使民民化，未賞民民勸，此皆古之善為政者也。至於伏羲氏、神農氏，教民而不誅。黃帝、堯、舜，誅而不怒。古之不變者，有苗有之，堯化而取之。堯德衰，舜化而受之。舜德衰，禹化而取之〔註49〕。」

《淮南子・本經》：「昔『容成氏』之時，道路鴈行列處，託嬰兒於巢上，……

〔註45〕〔清〕郭慶藩《莊子集釋》（臺北：貫雅文化，1991.9），頁357。
〔註46〕周鳳五〈太公六韜佚文輯存〉《毛子水先生九五壽慶論文集》（臺北：幼獅文化，1987.4），頁303。
〔註47〕〔漢〕班固撰《漢書》（臺北：鼎文書局，1976.10再版），頁863～866。
〔註48〕〔晉〕皇甫謐撰，〔清〕宋翔鳳、錢保塘輯，劉曉東校點《帝王世紀》（瀋陽：遼寧教育出版社，1997.3），頁3。
〔註49〕〔宋〕李昉等撰《太平御覽》（臺北：商務印書館，1992.1台一版 第六刷），頁485。

虎豹可尾，虺蛇可蹍，而不知其所由然。逮至『堯』之時……〔註50〕」

附帶一提，根據饒宗頤先生的歸納，古代傳說，「容成」不止一人，分別是：

（一）遠古帝王之容成氏。《莊子・胠篋》：「古帝王十二氏，首爲容成氏，次爲大庭氏」，在伏羲、神農之前。《金樓子・興王篇》亦以容成氏列首，乃用莊子之說。

（二）黃帝臣之容成。見《呂覽・勿躬》、《淮南・修務》，云「容成造曆」。《路史》「黃帝」條下稱容成造曆爲蓋天，似無明證。

（三）爲黃帝師或老子師之容成公。《列仙傳》云：「容成公者，自稱黃帝師，見於周穆王。能善補导之事，取精於玄牝。其要：谷神不死、守生養氣者也。發白更黑，齒落更生。事與老子同。亦云老子師也〔註51〕。」

〔二〕【尊】膚（盧）是（氏）

建洲按：「尊」字原簡簡首殘缺，此據李零先生補。《莊子・胠篋》、《帝王世紀》、《漢書・古今人表》等皆曰「尊盧氏」。簡文「膚」與「盧」同從「盧」聲〔註52〕，可以通假。「是」與「氏」古音同爲禪紐支部，典籍常見通假之例證〔註53〕。如《郭店・緇衣》簡3：「《詩》云：『靖共尔位，好氏（是）正直。』」也是「是」與「氏」通假之例證。

〔三〕茖（赫）疋（胥）是（氏）

建洲按：「各」，見鐸；「赫」，曉鐸，聲古同爲喉音，疊韻，故得通假。

〔四〕喬（高？）結（辛？）是（氏）

李零先生：待考。（頁251）

廖名春先生〈容箚〉：疑「喬結氏」當讀爲「高辛氏」。高爲宵部見母，喬爲宵部群母，韻同聲近。《詩・周頌・般》：「墮山喬嶽。」《玉篇・山部》引喬作高。辛爲眞部心母，結爲質部見母，韻近聲異。《詩・小雅・天保》：「吉蠲爲饎。」《大戴禮記・遷廟》、《周禮・秋官・蠟氏》賈疏引吉（見質）作絜（見月或匣月）。而駤（心

〔註50〕劉文典《淮南鴻烈集解》（北京：中華書局，1997.1二刷），頁253。

〔註51〕饒宗頤〈（傳老子師）容成遺說鉤沈——先老學初探〉《北京大學學報》1998.3，頁63。

〔註52〕參吳振武〈釋戰國文字中的從「盧」與從「朕」的字〉，《古文字研究》第19輯（北京：中華書局，1992.8），頁490。

〔註53〕高亨、董治安編纂《古字通假會典》，頁461。

眞）可與挈（溪月）通。《周禮・地官・草人》：「騂剛用牛。」鄭《注》：「故書騂爲挈。杜子春云：挈讀爲騂。」

建洲按：陳劍先生指出簡文「喬結氏」尚未能確釋上古哪位帝王〔註54〕。廖名春認爲「喬結」讀作「高辛」，「喬」、「高」聲韻可通自無問題。而「結」（見質）、「辛」（心眞）韻部是嚴格的陽入對轉關係，聲紐雖然稍遠，但由上舉通假之例可見亦非全無成立的可能性，在尚未有更好說法出現之前，筆者暫從廖說。「高辛」指「帝嚳」，「帝嚳」爲古代五帝之一，《大戴禮記・五帝德》首先完整提出五帝說：黃帝、帝顓頊、帝嚳、帝堯、帝舜。歷史上對「五帝」的身分有多種說法，可參考劉起釪〈各種不同組合的五帝說〉〔註55〕。

或曰「喬結」即高辛之父「蟜極」〔註56〕，即《大戴禮記・帝繫》所曰：「蟜極產高辛，是爲帝嚳〔註57〕。」此說雖然聲韻較近，但恐不可從。簡文明明白白寫著「某某氏之有天下」，但《史記・五帝本紀》曰：「帝嚳高辛者，皇帝之曾孫也。高辛父曰蟜極，蟜極父曰玄囂，玄囂父曰黃帝。自玄囂與蟜極皆不得在位，至高辛即帝位〔註58〕。」可見若釋爲「蟜極」，則與簡文討論「上古帝王」并不吻合。

〔五〕軒（轅）〔<img>〕是（氏）

建洲按：「轅」，匣紐元部；「緩」，匣紐元部，雙聲疊韻，故得通假。「緩」，字作<img>，右旁「爰」，左下作類「刀」之形，何琳儀先生以爲是「帀」的變形〔註59〕，但似未見其他平行例證。這種寫法亦見「寏」作<img>（《隨縣》70）、《郭店・語叢二》15「援」<img>。此外，《郭店・尊德義》23 有字作<img>，中間亦作類「刀」之形。原整理者釋爲「爰」，但於其後加注「？」。李零先生先生則認爲此字疑是「受」字之誤，在文中讀爲「桀紂」之「紂」（上文講「桀」）〔註60〕。現由前舉〈容成氏〉字形，

〔註54〕陳劍〈上博楚簡《容成氏》與古史傳說〉《中國南方文明學術研討會論文》（臺北：中央研究院歷史語言研究所，2003.12.19），頁2。

〔註55〕劉起釪〈各種不同組合的五帝說〉《古史續辨》（北京：中國社會科學出版社，1997.4二刷），頁92～119。

〔註56〕黃人二〈讀上博藏簡容成氏書後〉，簡帛研究網，03/01/15，http://www.bamboosilk.org/Wssf/2003/huanrener01.htm。

〔註57〕〔清〕王聘珍撰，王文錦點校《大戴禮記解詁》（北京：中華書局，1998.12四刷），頁126。

〔註58〕〔漢〕司馬遷撰《史記》（北京：中華書局，1964.10四刷），頁13。

〔註59〕何琳儀《戰國古文字典》，頁937。

〔註60〕李零《郭店楚簡校讀記——增訂本》（北京：北京大學出版社，2002.3），頁142。

可確定字應釋爲「爰」。陳偉先生認爲：「若釋『爰』不誤，則似應用作連詞，意爲『於是』〔註61〕。」而《郭店·成之聞之》34「君子篝（袵）笤（席）之上嬲（讓）而㠯學（幼）」，㠯，學者多釋爲「受」。趙平安先生則認爲：「這個字一般釋受，字形相去既遠，文例也講不通。」所以將㠯字釋爲「爰」，讀作「援」。《禮記·中庸》：「在上位，不凌下。在下位，不援上。」說可參〔註62〕。

〔六〕訢（神）戎（農）〔𧗾〕是（氏）

建洲按：「訢」字亦見於《包山》、《郭店》等。前者如《包山》145 作𧘇，用作人名。李零先生先生已經指出是「楚『愼』字」〔註63〕。後者如《郭店·老子丙》簡12「𧘇終若始」，「𧘇」隸作訢，讀作愼〔註64。〕陳偉武先生分析作「從言䀴聲，『䀴』當即『䘡』（此字亦見於睡虎地秦簡，用爲『近』之省。）」并指出用爲「愼」的誓、訢實是「訢」字異體，不是從「折」得聲的「誓」字〔註65。〕陳劍先生則以爲《郭店》所有「愼」字的寫法皆來自西周金文的「𧶠」、「𢗍」，應該分析爲從言（或又從心）、所（「質」的聲符〔註66〕）聲（或所省聲）。質，章母質部；愼，禪母眞部，聲母爲旁紐，韻部有嚴格的陽入對轉關係〔註67〕。以上二說均有啓發性。陳偉

〔註61〕陳偉《郭店竹書別釋》（武漢：湖北教育出版社，2003.1），頁172。

〔註62〕趙平安〈釋郭店簡《成之聞之》中的「㠯」字〉《簡帛研究二〇〇一》（桂林：廣西師範大學，2001.9），頁175注2。

〔註63〕李零〈讀《楚系簡帛文字編》〉《出土文獻研究》第五集（北京：科學出版社，1999.8），頁153（185）。

〔註64〕相關字形可見張光裕、袁國華二先生合編《郭店楚簡研究——第一卷——文字編》，頁236～237。

〔註65〕陳偉武〈舊釋「折」及從「折」之字平議〉《古文字研究》第22輯（北京：中華書局，2000.7），頁252～253。

〔註66〕阮元《積古齋款識·㿟鼎銘》下說：「質作所，古省文。」章太炎《小學答問》亦曰：「所當音質。質從所聲。」引自陸宗達、王寧《訓詁與訓詁學》（太原：山西教育出版社，1996.7 二刷），頁94。又陳劍先生引朱駿聲《說文通訓定聲》「所」字下認爲「此字當讀如『質』，即『樌櫃』之『櫃』，質從之得聲。」認爲從文字構造通例看，說質從「所」聲應該是符合事實的。「所」大徐音語巾切（與從斤得聲的「斫」同音），當是後起的讀音。這個意見受到李零的贊同，比如「微史家族窖藏銅器群」中的「㝎組」銅器，「㝎」舊釋「折」或「旂」，李零引陳劍對金文「質」的考釋，以爲其實是「質」字所從。文見李零〈重讀史牆盤〉，刊載於北京大學考古文博學院等編《吉金鑄國史——周原出土西周青銅器精粹》（北京：文物出版社，2002.6），頁57注5。又新出《上博（三）·仲弓》20B：「所竭其情、盡其訢（質）」，其中「訢」正讀作「質」，見陳劍〈上博竹書《仲弓》篇新編釋文（稿）〉，簡帛研究網，2004.04.18，http://www.jianbo.org/admin3/html/chenjian01.htm。

〔註67〕陳劍〈說愼〉《簡帛研究二〇〇一》，頁207～214。

武先生所說「𢓲」字，見於《睡虎地‧秦律十八種》，字借爲「近」〔註68〕。但不論「近」（群文）或「𢓲」（曉文）與「愼」（禪眞），韻部的確關係密切，但是聲紐稍遠，不見舉證來說明。此外，陳偉武先生對「愼」的異體，如誓、斳、𢟋分別作不同的分析，但是這些字彼此之間的關係如何呢？而陳劍先生之說，聲韻雖然沒問題，但如同其所說「現在唯一的問題是由『誓』發展爲『誓』、『斳』，在字形發展上暫時缺乏中間環節〔註69〕。」此外二說對某些字的解釋也不盡相同，如𤂖（番生簋），陳偉武先生分析字形上部爲從𨸏斤聲；陳劍先生則舉西周中期史密簋「所」作𢌳及西周晚期宣王時的毛公鼎「所」作𢌳（毛公鼎），以爲上舉（番生簋）亦應隸作「所」。亦有可能是由西周微氏家族器𢌳（忻觥）發展而來〔註70〕。可見對於「𤕝」字形的源流，尚未取得共識。還要補充的是，《上博（一）‧性情論》39「愼」字二見作「誓」〔註71〕，若依陳劍先生對構形的分析，則是省略了聲符「所」。最近看到廖名春先生重新考釋此字，他認爲「𤕝」字左上所從應該是「玄」，並說「誓」左上所從的「十」是由「玄」變化而來〔註72〕。筆者不同意其說，雖然就甲金文字來看，「玄」字的確與「幺」形近，〔註73〕但在楚文字中「玄」、「幺（糸）」筆法是不同的，如「玄」字《包山》66🔳、《郭店‧老子甲》簡8作🔳、簡28作🔳、《上博（二）‧子羔》12作🔳〔註74〕。而從「幺（糸）」之字，如🔳（「紀」，《郭店‧老子甲》11）、結（「結」，《郭店‧緇衣》25）、🔳（「約」，《郭店‧性自命出》9）、🔳（「茲」，《郭店‧緇衣》1）。二者相較，「玄」是個別寫出二「○」，但「糸」則是有筆劃連貫的現象。以此觀之，《郭店》殘簡2「🔳」，或隸爲「玆」〔註75〕，但筆者比較贊同張守中、湯餘惠等先生隸作從「糸」〔註76〕。至於《說文》說「茲」從二「玄」，季師旭昇已指出其誤〔註77〕。仔細觀察，楚簡諸多「愼」字（𤕝）無

〔註68〕張守中《睡虎地秦簡文字編》（北京：文物出版社，1994.2），頁196

〔註69〕陳劍〈說愼〉《簡帛研究二○○一》，頁212。

〔註70〕陳劍〈說愼〉《簡帛研究二○○一》，頁213注15。

〔註71〕馬承源主編《上海博物館藏戰國楚竹書（一）》（上海：上海古籍出版社，2001.11），頁109。

〔註72〕廖名春《出土簡帛叢考》（武漢：湖北教育出版社，2004.2），頁165。

〔註73〕季旭昇師《說文新證》上（台北：藝文印書館，2002.10），頁312。

〔註74〕張富海〈上博簡《子羔》篇「后稷之母」節考釋〉，簡帛研究網，2003.01.17。

〔註75〕張光裕、袁國華《郭店楚簡研究——第一卷——文字編》（台北：藝文印書館，1999.1），頁213，字頭0601。

〔註76〕張守中等《郭店楚簡文字編》，頁179、湯餘惠主編《戰國文字編》（福州：福建人民出版社，2001.12），頁854。

〔註77〕季旭昇師《說文新證》上（台北：藝文印書館，2002.10），頁313。

疑是從「幺」的。況且「十」與「玄」之間字形變化也未見說明，茲不從其說。總之，這些字形釋爲「愼」當然是對的，但在形構上尙待出土新資料來佐證。本簡「愼」（禪眞）與「神」（船眞）古音相近，故可通假。

「戎」作「△」，「戎」所從的「戈」旁上加一筆，與相同，簡39「『戎』遂」作亦是相同情形。除了可考慮是「戈」上加一飾筆外，似乎亦有可能變形音化從「弋」。參簡39注釋。

〔七〕椲（混）〔〕（沌）是（氏）

李零先生：「」亦見於郭店楚簡《緇衣》第十七簡「出言又（有）」，但以爲「椲氏」待考。（頁251）

廖名春先生〈容箚〉：「椲」當爲「椲（匣微）屯」，讀爲「混（匣文）沌」，即典籍所見上古帝王「混沌氏」。並說「」當爲《郭店・老子乙》16「子孫以其祭祀不屯」的「屯」作。

何琳儀先生〈滬二〉：亦釋爲「混沌氏」。《說文》：「丨，上下通也，引而上行讀若囟，引而下行讀若退。（古本切）」本簡△當讀若「退」。簡文「椲丨是」可讀「渾沌氏」（《史記・帝王本記》）或「渾敦氏」（《左傳・文公廿十八年》），上古傳說中之帝王。首先，「韋」與「軍」聲系可通。《易・系辭》上「日月運行」，釋文：「運，姚作違。」《淮南子・覽冥》：「晝隨灰而月運闕」，注：「運讀運圍之圍。」《周禮・天官・內司服》：「褘衣」，注：「翬、褘聲相近。」《禮記・玉藻》：「王后褘衣。」注：「褘，讀如翬」。其次，「退」與「敦」亦可相通。《詩・大雅・棫樸》：「追琢其章。」《荀子・富國》引「追」作「雕」。又《詩・周頌・有客》：「敦琢其旅。」正義：「敦、雕古今字。」凡此可證「敦」與「追」實乃一音之轉。而「追」又可與「退」相通。《禮記・檀弓》下「文字其中通然如不勝衣。」釋文「退」作「追」。是其佐證。通過以上典籍異文的分析，可知「椲丨」與典籍之「渾沌」、「渾敦」、「混沌」、「渾淪」、「昆侖」、「倱伅」等，皆一音之轉。至於郭店簡《緇衣》17「出言有丨」，應據其有「囟」之讀音而讀「細」。《說文》：「細，微也。」

陳劍先生〈傳說〉：「桍丨氏」的「桍」原隸作「椲」（此字右半略有模糊，諦審圖版似是「夸」字形）（頁2）。

建洲按[註78]：簡文首字作，右上與「夸」所從「大」形似不類，此仍依整

〔註78〕底下內容曾刊載於《中國文字》新29期（臺北：藝文印書館，2003.12）。

理者李零先生隸作「橝」，則〈容成氏〉簡文讀作「混沌氏」應無問題。但廖名春先生認爲簡文「⟋」相當於《郭店・老子乙》16 的「⟋」，此說可商。裘錫圭先生按語已經指出「⟋」似爲「乇」字〔註79〕，李零先生亦有相同意見〔註80〕。或以爲「⟋」是《說文》訓爲鉤識號的「⟋」〔註81〕，換言之，「⟋」與「屯」字形不似，況且「⟋」與「⟋」字形實不類。

《郭店・緇衣》17「《寺（詩）》員（云）：『其頌（容）不改，出言又（有）⟋，利（黎）民所⟋。』」《上博（一）・紟衣》10 僅剩「所⟋」二字，今本〈緇衣〉引《詩》作「彼都人士，狐裘黃黃。其容不改，出言有章。行歸於周，萬民所望。」其中「黃」、「章」、「望」同押陽部韻〔註82〕。《郭店》的「⟋」，整理者釋爲「信」〔註83〕，《上博（一）・紟衣》⟋字形相近。學者多從之，此說未必對，詳下。而關於「⟋」字說法不少，《郭店》整理者以爲字未寫全〔註84〕。陳高志先生以爲「凡名爲『璋』之物，其上方一側均作斜角狀，……由圖形并結合傳統訓詁說解，可知『⟋』是『璋』字初文。此字或許是書寫者爲求便捷的手法，將『戰國時玉璋大爲盛行』之物，信手繪畫而出〔註85〕。」周鳳五先生亦以爲是玉璋省體之形〔註86〕。李零先生釋爲「川」字之省，簡文中讀爲「訓」，與「信」（⟋）押韻〔註87〕。廖名春先生贊同其說〔註88〕。劉信芳先生引《說文》「｜，上下通也，引而上行讀若囟，引而下行讀若退。」將簡文讀作「引」，與下文「信」押韻。〔註89〕王寧先生亦引《說文》「｜」，以爲音「囟」（心眞），讀爲「絢」（曉眞），與下文「信」押韻，亦與「章」義近〔註90〕。

〔註79〕荊門市博物館《郭店楚墓竹簡》（北京：文物出版社，1998.5），頁 120 注 27。
〔註80〕李零《郭店楚簡校讀記——增訂本》，頁 23。
〔註81〕何琳儀〈郭店竹簡選釋〉《簡帛研究二○○一》，頁 160、張桂光〈《郭店楚墓竹簡》釋注續商榷〉《簡帛研究二○○一》，頁 188。
〔註82〕王力《詩經韻讀》（上海：上海古籍出版社，1980.12），頁 325。
〔註83〕荊門市博物館《郭店楚墓竹簡》，頁 130。
〔註84〕荊門市博物館《郭店楚墓竹簡》，頁 134 注 50。
〔註85〕陳高志〈《郭店楚墓竹簡・緇衣篇》部分文字隸定檢討〉《張以仁先生七秩壽慶論文集》（臺北：學生書局，1999.1），頁 365～366。
〔註86〕周鳳五〈郭店楚簡識字札記〉《張以仁先生七秩壽慶論文集》，頁 352。
〔註87〕李零《郭店楚簡校讀記——增訂本》，頁 64。
〔註88〕廖名春〈郭店楚簡引《詩》論《詩》考〉《新出楚簡試論》（臺北：台灣古籍研究，2001.5），頁 50～51。
〔註89〕劉信芳〈郭店簡《緇衣》解詁〉《郭店楚簡國際學術研討會》（武漢：武漢大學出版社，2000.5），頁 170～171。
〔註90〕王寧〈郭店楚簡《緇衣》文字補釋〉，簡帛研究網，2002/9/12。

建洲按：首先，陳、周二先生之說，馮勝君先生批評曰：「裘錫圭早就指出『象物字幾乎都出現的很早』（《文字學概要》頁 120）。所以在戰國文字中，幾乎沒有產生新的『省體象形』字的可能。即使有，古人也不會造出如此奇詭的象形字，因為將『 〳 』同『璋的右側外廓』聯繫起來，顯然非常人想像力所及〔註91〕。」其次，李零先生釋為「川」，但「川」通常作「〰」（《郭店·老子甲》8）、「𢖻」（忖，《郭店·緇衣》12）「𠂤」（㓝川，《葛陵·甲三》11）〔註92〕，帶有曲筆，與「 〳 」不類。其三，王寧先生說「囟」、「絢」聲紐準雙聲不知何據？其四，以上諸說的共同缺點如同白於藍先生所指出的「𢖻」釋為「信」不可信〔註93〕。白於藍先生指出簡文「 〳 」與「𢖻」右旁形同，「𢖻」顯然是一從言「 〳 」聲的形聲字。換言之，二者是有押韻關係的〔註94〕。這是很對的。但說「 〳 」字同《古文四聲韻》卷五「白」字下引《汗簡》作「﹨」〔註95〕，亦同《說文》十二下十五的「〵，左戻也。從反厂，讀與弗同。」〔註96〕則可商，彼此字形並不類。裴健聰先生則以為是《說文》的「 〳 」，《說文》曰：「 〳 ，水小流也。……𕘺，古文〵。從田從川〔註97〕。」並說「 〳 」意為水小流，或可引申為有度有序，與「章」義近。〔註98〕此說流於附會，不可信。況且依其所釋，字從「川」省，與李零先生釋同，字形上依然是說不通的。何琳儀先生〈滬二〉讀作「細」（心脂）與「章」（章陽），韻部有差距，而且意思上似不順，恐不可從。〈緇衣〉的「 〳 」、「𢖻」的右旁與〈容成氏〉的「 〳 」，由字形來看，應為一字。筆者以為楚簡這個字如同何琳儀、劉信芳二先生所指出就是《說文》的「 〡 」（讀「退」，透物），在〈容成氏〉中可讀為「沌」（定文），聲紐同為端系，韻部文物陽入對轉，如《詩·大雅·雲漢》「蘊隆蟲蟲」，《韓詩》「蘊」（文）作「鬱」（物）〔註99〕。又如「勿」是物部，而從勿的「吻」是文部。「盾」是文部，而從盾的「腯」

〔註91〕馮勝君《二十世紀古文獻新證研究》（長春：吉林大學博士學位論文，2002.6），頁 146。

〔註92〕貫連敏《新蔡葛陵楚墓出土竹簡釋文》，河南省文物考古研究所編著：《新蔡葛陵楚墓》（河南：大象出版社，2003.10），頁 189，照片見圖版七七。

〔註93〕白於藍〈郭店楚墓竹簡考釋（四篇）〉《簡帛研究二〇〇一》，頁 192。

〔註94〕白於藍〈郭店楚墓竹簡考釋（四篇）〉《簡帛研究二〇〇一》，頁 192。

〔註95〕《汗簡·古文四聲韻》（北京：中華書局，1983.12），頁 74。

〔註96〕〔漢〕許慎撰，〔宋〕徐鉉校定《說文解字》（北京：中華書局，2002.10 二十刷），頁 265。

〔註97〕〔漢〕許慎撰，〔宋〕徐鉉校定《說文解字》，頁 239。徐鍇《說文繫傳》則作「𕘺，古文〵。從田川。」（臺北：臺北：華文書局，1971.5），頁 924。段玉裁從之，見《說文解字注》（臺北：漢京文化，1985.10），頁 568。

〔註98〕裴健聰〈讀楚簡零釋〉，簡帛研究網，2003/1/3。

〔註99〕余培林師《詩經正詁》下（臺北：三民書局，1995.10），頁 458。

是物部。至於〈緇衣〉 ⟩ 、 ⟨ 二字，與今本似乎不太可能是通假關係。「⟩」（「退」，透物或「沌」，定文），今本作「章」（章陽），聲同爲舌音，韻部文陽雖有協韻之例如《易・革象傳》以炳（陽）韻君（文）〔註100〕，但畢竟少見。「⟨」，今本作「望」（明陽），聲韻關係皆不密切。筆者以爲簡文可能用同義字，如上舉李零、廖名春二先生將「⟩」釋爲「訓」，而「訓」與「章」義同爲「法度」，就是這種思考。鄭《箋》謂「出言有章」是「吐口言語又有法度文章」〔註101〕，如同《詩・大雅・抑》：「維民之則」、「維民之章」，鄭《箋》曰：「則，法也」、「章，文章法度也〔註102〕。」可見「章」的確指法度、章程而言〔註103〕。筆者以爲「⟩」（定文或透物）或可讀爲「類」（來物），聲紐「來定」或「來透」同爲舌頭音，韻部「文物」有陽入對轉關係，若讀作「物」則是疊韻關係。《楚辭・九章・懷沙》：「明告君子，吾將以爲類兮」，王逸《注》：「類，法也〔註104〕。」尤其《荀子・儒效》：「其言有類」，句式與簡文相類。王先謙曰：「類，法也〔註105〕。」王念孫亦曰：「類之言律也，律亦法也。」〔註106〕下一句「萬民所望」，鄭《箋》曰：「其餘萬民寡識者，咸瞻望而法效之」。《正義》曰：「以經言萬民所望，明都人爲人所法效也〔註107〕。」如此則「⟨」可以讀作「述」，船紐物部；與「⟩」（沌，定文；退，透物），聲紐同爲舌音，韻部文物對轉或疊韻。《說文》：「述，循也〔註108〕。」《禮記・中庸》：「父作之，子述之。」〔註109〕可見「述」有效法、遵循的意思，與「望」所表示的「法效」之義相近，尤其《禮記・緇衣》「爲上可望而知也，爲下可述而志也」，王引之說「述而志，猶言望而知」〔註110〕，可說明「述」、「望」的確是義近的。總合以上，簡文讀作「其頌（容）不改，出言又（有）類，利（黎）民所述。」類、述同押物部韻，與今本「黃」、「章」、「望」同押陽聲韻是一樣的。

最近讀到楊澤生先生認爲《郭店・緇衣》的「⟩」應讀作「及」，理由有三：

〔註100〕陳新雄師《古音研究》（台北：五南出版社，1999.4），頁469。

〔註101〕《十三經注疏──詩經》（台北：藝文印書館，1997.8 初版十三刷），頁510。

〔註102〕《十三經注疏──詩經》，頁645。

〔註103〕上引廖名春先生文亦將「章」釋爲「法度」，見《新出楚簡試論》，頁51。

〔註104〕〔漢〕王逸注，〔宋〕洪興祖補注《楚辭章句補注》（長春：吉林人民出版社，1999.9），頁142

〔註105〕〔清〕王先謙《荀子集解》（北京：中華書局，1997.10 四刷），頁138。

〔註106〕〔清〕王念孫《廣雅疏證》（南京：江蘇古籍出版社，2000.9），頁10。

〔註107〕《十三經注疏──詩經》，頁510～511。

〔註108〕〔漢〕許愼撰，〔宋〕徐鉉校定《說文解字》，頁39。

〔註109〕《十三經注疏──禮記》，頁885。

〔註110〕〔清〕王引之《經義述聞》（南京：江蘇古籍出版社，2000.9），頁388。

首先，字形證據是《說文》古文「及」作ㄟ、石經《無逸》篇「及高宗」之「及」古文作〢（原注：商承祚《石刻篆文編》第151頁）。其次，就文義上看，「言及」古書裡也很常見。其三，對於詩文「押韻」的問題，楊先生以爲「至於釋『引』、釋『訓』之說都考慮與後面的『信』字押韻，其實這是不必要的，因爲郭店《緇衣》引《都人士》屬於『節引』〔註111〕。」筆者以爲楊說未必較好。楊文原爲博士論文的一部分〔註112〕，所以未見《上博（二）・容成氏》的字形。假若《郭店・緇衣》「〢」釋爲「及」，則同簡的「𦥑」不知該如何解釋？其次，所謂「節引」與「押韻」之間並不互相矛盾，以這理由來否定「押韻」的可能，證據力是不夠的。

（洲再按：此字應依裘錫圭先生的看法解爲「十」或「針」的初文，讀爲「章」。見《古墓新知》。）

〔八〕墉遷是（氏）

李零先生：待考。（頁251）

廖名春先生〈容箚〉：「墉遷」疑讀爲「伏羲」。「伏羲」之「伏」又作「包」、「宓」、「虑」、「庖」等，而從「包」之字與「膚」通。《漢書・地理志》：「枹罕。」顏師古注：「枹讀曰膚。」「遷」從「畢」。「畢」字金文或從單，或從干。而「單」或「干」皆爲元部字，也許和作爲歌部字的「羲」或「戲」可通用。《說文》「畢」字從「𦥔」，而「𦥔」《廣韻》北潘切，平桓幫。又卑吉切，元部。其韻與「羲」或「戲」之歌部可對轉。《禮記・玉藻》：「一命縕韍幽衡，再命赤韍幽衡。」《說文・韋部》「韠」字引「韍」皆作「韠」。「韍」爲月部幫母字，亦可爲「畢」古音爲元部一證。《管子・封禪》：「管仲曰：古者封泰山，禪梁父者七十二家，而夷吾所記者十有二焉。昔無懷氏封泰山，禪云云；虑羲封泰山，禪云云；神農封泰山，禪云云；炎帝封泰山，禪云云；黃帝封泰山，禪亭亭；顓頊封泰山，禪云云；帝嚳封泰山，禪云云；堯封泰山，禪云云；舜封泰山，禪云云；禹封泰山，禪會稽；湯封泰山，禪云云；周成王封泰山，禪社首。皆受命然後得封禪。」《史記・封禪書》同。《莊子・胠篋》「昔者容成氏、大庭氏、伯皇氏、中央氏、栗陸氏、驪畜氏、軒轅氏、赫胥氏、尊盧氏、祝融氏、伏羲氏、神農氏……」「伏羲」雖在「神農」前，但皆在諸氏後。《帝王世紀》：「女媧氏沒，大庭氏王有天下；次有柏皇氏、中央氏、栗陸氏、驪連氏、赫胥氏、尊盧氏、混沌氏、暭英氏、有巢氏、朱襄氏、葛天氏、陰康氏、無懷氏，凡十五世，皆襲庖羲氏之號。《易》稱庖羲氏沒，神農氏作，是爲炎帝。」也有相同之處。

〔註111〕楊澤生〈孔壁竹書的文字國別〉《中國典籍與文化》2004.1頁77。
〔註112〕楊澤生《戰國竹書研究》（廣州：中山大學博士論文，2002.4）。

簡文「墻遅氏」居諸氏最後，與上述文獻雖有一定出入，但大體上還是相應的。

黃人二先生：「膚（从土）畢（从辵）是」之讀爲「伏犧氏」，亦不可信，「伏」字一般楚文字多從「包」得聲，「犧」（曉歌）、「畢」（幫質）兩字聲韻皆遠，聲母一喉音一脣音，韻部一歌部一脂部，故恐不能假〔註113〕。

建洲按：筆者過去同意廖氏之說，並曾補充說明比較令人懷疑的「犧」（曉紐歌部）與「畢」（幫紐質部）的聲韻關係：「膚」古音幫紐魚部，而「膚」從「盧」聲，「盧」又從「虍」聲〔註114〕。「虍」，曉紐魚部，可說明幫、曉二紐有互通的可能。陸志韋說這可能是喉牙音脣化的緣故，他也舉出「膚」字有喉牙音通脣音的現象〔註115〕。至於韻部則屬旁對轉，音近可通，如《荀子・非十二子》：「綦谿利跂。」楊《注》：「利與離同」。《莊子・盜跖》：「皆離名輕死。」《闕誤》引張君房本離作利〔註116〕。「利」，質部；「離」，歌部。但是考慮到不論聲紐或韻部，關係的確不是那麼密切，我們傾向同意陳劍先生的處理，不必一定要在古書中找到對應者〔註117〕。

〔九〕不受（授）元（其）子而受（授）叚（賢）

趙彤先生〈隸定〉：陳劍先生在《柞伯簋銘補釋》（《傳統文化與現代化》1999年第1期，50～53頁）一文中指出 ⚟ 應該是「搴」與「摰」共同的表意初文。……我們看 ⚟ 右半的寫法與 ⚟ 相比已經有所不同，…而仔細觀察，⚟ 中的墨點實際上是「丁」字。比較郭店簡《窮達以時》中 ⚟ 和「丁」的寫法：⚟（簡2）　▼（簡4）。「搴」、「摰」在眞部，「丁」在耕部。《楚辭》中眞耕合韵的很多，可見當時楚方言中眞耕兩部音近。

建洲按：「叚」字作「⚟」，讀爲「賢」。《郭店》屬於 ⚟ 一系的寫法，除上述字形類似「丁」外，其他如 ⚟（3.17）或是另外一種常見作「一橫筆」者如 ⚟（6.23）皆與「丁」不類。〔註118〕所以，僅就 ⚟ 一種寫法是否就可說從「丁」是可以保留的。其次，「丁」，古音端紐耕部；「摰」，溪紐眞部，韵部眞耕在楚系方言常見相通，

〔註113〕黃人二〈讀上博藏簡容成氏書後〉，簡帛研究網，
　　　　03/01/15，http://www.bamb",osilk.org/Wssf/2003/huanrener01.htm。
〔註114〕《甲骨文字詁林》（二）1698 條引于省吾說、吳振武《古璽文編校訂》99 條。
〔註115〕陸志韋《古音說略》《陸志韋語言學著作集》（一）（北京：中華書局，1985.5），頁
　　　　270～273。亦可參顏世鉉〈散論（三）〉。
〔註116〕高亨、董治安編纂《古字通假會典》，頁538。
〔註117〕陳劍〈上博楚簡《容成氏》與古史傳說〉《中國南方文明學術研討會論文》（台北：
　　　　中央研究院歷史語言研究所，2003.12.19），頁2。
〔註118〕張光裕、袁國華二先生合編《郭店楚簡研究——第一卷——文字編》，頁104。

陸志韋先生就說：「《楚辭》用眞耕兩部字次數很多〔註119〕。」董同龢先生亦說：「眞部字與耕部字在《老子》中也有幾次的通押……同樣的情形在《楚辭》中更數見不鮮〔註120〕。」另外如《郭店‧老子甲》簡13「貞」（端耕）讀作「鎮」（端眞）。但聲紐則少見通假例證。在無法絕對肯定釋爲「丁」之前，筆者以爲仍應從陳劍之說隸作「臤」，季旭昇先生亦有相同的看法。由簡文可知上古帝王皆爲賢者。此與《呂氏春秋‧審應覽‧不屈》：「魏惠王謂惠子曰：『上世之有國，必賢者也。今寡人實不若先生，願得傳國。』」〔註121〕相應。

〔十〕而上忘（愛）〔 〕下

建洲按：「△」上部「旡」旁與一般楚系文字「忘」字不同，參《上博（一）‧孔子詩論》簡15、17、27；《上博（一）‧紂衣》簡13；《郭店楚簡研究－文字編》509號。形體比較接近 （克鼎）、 （散盤）的偏旁，由散盤銘文「我 （既）付散氏田器」〔註122〕可知應從「旡」旁。這種字形是由 （蒲簋）、 （毛公旅鼎）的「㮚」旁訛變來的〔註123〕。此外，晉系「忘」作 （中山王譻壺）、 （蚉壺）其「旡」旁亦與「△」接近。

〔十一〕戠（寢）亓（其）兵

建洲按：「戠」字亦見於《楚帛書》丙11.2「呂利 伐」，「戠」，曾憲通先生以爲「即侵字。侵伐故從戈〔註124〕。」亦見於《包山》269作「 羽一筲」，「侵」用作一種羽毛的名字〔註125〕。亦見《慈利楚簡‧逸周書‧大武》：「武有七制：一日

〔註119〕陸志韋〈《楚辭》韵釋〉《陸志韋語言學著作集》（二）（北京：中華書局，1999.3），頁366。

〔註120〕董同龢〈與高本漢先生商榷「自由押韵」說兼論上古楚方音特色〉丁邦新編《董同龢先生語言學論文選集》（臺北：食貨出版社，1981.9）9頁

〔註121〕〔漢〕高誘注《呂氏春秋》（臺北：藝文印書館，1974.1三版），頁510。

〔註122〕張亞初《殷周金文集成引得》（北京：中華書局，2001.7），頁330、中國社會科學院考古研究所編《殷周金文集成釋文》第六卷（香港：香港中文大學，2001.10），頁135。

〔註123〕季旭昇師《說文新證》（上），頁203亦提到這種現象。

〔註124〕曾憲通《長沙楚帛書文字編》（北京：中華書局，1993.2），頁84，242號。李家浩先生亦有相同意見，見下引文。

〔註125〕李家浩〈包山楚簡的旌旆及其他〉《第二屆國際中國古文字學研討會論文集續編》（香港：香港中文大學，1995.9），頁381；亦收錄於《著名中年語言學家自選集——李家浩卷》（合肥：安徽教育出版社，2002.12），頁264。

征，二日攻，三日戩」，經與《北堂書鈔》一百十三引《周書·大武》可知「戩」讀爲「侵」〔註126〕。又如《葛陵簡》甲一：7「司戩」，何琳儀先生讀作「司侵」〔註127〕。而戰國文字上常加無義的「宀」旁，如《郭店·五行》5「宑」即是「中」、《郭店·五行》29「宧」即「宧（家）」、《郭店·緇衣》9「寠」即「國」。換言之，本簡「戩」當作「戩」。在本簡應讀作「寢」，「侵」、「寢」二者同爲清紐侵部。「寢」，停止之意。《管子·立政》：「寢兵之說勝，則險阻不守。」《注》曰：「寢兵，息兵停戰〔註128〕。」

〔十二〕官亓（其）才（材）

　　李零先生：「才」通「材」。此句指任官以能。《國語·晉語四》記胥臣對文公問八疾，有「官師之所材也」說，與此所述相似。《晉語四》有「因體能質而利之者也」，韋昭注：「師，長也。材，古裁字。」後說疑非原義。（頁251）

　　建洲按：句意是「依其身體狀況安排適當的工作」。《國語·晉語四》：「公曰：『奈夫八疾何？』對曰：『官師之所材也，戚施植鎛，蘧蒢蒙璆，侏儒扶盧，矇瞍循聲，聾聵司火，僮昏、囂喑、僬僥，官師所不材也，以實裔土。』韋昭《注》：「師，長也。材，古裁字。」徐元誥《按》曰：「材，謂裁成，下所言是〔註129〕。」以上共論及八種身體有殘疾者所從事的工作，與簡文有相同的主題，但具體內容并不相同。

〔十三〕於是虖（乎）〔〕

　　建洲按：「虖」，是楚系文字「虖（乎）」的異體字。〈容成氏〉的「乎」字，李零先生均隸作「虖」，但從字形上看來，明顯從「介」。此處依形隸作「虖」。比較清楚的對比如簡14「虖」作，下部與同簡「而坐之」同形，李零先生、何琳儀〈滬二〉皆隸「」爲「𠇮」。楚系文字的「乎」有多種寫法，如「虖」作（《郭店·語叢一》96）、（〈唐虞之道〉25）；「虖」作（《上博（一）·孔子詩論》簡6）；「虘」作（《上博（二）·魯邦大旱》簡3）；「虖」作（〈孔子詩論〉12，「示」旁與〈魯邦大旱〉簡2「」的「示」旁同形〔註130〕。可見重點在「虍」聲（虍、乎同爲曉紐魚部），其下或聲化或訛變。至於「乎」旁寫作「介」形，其演變

〔註126〕張春龍〈湖南省近年出土簡牘文獻資料略論〉《第一屆中國語言文字國際學術研討會論文》（香港：香港大學，2002.3）。

〔註127〕何琳儀〈新蔡竹簡選釋〉（上），簡帛研究網，2004.12.07。

〔註128〕陳麗桂師等校注《新編管子》（臺北：國立編譯館，2002.2），頁109。

〔註129〕徐元誥《國語集解》（北京：中華書局，2002.6），頁363。

〔註130〕黃德寬《〈戰國楚竹書〉（二）釋文補正》，簡帛研究網，（03/01/21）。

過程可能是：🔣（乎，《乙》7365）➜ 🔣（乎，井鼎）➜ 🔣（虖，「乎」旁豎筆貫穿，《侯馬》77：2）➜ 🔣（虖，「乎」旁下部類化增加二飾筆，《三體石經》）➜ 🔣（虖，「乎」旁豎筆中的橫筆變爲圓點，《郭店‧語叢一》60）➜ 🔣（虖，「乎」旁豎筆上端增加一短筆類似「人」形，《郭店‧語叢三》58）➜ 🔣（虖，「乎」旁下部兩飾筆省掉遂類似「介」形，〈容成氏〉14）。另外，季旭昇師以爲亦可能是由「虖」一系發展而來，省掉下部的口形，如《上博（二）‧民之父母》簡 1～2「民【之】父母乎」，「乎」作🔣（虎），🔣再增添「人」旁左右二飾筆，遂成「介」形，此說有理，可參。

〔十四〕唫（瘖）聾執燭

　　李零先生：即「瘖聾」，聾啞人。「瘖」字典籍亦作「瘖」。《禮記‧王制》：「瘖、聾、跛躄、斷者、侏儒、百工，各以其器食之。」《晉語四》所謂「聾聵司火」與此類似，「嚚瘖不可使言」也是講「瘖」。（頁 251）

　　建洲按：《國語‧晉語四》所謂八疾中有重複的現象，除李零先生所說「聾聵」與「嚚瘖」之外；如《國語‧晉語四》：「僬僥不可使舉，侏儒不可使援」，其中「僬僥」，宋庠曰：「人長三尺，短之極也〔註131〕。」亦是一例。

〔十五〕椙（矇）戎（瞽）鼓瑟（瑟）

　　李零先生：從文義看，似相當於「矇瞽」，意思是瞎子。《晉語四》有「矇瞍修聲」。（頁 251）

　　許全勝先生〈補釋〉：李零讀爲「矇瞽」，近是。第一字從木冒聲，可讀「瞀」。冒、瞀皆明母幽部字。《玉篇》：「瞀，目不明貌。」《莊子‧徐無鬼》：「予適有瞀病。」第二字從工戈聲，戈在見母歌部；瞽在見母魚部。歌、魚古多通假，此二字可讀爲「瞀瞽」。

　　陳劍先生〈傳說〉：「椙」讀爲「瞀」可從，「戎」則應逕讀爲「樂工」之「工」。目不明曰瞀，「瞀工」猶「瞽工」。《韓非子‧八說》：「上下清濁，不以耳斷而決於樂正，則瞽工輕君而重於樂正矣。」（頁 16 注 3）

　　建洲按：李零先生之說可信，不須改釋。《荀子‧哀公》：「古之王者有務而拘領者矣」，楊《注》：「『務』讀爲『冒』〔註132〕。」而《尚書‧洪範》：「曰『蒙』，恒

〔註131〕徐元誥《國語集解》，頁 360。
〔註132〕（清）王先謙《荀子集解》（北京：中華書局，1997.10 四刷），頁 542。

風若。」《史記‧宋微子世家》作「曰『霧』，常風若」〔註133〕可見「楣」與「矇」音近可通。《詩‧大雅‧靈臺》：「鼉鼓逢逢，矇瞍奏公」，毛《傳》：「有眸子而无見曰矇〔註134〕。」其次，《尚書‧堯典》：「瞽子」，孔《傳》曰：「無目曰瞽」〔註135〕。

　　許全勝先生所說的「瞽」，僅有「目不明」的意思。另外，《莊子‧徐無鬼》：「予適有瞽病」，成玄英《疏》：「瞽病，謂風眩冒亂也〔註136〕。」似無眼瞎的意思，故暫不取其說。至於陳劍先生讀作「瞽工」，當作「官職」而言，與其他文例爲「殘疾」似有不合。

〔十六〕跛（跛）躄（躄）獸（守）門

　　李零先生：即「跛躄」，瘸子。《王制》：「跛躄」，鄭玄《注》：「兩足不能行也。」古代多以瘸子或受刖刑者守門。（頁251）

　　建洲按：又如《呂氏春秋‧季夏紀‧音初》：「子長成人，……斧斬其足，遂爲守門者。」〔註137〕《說苑‧至公》：「刖者守門」〔註138〕。

〔十七〕敉（侏）〔糨〕需（儒）爲矢〔﹆﹅﹆〕

　　李零先生：即「侏儒」，矮人。《晉語四》「侏儒不可使援」，韋昭《注》：「侏儒，短者，不能抗援。」又「侏儒扶盧」，韋昭《注》：「扶，緣也。盧，矛戟之柲，緣之以爲戲。」（頁251）

　　建洲按：「矢」作「﹆﹅﹆」，字亦見於《上博（一）‧孔子詩論》簡22作「四﹆﹅反」，即「四矢反」。字亦見於《隨縣》簡3作「﹆﹅」。裘錫圭、李家浩二先生根據（毛公鼎）「函」作「﹆」，從「凵」從倒「矢」，很精準的提出﹆字爲倒「矢」形〔註139〕。或將《隨縣》簡文釋爲「芇」，現在看來是不必要的〔註140〕。同時也說明《包山》

〔註133〕高亨、董治安編纂《古字通假會典》，頁30。
〔註134〕《十三經注疏——詩經》，頁581。
〔註135〕《十三經注疏——尚書》，頁28。
〔註136〕〔清〕郭慶藩《莊子集釋》（臺北：貫雅文化，1991.9），頁832。
〔註137〕〔漢〕高誘注《呂氏春秋》，頁142。
〔註138〕向宗魯《說苑校證》（北京：中華書局，2000.3 三刷），頁363。
〔註139〕裘錫圭、李家浩〈曾侯乙墓竹簡釋文與考釋〉《曾侯乙墓》（北京：文物出版社，1989.7），頁504注26。
〔註140〕張光裕、黃錫全、滕壬生主編《曾侯乙墓竹簡文字編》（臺北：藝文印書館，1997.1），頁42。

260 **羊** 舊釋為「屰」者，應從劉釗先生改釋為「矢」〔註141〕。

附帶一提，《上博（一）·紂衣》12「**羊**」字，沈培先生指出不是「矢」字，h字可作「晋」的聲旁，并且又讀作「祭」，很有可能是「箭」字〔註142〕，說可信。

〔十八〕長（或張）者酥氒（宅）

長 者

李零先生：疑讀為「張者」，與下「僂者」相反，指凸胸仰首的人。……〈晋語四〉有「戚施直鏄，蘧蒢蒙璆」，「蘧蒢不可使俯，戚施不可使仰」，疑「蘧蒢」為這裏的「僂者」，「戚施」是這裏的「長者」。（頁 252）

孟蓬生先生〈字詞〉：細繹簡文，長者與侏儒相對，婁者與瘻者相對，因此「長者」應指「身體特長的人」。

楊澤生先生〈補釋〉：讀作「長者」。

徐在國先生〈雜考〉：簡文「長（張）者酥宅，婁（僂）者仕（事）數」與上下文「跛躃守門，侏儒為矢」、「瘻者煮鹽宅」結構相同，均是講有某種疾患者從事某種職業。

黃錫全先生〈箚記三〉：長者，根據上下文義，當指個子高大而有某種缺陷之人。《左傳·哀公十四年》：「陳豹者，長而上僂，望視。」杜《注》：「肩背僂。」簡文的「長者」可能就是指這種長人。因這種人「上僂」、「望視」，所以「不能使仰」。

建洲按：以上諸說似以徐在國之說較為通達，其並不強調上下相對的問題。黃錫全先生之說亦可參。筆者以為簡文所列患有疾患者，似無明顯相對的現象。李零先生以為「張者」指「凸胸仰首」的人，與「僂者」相對，似無他證。況且簡文全部疾患者僅有此二者相對，似不太合理。而且「戚施」指的是駝背，「蘧蒢」為凸胸。上引文有「蘧蒢不可使俯，戚施不可使仰」，韋昭《注》：「蘧蒢，直者，謂疾。戚施，痀者。（**建洲按：**《說文》：「痀，曲脊也。」）〔註143〕」意即若按照李零先生的解釋，「長者」是「蘧蒢」；「僂者」是「戚施」。此外，這種所謂「凸胸仰首」的病症，即「雞

〔註141〕白於藍〈《包山楚簡文字編》校訂〉《中國文字》新 25 期，頁 178〔二六〕引劉釗說（劉釗〈包山楚簡文字考釋〉，中國古文字研究會第九屆學術研討會論文，1992 年於南京）。

〔註142〕沈培〈卜辭「雉眾」補釋〉《語言學論叢》第 26 輯（北京：商務印書館，2002），頁 239。吳振武先生贊同其說，見〈假設之上的假設——金文「𩵋公」的文字學解釋〉《第四屆國際中國古文字學研討會論文》（香港：香港中文大學，2003.10.15），頁 7～8。

〔註143〕徐元誥《國語集解》（北京：中華書局，2002.6），頁 359。

胸」，除稱「蓬蒢」外，一稱「尪」，《呂氏春秋・季春紀・盡數》：「形不動則精不流，精不流則氣鬱。鬱處頭則爲腫爲風，處耳則爲挶爲聾，處目則爲眵爲盲，……處腹則爲張爲府（**建洲按**：畢沅以爲是「疛」字之誤）……輕水所多禿與癭人，……苦水所多尪與傴人。」高誘《注》：「尪，突胸仰向疾也〔註144〕。」不見以「張」來稱之。而孟蓬生以爲「長者」與「侏儒」相對，「婁」當讀爲「瘻」，與「癭者」相對。但後二者均指脖子方面的疾病（詳下），并無相對的現象，可見其說有矛盾處。筆者以爲「長者」的確有可能是「張者」，對照出土及傳統醫學文獻，所指的病症應是「腹張（脹）」，如《葛陵簡》甲一：13「☑怀（背）、膺疾，弖（以）瘇（胖）痕（脹）」、甲一：14「☑貞：怀（背）、膺疾，弖（以）瘇（胖）痕（脹）」〔註145〕。《馬王堆・足臂十一脉炙經》22：「有『腹張（脹）』」〔註146〕、《張家山漢簡・脉書》簡7：「疛，其從脊胸起，使腹張（脹），得氣而少可，氣瘕殹〔註147〕。」《說文》曰：「疛，小腹病」。段《注》曰：「小當作心，字之誤也。……高誘曰：『疛，腹疾也。』〔註148〕」又如《張家山漢簡・脈書》：「泰陰之脈，……心痛與『腹張（脹）』死〔註149〕。」傳統文獻如《左傳・成公十年》：「（晉侯）將食，張，如廁，陷而卒。」杜預《注》：「張，腹滿也〔註150〕。」《素問・腹中論》：「黃帝問曰：『有病心腹滿，旦食不能暮食，此爲何病？』岐伯對曰：『名爲膨脹。』《注》曰：「外實中空，其形如鼓〔註151〕。」《靈樞・水脹》：「鼓脹何如？岐伯曰：『腹脹，身皆大，大與膚脹等也，色蒼黃，腹筋起，此其候也。』〔註152〕」其次，上引《呂氏春秋・季春紀・盡數》：「處耳則爲挶爲『聾』，處目則爲眵爲『盲』，……處腹則爲『張』爲『疛』」，「張」、「疛」與「聾」、「盲」同時出現，與簡文類似，所以簡文「長者」即「張者」，指患有「腹脹」病症者，或不爲無據。另外，黃錫全〈箚記三〉所說亦有理，今二說並存。意即「長者」即「張者」，指腹部鼓脹、凸出之人；或是身長而駝背的人。

〔註144〕〔漢〕高誘注《呂氏春秋》（臺北：藝文印書館，1974.1三版），頁74。
〔註145〕賈連敏：《新蔡葛陵楚墓出土竹簡釋文》，河南省文物考古研究所編著：《新蔡葛陵楚墓》（河南：大象出版社，2003.10），頁187，照片見圖版七〇。
〔註146〕馬繼興《馬王堆古醫書考釋》（長沙：湖南科學技術出版社，1992.11），頁205。
〔註147〕張家山二四七號漢墓竹簡整理小組《張家山漢墓竹簡（二四七號墓）》（北京：文物出版社，2001.11），頁235。
〔註148〕〔清〕段玉裁注《說文解字注》（臺北：漢京文化，1985.10），頁349。
〔註149〕高大倫《張家山漢簡〈脉書〉校釋》（成都：成都出版社，1992），頁63。
〔註150〕《十三經注疏——左傳》，頁450。
〔註151〕〔清〕張琦著 王洪圖點校《素問釋義》（北京：科學技術文獻出版社，1998.8），頁141。
〔註152〕〔明〕馬蒔《黃帝內經靈樞注證發微》（北京：科學技術文獻出版社，2000.12二刷），頁295。

酥〔✦〕厇

李零先生：待考。（頁 252）

何琳儀先生〈滬二〉：△，左從「首」，右從「禾」，當是從「首」得聲之字。「△宅」，疑讀「戚施」。《詩‧邶風‧新台》「燕婉之求，得此戚施。」傳「戚施，不能仰者。」或作「獻（犬作黽）上爾下黽」（《說文》引《詩》）、「叔（又作見）親（親作它）」（《玉篇》）等，皆爲一音之轉。

徐在國先生〈雜考〉：(酥)，當分析爲從「禾」「首」聲，釋爲「秀」。「秀」、「首」二字古通。如《左傳‧成公五年經》：「會晉荀首於穀。」《公羊傳》「首」作「秀」。所以「秀」可以「首」爲聲符。簡文「秀」疑讀爲「繇」。「由」、「首」二字古通。如：《戰國策‧西周策》：「昔智伯欲伐仇由。」高誘注：「仇由，狄國，或作仇首也。」「由」「繇」二字古通，典籍例證很多，詳高亨《古字通假會典》714～716 頁。簡文「秀」從「首」聲，所以「秀」可讀爲「繇」。《廣韻‧宥韻》：「繇，卦兆辭也。」《左傳‧閔公二年》：「成風聞成季之繇。」杜預注：「繇，卦兆之占辭。」簡文「秀（繇）宅」義與卜宅近。

許全勝先生〈容補〉：長者應與上文侏儒相對，即《晉語四》「僬僥不可使舉，侏儒不可使援」之「僬僥」，是古之長人。「□厇」疑可讀爲「相宅」，「□」疑爲「相」之形誤。厇、宅通，第十八簡「厇不工」，李注讀爲「宅不空」是也。

楊澤生先生〈補釋〉：將此字看作從「首」，「禾」聲的字。而「禾」與「垸」音近，所以此字可以釋作「垸」。《說文‧土部》：「垸，以桼和灰而鬓也。」玄應《一切經音義》卷十八引漢應劭《通俗文》：「燒骨以漆曰垸。」「垸」的意思是「鬓漆」。垸宅的工作常常要面對位置較高的牆和屋頂，如果由「長者」來做當然非常合適；特別是在鬓漆過程中，鬓漆者所用禾把一類的「刷子」常常高於首部，因此簡文「垸」字所從的「首」置於「禾」之下，實際還可能有表意作用，其會意方式與「看」字相同，因此其結構性質應該是會意兼形聲。

黃錫全先生〈箚記三〉：「△」從禾，首聲，相當於「直」。首，書母幽部。直，章母職部。聲母同屬舌音，韻部也近。所以，「△」疑讀導或擣（搗）。韋昭注：「直，主擊鑄。」宅，與擇通。如《論語‧里仁》「擇不處仁」《文選‧思玄賦》李注、《困學紀聞》并引擇作宅。《莊子‧則陽》：「比於大澤。」《釋文》：「澤本亦作宅。」小方足布「沙厇（宅）」我們釋讀爲「沙澤」。此處的「宅」可釋讀爲「鐸」或「鎛」。宅、鐸同音（定母鐸部）。鎛，幫母鐸部。諸字音近。鍾架一般較高，所以適合長者敲擊或撞擊。

　　蘇建洲〈譯釋〉：「酥�」相當於「卜宅」，即用占卜的方法選擇宅第。先說後一字，學者均已指出就是「宅」字，可信。字與《望山》1.112「東『宅』公」作 [字] 完全同形。亦見於新出燕王職壺作 [字] 〔註153〕，董珊、陳劍二先生釋爲「宅」，讀爲「度」〔註154〕；黃錫全先生釋爲「宅」，讀爲「擇」〔註155〕。前一字作 [字]，上述許全勝之說絕不可信，「僬僥」，宋庠曰：「人長三尺，短之極也〔註156〕。」可證。何琳儀讀作「戚施」與前後文無法搭配，顯得突兀。楊澤生之說古籍似無相應例證。況「看」字金文、戰國文字皆爲形聲字，至《說文》小篆始訛爲會意〔註157〕。可見在文字構形的說明亦是有問題的，暫不取其說。黃錫全先生之說「宅」與「鎛」的聲紐有些距離，是否一定可通并未見舉出證據。其次，《國語》原文是說「戚施」（駝背）者負責撞擊鎛鐘，是否一定是身材較高者亦無例證，這些疑問未解之前，亦不從其說。

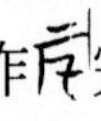

　　筆者贊同徐在國先生之說。「首」（書幽）；「秀」（心幽），聲紐舌齒鄰紐，如小（心）、少（書）一字分化，趙立偉先生說：「周祖謨在《審母古音考》中指出審母三等字即『書』母字在上古大部分與端母字關係密切，少部分與心母字關係密切。據我們觀察，心母字在多數情況下與章組書母相通。在其他出土文獻中也是如此，《銀雀山漢簡》中章紐書母與精組心母通假 16 次，與精組其他聲母通假 3 次；在阜陽漢簡中，與書母通假 37 次，而與精組其他聲母祇接觸 3 次；在《睡簡》中，章組書母與精組心母接觸 21 次，而與精組其他聲母祇接觸 4 次。這一現象值得重視，值得進一步重視〔註158〕。」可見「書」、「心」二紐音近可通，韻部則疊韻。「咎繇」，〈容成氏〉簡 34 作「𠩵秀」，可見「繇」、「秀」音近可通。扶風齊家村 H3：1 卜甲共五辭，可分三組，其中有「用由逋妾」，李學勤以爲「由」疑讀爲占繇的「繇」，「逋妾」指逋逃的女奴，所以內容與奴婢逃亡有關。〔註159〕可見「繇」的用法與「卜」相去不遠。其次，「卜宅」見於古籍，如《尚書・召誥》：「太保朝至洛，卜宅。厥既得卜，

〔註153〕周亞〈郾王職壺銘文初釋〉《上海博物館藏集刊》第八輯（上海：上海書畫出版社，2000），頁 144～150。

〔註154〕董珊《戰國題銘與工官制度》（北京：北京大學博士論文，2002.5），頁 104

〔註155〕黃錫全〈燕破齊史料的重要發現——燕王職壺銘文的再研究〉《古文字研究》24 輯，頁 247

〔註156〕徐元誥《國語集解》，頁 360。

〔註157〕何琳儀《戰國古文字典》，頁 966、季旭昇師《說文新證》（上冊），頁 256。

〔註158〕趙立偉〈《睡虎地秦墓竹簡》通假字研究〉《簡帛語言文字研究》第一輯（成都：巴蜀書社，2002.11），頁 366。

〔註159〕李學勤〈西周甲骨的幾點研究〉《周易經傳溯源》（長春：長春出版社，1992.8），頁 129。

則經營〔註160〕。」《禮記・表記》:「卜宅寢室」〔註161〕、《孝經・喪親章》:「卜其宅兆而安措之〔註162〕。」(頁111~112)

建洲按:筆者過去贊成徐在國先生將「酥宅」釋爲「繇宅」,相當於「卜宅」之意。此說雖然聲韻上沒有疑問,又有李學勤先生考釋扶風齊家村卜甲的證據,似乎是可以的。但是筆者始終的疑問是「繇」在文獻中似未見作動詞用。這種考慮如同裘錫圭先生過去將「固」釋爲繇辭之「繇」的本字,〔註163〕但新說又認爲:「但是仔細一想,『王固曰』的『固』應該是動詞,與占卜有關的『繇』字在古書中訓爲『卦兆之占辭』(《左傳・閔公二年》杜注)或『兆辭』(同上《襄公十年》杜注),似無用作動詞之例〔註164〕。」最近又有陳偉先生有類似意見,他討論《葛陵》簡中二個「繇」字,結論是「通觀這幾條《左傳》之文和古人注疏,可知:(1)卜兆和筮卦都有繇辭。(2)這些繇辭備有成文,卜筮時可方便地引述。(3)繇辭的語言近乎詩句,有的還前後押韵。葛陵簡的主體是卜筮記錄,(《葛陵》)甲三・31『其繇曰』三字與《左傳》多處『其繇曰』相當」。〔註165〕由此觀之,本簡「酥宅」的釋法還待斟酌。

〔十九〕婁(僂或瘺)〔圖〕者坆(事)〔圖〕譻(數)

婁 者

李零先生:「婁者」,即「僂者」,彎腰駝背的人。〈晋語四〉有「戚施直鎛,蘧蒢蒙璆」,「蘧蒢不可使俯,戚施不可使仰」,疑「蘧蒢」爲這裏的「僂者」,「戚施」是這裏的「長者」。(頁252)

孟蓬生先生〈字詞〉:以爲「婁」應釋爲「瘺」,《說文・广部》:「瘺,頸腫也。從广,婁聲。」

建洲按:「婁」作「△」,與《郭店・成之聞之》27「亦非又(有)譯婁〔註166〕」的「婁」作圖形近。

〔註160〕《十三經注疏——尚書》,頁218。
〔註161〕《十三經注疏——禮記》,頁921。
〔註162〕《十三經注疏——孝經》,頁55。
〔註163〕裘錫圭〈釋西周甲骨文的「邵」字〉《第三屆國際中國古文字學研討會論文集》(香港:香港中文大學,1997.10),頁33。
〔註164〕裘錫圭〈從殷墟卜辭的「王占曰」說到上古漢語的宵談對轉〉《中國語文》2002.1,頁71。
〔註165〕陳偉〈葛陵簡中的繇〉,簡帛研究網,2004/02/29。
〔註166〕周鳳五讀「澤籔」,〈郭店楚簡識字札記〉《張以仁先生七秩壽慶論文集》,頁358;陳偉讀作「擇數」,《郭店竹書別釋》,頁142。

　　《郭店・性自命出》24「昏（聞）詞（歌）誺（謠）」，《上博（二）・性情論》14「謠」作🔲，陳劍先生將🔲釋爲「要」。〔註167〕雖然《說文》古文「要」作🔲，與🔲同形。但由楚簡來看，這種字形多用爲「婁」，如〈成之聞之〉5「婁（屢）行」，「婁」作🔲，亦見《仰天湖》1、《信陽》2.2，皆讀作「屢」〔註168〕；隨縣衣箱漆書「婁女」合文作🔲，可見釋爲「要」還可進一步討論。朱德熙先生以爲「要字的來源我們還不很清楚。……因此《說文》要字古文的形體是可疑的。」〔註169〕何琳儀先生亦認爲目前尚未見楚系文字的「要」。〔註170〕〈性情論〉應該是用通假字，「婁」，來侯；「謠」，余宵，聲紐來余可通，如《郭店・五行》簡6：「不安則不藥（樂），不藥（樂）則亡悳（德）」。樂，來紐藥部；藥，余紐藥部。韻部侯宵旁轉。

　　簡文「婁者」有二解，即「傴者」，彎腰駝背的人；或「瘻者」，脖子腫起的人。二說於文獻均有徵，前者如《說文》：「傴，僂也。」（八上十二）《禮記・問喪》：「傴者不袒」，鄭《注》：「傴，背曲也。」〔註171〕《廣韻》：「僂，僂傴，疾也。」〔註172〕《莊子・外物》：「末僂而後耳」，陳鼓應先生引孫詒讓說：「《淮南・地形》：『末僂』，高《注》：『末，猶脊也。』『末僂』，即背僂。」〔註173〕《馬王堆・五十二病方》223：「傴瘻而未大者〔方〕」，馬繼興以爲「傴瘻」指脊背前曲，行走不便狀。〔註174〕此外，〈易之義〉24亦有「蛇身僂曲」之說。後者如《張家山漢簡・脉書》簡4：「在頸，爲瘻」。〔註175〕此外，《淮南子・說山》：「雞頭已瘻。」高誘《注》：「瘻，頸腫疾。」〔註176〕可見二說應可並存待考。或曰「婁」若指「瘻」則與簡文下「瘈」指「瘻」，二者均指脖子毛病的人意思重複。但是在《國語・晉語四》：「僬僥不可使舉，侏儒不可使援」，其中「僬僥」，宋庠曰：「人長三尺，短之極也。」〔註177〕與「侏儒」屬於身體有同一種殘缺的人。又李零先生也指出《晉語四》所謂「聾聵司火」與此類似，「嚚瘖不可使言」也是講「瘖」。換言之，簡文「婁」、「瘈」並指脖子毛病的人並不奇怪。

〔註167〕陳劍〈釋《忠信之道》的「配」字〉，《國際簡帛研究通訊》2002.12，頁5。
〔註168〕朱德熙〈戰國文字研究（六種）〉《朱德熙古文字論集》，頁39。
〔註169〕朱德熙〈戰國文字研究（六種）〉《朱德熙古文字論集》，頁37。
〔註170〕何琳儀〈上博簡〈性情論〉講疏〉，國立台灣師範大學國文學系專題演講，2002.12.13。
〔註171〕《十三經注疏──禮記》，頁947。
〔註172〕〔宋〕陳彭年等重修《宋本廣韵》（臺北：黎明出版社，1995.3 十五刷），頁264。
〔註173〕陳鼓應《莊子今注今譯》（北京：中華書局，2001.8 八刷），頁712。
〔註174〕馬繼興《馬王堆古醫書考釋》，頁493～494。
〔註175〕高大倫《張家山漢簡〈脉書〉校釋》，頁8～9。
〔註176〕張雙棣《淮南子校釋》（北京：北京大學出版社，1997.8），頁1708。
〔註177〕徐元誥《國語集解》，頁360。

坆〔垎〕嚳

李零先生：待考。下字見中山王大鼎，用爲「數」字。（頁 252）

徐在國先生〈雜考〉：相同的形體又見於仰天湖十二號簡（《楚系簡帛文字編》971 頁。）均應分析爲從「攴」、「士」聲。馬王堆帛書《式法》（過去或稱爲「篆書陰陽五行」、「隸書陰陽五行」）中「責」條「仕者，三遷」，陳松長《馬王堆帛書藝術》隸書本作「事者，三遷」。「小生」條「仕者，再遷」，隸書本作「士者，再遷」。其中「仕」字寫法與「△」相同，可證「△」當釋爲「仕」。「仕」在簡文中當讀爲「事」。仕、事二字古通。如：《詩・大雅・文王有聲》：「武王豈不仕？」《晏子春秋・諫下》引仕作事。《禮記・曲禮上》：「大夫七十而致事。」《白虎通・致事》引事作仕。凡此均可證「仕」可讀爲「事」。「仕」下一字，作者說「見中山王大鼎，用爲『數』字」（252 頁）。此說可從。簡文「仕數」當讀爲「事數」。《說文》「事，職也。」古漢語中「數」字用法較多。《周禮・地官・大司徒》：「三曰六藝：禮、樂、射、御、書、數。」「數」是六藝之一。《左傳・僖公十五年》：「龜，象也；筮，數也。」「數」指筮數。「數」又指歷數。《淮南子・氾論》：「萇宏，周室之執數者也。」高誘注：「數，歷數也。」我們暫取後說。「事數」指職掌天文。簡文「長（張）者秀（繇）宅，婁（僂）者仕（事）數」與上下文「跛躃守門，侏儒爲矢」「瘻者煮鹽宅」結構相同，均是講有某種疾患者從事某種職業。

黃錫全先生〈札記三〉：BC（**建洲按**：指「坆嚳」）相當於「蒙璆」。B 從土攴聲。攴，滂母屋部。蒙，明母東部。聲母同屬輕唇，韵部對轉。璆從翏聲，來母幽部。婁，來母侯部。聲母相同。這可能不是偶然的巧合。從翏從婁的字可與從卯的字相通。如《漢書・嚴助傳》「膠倉」，《藝文志》作「聊蒼」。《禮記・檀弓下》「設蔞翣」。鄭注：「《周禮》蔞作柳」。是婁、翏音近可通之證。韋昭注：「蒙，戴也。璆，玉磬。不能俯，故使戴磬。」頭戴或頂磬似乎不大合情理。蒙可能是個借字，原當是 B，義爲敲擊。《說文》攴，「小擊也」。擊，「攴也」。段注：「此云小擊，同義而微有別。」《漢書・刑法志》「璆磬金鼓」。顏師古注：「璆，美玉名，以爲磬也」。此借婁爲璆。璆爲《說文》「球」字或體，「玉聲也」。此句意思可能是說，個子高大仰者敲擊鐸鏄或鍾，個子矮小駝者可敲擊石磬。表示不論有何殘疾都可各盡所能。

建洲按：徐說可信，「坆嚳」讀作「事數」，指天文算術。上述仰天湖十二號簡字作 ![字] 、馬王堆作的「坆」字。陳松長先生說：

> 又如「坆」字，在甲篇中反覆出現，字形也非常清楚，纔接觸時，我們還以爲是「攻」字的异體字，因同篇中的「季春不可以東北起土攻」的「攻」字就寫作「坆」，與此非常接近，而且在文義上，攻與功相通，

帛書中的「攻者不遷」、「攻者再遷」、「攻者三遷」釋爲「攻者」或「功者」似亦未嘗不可。但對勘帛書《陰陽五行》乙篇時則發現，原本此字都是「士」的通假字，在乙篇中都明明白白地寫爲「士」字，因此，帛書整理小組乃明確地將此字隸定爲「圿」，讀爲「仕」。這種通假字，如果沒有乙篇的對校，也許「圿」、「士」、「仕」的通假關係就頗難得到證明，因爲「圿」字本就不見於後世字書中，再求其通假就更困難了。〔註178〕

可見徐在國先生之說是完全可信的。另外，黃錫全先生以爲本句（婁者圿**聲**）相當於「蓬蕵蒙瑏」，恐不可信。「僂」，一般說來指「駝背」之人，與「蓬蕵」意爲「突胸」並不相同。要指出的是《大徐本說文》曰：「僂，尪也」，此「尪」並非指「凸胸仰首」。段《注》說：「大徐本作尪也，非是，尪與僂異疾。小徐本作厄也，近是。……又按大徐作尪也，蓋尪是曲脛之名，引申爲曲脊之名。」〔註179〕而且黃文在解釋「長者」時又說「簡文的『長者』可能就是指這種長人。因這種人『上僂』、『望視』，所以『不能使仰』」，亦即同意「僂者」是「駝背」之人，可見其說有前後矛盾之處。其次，「圿」、「**聲**」均已見於戰國文字，是否要另外改釋爲「蒙瑏」亦是可以保留的。李若暉改釋作「度（從「攴」）墣」，疑不可信。一則「圿」讀作「度（從「攴」）」證據不強，其次二者皆爲動詞，與本簡其他句式爲「v+o」有所不同。（《上博二續編》頁391～395）

〔二十〕瘣（癭）者煮〔**盬**〕盬〔**鹾**〕凥

李零先生：「瘣者」即「癭者」，指患有大脖子病的人。……「煮盬凥」，疑讀「煮鹽鹾」或「煮鹹鹾」。《禮記‧曲禮下》：「鹽曰鹹鹾」。《包山楚簡》第一百四十七「煮盬」，「盬」字同此。（頁252）

建洲按：《張家山漢簡‧脉書》簡4：「在頤下，爲癭。」高大倫先生以爲「頤下」，即頷下，頸脖子。〔註180〕此外，《說文‧疒部》：「癭，頸瘤也。」（七下十二）《釋名‧釋疾病》：「癭，嬰也，在頸嬰喉也。」〔註181〕可見「癭」與「瘣」應屬相近的病症，孟蓬生〈字詞〉以爲二者相對，恐非。「煮盬凥」，前二字字形與《包山》

〔註178〕陳松長〈帛書《陰陽五行》甲篇的文字識讀與相關問題〉《簡帛語言文字研究》第一輯（成都：巴蜀書社，2002.11），頁266。

〔註179〕〔清〕段玉裁注《說文解字注》（臺北：漢京文化，1985.10），頁382。

〔註180〕高大倫《張家山漢簡〈脉書〉校釋》，頁8。

〔註181〕〔漢〕劉熙《釋名》收錄於〔清〕王謨輯《增訂漢魏叢書》（臺北：大化書局，1982），頁885。

147「煮䀔於海」,「煮䀔」作 字形相近。「」,林澐先生以爲可能是「鹵」之繁體,或甚至就是未加聲符的鹽字初文,說可參。〔註182〕,李零先生隸作「䀔」,其實嚴格隸定當隸作「䀔」,古文字鹵、西二字形近易混,如「酉」作 (散盤)、(〈子羔〉簡10)從「西」;亦作 (矢令方彝)從「鹵」。《包山》,白於藍先生亦隸作「䀔」。〔註183〕所以〈從政甲篇〉簡8「則失眾」,黃錫全先生釋爲「滷」是對的。〔註184〕近有趙平安先生指出毛公鼎「簟」作 ,其下即從「䀔」(按:所隸不夠精確,應隸作「䀔」),並認爲「䀔」屬於會意字,從皿從鹵,本義是煮鹽,說可參。〔註185〕另外《說文》「醢」字籀文作 ,其左下 旁上從「鹵」,徐寶貴先生指出就是古「鹽」字是對的。〔註186〕本簡李零先生讀作「煮鹽艖」或「煮鹹艖」,陳劍先生〈編連二〉在「䀔」後斷句,將「尾」歸於下一句。〔註187〕何琳儀先生〈滬二〉斷句同陳劍,以爲「虘」讀作「瀳」。《說文》:「瀳,澤多也。」簡文意謂「居於沼澤之人則捕魚於澤。」但此說與上下文內容所指都是有某種疾患者從事某種職業明顯不同,茲不取其說。

〔二一〕虘(禿)〔〕者鮫(漁)澤

李零先生:或可讀作「疣者」,指長有贅疣的人。(頁252)

周鳳五先生〈楚零〉:簡文從百,從虫;百,《說文》首字,在此當是聲符。簡文此字可以讀爲「禿」。首,古音書紐幽部;禿,透紐屋部,可以通假。又,《古文四聲韵》入聲屋韵收古文「獨」,其字從目,從虫,蓋即「蜀」字(**建洲按:字作 **)。其上端所從目旁與簡文「百」旁相似,則簡文也可能爲「蜀」字之訛。蜀,禪紐屋部,與「禿」可以通假。《說文》:「禿,無髮也。」上古以禿者歸入殘疾人之列。如《禮記·問喪》:「然則禿者不免,傴者不袒,跛者不踴,非不悲也,身有痼疾,不可以備禮也。」及《穀梁傳·成公元年》:「季孫行父禿,晉郤克眇,衛孫良父跛,

---

〔註182〕林澐〈讀包山楚簡札記七則〉《江漢考古》1992.4。亦見《林澐學術文集》(北京:中國大百科全書出版社,1998.12),頁20。亦參劉釗〈談包山楚簡中「煮鹽於海」的重要史料〉《文物報》、白於藍〈《包山楚簡文字編》校訂〉《中國文字》新25期,頁184〔78〕。

〔註183〕白於藍〈《包山楚簡文字編》校訂〉《中國文字》新25期,頁184〔78〕。

〔註184〕黃錫全〈讀上博楚簡(二)箚記(壹)〉,簡帛研究網,2003.02.25。

〔註185〕趙平安〈戰國文字中的鹽及相關資料研究〉《華學》第六輯(北京:紫禁城出版社,2003.6),頁108。

〔註186〕徐寶貴〈古文字考釋四則〉《考古與文物》2001.1 頁81。

〔註187〕陳劍先生在〈上博楚簡《容成氏》與古史傳說〉《中國南方文明學術研討會論文》(台北:中央研究院歷史語言研究所,2003.12.19)仍維持〈編連二〉的讀法,見頁1。

曹公子手僂，同時而聘於齊。齊使禿者御禿者，使眇者御眇者，使跛者御跛者，使僂者御僂者。」此文膾炙人口，以禿者與眇者、跛者、僂者並舉，尤可證禿者屬於殘疾。（頁1）

　　建洲按：李零先生釋爲「疣者」，聲韻條件是可通的：《郭店》「憂」字作「𢝊」，如《郭店・五行》簡5「君子亡中心之𢝊」。而「憂」（影幽）、「疣」（匣之）古音相近，故得通假。「疣者」見於《馬王堆・五十二病方》102：「令疣者抱禾」，張顯成釋爲「皮膚腫瘤病之一。」〔註188〕但周鳳五先生文章舉出文獻證據，說明「禿者」與「傴者」、「跛者」可共同出現一處，與簡文文句類似較具說服力，今從之。「禿」亦見於《張家山漢簡・脉書》簡1「病在頭，……，疕爲禿」。又《呂氏春秋・季春紀・盡數》：「輕水所多『禿』與『癭』人」、《易林一・坤之大過》：「瘤、『癭』、『禿』、疥，爲身瘡害」，亦以禿、癭連言，〔註189〕與簡文語序相近。

〔二二〕𤺺（癘？）〔〕棄不癹（舉）〔〕

　　李零先生：第一字不識，所從與第三十五簡「𤼈」字同。「」，隸作「癹」，讀爲「廢」，原文似乎是說上述殘疾者皆得其用。（頁253）

　　何琳儀先生〈滬二〉：原篆左從「疒」省，右上從「害」，右中從「出」，右下從「水」，疑讀「害」，《說文》「害，傷也。」

　　周鳳五先生〈楚零〉：分析字形爲「從𠬞，從止，從水，害省聲……。然則此字可以讀作「瑕」。《禮記・聘記》：「瑕不揜瑜，瑜不揜瑕。」鄭《注》：「瑕，玉之病也。」簡文「瑕棄」，指身有殘疾爲人所棄；「瑕棄不廢」則殘疾人各有所司，足以自立。（頁1～2）

　　陳劍先生〈傳說〉：隸作「𤺺棄不癹」。（頁1）

　　建洲按：大西克也說：《郭店・語叢四》21「害」作應分析爲「」（旡）、「」（害，《郭店》9.30）字的借筆，其中「旡」爲聲符。〔註190〕「害」的確可從「旡」聲，如《論語・鄉黨》：「不使勝食氣。」《說文・皀部》引「氣」作「𣳋」。〔註191〕《後漢書・楊政傳》：「乞楊生師」，李《注》：「『乞』讀曰『氣』」。〔註192〕《孟子・

〔註188〕張顯成《先秦兩漢醫學用語匯釋》（成都：巴蜀書社，2002.10），頁110。
〔註189〕陳奇猷《呂氏春秋校釋》（臺北：華正書局，1988.7），頁141
〔註190〕大西克也〈論古文字資料中的「害」字及其讀音問題〉《古文字研究》24輯，頁306。
〔註191〕《古字通假會典》，頁526。
〔註192〕《古字通假會典》，頁525。

告子下》：「無遏糴」，《穀梁傳·僖公九年》「遏」作「訖」。〔註193〕而《尚書·湯誓》：「時日曷喪」，《孟子·梁惠王上》引「曷」作「害」。〔註194〕而楚簡「旡」的寫法下作二斜筆，如《郭店》6.10「既」作 ▨。所以《郭店·老子甲》4「害」作 ▨ 去掉「目」旁後，剩下部分可能是「旡」字寫法的省簡，可分析作從「目」，「旡」聲。「▨」與 ▨ 上部相似，故亦從「旡」聲。另外，簡35「▨」與 ▨ 對照，其上部無疑亦是從「旡」，下從「心」，當作「愛」字，可見陳劍先生〈編連二〉釋爲「愛」的看法是對的。其次，字形右中作 ▨，字形毫無疑問當隸作「出」，字與西周金文作 ▨（永盂）、▨（頌鼎），戰國楚系鄂君啓舟節作 ▨、〈容成氏〉簡文作 ▨（簡22）、▨（簡46）形近。筆者舊隸作從「止」，是很明顯的錯誤。〔註195〕要說明的是《葛陵》甲三136作 ▨，〔註196〕陳偉先生說「前，字原從『辵』，『舟』上所從的『止』寫得有些走形。」〔註197〕筆者曾以爲這是「△」隸作從「止」的有力證據。但是徐在國先生指出「由於陳先生只看到《文物》2002年8期發表的幾枚葛陵楚簡，加上有信陽、天星觀簡爲證，所以釋B爲『前』。綜觀A、B、C所有的形體，將B釋爲『前』不可從。……實際上『延』、『延』一字分化，後『延』行而『延』廢。爲書寫方便，我們徑將B釋爲『脡』。」〔註198〕二〇〇三年十二月二十日，徐在國先生來台開會，在會議現場正好摹寫了這個字形作 ▨，〔註199〕可見的確不能釋爲從「前」，同時也說明「△」隸爲從「止」是錯的。所以本字應從何琳儀、陳劍先生隸定作「臄」。

「臄」，周鳳五先生釋爲「瑕」，但「瑕」是指玉有瑕疵，與本簡所指身有殘疾之人是否可以等同，似可保留。先看簡文下一字 ▨，整理者隸作「癹」，但仔細觀察字體，下半部實在看不出有從「攴」的形構，反倒類似楚系「犬」字。上半部似乎有類似「與」字所從的「牙」旁，所以陳劍先生隸作「獎」，應該是可以的。「獎」見於《包山》202「獎禱」，讀作「與禱」。亦見於中山王方壺「獎賢使能」，讀作「舉賢使能」。筆者舊釋「臄」爲「癈」，並引《說文》曰：「癈，固病也。」段《注》曰：

〔註193〕《古字通假會典》，頁526。
〔註194〕《古字通假會典》，頁615。
〔註195〕蘇建洲〈容成氏柬釋（一）〉，簡帛研究網，03/03/27。
〔註196〕河南省文物考古研究所等〈河南新蔡平夜君成墓的發掘〉《文物》2002.8，頁17圖二。
〔註197〕陳偉〈新蔡楚簡零釋〉《華學》第六輯（北京：紫禁城出版社，2003.6），頁97。
〔註198〕徐在國〈新蔡葛陵楚簡札記（二）〉，簡帛研究網，03/12/17。
〔註199〕據筆者在徐在國先生〈釋楚簡『散』兼及相關字〉《中國南方文明學術研討會論文》（台北：中央研究院歷史語言研究所，2003.12.19）現場的記錄。

「按此當云癡固，病也。癡固為逗，淺人刪癡字耳。……癡猶廢，固猶錮，如瘖、聾、跛躄、斷者、侏儒皆是。」〔註200〕來說明簡文或可讀作「癡棄不廢」。〔註201〕但我們現在知道末字有可能是「嫳」，則筆者舊說有檢討的必要。筆者以為「嫳」或可讀作「癘」（來月）。「嫳」可能從「旡」（見物）得聲，聲紐為複聲母，關係密切，〔註202〕如「京」，古音見紐陽部；從「京」諸字如「諒」、「涼」、「椋」，古音來紐陽部。又如《郭店・老子乙》13「終身不來」，「來」（來之），《馬王堆・老子》乙本作「棘」（見職）。韻部月、物旁轉音近，如同從「旡」聲的「害」，正是月部；又如《左傳・隱公元年・鄭伯克段于鄢》：「若闕地及泉」，「闕」（溪月）通「掘」（群物）。《說文》曰：「癘，惡疾也。」段《注》曰：「按古義謂惡病包內外言之，今義別製癩字訓為惡瘡，訓癘為癘疫。古多借厲為癘，公羊傳作痢，何休《注》云：『痢者，民疾疫也』。」〔註203〕《素問・脈要精微論》：「脈風成為癘。」《注》曰：「風客於血脈，營氣熱腐，久久則為癘。」〔註204〕《素問・風論》：「癘者營氣熱胕，其氣不清，故使其鼻柱壞而色敗，皮膚瘍潰，風寒客於脈而不去，名曰癘風，或名曰寒熱。」〔註205〕所以得到「癘」疾者，由於皮膚之結節癩，導致猙獰醜惡，慘酷污穢，往往不敢見人，〔註206〕如《論語・雍也》：「伯牛有疾，子問之，自牖執其手曰：『亡之，命矣夫！斯人也，而有斯疾也！斯人也，而有斯疾也！』」而《淮南子・精神》曰：「冉伯牛為厲」，〔註207〕可見伯牛之「疾」就是「癘」。〔註208〕這些人的命運通常被隔離，婦女則是先被休掉，最終命運也是隔離。前者如《睡虎地秦簡・法律答問》122：「甲有完城旦罪，未斷，今甲癘，問甲何以論？當遷癘所處之；或曰當遷遷所定殺。」亦見於 123「城旦、鬼薪癘，何論？當遷癘遷所。」意謂這些罹病者應遷

〔註200〕〔清〕段玉裁注《說文解字注》（臺北：漢京文化，1985.10），頁348。

〔註201〕蘇建洲〈《容成氏》譯釋〉《《上海博物館藏戰國楚竹書（二）》讀本》（台北：萬卷樓，2003.7），頁115。

〔註202〕孟蓬生《上古漢語同源詞語音關係研究》（北京：北京師範大學出版社，2001.6），頁228。

〔註203〕〔清〕段玉裁注《說文解字注》（台北：漢京文化，1985.10），頁350。

〔註204〕〔清〕張琦著 王洪圖點校《素問釋義》（北京：科學技術文獻出版社，1998.8），頁55。

〔註205〕〔清〕張琦著 王洪圖點校《素問釋義》（北京：科學技術文獻出版社，1998.8），頁149。

〔註206〕賴尚和《中國癩病史》，頁9。（此書作者為醫學博士，台大醫學院教授。又本書為作者自行出版，出版社及年月不詳）。

〔註207〕劉文典《淮南鴻烈集解》（北京：中華書局，1997.1 二刷），頁241。

〔註208〕程樹德則以為伯牛之疾是「冬厲」，是熱病之名，見程樹德《論語集釋》（北京：中華書局，1997.10 四刷），頁384。

往麻風隔離區，有的認為應遷往麻風隔離區淹死。〔註209〕《漢書‧平帝紀》：「元始二年……民疾疫者，舍空邸第，為置醫學。」〔註210〕《肘後方》亦曰：「趙瞿病癩，歷年不差，家乃齎糧送于山空中。」〔註211〕後者如《公羊傳‧莊公二十七年》：「大歸曰來歸」，何休《注》曰：「大歸者，廢棄來歸也。婦人有七棄……無子棄，絕世也；……**惡疾棄者，不可以奉宗廟也。**」〔註212〕毛奇齡《四書賸言》：「古以惡疾為癩。《禮》『婦人有惡疾去』，以其癩。故《韓詩》解〈芣苢〉之詩，謂『蔡人之妻傷夫惡疾，雖愚癩而不忍絕』。」〔註213〕要說明的是「癩」是「癘」的後起字，如上引《素問》的「癘風」，唐孫思邈《千金翼方》卷二一寫作「癩風」。又馬宗霍《淮南子參證》：「癩」字，《說文》作「癘」，訓「惡疾也」。〔註214〕所以婦人的「惡疾」是「癩」，也就是「癘」。所以簡文「歝棄」即「癘棄」，也就是「惡疾棄」，這裡的「棄」顯然不用拘泥于夫妻之間關係的終止，而是說身罹癘疾為人所棄者。〔註215〕值得注意的是，簡 16『歝』疫不至」讀作「『癘』疫不至」，則本簡「歝」再讀作「癘」是否可以呢？大家知道，同一出土文獻中存在著「異字同義」的現象，〔註216〕陳劍先生也提出：「從郭店楚墓竹簡看，當時人鈔寫書籍，同一個詞往往可以用不同的字來表示。就是在同一個書手筆下，有時甚至就在同一書手所鈔寫的同一支簡上，同一個詞也可以寫作不同的字。」〔註217〕如《信陽》3「教書晶（參）歲，教言三歲」，則同一「三」字，一作「晶」；一作「三」。鄂君啟節、《包山》、《郭店》的「一」既作「一」又作「罷」；《郭店‧老子甲》「道」既作「道」（『道』恆亡名，簡 18），又作「衍」（『衍』（道）恆亡為，簡 13）；《郭店‧唐虞之道》簡 5「親」既作「新」，

〔註209〕睡虎地秦墓整理小組《睡虎地秦墓竹簡》（北京：文物出版社，2001.12 二刷），頁 122。

〔註210〕〔漢〕班固撰《漢書》（北京：中華書局，1962.6 上海一刷），頁 353。

〔註211〕引自《中國醫藥史話》（台北：明文書局，1983.7），頁 326。

〔註212〕《十三經注疏——公羊傳》，頁 105。

〔註213〕〔清〕劉寶楠《論語正義》（北京：中華書局，1998.12 三刷），頁 225。

〔註214〕參王力主編《王力古漢語字典》（北京：中華書局，2002.12 三刷），頁 766。

〔註215〕除了上引秦簡及文獻證據外，奧斯卡經典電影「賓漢」也有相同情節的真實演出，讀者不妨參看。又台北縣新莊有專門收容患癩病的「樂生療養院」，是當初日本人為了將病患與社會隔離而建的，見「中國時報」2004.3.18（四）。

〔註216〕俞樾《古書疑義舉例》「上下文異字同義例」。參楊澤生〈信陽楚簡第 1 組 38 號和 3 號研究〉《簡帛研究二○○一》（桂林：廣西師範大學，2001.9），頁 3。又顏世鉉先生〈郭店竹書校勘與考釋問題舉隅〉一文中「郭店竹書特殊文例的辨析」一章有詳細的論述可以參看。文見《中央研究院歷史語言研究所集刊》74：4（台北：中央研究院歷史語言研究所，2003.12），頁 635～642。

〔註217〕陳劍〈據楚簡文字說「離騷」〉《新出楚簡與儒學思想國際學術研討會論文》（北京：清華大學，2002.3），頁 4。

又作「罪」；《馬王堆帛書・老子甲》38 行既用「亓」又用「其」。還有一種可能是二者所指內容實際上並不相同，前引《說文・段注》中已點出來了。簡 16「『粦』疫不至」接近《墨子・兼愛下》：「今歲有『癘疫』，萬民多有勤苦凍餒，轉死溝壑中者，既已眾矣。」〔註218〕《左傳・昭公元年》：「山川之神，則水旱『癘疫』之災於是乎禜之。」楊伯峻說「癘疫」即「傳染病」。〔註219〕這個義項顯然是由「癘」的本義「麻風病」引申而來的。雖然二者都具傳染性，但「癘疫」未必會有皮膚瘍潰的症狀。何九盈先生解釋「癘」字時，就分爲「毒瘡、麻風病」及「瘟疫」兩個義項。〔註220〕此說若可成立，則正好可說明爲何同一「癘」字，一個寫作「蠥」，一個卻寫作「粦」。最後，「奡」字筆者以爲應讀作「舉」，「不舉」即不予任用。雖然患癩也是殘廢的一種，〔註221〕但是擔心互相傳染，所以不予任用。

〔二三〕凡〔🔺〕民俾（卑）敊（末或敝）者

李零先生：「俾敊」，待考。（頁 253）

何琳儀先生〈滬二〉：「🔺」，左從「市」，右從「攵」，可讀「末」。《儀禮・士喪禮》「賴末」，注「今文末爲旆也」。是其佐證。簡文「俾🔺」，當讀「卑末」，指出身地位低下者。《後漢書・欒巴傳》「興立學校，以獎進之，雖干吏卑末，皆課令習讀，程式殿最，隨能升授。」與簡文可以互證。

陳斯鵬先生：讀作「俾敝」。〔註222〕

建洲按：「凡」作「🔺」。李家浩先生對此字說解如下：此墓竹簡（**建洲按**：指《九店楚簡》）「凡」字皆作🔺形。按包山楚簡「凡」字有🔺、🔺（四號、一三七號、一五三號、二〇四號）兩種寫法。西周金文「凡」作🔺（《金文編》八八一頁），🔺是在🔺的右側筆畫上加一斜畫而成，🔺則是在🔺所加的斜畫上又加一飾畫而成，字形比較特別。〔註223〕此說可信。另外，這樣的寫法亦見於〈從政甲篇〉9「母」作🔺；《郭店・性自命出》12 作🔺等。至於「俾敊」，何先生讀作「卑末」，陳斯鵬讀作「俾敝」，「市」（幫月）；「敝」（并月），聲韻關係密切，至於進一步的證據則尚未發表。何、陳二說意思相近，暫存之。（**【洲再按】**：裘錫圭讀作「蔽芾」，即《詩・

〔註218〕〔清〕孫詒讓《墨子閒詁》（臺北：華正書局，1995.9），頁 110。

〔註219〕楊伯峻《春秋左傳注》（臺北：洪葉書局，1993.5），頁 1219。

〔註220〕參王力主編《王力古漢語字典》（北京：中華書局，2002.12 三刷），頁 765。

〔註221〕程樹德《論語集釋》（北京：中華書局，1997.10 四刷），頁 384。

〔註222〕陳斯鵬〈論周原甲骨和楚系簡帛中的「囟」與「思」——兼論卜辭命辭的性質〉《第四屆國際中國古文字學研討會論文》（香港：香港中文大學，2003.10.15），頁 401。

〔註223〕湖北省文物考古研究所、北京大學中文系編《九店楚簡》，頁 68 注 40。

甘棠》：「蔽芾甘棠」，「蔽芾」，《毛傳》：「小貌」。所以簡文「凡民蔽芾者」的意思是「當指雖已成年但身材顯著比一般人矮小者。」，參《古研》25 輯。）

〔二四〕孝（教）而某（誨）之

建洲按：「某」讀作「誨」。容庚說：誨與謀爲一字。《說文》「誨」古文從母從口，又從母從言。王孫鐘「誨猷」即「謀猷」。〔註224〕《說文・言部》：「誨，曉教也。」段《注》曰：「明曉而教之也……曉之以破其晦，故曰誨。」簡文句式如同《孟子・萬章上》：「身爲天子，弟爲匹夫，可謂親（而）愛之乎？」〔註225〕楊伯峻認爲二動詞爲同義近義詞時，它們之間常不用連詞連接。〔註226〕所以簡文「教而誨之」即「教誨之」，「之」指俾敉的人民。《荀子・禮論》：「《詩》曰：『愷悌君子，民之父母。』彼君子者，固有爲民父母之說焉。父能生之，不能養之。（王念孫以爲「養」作「食」）母能食之，不能教誨之。君者，已能食之已，又善教誨之者也。」〔註227〕可與簡文參看。

〔二五〕歛（飲）而飤（食）之

建洲按：《說文》：「歛，歈也。」「歛」是「飲」的古體。「飲食」合言，亦見於出土文字材料，如余義鐘：「樂我父兄，飲食歌舞」、中山王壺「是以遊夕飲食」意爲「以酒飲人，以食食人」。〔註228〕簡文句式似同《墨子・尚賢中》：「賢者，……富而貴之；不肖者，……貧而賤之。」意即「賢者」，使之富且貴；「不肖者」，使之貧且窮，所以簡文意謂使俾敉的人民飲且食。〔註229〕《呂氏春秋・季秋紀・順民》：「越王苦會稽之恥，欲深得民心，以致必死於吳。……時出行路，以車載時，以視孤寡老弱之潰病、困窮、顏色愁悴、不瞻者，必身自食之。」可與簡文參看。而上下簡文的句式，一動賓，一使賓動，如同《孟子・萬章上》：「仁人之於弟也，不藏怒焉，不宿怨焉，親愛之而已矣。親之欲其貴也，愛之欲其富也。封之有庳，富貴之也。」〔註230〕「親愛之」即「親而愛之」，表示動賓；「富貴之」即「（使其）富

〔註224〕容庚編著《金文編》（北京：中華書局，1998.11 六刷），頁 140。
〔註225〕《十三經注疏──孟子》，頁 163。
〔註226〕楊伯峻、何樂士《古漢語語法及其發展》下（北京：語文出版社，2003.1 三刷），頁 586。
〔註227〕（清）王先謙《荀子集解》（北京：中華書局，1997.10 四刷），頁 374。
〔註228〕陳初生《金文常用字典》（高雄：復文書局，1992.5），頁 837。
〔註229〕楊伯峻、何樂士《古漢語語法及其發展》下，頁 535。
〔註230〕《十三經注疏──孟子》，頁 163。

而貴之」，表示使動。正與簡文可互證。

〔二六〕思（使）遞（役）〔〕百官而月青（請）之

李零先生：願其聽用於百官而月月請謁之。（頁253）

何琳儀先生〈滬二〉：「返」，原篆作「△」。《考釋》釋「役」，未知所據。按，簡文「返」疑讀「反」。《廣雅・釋詁》三「反，治也。」王念孫刪「反」字，似不足據。

陳斯鵬：其實，前後兩個分句說的是兩件事，前面講民之「俾敝」者如何如何，後面是說對百官如何如何，而句子的主語則應是同篇1號簡所舉的諸位上古傳說中的帝王。「思役」應讀作「使役」。《廣韻・止韻》：「使，役也。」「使役」為同義複合詞，《尹文子・大道下》：「賞罰不濫，使役以時。」葛洪《抱樸子・仙藥》：「遨遊上下，使役萬靈。」「青」讀為「請」，可從；然義當為朝請。《史記・魏其武安侯列傳》：「太后除竇嬰門籍，不得入朝請。」《爾雅・釋詁》：「請，告也。」簡文意謂，使役百官並讓其每月來朝請，匯報工作。〔註231〕

建洲按：簡文「思」應解為「使」，〔註232〕陳斯鵬之說與筆者不謀而合，但句意的理解則不太相似。「思」用來表示願望語氣的詞亦見於周原甲骨及楚簡，多寫作「囟」。如 H11：21「囟克事」、H11：77「囟無咎」；《包山》198「思攻解於人禹（從心旁）」、229「囟攻敘（除）於宮室」；《九店》56.44「思某來歸」，可知「思」與「尚」有同樣的用法和意義，是卜人向鬼神表示「心所希望」。〔註233〕亦有持不同看法者，如張玉金釋周原甲骨的「囟」為「斯」，譯為「就」、「於是就」、「那麼」，當作「連詞」用，〔註234〕存此備考。另外，若直接將簡文「思」讀作「使」，二者聲韻俱近，文意亦可通。如《慈利楚簡》M36「天不『思』」，今本《國

〔註231〕陳斯鵬〈論周原甲骨和楚系簡帛中的「囟」與「思」——兼論卜辭命辭的性質〉《第四屆國際中國古文字學研討會論文》（香港：香港中文大學，2003.10.15），頁401～402。

〔註232〕蘇建洲〈〈容成氏〉譯釋〉《《上海博物館藏戰國楚竹書（二）》讀本》（臺北：萬卷樓，2003.7），頁116～117。

〔註233〕李學勤《周易經傳溯源》（長春：長春出版社，1992.8），頁144～145、193～194、夏含夷〈試論周原卜辭囟字兼論周代貞卜之性質〉《古文字研究》第17輯，頁304～308、李零《中國方術考》（北京：東方出版社，2000.4），頁292、湖北省文物考古研究所、北京大學中文系編《九店楚簡》，頁109注175、中國社會科學院語言研究所古代漢語研究室編《古代漢語虛詞詞典》（北京：商務印書館，2000.1二刷），頁489。

〔註234〕張玉金《甲骨卜辭語法研究》（廣州：廣東高等教育出版社，2002.6）73頁。亦見於氏著〈釋甲骨金文中的「西」和「囟」字〉《中國文字研究》第二輯（南寧：廣西教育出版社，2001.10），頁148。

語‧吳語》作「而不『使』」。〔註235〕二說衡量之下，應以釋爲「使」較佳。因爲對象是君上對人民，與上述甲骨文、卜筮祭禱簡的對像是鬼神並不相同。「遷」，字作▨，何琳儀〈滬二〉釋爲「返」。但「反」一般作▨（〈容成氏〉簡 46），亦可見簡 7「板」，上從「厂」，或是在「厂」下加一飾筆。本簡作▨，上似不從「厂」，字形同《郭店‧五行》簡 45 作「耳目鼻口手足六者，心之▨也」，《馬王堆帛書‧五行》相應字作「役」，可見簡文釋爲「役」應是對的。袁國華先生以爲「▨」應釋爲「遷」。「度」，應分析爲從又「石」聲。〔註236〕而「石」又可省「口」旁作▨。其次，「役」上古音屬余紐錫部；「度」，定紐鐸部。似無通假可能，故改讀爲「度」，有限制之義。〔註237〕**建洲按：**此說由字形來看當無疑問，比較接近的形體如〈窮達以時〉簡 13「石」作▨，上部形體與簡文相近。但說「役」（余錫）、「度」（定鐸）無通假可能恐未必，「余」紐，一稱「餘」紐，本爲喻四，〔註238〕依「喻四古歸定」之說，二者的關係是密切的，〔註239〕如《詩‧大雅‧思齊》：「古之人無斁。」《釋文》：「斁（余鐸），鄭作擇（定鐸）」。〔註240〕韻部則爲旁轉。如《楚辭‧九章‧悲回風》以迹、釋（鐸）韵積、繫、策、適、慼、益（錫）。〔註241〕又王力先生認爲刺、籍爲同源詞。《說文》：「籍，刺也」。而「刺」，錫；「籍」，鐸部。〔註242〕換言之，本字應隸作「遷」，讀作「役」。字亦見於簡 16「癘『役（疫）』不至」，亦可證明讀作「役」是對的。

【洲再按】：陳偉指出在《包山》中一些「思」字，用法與「命」相當，似乎與古書中某些訓「願」的「思」字近似，爲表示「祈使」的動詞，《初探》頁 31～32。與筆者的說法相同。裘錫圭翻譯這句話說：「指讓『役百官』的民之『俾敉者』按月向官府請求工作或請求廩食，即《周禮》所謂『稍食』。『教而誨之，飲而食之，使役百官而月請之』當是教育這些人，使有工作能力，來爲官府服力所能及的雜役，

〔註235〕張春龍〈湖南省近年出土簡牘文獻資料略論〉《第一屆中國語言文字國際學術研討會論文》（香港：香港大學，2002.3），亦參劉信芳《包山楚簡解詁》（臺北：藝文印書館，2003.1），頁 209、孟蓬生〈上博竹書（二）字詞箚記〉，簡帛研究網，03/01/14。
〔註236〕裘錫圭〈古璽印考釋四篇〉《文博研究論集》（上海：上海古籍，1992.3），頁 85。
〔註237〕袁國華師〈《郭店楚墓竹簡‧五行》「遷」字考釋〉《中國文字》新 26 期，頁 169～176。
〔註238〕王力《漢語史稿》（北京：中華書局，2002.7 五刷），頁 73、郭錫良《漢字古音手冊》（北京：北京大學出版社，1986），頁 4。
〔註239〕可參竺家寧《聲韻學》（台北：五南出版社，2002.10 二版九刷），頁 565～566。
〔註240〕高亨、董治安編纂《古字通假會典》，頁 892
〔註241〕陳新雄師《古音研究》，頁 462
〔註242〕王力《同源字典》，頁 275。

以獲得廩食維持生活的意思。」《古研》25 輯，頁 314、316。陳劍並說此句可與《馬王堆・十問》簡 45-46：「舜曰：『必愛而喜之，教而謀之，　而食之，使其頁（從「衣」旁）堅強而緩事之。』」句形相類，也可看出出土文獻中相類文句「思」、「使」為異文之例。《漢字研究》第一輯頁 364。

〔二七〕豈（當）是旹（時）

建洲按：「豈」讀作「當」。《說文》曰：「當，田相值也，從田尚聲。」而《郭店・性自命出》19「當」作「🔲」（堂），而「土」、「立」古文字常見通用，故本簡「豈」釋為「當」是沒問題的。以上三簡連讀，係講述「堯」之前的上古帝王。

〔二八〕□是（氏）之有天下

李零先生：□釋為「湯」。（頁 277）

陳劍先生〈編連二〉：「氏」前一字圖版上已看不清楚，原釋為「湯」，不可信。「□氏之有天下」與簡 1「🔲盧氏……壚遲氏之有天下也」相類，而與後文內容不諧，故提前至此。但它上與第 3 簡、下與第 4 簡是否緊接都不能肯定，有可能連讀，也有可能中間尚有缺簡，暫時分開釋寫。殘去的「□□氏」或是在「堯」之前的上古帝王的最後一個，其後的帝王即是堯。

陳劍先生〈傳說〉：第 3 簡以後，從 35B 開始，應是講堯以前的一位古帝王，具體是誰則難以推斷。簡文說他「匡天下之政十又九年而王天下」，似乎他也是先被另一帝王舉為輔佐以「匡天下之政」，而後再被禪讓、授以帝位而「王天下」的，跟堯、舜之事相類。（頁 3）

建洲按：由〈傳說〉一文，可見陳劍先生似乎已傾向將 35B 下接簡 4，但在文章釋文中卻還是將二簡分開。本文傾向從舊說，將二者分開看待。

〔二九〕厚〔🔲〕忥（施）〔🔲〕而泊（薄）僉（斂）安（焉）

李零先生：「厚施而泊（薄）僉（斂），安」。「🔲」上半與第三簡「臖」字所從相同，下從「心」。從文義看，應讀「施」。（頁 277）

陳劍〈編連二〉：讀作「厚忥（愛）而泊（薄）僉（斂）安（焉）」。

何琳儀先生〈滬二〉：「厚△而泊（薄）僉（斂）安（焉）」。△，原篆作🔲，上從「害」省，下從「心」。《廣韻》「△，快也。」簡文「△」，疑讀「愒」。「害」與「曷」聲系可通，如《尚書・湯誓》「時日曷喪。」《孟子・梁惠王》上引「曷」作

「害」。《書‧大誥》「予曷敢不終朕畝。」《漢書‧翟方進傳》引「曷」作「害」。是其佐證。簡文「△」，疑讀「愒」。《說文》「愒，息也。」《詩‧小雅‧菀柳》「不尚愒焉。」《傳》「愒，息也。」《詩‧大雅‧民勞》「汔可小愒。」《傳》「愒，息也。」字亦作「憩」。《爾雅‧釋詁》下「憩，息也。」釋文「憩，本或作愒。」 簡文大意謂「休養生息而減輕賦斂」。

建洲按：「厚」，甲骨文作 ⿱（《佚》211），西周金文作 ⿱（墻盤），從厂從「⿱」（⿱的下部），〔註243〕巧的是《說文》小篆作「厚」，「厂」下亦從「⿱」，〔註244〕《段注》曰：「⿱亦聲」（五下廿九），可見下部是聲符。〔註245〕此外《上博‧紂衣》簡2作 ⿱ 亦是一例。〔註246〕又如 ⿱（《郭店‧老子甲》4），下從「毛」，明紐宵部，與「厚」，匣紐侯部，韻部可旁轉，聲紐則汪啓明先生說：「在古代漢語中，有的鼻輔音會與〔h〕發生自由交替，對於這個問題，現在有種種不同的處理方法。」他也舉了一些明、匣二紐相通的例證。〔註247〕 ⿱（《郭店‧老子甲》36），厂下從「句」，古韻同為侯部，其聲則見、匣同屬喉音，聲韻皆近，故可讀厚。以此觀點，則 ⿱（《郭店‧老子甲》5）下從「主」，學者讀作「重」應屬可信。〔註248〕

本簡「厚」作「⿱」，字形類似《信陽》2.15「厚」作 ⿱。〔註249〕字下似從「子」，但《說文》古文「厚」字作 ⿱、《汗簡》中之二49引《尚書》、《說文》作 ⿱〔註250〕、《古文四聲韻》去聲39引《古老子》作 ⿱。〔註251〕商承祚先生說：「《玉篇》有至云：古文厚。其字從土上石，厚意也。古文石作 ⿱，省之則為 ⿱，遂與後形同矣。

〔註243〕季旭昇師《說文新證》（臺北：藝文印書館，2002.10），頁457
〔註244〕湖北省文物考古研究所等《望山楚簡》，頁116注12
〔註245〕季旭昇師《說文新證》，頁457
〔註246〕上博的「厚」應是屬於甲骨文、金文一系的寫法。魏宜輝先生認為字是「庸」再通讀為「厚」是沒有必要的，見〈讀上博簡文字箚記〉《上博館藏戰國楚竹書研究》，頁393。此外，黃人二先生以為上博的「厚」是郭店簡「厚」字的誤摹，則屬臆測，恐不可信，見《上海博物館藏戰國楚竹書（一）研究》（高文出版社），頁117
〔註247〕汪啓明《先秦兩漢齊語研究》（成都：巴蜀書社，1999.4），頁186。亦參李方桂《上古音研究》（北京：商務印書館，2001.3四刷），頁99。
〔註248〕劉信芳《荊門郭店竹簡老子解詁》，頁6、陳偉《〈老子〉甲組零識》《郭店竹書別釋》，頁18，陳偉先生亦釋〈緇衣〉44、〈成之聞之〉18、39為「重」
〔註249〕劉國勝〈信陽長台關楚簡《遣策》編連二題〉《江漢考古》2001.3，頁66、湖北省文物考古研究所、北京大學中文系編《望山楚簡》（北京：中華書局，1995.6），頁116注12、程燕〈訂補〉《古文字研究》23輯，頁156（437）載何琳儀先生的意見以為或釋「厚」。
〔註250〕《汗簡‧古文四聲韻》（北京：中華書局，1983.12），頁25。
〔註251〕《汗簡‧古文四聲韻》（北京：中華書局，1983.12），頁69。

從石土會意，非從後聲也。」〔註252〕所以「△」上應從「石」。

其次，《信陽》2.15字的下部作，何琳儀先生分析爲從「石」從「丰」，〔註253〕由《郭店・語叢一》103「弄（奉）」作、〈老子乙〉17「奉」作，何先生所釋似乎可信。「丰」，滂紐東部，與「厚」（匣侯）有陰陽對轉的關係，但聲紐稍遠。所以《郭店・語叢一》7，雖由字形來看似應從「丰」，但整理者釋爲從「毛」未見他說，由聲韻條件來說較爲合理，所以上述《信陽》2.15字恐怕分析爲從「毛」較爲合理。至於本簡「△」字的下部作「」，與「邦」作（《郭店・老子乙》17）、（《郭店・老子甲》29）、（老子甲 29）、（〈容成氏〉13）、（〈從政甲篇〉2）；「坴（封）」作（〈容成氏〉18）的「丰」旁類似，但亦與〈容成氏〉24「毛」作、〈容成氏〉49「毳」作、〈容成氏〉22「表」作所從「毛」旁相似（參下放大圖）。〈容成氏〉的「毛」字與一般「毛」字通常末筆往右偏並不相同，如《包山》37「毛」作、《包山》179「耗」作、〈子羔〉1「𪐄」作、《包山》262「表」作，〔註254〕可見「毛」、「丰」有形近訛混的現象，就聲韻、字形條件而言，本簡字似乎偏向「毛」的機會大一點。

（邦）　　　　（邦）　　　　（毛）　　　　（毳）　　　　（厚）

附帶討論，〔註255〕「厚」字的聲符在下應該是對的，則《郭店》一些原釋爲「厚」的字，恐怕有檢討的必要，如《郭店・語叢一》14 有字作，《郭店釋文》釋爲「厚」，張光裕先生、《戰編》均同之〔註256〕。**建洲按：**此釋尙可討論。劉信芳先生以爲下從「主」，恐不可從〔註257〕。字可隷作「戈」，「戈」，見紐歌部，與

〔註252〕商承祚《說文古文考》（上海：上海古籍出版社，1983），頁 52。

〔註253〕何琳儀《戰國古文字典》，頁 437。

〔註254〕滕壬生《楚系簡帛文字編》（武漢：湖北教育出版社，1995.7），頁 692～696、張光裕、黃錫全、滕壬生《曾侯乙墓竹簡文字編》（臺北：藝文印書館，1997.1），頁 72～76、張光裕、袁國華《包山楚簡文字編》（臺北：藝文印書館，1992.11），頁 229～230、湯餘惠《戰國文字編》，頁 585～586。

〔註255〕底下內容可參蘇建洲〈楚文字考釋九則〉《輔仁國文學報》第十九期（台北：輔仁大學中國文學系，2003.10），頁 14～17。

〔註256〕張光裕主編《郭店楚簡研究——文字編》，頁 95、湯餘惠主編《戰國文字編》，頁 342。

〔註257〕「主」旁作（〈老子甲〉6）、（〈緇衣〉44），與明顯不同。劉文見《包山楚簡解詁》，頁 217～218。

「厚」（匣侯），聲古同爲喉音，韻則稍遠，而且由簡文作「有勿有容，有**㿟**有△」，亦無證據可支援讀爲「厚」。筆者以爲或可讀爲「退」。蓋「**㿟**」（從眞）與「進」（精眞）古音相近。「退」，透紐物部，與「戈」（見歌）聲韻皆有相通之例。「透」紐與「見」系有相通之例，如武威木牘 680 號所用藥物有「秦瘳（透母幽部）」，即《神農本草經》的「秦艽（群母幽部）」〔註258〕。此外，瘳古音「透母」幽部，而同從「翏」的「膠」、「嘐」、「樛」古音皆爲「見母」幽部。而「歌」部、「物」部爲旁對轉〔註259〕，如「配兒鉤鑃銘」的「配」（滂物）即《吳越春秋‧闔閭內傳》的太子「波」（幫歌）〔註260〕。又如《論語‧陽貨》：「歸孔子豚」，《釋文》曰：「歸（見微），鄭本作饋（群物）」〔註261〕；《易‧大壯》：「羸其角」，《釋文》：「羸（來歌），鄭、虞作纍（來微）」〔註262〕。亦見本簡「忚」（物）讀作「施」（歌），可見「歌」、「物」應可相通。其次，文獻中「進退」一詞并不少見，傳統典籍如《管子‧白心》：「名進而身退」〔註263〕、《管子‧明法》：「譽者不能進，而誹者不能退」〔註264〕、《韓非子‧解老》：「可欲之類，進則教良民爲奸，退則令善人有禍」〔註265〕。出土文獻如中山王墓所出兆域圖，其中記王命一段提到「進退□乏者死亡赦。」、又如《銀雀山漢簡》的一種佚書有「欲其吏大夫之毋進退禁令以相爲」〔註266〕。所以，簡文 13.14 應讀作「有勿有容，有進有退」。句式如同 13.49「有本有卯〔註267〕，有終有始」，「終始」與「進退」皆義相反而相成。此外，相同字形亦見於《郭店‧語叢三》22，簡文作「悳，**㿟**之□□」，簡文文義不全，《管子‧君臣下》曰：「君人者制仁，臣人者守信，此言上下之禮也。……知失諸民，退而修諸己，反其本也〔註268〕。」或可與本簡參看。另外，《郭店‧語叢一》82有字作 **㿟**，《郭店釋文》亦釋爲「厚」，學者似無它說。**建洲按：**此釋亦可討論。△下從「干」，見紐元部，與「厚」（匣侯）聲近，但韻遠。簡文「不尊△於義，

〔註258〕王輝《古文字通假釋例》，頁 221。

〔註259〕王力《同源字典》，頁 13。

〔註260〕王輝《古文字通假釋例》，頁 662、董楚平《吳越徐舒金文集釋》，頁 62。

〔註261〕高亨《古字通假會典》，頁 490。

〔註262〕高亨《古字通假會典》，頁 541。

〔註263〕陳麗桂師等校注《管子》（下）（臺北：國立編譯館，2002.2），頁 933。

〔註264〕陳麗桂師等校注《管子》（下），頁 1044。

〔註265〕陳啓天《增訂韓非子校釋》（臺北：商務印書館，1982.8 四版），頁 745。

〔註266〕朱德熙、裘錫圭〈平山中山王墓銅器銘文的初步研究〉《朱德熙古文字論集》，頁 95～96。

〔註267〕周鳳五先生讀作「化」，「有本有化」，其言重在人類的文明教化，〈郭店楚簡《忠信之道》考釋〉《中國文字》24 期，頁 124。

〔註268〕陳麗桂師等校注《管子》（上），頁 761。

博於悬（仁）」，《禮記‧表記》曰：「厚於仁者，薄於義，親而不尊；厚於義者，薄於仁，尊而不親〔註269〕。」雖有「厚於義」一句，但乃是與「薄」相對爲言。△可隸作「罕」，筆者以爲或可讀作「貴」。「貴」古音見紐物部。貴、干，雙聲，韵部旁對轉。《韓詩外傳》八曰：「荆蒯芮使晉而反。」《說苑‧立節》「芮」（月）作「聵」（物）。而《淮南子‧脩務》：「時多疾病毒傷之害」，《注》：「害（月），患（元）也〔註270〕。」可見元、物應該可以相通。《左傳‧昭公元年》：「乃執子南，而數之，曰：『國之大節有五，女皆奸之。畏君之威，聽其政，尊其貴，事其長，……子晳，上大夫；女，嬖大夫，而弗下之，不尊貴也。』〔註271〕」依文義可解爲「不尊貴（於子晳）」正與簡文「不尊△於義」相吻合，故△應可讀「貴」。

「悬」作 🔣 ，即「愛」，讀「施」。由簡 3「孌」字，可知本字應分析從「旡」從「心」，由字形說來陳劍先生釋作「愛」是對的。但由文意說來應從李零先生讀爲「施」〔註272〕。《韓非子‧外儲說右上》：「君重『斂』，而田成氏厚『施』〔註273〕。」《晏子春秋‧卷七‧景公坐路寢曰誰將有此晏子諫第十》：「田氏雖無德，而有施於民。公厚『斂』，而田氏厚『施』焉。」〔註274〕可見得「斂」、「施」二字意義相反。而「旡」，見紐物部；「施」，書紐歌部。聲紐可通，如《尚書‧康誥》：「式爾，有厥罪小，乃不可不殺。」，《潛夫論‧述赦》引「式」（書職）作「戒」（見職）。韵部歌微常見通假，而「物」是「微」的入聲，可通。

「泊」，讀作「薄」。「白」聲與 🔣 聲可通，如《說文‧攴部》：「敀，迮也。從攴白聲。」《段注》：（博陌切）〔註275〕。又如《老子》二十章「我獨泊兮」，馬王堆帛書乙本「泊」作「博」，《左傳‧文公十二年》：「薄諸河」，《說苑‧至公》「薄」作「迫」。參黃德寬〈補正〉。

「酓」，讀作「斂」。《郭店‧緇衣》3「林（麐）人不斂」，後一字即「斂」。字的左旁與〈容成氏〉相同。亦見《包山》149「楊虎『斂』聞金於邻」作🔣。

「妛」，此依陳劍先生之說隸定。陳劍先生指出「熟悉古文字的人都知道，在戰國秦漢文字裏大量出現的『安』字，其所從的『女』形旁邊總是還要多出一兩筆。

〔註269〕《十三經注疏——禮記》，頁 909。

〔註270〕王力《同源字典》，頁 487。

〔註271〕楊伯峻《春秋左傳注》，頁 1212～1213。

〔註272〕周鳳五先生〈楚零〉亦認爲「從文義看，應讀『施』。……學者或讀爲『厚愛而薄斂焉』，字形可通而無當於文義，似不可從。」頁 1～2。

〔註273〕陳啓天《增訂韓非子校釋》，頁 560。

〔註274〕張純一《晏子春秋校注》《新增諸子集成》（六），頁 188。

〔註275〕〔清〕段玉裁注《說文解字注》，頁 122。

西周金文中『安』字雖然出現不多，但無一例外同樣是如此。〔註276〕多出的這部分或作一小點，或作一橫、一豎、一斜筆、一曲筆等，楚簡文字裏又常常變作『﹆』、『﹁』類形的兩折筆。儘管其形態各異，但絕大部分『安』字中這多出的一兩筆總是有的。」而由諸多甲骨文文例來看，「安」與『安』字中多出的一小筆位於『女』形的後下方」是不同的兩個字，前者應該釋讀爲「賓」，與後世的「安」無關，而爲跟寫作「从女在宀下」形之字相區別，所以將字隸作「妟」。而「*安（賓）」（**建洲案**：原文說：「爲表示此形跟『安』字無關，下面提到它時在其左上角加一星號作『*安』，以資區別。」）字後世不見，大概在西周時就已經遭到淘汰。在以後長期的古文字演變過程中，「妟（安）」如果逕作「從宀從女」的「*安」形，已經不再會有發生字形混淆的問題。但「妟（安）」字多出一部分筆劃這個特徵，卻一直保留到了後代〔註277〕。這個可稱「頑固」的特徵，也是難以用可有可無的「飾筆」來解釋的。「妟（安）」字的結構應當分析爲「从宀从女」。最後他分析「妟」所從的「女」像一個斂手跪坐之人的股、脛之間多加了一筆形。這一筆的意圖是要表示跪坐時股、脛相接觸，亦即將臀部放在腳後跟上。這種坐姿，古人稱爲「安坐」。「女」字字形表示的這個意義及其引伸義，保存在了「安」字中〔註278〕。

　　本文從陳氏之說，「妟」即後世通行字「安全」之「安」，在本簡應讀爲「焉」。李零先生釋爲「安」，並連接下句讀作「安身力以勞百姓」。此恐不可從，本篇的「安」字均作「焉」解，未見作如字解。

〔三十〕身力呂袋（勞）百眚（姓）〔🐾〕

　　李零先生：「身」指自己。（頁277）

　　建洲按：此處的「勞」應與《詩・小雅・節南山》：「不自爲政，卒『勞』百姓」，

〔註276〕陳劍先生文章原注4「參看《金文編》515頁第1194號。但其下所收字形中，摹罌尊、戈方鼎兩形不準確，《殷周金文集成》（以下簡稱《集成》）11.5989罌尊拓本上尚可見較《金文編》所摹字形多出一小點，同人所作罌卣《金文編》即已正確摹出此筆。戈方鼎乙（《集成》5.2824），同銘兩見"安"字都帶有小點，只是有一形的小點所在之處恰好略有殘泐。《金文編》未收的西周金文"安"字，如《集成》15.9596.1、15.9596.2孀妊壺，18.12030車轄之"安"，皆多一筆，或作一小點，或作一曲筆。格伯簋"安"字從"厂"，这類形體一直延續到戰國齊金文、齊刀幣、齊系陶文。」

〔註277〕陳劍先生文章原注17「一直延續到東漢末年的光和斛銘仍是如此，參看容庚《金文續編》171頁，上海書店出版社，2000年7月。徐中舒主編《秦漢魏晉篆隸字形表》501頁，四川辭書出版社，1985年8月。」

〔註278〕陳劍〈說「安」字〉（《語言學論叢》第三十一輯）。

《正義》訓爲「勞苦」不同。〔註279〕比較接近《呂氏春秋‧愼行論‧疑似》：「秦襄、晋文之所以勞王而賜地也」，王念孫曰：「勞王即勤王」。〔註280〕即爲君王辛勞盡力。簡文上句「厚施而薄斂焉」，主語是「君上」。而本句讀作「（君上）身力以勞百姓」，義爲「（君上）身體力行來爲百姓辛勞盡力」應該是可行的。另外，〈從政乙〉1「從命則正不勞」，陳偉先生以爲「正」指「君長」。另外亦舉《大戴禮記‧主言》：「民皆有別則貞，則正亦不勞矣。」《禮記‧緇衣》：「下難知則君長勞」來證明「正（君長）不勞」之說。〔註281〕又如《左傳‧僖公二十八年》：「非神敗令尹，令尹其不『勤民』，實自敗也。」〔註282〕以上可說明本簡釋爲「君上辛勞」是可以的。

「眚」，甲骨文作 _{（省略字形）}（《甲》五）、_{（字形）}（《前》3.23.2）；金文作 _{（字形）}（盂鼎）、_{（字形）}（鬲攸比鼎）；《郭店‧語叢三》68 作 _{（字形）}，從目生聲，甲骨文及盂鼎有借筆的現象。〔註283〕或曰本從目從中，至西周晚期「鬲攸比鼎」聲化從「生」聲。〔註284〕簡文「△」字形同 _{（字形）}（《郭店‧成之聞之》29）、_{（字形）}（〈緇衣〉5）、_{（字形）}（〈性自命出〉1）。〔註285〕陳偉武先生以爲「眚」表示上部表聲爲「生」；「_{（字形）}」上部則爲「壬」之異體，「壬」，透紐耕部，故「眚」（書紐耕部）可以之爲聲符〔註286〕。筆者以爲陳偉武先生之說還可討論，因爲大家知道「壬」下從「土」，而「土」的下筆通常作「一」形，少作「_{（字形）}」形者。筆者以爲對照看來，「_{（字形）}」寫法是在竪畫的左側加一斜筆，這種現象在戰國文字并不少見。李家浩先生曾經指出：「戰國文字有在竪畫的頂端左側加一斜畫的情況」，如「陳」作 _{（字形）}（《璽彙》1453），亦作 _{（字形）}（《璽彙》1455）、「匋」作 _{（字形）}（麓伯簋），亦作 _{（字形）}（《古陶文字徵》頁 187）等等〔註287〕。這種現象亦見於《郭店》簡，如 15.68「又（有）眚（性）又（有）生『虖』（乎）」作 _{（字形）}，相同內容又見於 15.58 作「又（有）眚（性）又生『虖』（乎）」，字作 _{（字形）}，二者相較後者明顯於竪筆旁增添一斜筆〔註288〕。

〔註279〕《十三經注疏——詩經》，頁 396。

〔註280〕陳奇猷《呂氏春秋校釋》（臺北：華正書局，1988.7），頁 1501 注 16。

〔註281〕陳偉〈上海博物館藏楚竹書《從政》校讀〉，簡帛研究網，03/01/10。

〔註282〕《十三經注疏——左傳》，頁 274～275。

〔註283〕李孝定《讀說文記》，頁 101、何琳儀《戰國古文字典》，頁 825。

〔註284〕季旭昇師《說文新證》（上）（臺北：藝文印書館，民 91.10），頁 257

〔註285〕其他字形請見張光裕主編《郭店楚簡研究——文字編》，頁 302

〔註286〕陳偉武〈新出楚系竹簡中的專用字綜議〉《新出楚簡與儒學思想國際學術研討會論文》（北京：清華大學，2002.3）。亦見於《華學》第六輯，頁 103。

〔註287〕李家浩〈傳遽鷹節銘文考釋——戰國符節銘文研究之二〉《海上論叢》第二輯（上海：復旦大學出版社，1998.7），頁 24

〔註288〕本則原是《戰國文字編〉訂補》一文的內容，完稿於 2002.11 月。後 2002.12.13 何琳儀先生於台灣師大〈上博簡〈性情論〉講疏〉的演講中，對「眚」的構形與筆者的看法相同，謹附記於此。

附帶討論，■（《璽彙》3536），《戰國文字編》隸作从禾从目〔註289〕。字形下面从目當然是對的，但上部明顯不从「禾」，因爲禾字豎筆中的「乄」形從未見省簡的現象。對照《郭店》的■，字當釋爲「眚」，印文釋作「□眚」，當作名字解。另外，■（《璽彙》2553），《戰國文字編》隸作从禾从目〔註290〕。何琳儀先生隸作「香」〔註291〕、李守奎先生隸作「眚」。〔註292〕由字形看來，當以《戰國文字編》所釋爲確，印文釋爲「弼香」〔註293〕。但「香」字《說文》未見，可以考慮釋爲「相」。從甲骨文到戰國文字，木與禾作爲偏旁有形近而混用的現象〔註294〕。「相」也有這種情形，如《訂正六書通》所載「商鐘」作■、「古文奇字」作■、《古老子》作■，均从「禾」旁〔註295〕。所以璽文讀作「弼相」應該是可以成立的。

〔三一〕邦無飤〈飢？〉人

李零先生：隸作「飤」。「飤人」即「食人」，指吃人（人吃人或獸吃人），或者「飤」是「飢」字之誤寫。（頁253）

陳劍先生〈編連二〉以爲「飢」之誤寫。

建洲按：今暫從後說。

〔三二〕道洛（路）無殤【四】死者

建洲按：「殤」，未成年而死者。《說文》：「殤，不成人也。」段《注》：「見〈喪服〉傳。鄭曰：『殤者男女未冠笄而死，可傷者也。』」《釋名·釋喪制》：「未二十而死曰殤。殤，傷也，可哀傷也。」〔註296〕《小爾雅·廣名五》：「無主之鬼謂之

〔註289〕湯餘惠《戰國文字編》，頁486。
〔註290〕湯餘惠《戰國文字編》，頁486。
〔註291〕《戰國古文字典》，頁1536。
〔註292〕李守奎〈釋楚簡中的「惡」字——兼釋楚璽中的「弼」〉《簡帛研究》二〇〇一（上）（桂林：廣西師範大學出版社，2001.9），頁217注25。
〔註293〕「弼」字的考釋可參考李運富《楚國簡帛文字構形系統研究》（長沙：岳麓書社，1997.10），頁122、上述李守奎文及白於藍〈郭店楚墓竹簡考釋（四篇）〉《簡帛研究》二〇〇一（上），頁193。
〔註294〕蘇建洲〈新出柞伯簋研究〉《第十一屆中國文字學全國學術研討會論文集》（台南：台南師範學院，民89.10.21），頁91。
〔註295〕〔明〕閔齊伋輯 〔清〕畢弘述篆訂《訂正六書通》（上海：上海書店，1996.8四刷），頁115、438。
〔註296〕〔漢〕劉熙《釋名》收錄於〔清〕王謨輯《增訂漢魏叢書》（臺北：大化書局），頁886。

殤。」〔註297〕

〔三三〕各旻（得）其殊（宜）〔殊〕

李零先生：「殊」，隸作「殊」，讀作「各得其世」，指「每個人都能盡享天年」。（頁254）

陳劍先生〈編連二〉：釋爲「所」，並於其後加「？」。

陳偉先生〈零釋〉：隸作「殊」，以爲簡文可讀爲「列」，訓爲「位」。《左傳》襄公十五年云：「王及公、侯、伯、子、男，甸、采、衛、大夫，各居其列，所謂周行也。」「各居其列」猶「各得其列」。

陳劍先生〈傳說〉：「殊」原釋讀爲「世」，即認爲其右半所從爲「枼」；不少研究者又主張釋爲從「桀」，即認爲其右半所從爲「桀」之省體「枼」。我們釋爲「殊」讀爲「所」，是考慮到楚文字中「朿」、「枼」、「枼」三個偏旁已經時有混淆的情況，同時「各得其所」之說古書習見。「殊」從「乍」得聲，跟「所」聲母都是齒音，韻部魚鐸陰陽對轉，沒有問題可以相通。（頁16注4）

建洲按：字作殊，左旁從「歹」當無問題，右旁與「世」不類，參《郭店》7.3「世」作世、《上博（二）·子羔》簡8「殊」作殊、〈容成氏〉簡42「傑」作傑，右上從三直筆。〔註298〕上引陳劍先生〈傳說〉隸作「殊」，讀作「所」是很有道理的。不過，如同其所說「朿」、「枼」有相混的現象，而釋爲從「枼」的學者亦所在多有，且目前似乎未見其他反證，今仍從舊說釋爲「殊」，請述如下：

殊右旁與「傑（桀）」，《郭店》10.5作傑、〈容成氏〉簡35作傑同形，所以字應隸作「殊」。此外，要說明的是簡40「桀」作桀，上從三直筆，與其他〈容成氏〉三個「桀（傑）」〔註299〕並不相同，應是訛誤。另外，〈容成氏〉的「复（作）」見於簡29、30、35、36、42、44、45、51，字形皆作复，其上部與「世」字形相近，辨認時需要注意。筆者以爲簡文應讀作「上下貴賤，各得其宜」，「桀」，古音群紐月部；「宜」，疑紐歌部，聲古同爲喉音，韻則爲對轉，可以通假。傳世文獻多有相應思想，如《禮記·樂記》：「然後，聖人作爲鞉、鼓、椌、楬、壎、篪，此六者德音之音也。……所以官序貴賤各得其宜也，所以示後世有尊卑長幼之序也。」《荀子·

〔註297〕〔漢〕孔鮒《小爾雅》收錄於〔清〕王謨輯《增訂漢魏叢書》（臺北：大化書局），頁748。

〔註298〕其他「世」字，參何琳儀《戰國古文字典》（北京：中華書局，1998.9），頁917～918、湯餘惠主編《戰國文字編》（福州：福建人民出版社，2001.12），頁134。

〔註299〕分別見於頁127簡35第2行第2字、第4字；頁132簡40第4行最末字。

榮辱》：「故先王案爲之制禮義以分之，使有貴賤之等，長幼之差，知愚、能不能之分，皆使人載其事而各得其宜……」。《論語・顏淵》曰：「樊遲……問知。子曰：『知人。』樊遲未達。子曰：『舉直錯諸枉，能使枉者直。』……子夏曰：『富哉言乎！舜有天下，選於眾，舉皋陶，不仁者遠矣；湯有天下，選於眾，舉伊尹，不仁者遠矣。』」尤其《列子・仲尼篇》提到商太宰問曰：「三王聖者歟？」孔子曰：「三王善任智勇者，聖則丘不知。」曰：「五帝聖者歟？」孔子曰：「五帝善任仁義者，聖則丘弗知。」曰：「三皇聖者歟？」孔子曰：「三皇善任因時者，聖則丘弗知。」提到三王、三皇、五帝善任賢者，更與簡文的背景相合。此外，陳偉先生所釋與筆者相近，但文字結構應分析爲從「桀」。〔註300〕筆者於嘉義大學發表〈《上博楚竹書（二）》文字束釋－（一）楚簡從「桀」諸字考釋〉時，〔註301〕有幸與周鳳五先生比鄰而坐。會後周鳳五先生指點筆者參考《郭店・性自命出》「道𣥂止」。但據筆者察考，周先生所指應是〈六德〉簡 26。而且字作「𣥂」，並不作「𣥂」，與拙文所討論的字形並不相同。謹記於此，非常感謝周鳳五教授不吝指導。

在此附帶討論其他楚簡從「桀」之字。如《郭店・尊德義》簡 24-25「非禮而民悅 志（哉），此小人矣。非倫而民服殜此亂矣。」李零先生將「志」釋爲「哉」，並於其後斷句，這無疑是對的。〔註302〕而下一句，整理者隸「殜」爲「殜」，釋爲「世」，但於其後加上「？」，斷句讀作「世此亂矣」。〔註303〕劉信芳先生指出「殜」應隸作「殜」，讀作「列」。〔註304〕廖名春先生則認爲劉信芳所釋「殜」主觀性太強，難以信從」，應隸作「殊」。〔註305〕**建洲按**：《郭店》整理者的懷疑是對的。簡文的上下句正好是相對的，「殜」的位置應該釋爲虛詞。這也證明類似殜的字形的確不能釋爲從「世」。筆者以爲殜仍應隸作「殜」，讀作「也」。也，古音余紐歌部，與「桀」（群月）韵部陰入對轉。而「也」與「它」本同字，〔註306〕如《戰國策・燕

〔註300〕其他從「桀」之字的考釋，請參〈容成氏〉簡 24～25、〈從政甲篇〉簡 12 的注釋。

〔註301〕蘇建洲〈《上博楚竹書（二）》文字束釋〉，《第一屆簡牘學術研討會》（民雄：國立嘉義大學中國文學研究所，2003.7.12），頁 1～5。

〔註302〕李零《郭店楚簡校讀記——增訂本》（北京：北京大學出版社，2002.3），頁 140。陳偉先生的斷句亦同，見〈關於郭店楚簡《六德》諸篇編連的調整〉《郭店楚簡國際學術研討會論文集》，頁 70。

〔註303〕荊州博物館《郭店楚墓竹簡》（北京：文物出版社，1998.5），頁 174。

〔註304〕劉信芳〈郭店竹簡文字考釋拾遺〉《江漢考古》2000.1 頁 44。

〔註305〕廖名春〈郭店簡從「殊」之字考釋〉，簡帛研究網，03/03/08，
http://www.bamboosilk.org/Wssf/2003/liaomingchun01.htm。亦見於《華學》第六輯。

〔註306〕于省吾編《甲骨文字詁林》冊二，頁 1784，1843 號「它」字條下按語。又如「遷

策一》：「燕王謂蘇代曰：『寡人甚不喜訑者言也。』」鮑彪注曰：「沇州謂『欺』曰訑。」〔註307〕而《說文》又說：「訑，沇州謂欺曰訑。從言它聲。」（三上十）〈忠信之道〉簡7「君子其他也忠」，「它」讀爲「施」。《容成氏》簡6「貤」依文意應讀作「施」。〔註308〕它，透紐歌部。群、透二紐有相通之例，如武威木牘680號所用藥物有「秦瘳（透母幽部）」，即《神農本草經》的「秦芃（群母幽部）」。〔註309〕又如「瞀」，群母幽部，而同聲旁的「瘳」是透母幽部，皆爲其證。換言之，「也」、「樂」聲紐是可通的。或曰「也」、「它」二字本不同字，〔註310〕但也不妨害我們的結論。中山王鼎有字作 𢁢，由用法來看無疑應讀爲「也」，此字舊釋爲「施」〔註311〕、「㢭」〔註312〕，但都有程度不等的問題。近吳振武先生認爲字形下部偏旁「𠃜」應該就是繫在戈上的紅色纓子，在西周金文叫「彤沙」，文獻稱爲「紅綏」。「𠃜」當作聲符，其讀音當如「沙」或「綏」，而「綏」乃後起字，金文均作「妥」。〔註313〕而「妥」正是「透母歌部」，與上述「它」字的古音相同。所以簡文應讀作「非禮而民悅哉，此小人矣。非倫而民服也，此亂矣。」「哉」，可用作陳述句末，助肯定語氣，可譯爲「啊」。如《戰國策·秦策二》：「秦有安邑，則韓、魏必無上黨哉。」《莊子·天下》：「關尹、老耽乎，古之博大眞人哉。」〔註314〕而「也」，用於陳述句句末，加強陳述語氣，強調所陳述的內容或確認某種事情或狀態的眞實性，可譯爲「啊」。〔註315〕換言之，二者的用法是相同的。或曰這種用法少見，但〈忠信之道〉簡7-8「君

邟編鐘」有「它=巳=」一句，學者讀作「也=巳=」。如《慶叔匜》作「池=熙=」，《齊侯敦》作「它=熙=」，並說「它」與「也」古爲一字。見董楚平《吳越徐舒金文集釋》（杭州：浙江古籍出版社，1992.12），頁322注6。李家浩先生說：「古代『它』、『也』二字往往混用不分」，見〈戰國官印考釋（六篇）〉《1992年中國古文字學研討會論文》（1992，南京）。

〔註307〕〔漢〕劉向集錄《戰國策》（臺北：里仁出版社，1990.9），頁1074～1075。

〔註308〕馬承源主編《上海博物館藏戰國楚竹書（二）》（上海：上海古籍出版社，2002.12），頁254。

〔註309〕王輝《古文字通假釋例》（臺北：藝文印書館，1993.4），頁221。

〔註310〕郭沫若說：「『也』與『它』（即蛇）古亦有別，因古音相同，世多混爲一字，謂『也、它』爲一字則非也。」見周法高編《金文詁林》「它」字條下（香港：香港中文大學，1975）。

〔註311〕朱德熙、裘錫圭〈平山中山王墓銅器銘文的初步研究〉《朱德熙古文字論集》，頁92。

〔註312〕李學勤、李零〈平山三器與中山國史的若干問題〉《考古學報》1979.2，頁155。

〔註313〕吳振武〈試說平山戰國中山王墓銅器銘文中的「㢭」字〉《第一屆中國語言文字國際學術研討會論文》，（香港：香港大學，2002.3）。

〔註314〕中國社會科學院語言研究所古代漢語研究室編《古代漢語虛詞詞典》（北京：商務印書館，2000.1二刷），頁802。

〔註315〕《古代漢語虛詞詞典》，頁690。

子其他（施）也忠，古（故）纞（蠻）罜（親）專（附）也；其言尒信，古（故）凉（遑）〔註316〕而可受也。」「也忠」、「尒信」相對，可見「尒」的用法相當於「也」。又如〈六德〉簡 2-3「教此民尒叀（使）之又（有）向也」，沈培先生認爲「尒」的用法相當於「也」。〔註317〕類似這種「尒」的用法，文獻亦不多見，因爲「尒」作「也」、「矣」用，通常置於句子末端，如《公羊傳・宣公十五年》：「莊王圍宋，軍有七日之粱爾。盡此不勝，將去而歸爾。」〔註318〕另外，對於上述廖名春先生的意見，廖先生未指出隸作「殊」的字形錯誤何在，僅說「主觀性太強」，似乎不構成反對的理由。其次將字形隸作從「止」，但「止」似未見作「」形者。《璽彙》1715、2522 有同形的字，《璽彙》釋爲「止」，劉釗先生本同意其說，〔註319〕但後來又否定此說，並改釋爲「乍」，其說：「 釋爲『止』是錯誤的。古文字中的『止』字……，中間也從不寫成相交的一橫筆和一豎筆。」〔註320〕值得注意的是，廖先生將簡文讀作「非倫而民服禦，此亂矣」，認爲「服禦」是同義複詞，並以爲與《大戴禮記・子張問入官》：「不以道禦之，雖服必強矣」，有者「驚人相似」之處，而「雖服」即「而民服殊」。依廖說，若將「殊」當作虛詞用，簡文作「而民服」豈不是與《大戴禮記》的「雖服」更吻合。總之，△4 仍應隸作「殊」，讀作「也」，當作虛詞用。簡文意謂「不以正道，而取悅於人民，此小人之行徑。不以倫常之道而民服從，比如以刑罰強制人民而使之服從，此亂之所由生。」〔註321〕

最後，《包山》132 背「」）與《璽彙》3501 舊釋爲从「复」，〔註322〕雖然《包山》225「复」作，《包山》162「祚」作，其「乍」旁與之相似。但是就文字整體看來，卻與《郭店》10.5「傑（桀）」作、《容成氏》簡 35 作完全同形，相較起來釋爲「傑」當然合理多了，〔註323〕二者皆作爲人名用。

〔三四〕四沺（海）之外宔（賓），四沺（海）之內貞（廷）〔〕
　　李零先生：「宔」即「賓」，指賓服、順從。「」疑是「貞」字的異體。「貞」

〔註316〕周鳳五〈郭店楚簡〈忠信之道〉考釋〉《中國哲學》21 輯，頁 142〜143。
〔註317〕沈培〈郭店楚簡札記四則〉《簡帛語言文字研究》第一輯（成都：巴蜀書社，2002.11），頁 8〜9。
〔註318〕楊伯峻《古漢語虛詞》（北京：中華書局，2000.8 三刷），頁 34。
〔註319〕劉釗《古文字構形研究》（長春：吉林大學博士論文，1991），頁 497。
〔註320〕劉釗〈璽印文字釋叢（二）〉《考古與文物》1998.3，頁 78。
〔註321〕丁原植《郭店楚簡儒家佚籍四種釋析》（臺北：台灣古籍，2001），頁 316。
〔註322〕何琳儀《戰國古文字典》，頁 579
〔註323〕《戰國文字編》頁 351 已改釋《包山》132 背作「桀」。但嚴格說來，應隸作「傑」。

可訓「定」。（頁 254）

　　陳劍先生〈編連二〉：「貞」釋爲「廷」，後加「？」。

　　陳劍先生〈傳說〉：「賓」多解釋爲「賓服、順從」，「貞」或解釋爲「定」，義皆泛而不切。實則簡文「四海之外賓，四海之內廷」無非是說天下皆來朝見之意。分別言之，則「四海之外」非天子之臣，雖爲表示服從而來，但係賓客，故言「賓」，「賓」乃動詞「來朝」、「來賓」之意。古書「來賓」之說多見，如《韓詩外傳》卷六：「先王之所以拱揖指麾，而四海來賓者，誠德之至也，色以形於外也。詩曰：『王猷允塞，徐方既來。』」而「四海之內」則乃天子之臣，來至朝廷朝見曰「廷」，「廷」亦爲動詞，或作「庭」（「廷」、「庭」同音，簡文「貞」與之爲端、定鄰紐，耕部疊韻，音近可通），古書「來庭」、「不庭」亦多見。前引《韓詩外傳》卷六《詩》見於《大雅·常武》，下文即云：「四方既平，徐方來庭」。參看王國維〈與友人論詩書中成語書二〉《觀堂集林》。

　　建洲按：陳劍先生之說可從。《說文》：「賓，所敬也。從貝，宀聲」，曾侯乙鐘作〈圖〉、〈容成氏〉13 作〈圖〉可證。字亦見於《郭店·語叢三》55 作〈圖〉。字形說解亦參吳振武先生《古璽文編校訂》116、390 條。而《郭店·老子甲》19「賓」作〈圖〉，省掉了聲符。如同「瑟」可作〈圖〉（〈容成氏〉簡2），下從「必」聲，亦作〈圖〉（〈孔子詩論 14〉）、〈圖〉（〈性自命出〉24）省掉了聲符。《爾雅·釋詁一》：「賓，服也。」郭璞《注》：「謂喜而服從。」〔註 324〕

　　附帶一提，江蘇連雲港博物館所藏傳云山東出土陶文「鑄（祝）牙京（亭）鈢」、《璽彙》279「童（僮）牙京（亭）鈢」，何琳儀先生以爲由地名和文字風格可定爲楚器，並釋「牙」爲「其」字，以爲與「瑟」作〈圖〉，可能屬於一字兩用的現象。〔註325〕可惜何先生並無說明陶文、璽文中「牙」定釋爲「其」的理由。又何先生解釋「牙」的構形是「亓」的重疊形體。〔註326〕我們比較贊同《戰國文字編》將《璽彙》279 釋爲「瑟」。〔註327〕

　　「貞」字與《郭店·老子乙》簡 16「貞」作〈圖〉同形。《廣雅·釋詁一》：「貞，正也。」《禮記·文王世子》：「一有元良，萬邦以貞。」鄭《注》：「貞，正也。」〔註328〕可與簡文參看。惟陳劍先生所釋似更加明確，其所提王國維原文作「〈韓奕〉，

〔註324〕《十三經注疏──爾雅》，頁 8。
〔註325〕何琳儀《戰國文字通論訂補》，頁 157。
〔註326〕何琳儀《戰國文字通論訂補》，頁 214。
〔註327〕湯餘惠《戰國文字編》，頁 824。
〔註328〕《十三經注疏──禮記》，頁 398。

軹不廷方，……案毛公鼎云：『率懷不廷方』、《左隱十年傳》『以王命討不庭』，則不庭方謂不朝之國，非不直之謂也。」〔註329〕另外，新出陝西眉縣「逑盤」亦有「方懷不廷」一句，劉懷君先生注釋說：「『不廷』，諸侯部族來王廷朝見曰廷，背叛不來王廷朝見曰不廷」說可參。〔註330〕

〔三五〕魚蠢（鱉）〔〕獻

建洲按：「蠢」作「△」，李零先生隸作「蟲」（頁254），此隸有誤。《包山》213「箙」（箙）作，〔註331〕《九店》56.44作「帗」（幣）作，〔註332〕可見「帗」從「釆」從「巾」（或「巿」），其中「釆」（並元）是「帗」（並月）的聲符。至於錢幣文字的「帗」作「帗」，上訛爲「小」形，但「巾」旁仍在。〔註333〕可見本簡由形體來看應隸作「蠢」。此外，見於《郭店・老子乙》「其甬（用）不」，整理者隸作「幣」讀作「敝」；〈緇衣〉33「行則稽其所」，整理者亦隸作「幣」讀作「敝」；〈性自命出〉22「帛」，亦隸作「幣」。以前舉李家浩先生之說觀之，整理者所隸皆誤，應隸作「帗」。如上舉〈緇衣〉33依整理者所隸，反多此一舉。又陳佩芬先生在《上博（一）・紂衣》17將相應字隸作「蔽」；濮茅左先生將〈性情論〉13隸作「帗」毋寧是較合理的。其次，「蠢」其下從「䖵」，此處的「䖵」應該是「虫」的繁構，《玉篇・虫部》：「螯，亦作鱉。」〔註334〕《集韻・薛韻》：「鱉，《說文》：『甲介虫也。』或從虫、從魚。」〔註335〕李家浩先生曾說：「在古文字中，從『虫』之字多寫作從二『虫』。」〔註336〕詹鄞鑫先生亦說：「古漢字從『䖵』與從『虫』往往互作，如『蠢』或作『蚊』，『蟲』或作『虵』之類，不勝枚舉。」〔註337〕此說可信，例亦見《說文》

〔註329〕王國維《定本觀堂集林》（上）（台北：世界書局，1991.9六版），頁82。

〔註330〕劉懷君等〈逑盤銘文試釋〉《文物》2003.6，頁91。亦見李零〈讀楊家村出土的虞逑諸器〉《中國歷史文物》2003.3，頁24。

〔註331〕李家浩〈包山楚簡「箙」字及其相關之字〉《第三屆國際中國古文字學研討會論文集》（香港：香港中文大學，1997）。亦見於《著名中年語言學家自選集——李家浩卷》，頁272～277。

〔註332〕李家浩〈五六號墓竹簡釋文與考釋〉《九店楚簡》，頁107注171。

〔註333〕李家浩〈戰國貨幣文字中的「袁」和「比」〉《中國語文》1980.5，頁373。

〔註334〕〔宋〕陳彭年《大廣益會玉篇》收於國字整理小組《玉篇》（臺北：國立中央圖書館，1991），頁363。

〔註335〕〔宋〕丁度《集韻》（臺北：學海出版社，1986.11），頁714。

〔註336〕李家浩〈包山竹簡所記楚先祖名及其相關的問題〉《文史》第四十二輯（北京：中華書局，1997.1），頁8。

〔註337〕詹鄞鑫〈《魚鼎七》考釋〉《中國文字研究》第二輯（南寧：廣西教育出版社，2001.10），頁176。魏宜輝先生有相同的意見：「作爲形符的『䖵』和『虫』同義，往往可以

「虫」部。又如《集成》8.4203 曾仲大父簋「」即「蝤」﹝註338﹞、《郭店・老子甲》33「」即「魄」或「蜂」﹝註339﹞、〈語叢四〉18「」即「蚤」、《包山》190「」即「薑」、《包山》82「」即「蛙」，皆爲其例。而《說文》認爲「蚰」讀爲「昆」，對此李零先生說：「《說文》卷十三上以『虫』爲『虺蛇』之『虺』，『蚰』爲『昆蟲』之『昆』，『蟲』爲『有足之蟲』。這種區分是從何時才有，值得研究。古文字偏旁重疊，往往與獨體無別，如中、艸、卉、芔，《說文》分爲四字（許愼對這幾個字的解釋非常相似，特別是艸、卉、芔），各有讀音，但在早期文字中，作爲偏旁，它們幾乎沒有區別。」﹝註340﹞此說的確發人深省，因爲李家浩先生已經釋出楚文字「昆」作，﹝註341﹞所以在楚文字中是否一定將「蚰」釋爲「昆」恐怕要有進一步證據。如〈老子甲〉「又（有）脜（狀）蟲成」，「蟲」作，整理者以爲是「蚰」的錯字，並說：「『蚰』即昆蟲之『昆』的本字，可讀爲『混』。」﹝註342﹞楊澤生先生則以爲：「用作意符的『蟲』和『昆』雖然可以相通，但其用作單字時未見相通之例，所以整理者把簡文『蟲』看作『昆』的錯字；而將『昆』讀作『混』則可以把帛書本和今本對應起來。這似乎是文從字順的。但『蟲』爲『昆』的錯字只能是一種可能。我們懷疑簡文『蟲』應讀作『融』。《說文》『融』字籀文從『鬲』『蟲』聲，『融』是個從『蟲』省聲的字，因此『蟲』和『融』相通是沒有問題的。……『融成』之『融』則爲熱氣蒸騰的狀態，似乎和今本的『混』相差不大，只是更爲生動形象。」﹝註343﹞除了楊先生所說用作單字時未見「蚰」、「蟲」相通之例，站在楚文字「昆」作的情形下，「蚰」是否就是「昆」的確需要近一步斟酌。本則寫畢之後，又見劉信芳先生說：「按凡從『蚰』之字多不以『蚰』作聲符。」可參。﹝註344﹞

　　獻：字作。與《包山》182 作、天星觀簡作相同。左旁所從「目」形是由「甗」形演變而來的結果。﹝註345﹞

通用。」見氏著〈試析上博簡《孔子詩論》中的「蠅」字〉《東南文化》2002.7，頁75。

﹝註338﹞ 劉彬徽〈湖北出土兩周金文國別年代考述〉《古文字研究》十三輯，頁245、張亞初《殷周金文集成引得》，頁1093。

﹝註339﹞ 劉國勝〈郭店竹簡釋字八則〉《武漢大學學報》1999.5，頁43～44。

﹝註340﹞ 李零《郭店楚簡校讀記——增訂本》，頁14。

﹝註341﹞ 李家浩〈楚墓竹簡中的「昆」字及從「昆」之字〉《中國文字》新25期，頁139～147。

﹝註342﹞ 荊門市博物館《郭店楚墓竹簡》，頁116注51。

﹝註343﹞ 楊澤生〈郭店簡幾個字詞的考釋〉《中國文字》新27期，頁166。

﹝註344﹞ 劉信芳《孔子詩論述學》（合肥：安徽大學出版社，2003.1），頁265。

﹝註345﹞ 何琳儀《戰國古文字典》，頁1010。

〔三六〕坒（匡）天下

　　建洲按：「△」字作。李零先生隸作「坒」不夠精準（頁254）。字與《說文》：「坒，草木妄生也。……讀若皇。崖，古文。」的「崖」同形，亦見於中山蚉壺作「」，所以字的上部應從「之」，可隸作「坒」。而「匡」，《說文》曰從「坒」得聲，故讀作「匡」是對的。

〔三七〕十又（有）九年〔〕

　　建洲按：〈容成氏〉「年」的寫法比較特別，字形接近（《包山》126）、《郭店・成之聞之》30，而有進一步變化逐類似「乇」形，如《望山》1.112「東『宅』公」作、〈容成氏〉簡2「宅」作可資比對。

〔三八〕奴（繹？）〔〕冬（終）

　　李零先生：「△」懷疑是「民」字異寫或「啟」字的省略，讀爲「泯」。簡文「泯終」，義同文獻中的「泯沒」，是死亡的委婉說法。（頁254）

　　陳劍先生〈編連二〉：釋爲「歿」，後加「？」。「以上講堯以前的古帝王，下面開始講堯。」

　　陳劍先生〈傳說〉：迻出原形，不作任何解釋。

　　建洲按：字作「△」，筆者以爲應從「女」旁。首先，「民」字與從「女」旁的字，字形是有所區別的：如「每」作（蚉壺）、「母」作（蚉壺）；「民」作（蚉壺），同一銅器，彼此字形差別非常明顯。又如楚系文字「女」作（《上博（二）・子羔》12）、（《郭店・唐虞之道》29）、（《郭店・忠信之道》2）；「母」作（鄂君啓舟節）、（國差鐺）；「奴」作（《郭店・老子甲》9）〔註346〕；「民」作（《上博（二）・子羔》3）、（《上博（二）・子羔》7）、（《上博（二）・民之父母》1）、（《上博（二）・容成氏》6）、（王孫鐘）、（王子午鼎）、（《郭店・忠信之道》2）、（《九店》56.41）。以上可見「女」作形；「民」作。經由比較，簡文的寫法比較接近「女」旁。另外，本簡寫法乍看近於《郭店・老子甲》32「民」作。但是由彩版筆劃仔細斟酌，其右上雖有上翹的一筆，但墨色極淡，且接下來的筆劃與之并不相連，反而比較接近「」形體。與本簡「不勸而『民』力」、「甚緩而『民』服」或是簡7「以來天下之『民』」相對照寫法有所不

同。其三，假若如李零先生所說釋爲「民」，則字形少一豎筆。以此觀點，疑本字上應從「女」，亦少一豎筆，下從「又」，則字可釋爲「奴」，或可讀爲「繹」。「奴」，泥紐魚部；「繹」，余紐鐸部。聲紐同爲舌頭音，韻部魚鐸陰入對轉。《廣雅・釋詁》：「歿、繹、結、冬，終也。」王念孫《疏證》：「繹者，《說文》：『斁，終也。』……斁、繹、射並通。」〔註 347〕《國語・晉語四》：「管仲歿矣，多讒在側。」韋昭《注》：「歿，終也。」而「繹」與「歿」《廣雅》同訓，簡文讀作「斁終」或與「歿終」相去不遠。但由於字形的變因仍大，暫釋如此，以俟後考。茲將相關字形展示如下：

（本簡）（女）（民）

【釋　文】

昔𡉚（堯）凥（處）於〔一〕丹府與藋陵（陵）之閒（閒）〔二〕，𡉚（堯）戔（踐）貤（施）而峕=（時時）賽（賽）〔三〕，不懽（勸）而民力〔四〕，不型（刑）殺而無覜（盜）惻（賊）〔五〕，甚緩而民備（服）。於是虖（乎）方 **6** 百里之审（中）銜（率），天下之人還（就）〔六〕，奉而立之〔七〕，**㠯**爲天子。於是虖（乎）方囩（圓）〔八〕千里，〔於是於〕〔九〕㝵（持）板正立（位）〔十〕，四向𨸏（委）禾（和）〔十一〕，**褱**（懷）以逨（來）天下之民〔十二〕。**7** 亓（其）政紿（治）而不賞，官而不䇯（爵）〔十三〕，無萬（勵）於民，而紿（治）𤔲（亂）不□〔十四〕。古（故）曰：臤（賢）及□……**43** 是**㠯**視臤（賢）：顛（履）陛（地）戴（戴）天〔十五〕，竺（篤）義與信〔十六〕。會才（在）天陛（地）之壬（閒），而橐（包）在四沺（海）之內〔十七〕，遲（畢）能其事，而立爲天子。𡉚（堯）乃爲之教，曰：「自 **9** 內（納）**玄**（焉）〔十八〕，余穴䙷（窺）**玄**（焉）〔十九〕，以求臤（賢）者而嬰（讓）**玄**（焉）〔二十〕。」𡉚（堯）**㠯**天下嬰（讓）於臤（賢）者，天下之臤（賢）者莫之能受也。萬邦之君皆**㠯**亓（其）邦嬰（讓）於臤（賢）**10**……□□□臤（賢）者，而臤（賢）者莫之能受也。於是虖（乎）天下之人，**㠯 11** 𡉚（堯）爲善興臤（賢），而𣦸（卒）立之〔二一〕。（頁 87～112）

【校　釋】

〔一〕𡉚（堯）凥（處）於

建洲按：𡉚即「堯」。字亦見於《楚帛書》乙九・七作，文例是：「群神五

〔註 347〕王念孫《廣雅疏證》，頁 128。

正，四□〔註348〕△羊。」△，李學勤、饒宗頤二先生釋爲「堯」，讀作「饒」，簡
文「饒祥」，言四處祥異滋多。〔註349〕何琳儀先生則以爲△是否是 𡘏（《說文》古
文「堯」）的省簡不無疑問。戰國文字「堯」仍从二土，△从一土，二者應有區別。
遂舉「無」字《說文》奇字作 𣎴，逐釋爲「无（無）」，簡文讀作「無恙」。〔註350〕
其後補充說明「无」是截取「無（舞）」春秋金文作 𣊟（毛弔盤）、𣊟（庚兒鼎）
中間的「夫」形而來。〔註351〕而最新的意見則是以爲作「𡗗」形者爲「堯」，从
「𡗗」形者爲「无」。〔註352〕換言之，即以加「‧」形飾筆或从「土」形來區別。
其後，筆者有機會再請教何先生時，先生仍然堅持此說，並舉「古」、「由」爲例。
〔註353〕隨後，再拜讀新出版《古幣叢考》時有完整意見呈現：「具體而言，前者
（按：指𡗗）在豎筆上施圓點，而後者（按：指𡗗）在豎筆上短橫，這是區別二
字的癥結所在。凡此與古文字在豎筆上施圓點爲『由』，施短橫爲『古』，同屬微
妙的區別文字手段，值得古文字研究者特加重視，以免產生不必要的混淆。總之，
郭店簡『堯』字并不影響燕尾布『㧓』字的釋讀。至於舊文《說无》中除燕尾布
『㧓』、楚帛書『无』等所釋不誤之外，其餘字多可理解爲從『堯』得聲字，如『目
堯』、『言堯』……等。特此更正。」〔註354〕李家浩先生以爲《說文》奇字作 𣎴是
从「夫」字分化出來，後人將用（爲）有无之「无」的「夫」字字形略作改造，
以示區別，於是分化出一個「无」字。帛書「夫羊」當讀爲「无恙」。〔註355〕筆
者按：據《郭店楚簡》「堯」字作 𡗗（《郭店》12.7）、𡗗（《郭店》5.3）𡊎（《郭
店》7.1），第一形即作「豎筆上短橫」。而且〈容成氏〉的「堯」共12見，〔註356〕

〔註348〕李家浩先生說：「『四』下一字殘存上部，亂殘畫看，與甲篇『晨禕亂乍』之『晨』
字頭相同，疑是『晨』之殘文」，四晨由四時。李家浩〈貴將軍虎節與辟大夫虎節
——戰國符節銘文研究之一〉《中國歷史博物館館刊》1993.2，頁 55 注 13。曾憲通
看法相同，《長沙楚帛書文字編》，頁 124，041 號。李學勤先生則以爲是「興」，《簡
帛佚籍與學術史》（臺北：時報出版社，1994.12），頁 41，何琳儀先生同，并以爲
「四興」即「四時」，〈說无〉《江漢考古》1992.2，頁 72。
〔註349〕饒宗頤、曾憲通《楚地出土文獻三種研究》（北京：中華書局，1993.8），頁 263。
〔註350〕何琳儀〈說无〉《江漢考古》1992.2，頁 72。
〔註351〕何琳儀〈楚幣五考〉《古幣叢考》（臺北：文史哲，民 85.8），頁 251、《戰國古文字
典》，頁 614。
〔註352〕程燕《《戰國古文字典》訂補》記何琳儀先生之說，《古文字研究》23 輯，頁 160，
614 條。
〔註353〕何琳儀先生於 2002.12.13 師大演講，題目〈上博簡「性情論」講疏〉。
〔註354〕何琳儀〈楚幣六考〉《古幣叢考》（合肥：安徽大學出版社，2002.6），頁 231。
〔註355〕李家浩〈貴將軍虎節與辟大夫虎節——戰國符節銘文研究之一〉《中國歷史博物館
館刊》1993.2，頁 52。
〔註356〕分別見於簡 6 二例、簡 9 一例、簡 10 一例、簡 13 二例、簡 14 二例、簡 08 三例、

皆作「夬」形，可見何先生上述所作的區別是不成立的。況且何先生新的文章中
已改釋本來釋爲「无」的某些字爲「堯」。另外，何先生所提「古」、「由」之別亦
有例外，如《郭店・緇衣》簡 11「古」作古、《上博・紵衣》簡 6 相應字作。
而「冑」字所從「由」作由、由，〔註 357〕與上述《郭店》「古」上部同形。〔註
358〕蓋「・」形與「橫筆」古文字常見互作，強作分別確有困難。依〈容成氏〉「堯」
字來看，帛書該字可能釋爲「堯」較好。

　　「尻」《說文》：「尻，處也。從尸得几而止。《孝經》曰：『仲尼尻。』尻，謂閒
居如此。」（十四上十三）而《說文》「居」字下段玉裁《注》曰：

> 　　《說文》有尻有居。尻，處也。從尸得几而止。凡今人居處字，古祇
> 作尻處。居，蹲也，凡今人蹲踞字，古祇作居。《廣雅・釋詁二》『尻』也
> 一條，《廣雅・釋詁三》『踞』也一條，晝然分別。……今字用蹲居字代處
> 字，而尻字廢矣，又別制踞字爲蹲居字，而居字之本義廢。〔註 359〕

曾憲通先生補充說：

> 　　從段氏的考辨可知，古人每借「蹲居」之「居」（後別爲踞）爲「尻
> 處」之「尻」，久假不歸，後世就作「居処」了。中古一部分照系三等字
> 來自上古牙音的見系，故「尻」與「居」不但韻部相同，聲紐本亦相近，
> 不然就不會以喉音字的「虍」作「処」的聲符了，而喉音的曉母、匣母是
> 來自牙音的見、溪、群諸紐的。「尻」與「処」爲一字异體，從尸爲平臥
> 之人，從夂爲人之局部（腳趾）。因此，《說文》用處訓尻，看作用今字釋
> 古字之例也未嘗不可。總之，帛書甲篇「尻於……」當釋爲「處於」，而
> 不能釋首字爲爲「居」。〔註 360〕

對楚系「尻」字，目前學者多認爲應釋爲「處」，如：林澐先生：「尻即處之異體，
字並從几。《說文》尻注音作『九魚切』，實誤。當逕讀爲處。」〔註 361〕裘錫圭先生
先說：「《說文》以『尻』爲居處之『居』的本字（此字見於楚國的鄂君啟節），以『居』
爲蹲踞之『踞』的初文。『踞』本指跟現代的『垂足而坐』相似的一種姿勢（《馮漢
驥考古學論文集》155 頁及 160 頁注 22）。從古文字字形看，『尻』正象有人踞几而
坐，實應是『踞』的初文。踞坐是一種比較安穩、舒適的坐姿。居處之義應是由踞

　　　　簡 12 一例。
〔註 357〕滕壬生《楚系簡帛文字編》，頁 632～634。
〔註 358〕張光裕主編《郭店楚簡研究——文字編》，頁 111～112。
〔註 359〕〔清〕段玉裁注《說文解字注》（臺北：漢京文化，1985.10），頁 399。
〔註 360〕曾憲通〈楚帛書文字新訂〉《中國古文字研究》第一輯，頁 90。
〔註 361〕林澐〈讀包山楚簡札記七則〉《林澐學術文集》，頁 19。

坐之義引申出來的。」〔註362〕後在《郭店竹簡・成之聞之》注釋9按語下說:「『立』
上一字本作『尻』,《說文》以爲居處之『居』的本字。鄂君啓節銘文『尻』『居』二
字並見,有人因此釋此字爲『処(處)』,其理由並不充分。但包山楚簡『居尻』連
文(三二號簡有『居尻名族』之語),似乎此字確當釋『處』。」〔註363〕可見基本同
意楚文字「尻」釋爲「處」。相同意見又見於:「《說文》……蓋以此字爲居處之『居』
的本字。但楚簡實用此字(**建洲按**:指《郭店・老子甲》22「王尻一安」)爲『處』。
《包山》第三十二號簡以『居**伍**名族』連言可證。李零先生在提交給達大研討會
的《讀郭店楚簡〈老子〉》一文中已指出:『尻乃處字。……似不必注爲居』這是很
對的。」〔註364〕可見完全同意「尻」釋爲「處」的意見。白於藍先生〈商榷〉以爲
若從字形上說即《說文》的「尻」,就字義來說,則又是《說文》的「處」,《說文》
分「尻」、「處」二字可能是有問題的。何琳儀先生亦釋爲「處」。〔註365〕另外,字
亦見於《九店》56.45,劉信芳、劉樂賢、李零三先生皆釋爲「處」。〔註366〕

但亦有學者釋「尻」爲「居」,如李家浩先生就認爲:

> 按本組簡多次出現「尻」,其用法有兩種。一、動詞,當居住講。例
如本號簡(**建洲按**:指M56.45)「君子尻之,幽悱不出」;四六號簡「北、
南高,二方下,不可尻」。二、名詞,當住宅講。例如五四號簡「秋三月,
作高尻於西得」。第一種用法的「尻」可以換成「処」,但第二種用法的「尻」
不能換成「処」。於此可見,「尻」應當是居處之「尻」,而不是居處之「処」。
從字形來說也是如此。「尻」從「尸」從「幾」,「処」從「夊」從「幾」,
二字寫法截然不同。至於包山楚墓竹簡三二號「居尻」連言的問題,有兩
種可能。一、「尻(居)」、「処(處)」古音都是魚部字,音、義皆近,可
以通用(參看高亨《古字通假會典》八六二、八六三頁)。「居尻」之「尻」
是作爲「處」字來用的。二、「居尻」連言可能是楚國方言的說法,其義
跟「居處」相同。總之,根據本組簡文,「尻」仍然應當從《說文》所說,
釋爲居處之「尻」。〔註367〕〔洲再按:李家浩最近已放棄此說法,見《長

〔註362〕裘錫圭〈談談同源字典〉《古代文史研究新探》,頁199。
〔註363〕荊門市博物館《郭店楚墓竹簡》(北京:文物出版社,1998.5),頁169。
〔註364〕裘錫圭〈郭店《老子》簡初探〉《道家文化研究》17輯(北京:三聯書局,1999.8),
　　　　頁49。
〔註365〕何琳儀《戰國古文字典》,頁454。
〔註366〕劉信芳〈九店楚簡日書與秦簡日書比較研究〉《第三屆國際中國古文字學研討會論
　　　　文集》(香港:香港中文大學,1997.10),頁529、李零〈讀九店楚簡〉《考古學報》
　　　　1999.2,頁146。劉樂賢的意見引自李零文。
〔註367〕湖北省文物考古研究所、北京大學中文系編《九店楚簡》,頁112注183。

沙三國吳簡暨百年來簡帛發現與研究國際學術研討會論文集》（北京：中華書局，2005）〕

李學勤先生釋讀《包山》250 也云：「命攻解於漸木立，且徙其 居 （居）而桓之，尚吉。」將字解爲「居」。〔註 368〕

就目前我們所見的資料，楚簡中「尻」似多用於「處」，除上引裘先生舉出《包山》的例子外，《上博（一）·性情論》28 亦有「居尻」一詞，無疑應讀作「居處」。〔註 369〕居、尻同時出現於簡文中，可見二字自古有別。又鄂君啓車節中「居」作 居、「尻（處）」作 處 二字亦截然有別。〔註 370〕綜合以上楚系文字的用法，可見簡文讀作「處」應無問題。《郭店·緇衣》9「日疾雨」，《上博（一）·紂衣》6 作![image]；今本作「（夏）日暑雨」。李家浩先生將郭店該字釋爲「屠」，即「尻」。上古音「尻」、「暑」均爲魚部字。〔註 371〕袁國華師以爲是「處」字繁形異構。〔註 372〕黃德寬、徐在國二先生分析作從「日」「尻」（處）聲，乃「暑」字异體。〔註 373〕相似意見亦參李零、陳偉武二先生的說法。〔註 374〕又「屠」釋爲「暑」亦見〈容成氏〉22。此亦說明楚簡「尻」讀作「處」應該較好。《說文·几部》：「几，止也。」徐鍇《繫傳》：「《詩》曰：『爰居爰處』，以爲居者定居，處者暫止而已。」〔註 375〕《儀禮·既夕禮》：「士處適寢」，鄭《注》：「今文處爲居。」胡培翬《正義》曰：「《古今文疏義》云：居處二字，其義略同。然居則有常安之義，處可爲暫止之名。此適寢本非常居，以疾遷處於此，似作處較確。」〔註 376〕均指出「居」、「處」之別。相似意見亦有劉信芳先生說：

〔註 368〕李學勤〈「桓」字與眞山楚官璽〉《國學研究》第 8 輯（北京：北京大學，2001.10），頁 173。

〔註 369〕馬承源主編《上海博物館藏戰國楚竹書（一）》，頁 261。

〔註 370〕曾憲通〈楚帛書文字新訂〉《中國古文字研究》第一輯，頁 90。

〔註 371〕李家浩〈讀《郭店楚墓竹簡》瑣議〉《中國哲學》20 輯（瀋陽：遼寧教育出版社，1999.1），頁 348。

〔註 372〕袁國華師〈郭店楚簡文字考釋十一則〉《中國文字》新 24 期（臺北：藝文印書館，1998.12），頁 140。

〔註 373〕黃德寬、徐在國〈《上海博物館藏戰國楚竹書（一）緇衣·性情論》釋文補正〉《古籍整理研究學刊》2002.2，頁 2 第 5 條。

〔註 374〕李零《郭店楚簡校讀記——增訂本》（北京：北京大學出版社，2002.3），頁 64、陳偉武〈新出楚系竹簡中的專用字綜議〉《新出楚簡與儒學思想國際學術研討會論文》（北京：清華大學，2002.3），頁 3。

〔註 375〕〔宋〕徐鍇《說文繫傳》（臺北：華文書局，1971.5），頁 1102。

〔註 376〕〔清〕胡培翬《儀禮正義》《四部備要——經部》（台灣：中華書局，1966.3 台一版）卷十三之一。

「居」、「尻」二字，古多混用，然簡文有別，簡 238：「古左尹𦔮遝復尻。」「尻」即「処」，後世作「處」，乃是另以「庀」爲聲符。所謂「遝復尻」即佔有原來的官位。簡 250「命攻解於漸木立，虜徙其尻而桓之。」「徙其尻」即徙其神位。凡此「尻」猶今言「位置」。鄂君啓節：「王尻於80.鄡之遊宮。」「尻」強調楚王現時處所。簡 7：「尻鄡里」。強調現時正在鄡里。凡此「尻」均不可以「居」簡單代之。〔註377〕

其說頗有參考價值。〔註378〕陳偉先生也有相近說法：

這兩件文書（**建洲按**：指《包山》簡90、127）都是地方官員關於轄下之人行蹤的報告。值得注意的是，龔酉被稱爲「繁丘之南里人」，陽銷被稱爲「（漾陵之）州里人」，然而當時他們却都住在外地。「居」用在外地的住址之前，可能有遷居或臨時居住一類意思。他們被稱爲「繁丘之南里人」或「漾陵之州里人」，當因這是名籍登記中的地址。簡書裡的「尻」，應是用來表示這種居地。（原注②《鄂君啓節》記「王尻於80.鄡之游宮」，所指爲楚王臨時所在。這大概是「尻」在名籍用語之外的另一含義。）⋯⋯在簡 32 中，要求邨陽君之州里公登瞟「以所於其州者之居尻名族致命」，大概是由於除去死者名籍的需要。所謂「居尻名族」，亦即上述幾個方面，大約正是名籍登記的幾個要素。〔註379〕

要說明的是，上述《包山》127 簡文記載「漾陵之州里人」陽銷「居鄡」，這種句式亦見於《葛陵》乙四：85「☒長篝爲君𥄂歲貞：『居鄡』，尚毋有咎。」〔註380〕「長篝」亦見於《天星觀》，可能是一種筮用的材料。〔註381〕「𥄂歲」常見於卜筮祭禱簡，意爲「周歲」，針對「𥄂歲」的卜筮可稱爲「歲貞」。〔註382〕而在《包山》簡 7 又有「王廷于藍鄡之游宮，焉命大莫囂屈陽爲命邦人內其璺典。臧王之墨以內其臣

〔註377〕劉信芳《包山楚簡解詁》，頁 46。
〔註378〕陳雙新先生亦有此說。見氏著《西周青銅樂器銘辭研究》（保定：河北大學出版社，2002.12），頁 127。
〔註379〕陳偉《包山楚簡初探》（武漢：武漢大學出版社，1996.8），頁 129。
〔註380〕賈連敏《新蔡葛陵楚墓出土竹簡釋文》，河南省文物考古研究所編著：《新蔡葛陵楚墓》（河南：大象出版社，2003.10），頁 207，照片見圖版一四八。
〔註381〕饒宗頤先生〈殷代易卦及有關占卜諸問題〉一文中，曾揭示此簡文例：「盤𣄸習之**曰**長篝，（卦畫），盤𣄸占之，長吉宜室，無咎無祝。」由於簡文有「卦畫」，可知「長篝」應該是貞人所用的「筮用材料」。饒文見《文史》20 輯（北京：中華書局，1983.9），頁 7。另亦可見滕壬生《楚系簡帛文字編》（武漢：湖北教育出版社，1995.7），頁 62、734。
〔註382〕陳偉《包山楚簡初探》（武漢：武漢大學出版社，1996.8），頁 152～153。

之塚典：憙之子庚一夫，『尻郢里』……」。表面看來，「居」、「尻」似乎有混用的現象。但《包山》簡7所記錄的是「男子成年之後所登錄的名冊。」〔註383〕所以「尻」後所接的亦是「名籍登記中的地址」，即所謂「戶籍地址」。換言之，這個例子反可以說明在楚地出土文獻中，「尻」、「居」二者的用法是有差別的。值得注意的是，〈容成氏〉簡28「天下之民『居奠（定）』」，似亦反映出「居」有「定居」之意。綜合以上，楚系文字的「居」可能使用在相當於我們現在所說的「通訊地址」，即現在落腳、定居的地方；「尻」的使用則有二義：其一是相當於現在所謂的「戶籍地址」，其二是臨時到某個地方游玩或辦事所在的位置，如《夕陽坡楚簡》：「王尻於戔〔註384〕郢之遊宮」，讀作「王處於戔郢之遊宮」。〔註385〕

　　由以上所列詞例來看，「居」、「尻」的用法應該是有分別的。至於上引李家浩先生的說法，我們認爲所謂「北、南高，二方下，不可尻」中「尻」、「居」音、義皆相關，則「尻」自有可能當作「居」來用，對其他楚簡釋爲「處」字并無妨礙，也就是說彼此有通假關係。如同《葛陵》甲三：24「以選遷處」，何琳儀先生說：「『遷處』，讀『遷居』。楚簡之『處』，《說文》以爲即《孝經》『仲尼居』之『居』（14上13）。《尚書·多方》『予惟時其遷居西爾。』」〔註386〕亦是將「尻」釋作「處」，讀作「居」。又如新出《上博（三）·周易》16「利尻貞」，《馬王堆帛書·周易》、今本《周易》均作「利居貞」。〔註387〕簡25「尻貞吉」，《馬王堆帛書·周易》、今本《周易》均作「居貞吉」。〔註388〕對此現象，廖名春先生說：

　　　　「尻」，王弼本、帛書本皆作「居」。「尻」字非「居」字，「尻」字是從尸從几，而「居」字是從尸從古，楚文字中皆習見〔註389〕。《鄂君啓節·車節銘》：「王尻于茂郢之游宮。……庚居鄩。」〔註390〕「尻」、「居」并見。包山楚簡第三十二號簡：「居尻名族。」「尻」、「居」連言。可見「尻」

〔註383〕陳偉〈關於包山楚簡中的「弱典」〉《簡帛研究二○○一》（桂林：廣西師範大學出版社，2001.9），頁15。
〔註384〕本字考釋參蘇建洲〈楚簡文字考釋二則〉《國文學報》三十四期（台北：台灣師範大學國文學系，2003.12）。
〔註385〕劉彬徽〈常德夕陽坡楚簡考釋〉《早期文明與楚文化研究》（長沙：岳麓書社，2001.7），頁217。何琳儀《戰國文字通論訂補》（南京：江蘇教育出版社，2003.1），頁159。
〔註386〕何琳儀〈楚都丹淅說新證〉，簡帛研究網，03/11/23。
〔註387〕馬承源主編《上海博物館藏戰國楚竹書（三）》（上海：上海古籍出版社，2003.12），頁159。
〔註388〕馬承源主編《上海博物館藏戰國楚竹書（三）》（上海：上海古籍出版社，2003.12），頁171。
〔註389〕例見李守奎《楚文字編》804～805、519頁。
〔註390〕馬承源主編：《商周青銅器銘文選》四，433頁，北京，文物出版社，1990。

非「居」。「処」字《說文》云「止也，得几而止，從几從夊」，與「凥」字「処也，從尸得几而止」有從「止」與從「尸」之別。但從訓釋來看，「凥」即訓爲「処」，「凥」、「処」都會「得几而止」之意，可見其同源義近。因此，儘管「処」、「居」都與「凥」通，但關係最近的還是「処」（「處」）。疑「凥」、「処」爲一字異體，音義皆同而構形有別。而「凥」、「居」音義皆同，故可通用。〔註391〕

其說大抵可從。最後，我們以季旭昇師對此二字的精闢看法作爲結束：

> 「居（居處義）」與「凥」應該是同源字。「処」爲「處」字的省體，應無可疑。「凥」應該也是「處」的省體，但是他可能有兩個讀音，一是讀「九魚切」，與「居」同音，因此文獻往往通用。《郭店·老子甲》22簡：「王凥（居）一焉」，……對照今本《老子》25章，字作「居」，則《郭店》此字雖隸定作「凥」，但顯然也應該讀「居」。這是「凥」應讀「居」的證據。但是，「凥」也可以讀「處」。……如果從文字形體發展來看，我們似乎可以推測：「處」既然從「虍」聲（建洲案：《說文》曰：「處或從虍聲」），那麼它的早期讀音應該近於「凥（居）」，金文的「處」字直接讀作「凥（居）」似乎都可以通，……後期「處」字音漸漸轉向舌頭，讀成穿紐，因此讀成「昌與切」。而從「處」簡化的「凥」因此也保留了「居」與「處」兩種讀法；而另一簡體「処」因爲產生較晚，所以只有「昌與切」一個讀音。《說文》「凥」、「処」異字，又以「處」爲「処」的或體，不可從。〔註392〕

〔二〕丹府與蘿隆（陵）〔〕之閒（閒）

李零先生：爲堯幼時居住的地方。今本《竹書紀年》、《易·繫辭下》疏引《世紀》、《宋書·符瑞志》皆云堯生於丹陵，「丹陵」似是二者合稱。（頁255）

建洲按：皇甫謐《帝王世紀》亦曰：「帝堯陶唐氏，伊祁姓也。母曰慶都，孕十四月而生堯於丹陵。」〔註393〕又「陵」一般從土，〈容成氏〉的「陵」字皆改從「壬」作隆，如 （簡18）。土、壬常見互作，如「綎」，容成氏簡28從「土」，《璽彙》5485從「壬」。「閒」，林澐先生說：「東周時月（疑月）、外（疑月）仍同音，故以

〔註391〕廖名春〈楚簡《周易·頤》卦試釋〉，「孔子研究2000」網站，2004.04.16，http://www.confucius2000.com/qhjb/cjzyygss.htm。
〔註392〕季旭昇師《說文新證》（下），待刊。
〔註393〕（晉）皇甫謐《帝王世紀》（瀋陽：遼寧教育出版社，1997.3），頁10。

外代月。」〔註394〕「闊」於簡9又寫作「壬」，何琳儀先生已指出「闊」從「外」聲；「壬」從「刖」聲，二者爲一字異體，〔註395〕說應可信。

〔三〕戔（踐）貤（施）〔圖〕而旹＝（時時）賨（賽）〔圖〕

李零先生：讀作「賤施而時時」。並將下一字「賨」隸作從「頁」，並以爲是「賞」的誤字，接下句讀作「賞不勸而民力」。（頁255）

劉信芳先生〈試讀〉認爲：按上引簡文的意思是清楚的，如何釋讀則甚費斟酌。郭店簡《性自命出》簡52：「未賞而民勸。」《莊子‧天地》：「子高曰：昔堯治天下，不賞而民勸，不罰而民畏。」《荀子‧君道》：「賞不用而民勸，罰不用而民服。」然而如果讀簡文爲「賞不勸而民力」，則不好理解。《廣韻》：「勸，獎勉也。」是「賞」本身就是「勸」的手段，「賞不勸」是自我矛盾的，將簡文「賽」解爲「賞」之誤字，恐怕很難講通。我們的釋讀意見是，首先，原簡「賽」字字形清晰，不宜看作「賞」的誤字。該字所從「貝」上爲「工」形，「工」的下部一橫與「貝」的上部筆劃寫糊，就字形而言，應隸作「賽」字。相同的字形見郭店簡《老子》乙13「賽其事」之「賽」。其次，整理者讀「戔施」爲「賤施」，我們改讀爲「踐施」。踐施猶踐履，馬王堆漢墓帛書《十六經‧立政》第78行上：「踐立（位）履參。」 再次，我們讀上引句例至「賽」字絕句。據《尚書‧堯典》，堯協和萬邦，平章百姓，黎民於變時雍，敬授人時，是所謂「堯踐施而時時」。「寅賓出日，平秩東作」，是謂歲起於東而始就耕；「平秩南訛，致敬」，是謂掌夏之官，平秩南方化育之事，敬行其教以致其功；「寅餞納日，平秩西成」，是謂至秋順萬物之成；「厥民隩，鳥獸氄毛」，是謂歲末民入室處，以避風寒。堯時黎民依時耕作，事成則報神福，是所謂「時時賽」也。遠古人民農桑以足衣食，是生存行爲的自然過程，而不是君主政治勸勉的結果，此所謂「不勸而民力」。

建洲按：劉信芳先生之說可參。首先，「貤」作圖，讀作「施」。一說「也」與「它」本同字；〔註396〕一說二者不同字，如裘錫圭先生說：「圖釋施證據不足，我和朱先生都這樣認爲。因爲施是從它的。《金文編》認爲它與也爲一字是不對的，它、也是兩個字〔註397〕。」何琳儀先生亦認爲二者不同字〔註398〕。黃德寬先生亦

〔註394〕林澐〈王、士同源及相關問題〉《林澐學術文集》，頁25。
〔註395〕何琳儀《戰國古文字典》，頁913。
〔註396〕于省吾編《甲骨文字詁林》冊二，頁1784，1843號「它」字條下按語。
〔註397〕引自吳振武〈試說平山戰國中山王墓銅器銘文中的「㐌」字〉《第一屆中國語言文字國際學術研討會論文》，香港：香港大學，2002.3。

說：「由地下出土古文字資料看，春秋到秦漢之際，『也』與『它』之字形分別明顯，各成發展系列。……可以看出，『也』與『它』是兩個字形來源完全不同，各有其發展綫索的字，二者既非同源又非同字。考察以『也』或『它』爲偏旁的字例，可以看出，二者相混大都是隸變之後才發生的，如『蛇』，馬王堆帛書等資料中均從『它』，在武威醫簡及其後的漢隸中才出現從『也』的寫法；金文『匜』均從『它』，信陽楚簡從『金』從『它』，……武威漢簡從『也』，寫作『鉈』（〈特牲〉四九）……這表明上述從『也』的字，大多是隸變及其定型階段才出現的。我們認爲這是由於『也』、『它』二字（字符）在隸變過程中形體越來越相近，遂致混同〔註399〕。」楚簡「也」作 𣢟（《郭店・唐虞之道》1）、𠃣（《郭店・緇衣》3）等等；「它」作 𠂤（《郭店・老子甲》33）、𠂤〔註400〕（《郭店・忠信之道》7）二者形體的確不同。惟「也」，古音余紐歌部；「它」，透紐歌部。聲紐同爲舌頭音，韻部疊韻，故可以通假。其次，「賓」並非「賞」的誤字，相同形體亦見於《郭店・老子乙》簡 13「𡧛其事」，讀作「賽」。上部的「工」形實是「玉」字，如〈民之父母〉7「塞」作𡧛〔註402〕。此字的寫法屬於「刪簡同形」的現象，何琳儀先生說：「刪簡同形，如果沒有具體辭例，有時也會造成文字混淆。《郭店》老乙 13『賽其兌』、『賽其事』之『賽』，容易誤解爲從『宀』從『貢』，是『貢』之繁文〔註403〕。」可見李零先生隸作從「頁」是錯的，應隸作「賓」，原簡文字有「借筆」的現象。《史記・封禪書》：「冬塞禱祠」，《索隱》：「先代反，與『賽』同。賽，今報神福也〔註404〕。」此外，楚國卜筮祭禱簡亦常見「賽禱」一詞〔註405〕。其三，「賽」應置於前一句，如同劉信芳先生所說：「賞」本身就是「勸」的手段，「賞不勸」是自我矛盾的，將簡文「賽」解爲「賞」之誤字，恐怕很難講通。陳劍〈編連二〉可能也看到這矛盾之處，亦於「賽」後斷句，但釋爲「賓」似不類，故不取。

〔註398〕何琳儀〈上博簡〈性情論〉講疏〉，國立台灣師範大學國文學系專題演講，2002.12.13。
　　　　亦見於《戰國古文字典》，頁 863。
〔註399〕黃德寬〈說「也」〉《第三屆國際中國古文字學研討會論文集》（香港：香港中文大學，
　　　　1997.10），頁 826～828。
〔註400〕右側兩斜筆屬於「飾筆」，參林素清〈楚簡文字綜論〉《第三屆國際漢學會議論文集
　　　　——古文字與商周文明》（臺北：中央研究院歷史語言研究所，2002.6），頁 153。
〔註402〕何琳儀、徐在國〈釋塞〉《中國錢幣》2002.2 頁 12。又見於《古幣叢考》（合肥：安
　　　　徽大學出版社，2002.6），頁 56。
〔註403〕何琳儀《戰國文字通論訂補》（南京：江蘇教育出版社，2003.1），頁 209。
〔註404〕〔漢〕司馬遷《史記》，頁 1371～1372。
〔註405〕湖北省荊沙鐵路考古隊《包山楚簡》（北京：文物出版社，1991.10），頁 13。

〔四〕不懽（勸）而民力

　　劉信芳先生〈試讀〉：遠古人民農桑以足衣食，是生存行爲的自然過程，而不是君主政治勸勉的結果，此所謂「不勸而民力」。

　　建洲按：此說可參。相關論點亦見《郭店・尊德義》簡32「不時則亡懽也」，「不時」，古人習語，指不遵時令。「懽」，從裘錫圭先生讀作「勸」，勉勵義。《禮記・禮運》：「以四時爲柄，故事可勸也。」義即按照時令來役使人民，人民自然努力，不用上位者去勸勉他們〔註406〕。又「懽」作 ，與《郭店・性自命出》52「未賞而民懽（勸）」，「懽」作 同形。《說文》曰：「雚，小爵也。從萑吅聲。」（四上十五）而「萑」，《說文》曰：「從隹從 </>」（四上十五）。甲骨文「萑」作 （《鐵》121.2-）亦從「</>」，可見《說文》之說有據。〈性自命出〉52 、《郭店・語叢一》101「鑵」作 皆省作「八」，參 （雚（觀），《郭店・六德》24）可知。何琳儀先生以爲是「刪簡同形」的現象。〔註407〕附帶說明，「雚」有時會訛作「」（龕，即觀）、（《望山》1.91）其上作「亼」形。筆者懷疑這可能與楚簡有「八」、「亼」二形互作的現象有關，如《郭店・老子乙》簡13「賽」作 ；〈民之父母〉7「塞」作 。「賽」，《包山》208作 ，亦作 （200）。「宜」作 （《郭店・六德》26），亦作 （《九店》56.46）。「集」作 （鄂君啓舟節），又作 （會忎鼎）。相反的，〈容成氏〉簡35「會」其上亦作「八」、簡47「」，其「弇」旁寫作從「八」，俱爲其證。《望山》1.137有字作 ，其上部朱德熙先生分析作從「亼」「呇」聲，并說「從『亼』與從『宀』同意。」〔註408〕趙平安先生亦有相似說法。〔註409〕但要說明的是，朱先生所提出的現象並非放諸四海皆準，如簡46「會（密）」作 ，李天虹先生指出與「審」作 的差別亦在一橫劃，詳見簡46「會（密）須是（氏）」注釋。

〔五〕覜（盜）惻（賊）

　　建洲按：字亦見於《郭店・老子甲》1。首字「覜」作 ，李零先生隸作左旁從「頁」，不確。

〔六〕方百里之宍（中）銜（率），天下之人遝（就）

─────────────

〔註406〕陳偉《郭店竹書別釋》，頁164～165。

〔註407〕何琳儀《戰國文字通論訂補》，頁209。

〔註408〕湖北省文物考古研究所、北京大學中文系編《望山楚簡》，頁103注106。

〔註409〕趙平安〈戰國文字中的「宛」及其相關問題研究──以與縣有關的資料爲中心〉《第四屆國際中國古文字學研討會論文》（香港：香港中文大學，2003.10.15），頁531。

李零先生：讀作「方百里之宙（中），銜（率）天下之人還（就）」「還」即「就」，有來、至之義。（頁 255）

陳偉先生〈容零〉：「率」疑屬上讀。「率」有順服義。《逸周書・大匡》：「三州之侯咸率。」孔晁註：「率，謂奉順也。」又，原釋文釋爲「就」的字，不帶「辵」旁的部分，在楚簡中有時也讀爲「戚」。如郭店竹書「溫則兌（悅），兌（悅）則憙（戚），憙（戚）則新（親）」……在這裏讀爲「戚」，訓爲親近，似亦通。（頁 295）

建洲按： 甲骨文從亯在京上，陳邦福謂象重屋之形。季師旭昇以爲由字形象一屋加在一屋之上，配合簡文文意，則可解釋爲歸附之意。此外，楚系文字常見這一系列的字，相關字形及各家考釋見季旭昇師《說文新證》（上）頁 452。斷句則從陳偉先生讀。

〔七〕奉而立之

建洲按：《左傳・襄公七年》：「簡公生五年，奉而立之。」〔註 410〕「奉」有擁戴、尊崇之意。

〔八〕方圓（圓）

建洲按：「圓」字作 ⬤ 。與《包山》264 作 ⬤ 、《隨縣》120 作 ⬤ 、《信陽》2.1 作 ⬤ 同形，惟字形稍有省簡。

〔九〕於是於

李零先生：「於是於」是衍文。（頁 256）

〔十〕㞢（持）板正立（位）

李零先生：隸作「㞢」，讀作「持板正位」。「持板」，指手持板笏一類的東西。（頁 256）

陳劍先生〈編連二〉：讀作「正立」。

建洲按： 字作 㞢，應隸作「㞢」，分析爲從「立」「之」聲。《說文》曰：「寺，從寸之聲。」（三下十四）故字能讀作「持」。「正立」，讀作「正位」，依照位列排好。《爾雅・釋宮》：「中庭之左右謂之位。」郭璞《注》：「群臣之側位也。」邢昺《疏》：

「位，群臣之列位也。」〔註411〕附帶一提，《郭店·語叢一》95「⿰ 逌（由）敬⿰（作）。」首字，整理者隸作「㞢」。李零先生亦隸作「㞢」，并認爲讀法待考。〔註412〕但「寺」一般作⿰（《郭店·緇衣》12），上從「之」。⿰ 由「殜」作⿰（《郭店·窮達以時》2），上應從「止」，所以⿰釋爲「㞢」，恐不確。

〔十一〕四向陜（委）禾（和）

四　向

李零先生：讀作「四向陜，和⿰（懷）⿰逨天下之民」。「四向陜」，「四向」，四方。「陜」，待考。（頁256）

建洲按：「向」，字作⿰。字形同《郭店·老子乙》簡17作⿰、《郭店·緇衣》簡43作⿰、〈魯穆公問子思〉簡3作⿰、〈尊德義〉簡28作⿰、《上博·紵衣》簡12作⿰。裘錫圭先生在《郭店·老子》乙本17號簡下的《按語》說：「簡文此字是『向』之訛體，讀爲『鄉』。此字又見《緇衣》43號、《魯穆公問子思》3號、《尊德義》28號、《語叢四》15（**建洲按：**應爲簡11）等簡，後三者的字形與『向』較近。『向』本從『∧（宀）』，變從二『∧』。簡文『輪』字所從的『侖』旁上部或變從⿰⿰（《語叢四》20號簡），與此相類。」〔註413〕湯餘惠先生亦探討過「向」的字形演變。〔註414〕冀小軍先生則認爲：⿰是「皿」字。「皿」字形體有如下的變化：

⿰《殷契卜辭》798 —— ⿰ 盟弘卣「盟」字所從 —— ⿰ 郜公鼎「盂」字所從 —— ⿰ 盛季壺「盛」字所從 —— ⿰《古陶文舂錄》5.2 —— ⿰《說文·木部》籀文「盤」字所從

冀小軍先生並說：從字形看，《說文》籀文「盤」字所從的 ⿰ 無疑是古文的寫法。如果與⿰相比，⿰只是下面多出了一橫。然而，「皿」字自古就有將下面一橫收縮的寫法，如：⿰《殷墟文字甲編》2473、⿰ 皿方彝、⿰ 皿字布。因此，出現⿰這樣的字形是可以理解的。其下並舉「皿」（明紐陽部）；「鄉」、「嚮」（曉紐陽部）聲韻相通的據證。〔註414〕**建洲按：**冀先生以上所釋應是受裘錫圭先生將「⿰」釋爲「皿」，讀爲「嚮」的影響。〔註415〕首先「⿰」與楚簡「⿰」彼此用法並不相

〔註411〕《十三經注疏——爾雅》，頁73。

〔註412〕李零《校增》，頁162

〔註413〕荊門市博物館《郭店楚墓竹簡》120頁注釋28）。

〔註414〕湯餘惠等〈郭店楚簡文字拾零（四篇）〉《簡帛研究2001》，頁200～201。

〔註414〕冀小軍〈釋楚簡中的 ⿰ 字〉，簡帛研究網，
02/07/21，http://www.jianbo.org/Wssf/2002/jixiaojun01.htm。

〔註415〕裘錫圭〈釋殷墟卜辭中的⿰等字〉《第二屆國際中國古文字學研討會論文集》（香港：

同，是否爲一字，並無證據。其次，對於裘先生所釋學者亦非全無疑問，近有曹定雲先生重新考察此字，認爲「殷墟卜辭中的岂字，是原始圈足敦之象形，而與三足敦毫無關係。隨著原始圈足敦的消失和三足敦的興起，後來的人們對原始圈足敦和代表該器形的岂字，都漸漸忘了，以致今天的人們，在見到原始圈足敦和甲骨文的岂字時，都不知所云。如今，我們知道，殷墟文化中的『�器』就是原始圈足敦，甲骨文中的敦字，就是原始圈足敦之象形，乃『敦』之初文。」〔註416〕其三，楚系從「皿」的字，如「血」《郭店・唐虞之道》11 作𥁃、〈六德〉15 作𥁃、〈語叢一〉45 作𥁃；「盤」，《包山》167 作𥂋、97 作𥂋；「盌」，《包山》72 作𥂋、《九店》56.13 作𥂋、《郭店・緇衣》20 作𥂋，以上可知楚系「皿」作𥁃，大抵是「M」形上下各作「一」畫。但岂則在「M」形下作「口」形或「甘」形，彼此似不相同。而且岂、皿等字楚系文字常見，二者形體的不同，恐不能以訛變來說明。筆者以爲裘錫圭先生認爲由「𠔼」➔「岂」如同〈語叢四〉20「輪」作𨍷，字所從「侖」上部或變从「M」，應可參。簡文「四向」，文獻亦作「四嚮」，《史記・項羽本紀》：「項王自度不得脫……乃分其騎以爲四隊，四嚮。漢軍圍之數重。」〔註417〕簡文「坴（持）板正立（位），四向陕（委）禾（和）……」意思大概類似《國語・吳語》：「夫越王好信以愛民，『四方歸之』」。〔註418〕

　　附帶討論，《九店》56.44〈告武夷〉一節「君岂・受某之璧隬芳糧」，李家浩先生認爲是「昔」字：

　　　　　按戰國文字「昔」作𣊧、𣊧等形（《金文編》四五八頁），岂當是其的省變。包山楚墓竹簡「猎（狙）」字，二一五號簡作𤝞，二〇〇號簡省作𤝞，可以比較。包山楚墓九九號簡還有一個人名之字作岂，大概是岂的進一步省變。「昔」，夜晚。《楚辭・大招》「魂乎歸徠，弖（以）娛昔只」，王逸注：「昔，夜也。《詩》云『樂酒今昔』。言可以終夜自娛樂也。」《史記・楚世家》頃襄王十八年記楚人語「其樂非特朝昔之樂也」，司馬貞《索隱》：「昔，猶夕也。」按上古音「昔」、「夕」都是精組鐸部字，訓爲「夜也」、「夕也」之「昔」，實際上是「夕」的假借。上引《大招》語，洪興祖《楚辭補注》所附《考異》云：「昔，一作『夕』。」王逸注所引《詩》

　　　　香港中文大學，1993.10），頁 73〜94。
〔註416〕曹定雲〈殷墟卜辭「岂」乃「敦」之初文考〉《紀念殷墟甲骨文發現一百周年國際學術研討會論文集》（北京：社會科學文獻出版社，2003.3），頁 165〜177。
〔註417〕〔漢〕司馬遷《史記》（北京：中華書局，1964.4 四刷），頁 334。
〔註418〕徐元誥《國語集解》（北京：中華書局，2002.6），頁 540。

句見於傳本《詩・小雅・頍弁》，「昔」作「夕」。〔註419〕

其後又補充說：

在郭店楚墓竹簡裡，也有一個寫法跟 㽙 相似的字，見《老子》乙組第一八號和《緇衣》四三號等，用爲「鄉」。字或作 㽙、㽙，見《魯穆公問子思》三號和《六德》三號等，裘錫圭先生認爲此是「向」字（《郭店楚墓竹簡》一二〇頁注釋〔二八〕）。「向」、「鄉」古通，在戰國文字裡，有因省寫而造成兩個不同的字形相同或相似的情況。本墓竹簡三六號「禾日」之「禾」是「秀」字的省寫，即其例（參看考釋〔一三四〕）。從四四號簡文義看，㽙 字在這裡仍然應該是「昔」字的省變，讀爲「夕」。〔註420〕

李家浩先生之說似有理，但我們歸納楚簡「昔」字多作 䇂（〈子羔〉1），作偏旁者如〈容成氏〉24「鰦」作 鰦、澳門珍秦齋所藏戈「瘄」作 瘄，〔註421〕均不見省簡。〔註422〕而且「猎」省作 猎 僅一見。〔註423〕〈容成氏〉「昔」作 昔 與「向」作 向 自有分別。以上可見李家浩先生之說恐須保留。《九店》之 㽙，仍應釋爲「向」，讀作「曏」，義爲「曩」，指不久以前，引申爲「昔日」之意。〔註424〕

阽（委）禾（和）

何琳儀先生〈滬二〉：原篆左從「阜」右從「禾」，當爲「委」之異文。《左傳・成公二年》「王使委於三吏。」《注》：「委，屬也。」《國語・越語》：「委制於吳。」《注》：「委，歸也。」

建洲按：相近字形亦見於《包山》86作 阽，作人名用。《郭店・緇衣》31「民言不陙行」，其中「陙」字，《上博（一）・紂衣》16作「陙」，今本作「危」。其中〈紂衣〉的字學者多釋爲「危」字。〔註425〕而〈緇衣〉的「陙」字，裘錫圭先生

〔註419〕湖北省文物考古研究所、北京大學中文系編《九店楚簡》，頁109注174。

〔註420〕湖北省文物考古研究所、北京大學中文系編《九店楚簡》，頁139補正3。

〔註421〕吳振武〈新見古兵地名考釋兩則〉《九州》第三輯（北京：商務印書館，2003.4），頁131。

〔註422〕滕壬生《楚系簡帛文字編》，頁567；張光裕、袁國華《郭店楚簡研究——第一卷——文字編》，頁235；〈子羔〉1、〈從政甲篇〉1、〈昔者君老〉1、〈容成氏〉6、16、49。

〔註423〕張光裕、袁國華《包山楚簡文字編》（臺北：藝文印書館，1992.11），頁349～350。

〔註424〕周鳳五〈九店楚簡告武夷重探〉《中央研究院歷史語言研究所集刊》72：4，2001.12，頁954～955。亦參高亨、董治安編纂《古字通假會典》，頁279～281所載「向—鄉—嚮—曩」的通假例證。

〔註425〕黃錫全〈讀上博楚簡札記〉《新出楚簡與儒學思想國際學術研討會》（北京：清華大

「按語」說字从「禾」聲，讀爲「危」。禾、危古音相近。何琳儀先生分析作从阜
禾聲，即《說文》「垝」之或體。「禾」即「委」之異文。〔註426〕劉信芳先生亦釋
爲「危」，他舉《包山》86簡从阜从禾之字是「危」字異體，从「委」省聲，並推
測「隉」字是從「心」從「危」之字的異構。〔註427〕楊澤生不同意此說，他以爲
「危」與「禾」聲近韻遠，應釋爲從「咼」聲，讀作「過」或「禍」。〔註428〕張
靜先生引中山王𰎛鼎「氏（是）以寡人匜賃（任）之邦而去之游」，認爲「匜」從
「禾」聲，讀「委」。「禾」，匣紐歌部；「委」，影紐微部；「危」，疑紐微部，聲爲
喉牙通轉，韻部相近，三字讀音相近。〔註429〕劉信芳先生以爲「此說可信，較拙
說解『隉』從『委』省聲更直截了當。」〔註430〕事實上，「匜」亦見於甲骨文，
劉桓先生分析爲「從禾，從L（┐）等。L等無疑象放置禾稼之地。故此字爲象
形字，謂將禾稼或糧食儲藏於山洞中。匜當是委積之委的本字。」〔註431〕另外，
《望山》2.20有字作𤴁，整理者隸作「迺」，〔註432〕但字形相去甚遠。古敬恒先
生隸定作「逶」，讀作「綏」似可參。〔註433〕總合以上，筆者以爲上述楊澤生先
生之說求之過深，其他學者釋爲從「禾」聲可信。「禾」（匣歌）；「委」（影微）聲
紐同爲喉音，韻部旁轉，簡文讀作「委」應可從。大西克也先生亦專文論述相關
問題，同時贊同本簡「△」應讀作「委」〔註434〕。

學，2002.3）第8條；黃德寬、徐在國〈上海博物館藏戰國楚竹書（一）緇衣·性
情論〉釋文補正《古籍整理研究學刊》2002.2，頁3第19條；趙平安〈上博藏《緇
衣》簡字詁四篇〉《上博館藏戰國楚竹書研究》（上海：上海書店出版社，2002.3），
頁441；史杰鵬〈談上博楚簡的從「今」從「石」之字〉，簡帛研究網，030501
http://www.bamboosilk.org/Wssf/2003/shijiepeng01.htm、大西克也《香港國際》v.4，
頁334。

〔註426〕何琳儀〈郭店竹簡選釋〉《簡帛研究二○○一》，頁161
〔註427〕劉信芳〈郭店簡《緇衣》解詁〉《郭店楚簡國際學術研討會》，頁175。
〔註428〕楊澤生〈關於郭店楚簡《緇衣》篇的兩處異文〉《孔子研究》2002.1，頁36～37。
〔註429〕張靜《郭店楚簡研究》（合肥：安徽大學博士論文，2002），頁174。
〔註430〕劉信芳《孔子詩論述學》，頁158。
〔註431〕劉桓〈殷契偶札〉《于省吾教授百年誕辰紀念文集》（長春：吉林大學出版社，1996.9），
頁47。
〔註432〕湖北省文物考古研究所、北京大學中文系編《望山楚簡》（北京：中華書局，1995.6），
頁57、109。
〔註433〕古敬恒〈望山楚簡文字考釋三則〉《中國文字研究》第2輯（南寧：廣西教育出版
社，2001.10），頁172。
〔註434〕大西克也〈試論上博楚簡《緇衣》中的「𰎛」字和相關諸字〉《第四屆國際中國古文
字學研討會論文》（香港：香港中文大學，2003.10.15），頁336。

〔十二〕裹（懷）〔〕以逨（來）天下之民

建洲按：「裹」即「懷」。「△」與「裹」作（沈子它簋）、（毛公鼎）、（《璽彙》1654）相比對，字形稍有省簡。「懷」有「懷柔安撫」的意思，《孔子家語‧哀公問政》：「來百工也，柔遠人也，懷諸侯也。」〔註435〕附帶一提，《郭店‧尊德義》33 ，裘錫圭先生按語疑讀作「懷」。但字形與上述皆不似，劉信芳先生以爲應讀作「柔」，安也。〔註436〕陳偉先生則釋作「眯」，讀爲「柔」，安定的意思。〔註437〕

〔十三〕官〔〕而不籑（爵）

建洲按：「官」作「△」（從「亘」），字與簡2、3作（從「自」）並不相同。學者已指出戰國文字「亘」、「自」有形混的現象，〔註438〕如「(3)」《包山》175 作，從「亘」；《包山》64 作，便類似「自」了，本簡「官」字亦是這種現象的反映。《荀子‧解蔽》：「以正志行察論，則萬物官矣。」楊《注》：「官，謂各當其任無差錯也。」〔註439〕簡文意謂「不濫賜爵位而臣下盡職」。

〔十四〕紿（治）（亂）不□〔〕

何琳儀先生〈滬二〉：據殘存筆畫，可補「夬」字，在簡文中讀「倦」。陳劍先生〈編連二〉：此簡跟下面一簡可能緊接，也可能中間尙有缺簡。

陳劍先生〈傳說〉：隸作「共」，後加（？）。（頁3）

建洲按：「」字可分析爲從喦，裔聲。〔註440〕字形同於魏正始石經古文「亂」作〔註441〕亦見於《包山》192 作、《郭店‧尊德義》6 作等等。〔註442〕末字字形不甚清楚，待考。

〔註435〕〔魏〕王肅注《孔子家語》《新編諸子集成》二（臺北：世界書局，1972.10 新一版），頁 43。

〔註436〕劉信芳〈郭店竹簡文字考釋拾遺〉《江漢考古》2000.1 頁 45。

〔註437〕陳偉《郭店竹書別釋》，頁 165。

〔註438〕白於藍〈包山楚簡零拾〉之二，《簡帛研究》第二輯（北京：法律出版社，1996.9），頁 36～37、董珊《戰國題銘與工官制度》（北京：北京大學中國語言文學系博士論文，2002.5），頁 250～258

〔註439〕（清）王先謙《荀子集解》（北京：中華書局，1997.10 四刷），頁 400。

〔註440〕何琳儀《戰國古文字典》，頁 1036、季旭昇師《說文新證》，頁 319。亦參《長沙楚帛書文字編》，頁 91、《九店楚簡》，頁 86 注釋 93。

〔註441〕商承祚《石刻篆文編》14.20（北京：中華書局，1996.10），頁 657。

〔註442〕湯餘惠《戰國文字編》，頁 960。

〔十五〕頿（履）陞（地）戠（戴）〔🐚〕天

李零先生：「戠」即「戴」。原從首從弌，「弌」疑同「戈」。（頁 257）

建洲按：簡文「履地戴天」或作「戴天履地」，義同「戴天」，即立於天地之間。《禮記・曲禮上》：「父之讎，弗與共戴天」〔註443〕；《吳越春秋・王僚使公子光傳》：「子胥曰：『吾聞父母之讎，不與戴天履地』」〔註444〕可證。

「履」的考釋已見裘錫圭先生文章〔註445〕。「陞」，即「地」，字常見於楚文字，如《楚帛書》乙 2.6、《郭店・窮達以時》簡 5。另外，《慈利楚簡》古軼書零簡中「地」作「坨」。〔註446〕朱德熙等先生認為：「『陞』即『地』之異體，從『阜』，與『地』字異體『墜』、『墜』同。『地』本從『它』聲，從『也』乃形訛。」〔註447〕可見亦不贊同「也」與「它」是同一字。目前所見的「地」字多從「它」。惟《璽彙》5603 由文字風格來看應屬「楚璽」，其中有一字作 🐚，何琳儀先生分析作上從「宀」；左下從「也」，楚文字中習見；右下從「工」形，實則從「土」旁，古璽文字「土」旁或作「工」形。則字應隸作「窊」，即「地」之繁文。〔註448〕若此釋可信，則此「地」字從「也」，與目前通行字相同。

另外「戠」作 🐚，字亦見於《天星觀》遣策作「🐚羽」，原隸作「戠」，〔註449〕現在看來應讀作「戴羽」。李零先生分析 🐚 為「從首從弌，『弌』疑同『戈』」。其實，「弋」作「弌」已見於《包山》255 作 🐚，《包簡釋文》隸作「栽」。〔註450〕另外，「弌」應該有聲符的作用，「弌」，精紐之部；「戴」，端紐之部，聲紐舌齒鄰紐，疊韵。此種寫法的「弌」對楚簡的釋讀有一定程度的幫助，如《信陽》1.1「周公🐚然作色曰：『易（狄），夫賤人格上，則刑戮至。剛』」李學勤先生說：「又如『戒』字，疑從『🐚』省，讀為『勃』。」〔註451〕李零先生亦分析作從月從「諄」字籀文（從

〔註443〕《十三經注疏——禮記》，頁 57。
〔註444〕周生春《吳越春秋輯校匯考》（上海：上海古籍出版社，出版年月不詳），頁 26。
〔註445〕裘錫圭〈西周銅器銘文中的「履」〉《古文字論集》，頁 364。
〔註446〕張春龍〈湖南省近年出土簡牘文獻資料略論〉《第一屆中國語言文字國際學術研討會論文》（香港：香港大學，2002.3）
〔註447〕湖北省文物考古研究所、北京大學中文系編《望山楚簡》，頁 99 注 83。
〔註448〕何琳儀〈楚官璽雜識〉《南京師範大學文學院學報》2002 年 3 月第 1 期，頁 166。亦見《戰國古文字典》，頁 1532。
〔註449〕滕壬生《楚系簡帛文字編》，頁 878、湯餘惠主編《戰國文字編》，頁 822。
〔註450〕湖北省荊沙鐵路考古隊《包山楚簡》（北京：文物出版社，1991.10），頁 37。
〔註451〕李學勤〈長台關竹簡中的《墨子》佚篇〉《簡帛佚籍與學術史》（臺北：時報文化出版社，1994.12），頁 342。

二或，正反倒置，見《說文‧言部》）的省文。〔註452〕現在看來應分析爲從月「戈」聲，讀作「愀」。另外，楚系文字常見的「郖」，舊說以爲從「戚」恐誤，仍應該分析爲從「戈」聲，讀作「紀」。《郭店‧性自命出》簡30「然以終」，整理者讀作「戚然以終」，現應讀作「愀然以終」。〔註453〕

〔十六〕竺（篤）義與信

建洲按：「竺」讀作「篤」，專一之意。「竺」、「篤」，古音均爲端紐覺部。《說文》：「竺，厚也。」王念孫曰：「竺，本《說文》篤厚字。」〔註454〕而由厚重之義引申爲專一、誠信，如《呂氏春秋‧孝行覽‧孝行》：「涖官不敬，非孝也。朋友不篤，非孝也。」高誘《注》曰：「篤，信也。」〔註455〕《論語‧泰伯》：「篤信好學，守死善道。」《疏》曰：「子曰：『篤信好學者，言厚於誠信而好學問也。』」〔註456〕

〔十七〕橐（包）在四洀（海）之內

李零先生：即「包」，與上「會」字俱有囊括無遺之義。

建洲按：「橐」，甲骨文作。〔註457〕徐寶貴先生補充說甲骨文作所從的「缶」旁是「桴」的象形字，并作聲符。〔註458〕字亦見於《銘文選》447毛公鼎，曰：「毋敢龔（拱）橐（苞），龔（拱）橐（苞）迺侮鰥寡。」馬承源注釋說：「龔橐讀作拱苞。苞是苞苴，即包魚肉的草包。泛指爲包裹，引申爲賄賂。」〔註459〕另外，《石鼓文‧汧沔》第一：「可（何）以橐之，唯楊及柳。」郭沫若釋爲「罩」，〔註460〕可與簡文參看。《說文》曰：「橐，囊張大貌。」（六下五）。附帶一提，楚簡亦見此字，如《信陽》2.3「二」，何琳儀先生分析作從束，缶聲。讀作「桴」。〔註461〕

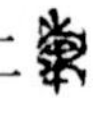

〔註452〕李零〈長台關楚簡《申徒狄》研究〉，簡帛研究網，2000/08/08，http://www.bamboosilk.org/Wssf/Liling2.htm；亦收錄於《揖芬集》（北京：社會科學文獻出版社，2002.5），頁310。

〔註453〕以上請參見蘇建洲〈楚簡文字考釋二則〉《國文學報》三十四期 2003.12。

〔註454〕王念孫《廣雅疏證》，頁322。

〔註455〕〔漢〕高誘注《呂氏春秋》，頁315。

〔註456〕《十三經注疏──論語》，頁72。

〔註457〕《甲骨文字釋林》，頁344～346。

〔註458〕徐寶貴、孫臣〈古文字考釋四則〉《考古與文物》2001.1，頁78～79。

〔註459〕馬承源《商周青銅器銘文選》（三），頁319注35。

〔註460〕郭沫若《石鼓文研究‧詛楚文考釋》（北京：科學出版社，1982.10），頁72。

〔註461〕何琳儀《戰國古文字典》，頁248。

〔十七〕遷（畢）能其事

建洲按：「遷」釋爲「畢」。《廣雅・釋詁三》：「畢，竟也。」〔註462〕《集韻・質韻》：「畢，終也。」〔註463〕

〔十八〕自內（納）虫（焉）〔〕

李零先生：「自入焉」。

陳劍先生〈編連二〉：「自納焉」。

建洲按：二說義近。不過，「內」釋爲「納」似較爲貼切，《儀禮・燕禮》：「小臣納卿大夫，卿大夫皆入門右北面東上」，鄭《注》：「納者，以公命引而入也〔註464〕。」，是「妥」之省，此依陳劍先生隸作「虫」，見簡35B注〔二九〕。李家浩先生說：

> 此字與越者汈鐘和曾侯乙墓竹簡，當是一字，即「安」字的省寫。參看郭沫若《〈者汈鐘〉銘考釋》（《文史論集》三二五頁），裘錫圭、李家浩《曾侯乙墓竹簡釋文與考釋》（《曾侯乙墓》上冊三二五頁）。這種省寫的「安」字還見於包山楚墓竹簡七號、九一號等和六六號、一五五號等的「郯」字偏旁。「郯」是地名，有人讀爲「鄙」，可從。〔註465〕

則簡文「安」讀作「焉」是可以的。〔註466〕陳劍先生也指出：「在看到更早、更多的『虫』和從『虫』之字之前，似乎還是依從一般的認識，把戰國文字裏大量的『虫』字和作偏旁的『虫』字，看作『安』字之省比較穩妥。」〔註467〕而這種字形對考釋文字有一定的助益。如上海博物館藏戈，李朝遠先生原隸爲從「阜」從「女」，讀作「汝」。〔註468〕吳振武先生則認爲「今按李文分析字形有問題，字實從『阜』從『安』省。細察原銘可知，此字右邊所從除『女』形外，下面還有一斜畫，這跟一般的『女』或『女』旁是不同的。以我們今天已有的戰國文字知識來看，這個『女』下加一斜畫的偏旁，肯定就是省寫的『安』。」〔註469〕說可信。

〔註462〕〔清〕王念孫《廣雅疏證》，頁74。

〔註463〕〔宋〕丁度《集韻》，頁664。

〔註464〕《十三經注疏——儀禮》，頁160。

〔註465〕湖北省文物考古研究所、北京大學中文系編《九店楚簡》，頁113注185。

〔註466〕亦見周鳳五〈包山楚簡初考〉《王叔岷先生八十壽慶論文集》（台北：大安出版社，1993.6），頁362～377。

〔註467〕陳劍〈說「安」字〉（《語言學論叢》第三十輯，待刊稿）。

〔註468〕李朝遠〈汝陰令戈小考〉《中國文字研究》第一輯（南寧：廣西教育出版社，1999.7），頁168。

〔註469〕吳振武〈新見古兵地名考釋兩則〉《九州》第三輯（北京：商務印書館，2003.4），

〔十九〕穴𡾊（窺）𠃬（焉）

　　李零先生：讀作「穴窺焉」。

　　建洲按：字可分析爲從見圭聲。窺，溪紐支部；圭，見紐支部，聲韻俱近。

〔二十〕以求臤（賢）者〔▲〕而㘝（讓）〔▲〕𠃬（焉）

　　建洲按：「者」字作「△」。字形上部與目前所見楚系文字的「者」并不相同，如▲（〈民之父母〉3）、▲（〈昔者君老〉1）、▲（〈容成氏〉22），其上作「之」形。〔註470〕而本簡的「者」左上顯然多加一筆，這種情形如同「及」作▲（《郭店‧緇衣》5），亦作▲（〈語叢二〉19）、▲（《說文》古文）。〔註471〕

　　「㘝」，李零先生隸作「壞」，不太精確。簡文字形偏旁可見於▲（薛侯盤）、▲（薛侯匜）▲（散盤）、▲（鄂君啓舟節）、▲（鄂君啓車節）、▲（《包山》103）、▲（《郭店‧成之聞之》29）、▲（〈成之聞之〉34）、▲（〈語叢四〉23）。《說文》曰：「襄，《漢令》解衣耕謂之襄。從衣，㘝聲。▲，古文襄。」（八上二十二）而「襄」，金文作▲（穌甫人匜）▲（穌甫人盤）；《信陽》2.12作▲，此三字扣掉「衣」旁，其餘字形與簡文相似，可見簡文應隸作「㘝」，〔註472〕讀作「讓」。附帶一提，《郭店》整理者隸〈成之聞之〉爲「㘝」，這是對的。但相同字形卻又隸▲爲「壞」，似有誤。季師旭昇、張守中先生將▲收於「㘝」條下，可參。〔註473〕另外，《戰國文字編》將▲隸爲「㘝」，這是對的。〔註474〕但同樣的字，卻又置於「壞」字條下，〔註475〕有誤。

〔二一〕夫（堯）爲善興臤（賢），而卒（卒）立之。

　　陳劍先生〈編連二〉：上文簡6、7言「方百里之中」的人民立堯以爲天子，接下來講堯德及於天下，天下之人立之爲天子，又言堯欲讓賢而不得，於是「天下之人，以堯爲善興賢，而卒立之」。「卒立之」即最終還是立之爲天子、（在他讓位之前）始終以之爲天子。雖然簡7、簡9、簡12三次講到堯爲天子，但是其意思是一層層

　　　　　頁134。

〔註470〕其他字形參張光裕、袁國華《郭店楚簡研究——第一卷——文字編》，頁327～332。

〔註471〕李家浩〈讀《郭店楚墓竹簡》瑣議〉《中國哲學》20輯（瀋陽：遼寧教育出版社，1999.1），頁349。

〔註472〕何琳儀《戰國古文字典》，頁689。

〔註473〕季旭昇師《說文新證》（上），頁90、張守中《郭店楚簡文字編》，頁18。

〔註474〕湯餘惠《戰國文字編》，頁77。

〔註475〕湯餘惠《戰國文字編》，頁880。

遞進的，並不能證明以上這些竹簡不能放在一起。

　　陳劍先生〈傳說〉：以上講述堯由微賤而立爲天子。……從古書記載來看，「求賢、舉賢、讓賢，是堯享譽後世的主要功德，其中以得舜爲最大成功。」（原注：陳泳超《堯舜傳說研究》85～87頁）簡文記載與古書相合，且將這一點大作鋪張渲染。此外，時代跟〈容成氏〉相差不遠的郭店簡〈唐虞之道〉簡14云「古者堯生於天子而有天下」，或是就傳說中堯爲帝嚳之子（見《大戴禮記‧帝繫》等書）而言的，跟〈容成氏〉所述不同。（頁4）

　　建洲按：「䘏」即「卒」。其上「爪」旁爲無義偏旁。〔註476〕

【釋　文】

　　昔{者}埶（舜）〔一〕靜（耕）於嶜（歷）丘〔二〕，窑（陶）於河賓（濱），魚（漁）於靁（雷）澤，孝㒸（養）父母，以善其新（親），乃及邦子〔三〕。夫（堯）䎽（聞）之**13**而散（美）亓（其）行〔四〕。夫（堯）於是虖（乎）爲車十又五輛（乘），㠯三從埶（舜）於旬（畎）畞（畝）〔五〕之中，埶（舜）於是虖（乎）䚭（始）孚（免）蓺（執）杅（錢）、榑（耨）、姜（鋤）〔六〕，价（介）而坐之子（茲），夫（堯）南面〔七〕，舜北面，舜**14**於是虖（乎）始語夫（堯）天陸（地）人民之道。與之言正（政），敓（悅）柬（簡）㠯行〔八〕；與之言樂，敓（悅）和㠯長〔九〕；與之言豊（禮），敓（悅）故（博）㠯不逆〔十〕，夫（堯）乃敓（悅）。夫（堯）〔十一〕**8**……【堯乃老，視不明，】〔十二〕聖（聽）不悤（聰）〔十三〕。夫（堯）又（有）子九人〔十四〕，不㠯亓（其）子爲逡（後），見埶（舜）之叴（賢）也，而欲㠯爲逡（後）**12**【舜乃五讓以天下之叴（賢）者，不叟（得）已，然後敢受之。】〔十五〕

　　埶（舜）聖（聽）正（政）三年〔十六〕，山隆（陵）不尻（疏）〔十七〕，水絑（潦）不湝（？）〔十八〕，乃立墨（禹）㠯爲司工〔十九〕。墨（禹）既巳（已）〔二十〕**23**受命〔二一〕，乃卉備（服）〔二二〕，蕧（箁）著（箬）冒（帽）〔二三〕，芙蓺□疋□〔二四〕……**15**…面旿（乾）鱛（散）〔二五〕，堅（脛）不生〔之〕毛〔二六〕，凱瀊湝湟（流）〔二七〕。墨（禹）親執枌（畚）虵（耜）〔二八〕，㠯波（陂）明者（都）之澤〔二九〕，決九河**24**之滐（結）〔三十〕，於是虖（乎）夾州〔三一〕、淪（徐）州〔三二〕䚭（始）可尻（處）乚〔三三〕。墨（禹）迵（通）淮與忻（沂）〔三四〕，東敀（注）之冊（海）

〔註476〕何琳儀《戰國文字通論訂補》，頁219。

〔三五〕，於是虖（乎）竸（青）州〔三六〕、篙（莒）州〔三七〕訇（始）可尻（處）也。墨（禹）乃迵（通）蔞與湯，東跂（注）之 **25** 沺（海），於是虖（乎）𢀖（藕？）州〔三八〕訇（始）可尻（處）也。墨（禹）乃迵（通）三江五沽（湖）〔三九〕，東跂（注）之沺（海），於是虖（乎）㤅（荊）州〔四十〕、鄔（揚）州訇（始）可尻（處）也。墨（禹）乃迵（通）洓（伊）、洛〔四一〕，并里〈𡐌（瀍）〉〔四二〕、干（澗），東 **26** 跂（注）之河，於是於（乎）鼓（豫）州〔四三〕始可尻（處）也。墨（禹）乃迵（通）經（涇）與渭〔四四〕，北跂（注）之河，於是虖（乎）虞州〔四五〕訇（始）可尻（處）也。墨（禹）乃從灘（漢）以南爲名浴（谷）五百，從 **27** 灘（漢）以北爲名浴（谷）五百。天下之民居奠（定），乃勸（？飭）飤（食）〔四六〕，乃立句（后）襏（稷）㠯爲緹（甸或田）〔四七〕。句（后）襏（稷）既已受命，乃飤（食）於埜（野），佰（宿）於埜（野）〔四八〕，復毃（穀）㹜（換）土〔四九〕，五年乃 **28** 嬰（穫）〔五十〕。民又（有）余（餘）飤（食），無求不叓（得），民乃賽〔五一〕，喬（驕）能（態）訇（始）复（作），乃立咎（皋）𡊨（陶）〔五二〕㠯爲摯（李）〔五三〕。咎（皋）𡊨（陶）既已受命，乃支（辨）会（陰）易（陽）之需（氣）〔五四〕，而聖（聽）亓（其）訟獄，三 **29** 年而天下之人無訟獄者，天下大和畇（均）〔五五〕。坴（舜）乃欲會天陸（地）之燹（氣）而聖（聽）甬（用）之〔五六〕，乃立數（？質或契）㠯（以）爲樂正〔五七〕。數（？質或契）既受命，复（作）爲六頪（律）六 **30** 郫〈邵（呂）〉〔五八〕，支（辨）爲五音，㠯定男女之聖（聲）〔五九〕。啻（當）是時也，㷱（癘）遳（疫）〔六十〕不至，絤（祅？）羕（祥）〔六一〕不行，枲（禍）才（災）〔六二〕迖（去）亡，肣（禽）獣（獸）肥大〔六三〕，卉（艸）木晉長〔六四〕。昔者天陸（地）之差（佐）舜而 **16** 右（佑）善，女（如）是眉（狀）〔六五〕也。坴（舜）乃老，視不明，聖（聽）不聦（聰）。坴（舜）又（有）子七人〔六六〕，不㠯亓（其）子爲逡（後），見墨（禹）之臤（賢）也，而欲以爲逡（後）。墨（禹）乃五嬰（讓）㠯天下之臤（賢） **17** 者，不叓（得）已，肰（然）句（後）敢受之。（頁113～208）

【校　釋】

〔一〕昔｛者｝坴（舜）〔𡊨〕

　　李零先生：補「者」字。（頁259）

　　建洲按：「者」爲脫文，李說可從。「坴」，即「舜」。字作𡊨，李零先生隸作

「坴」；馬承源先生隸定作「坴」（《上博（二）·子羔》簡2）；季旭昇師隸作「坴」。
〔註477〕關於字形演變，季先生的文章已作了極佳的闡發可以參看。但就字形的嚴
式隸定來說，李零先生所隸似可從，「坴」的「允」形可參《郭店·成之聞之》36
作
；「火」形可參《郭店·老子甲》簡35的「熨（氣）」作
、〈語叢二〉簡44
的「虞」作
。又如楚系文字常見的
（《望山》1.10），一般隸作「夋」，〔註478〕
亦是一例。不過，馬承源先生隸作「坴」雖然不太精確，因為「厶」作
（《包山》
141）、
（《包山》196）。不過若從「允」可省作「厶」的角度來看，則其說亦非
完全不可信，如《包山》67
，一般隸作「夋」。曾憲通先生說：「從以上的材料
分析，夋字是個上聲下形的形聲字，聲旁（允）和形旁（夋）本身又都是上聲下
形的形聲結構。這種重床疊架式的結體在演變過程中一定要求簡化。於是，做聲
旁用的形聲結構由於形符不起表音作用而容易脫落（如允－厶）。」〔註479〕其次，
「亦」，〈容成氏〉52作
、〈子羔〉7作
，與
下部形近，故二者所隸皆可從，
此處暫依李零先生所隸。

〔二〕靜（耕）〔〕於曆（歷）〔〕丘

李零先生：《史記·五帝本紀》作「舜耕歷山」。案：古文字「鬲」或作「」。……
「丘」可能是「山」字之誤。（頁259）

建洲按：「靜」作
，可讀作「耕」。「爭」，莊紐耕部；「青」清紐耕部，可見
「靜」是雙聲字，而「耕」，古音見紐耕部，與「靜」（從耕）疊韻，故可通假。周
鳳五先生以為「爭」、「靜」二字實皆以「耕」為聲符。靜字雖加注「青」聲，但西
周金文班簋「三年靜東國」，以「加」為聲符，音讀為「耕」，明白無疑。〔註480〕
而《郭店·窮達以時》2「耕」作
，李家浩先生以為「從字音來說，『耕』、『加』
二字讀音相隔甚遠。從字形來說，簡文『耕』所從，即『爭』的省變，應該隸寫作
『爭（左從田）』。上古音『耕』、『爭』都屬耕部。」〔註481〕

「曆丘」，文獻多作「歷山」。如《韓詩外傳·卷七》：「故虞舜耕於歷山之陽」

〔註477〕季旭昇師〈讀郭店、上博簡五題：舜、河浒、紳而易、牆有茨、宛丘〉《中國文字》
　　　　新廿七期，頁114。
〔註478〕參曾憲通〈楚文字釋叢（五則）〉《中山大學學報》1996.3頁59、何琳儀《戰國古文
　　　　字典》，頁1342～1343。
〔註479〕曾憲通〈楚文字釋叢（五則）〉《中山大學學報》1996.3頁59
〔註480〕周鳳五〈郭店楚簡識字札記〉《張以仁先生七秩壽慶論文集》，頁356。
〔註481〕引自黃人二〈郭店竹簡〈窮達以時〉考釋〉所載李家浩回函，《古文字與古文獻》
　　　　試刊號，頁122。

〔註482〕、《史記‧五帝本紀》：「舜耕歷山，漁雷澤，陶河濱」〔註483〕、《說苑‧雜言》：「故舜耕山，而陶於河畔」，〔註484〕亦見於《郭店‧窮達以時》簡2-3「舜耕於歷山，陶拍於河澨」。李零先生以爲「丘」則可能是「山」字之誤。但《史記‧司馬相如列傳》：「以登介丘」，裴駰《集解》引《漢書音義》：「丘，山也。」〔註485〕可知「丘」、「山」義同，此處或許是用同義字來表示。「醫」，李零先生隸作 䨄，下從「鬲」，但「鬲」一般作 鬲，簡文字形不類。許文獻先生與筆者討論時指出簡文下部從「啻（即「適」的右偏旁）」。**建洲按**：「帝」作 帝（《郭店‧緇衣》37）；「啻」，《包山》154作 啻、《望山》2.49 啻。〔註486〕本簡「醫」下部作 啻，似結合《包山》、《望山》的字形，寫法有所省簡。「帝」，端紐錫部；「鬲」，來紐錫部。聲紐同爲舌頭音，疊韻。要說明的是，《郭店‧緇衣》46「箮（筮）」作 箮、《葛陵》甲三15、60「箮（筮）」作 箮，其「巫」旁與本簡 啻形近，但是「巫」，明紐魚部，與「鬲」聲紐雖有複聲母關係，但韻部關係並不密切，所以彼此可能是「同形字」的關係。〔註487〕最近，看到陳劍先生以爲「△」隸作「醫」此說完全正確，並指出簡文舜所耕的「歷山」寫作「醫丘」，似乎確實跟顓頊所都的「帝丘」是存在某種聯繫的。〔註488〕據〈五帝本紀〉舜爲顓頊六代孫，則「帝丘」與「歷山」中間的關係的確值得注意。

〔三〕乃及邦子

李零先生：「邦子」，國中之子。指推其愛親之義以及人之子。（頁260）

建洲按：「邦」作 邦，字與 邦（《郭店‧老子乙》17）、邦（《郭店‧老子甲》29）、邦（老子甲29）形似。但是這樣寫法的「丰」旁與〈容成氏〉簡24「毛」作 毛、〈容成氏〉49「氄」作 氄、〈容成氏〉22「表」作 表（從衣從「毛」）完全同形。（參上簡35「厚悬而泊魯安」注釋字形放大圖），「毛」字末筆向左撇，可能是〈容成氏〉書手的專有寫法。「丰」、「毛」這樣的形混現象如同〈民之父母〉簡14「邦」

〔註482〕屈守元《韓詩外傳箋疏》（成都：巴蜀書社，1996.3），頁600。

〔註483〕〔漢〕司馬遷《史記》（一）（北京：中華書局，1964.4四刷），頁32。

〔註484〕向宗魯《說苑校證》（北京：中華書局，2000.3三刷），頁423。

〔註485〕〔漢〕司馬遷《史記》（九），頁3030。

〔註486〕袁國華師〈江陵望山楚簡「青帝」考釋〉《第一屆中國語言文字國際學術研討會論文》，亦見《華學》第5輯140～142頁。

〔註487〕上引《葛陵》甲三15、60的「噢（筮）」字亦與甲三304「啻」幾乎同形。

〔註488〕陳劍〈上博楚簡《容成氏》與古史傳說〉《中國南方文明學術研討會論文》（台北：中央研究院歷史語言研究所，2003.12.19），頁17注21、頁5。

作 、〈昔者君老〉簡 4「邦」作 ，右皆從「毛」，見〈民之父母〉簡 14「召畜萬邦」注釋。

　　「邦子」疑相當於「邦人」、「國人」之意。《詩・邶風・匏有苦葉》：「招招舟子」，毛《傳》：「舟子，舟人，主濟渡者。」〔註489〕《荀子・王霸》：「何法之道，誰子之與也？」楊《注》：「誰子，猶誰人也。」〔註490〕而《尚書・金縢》：「二公命邦人，凡大木所偃，盡起而築之。」《史記・魯周公世家》引「邦人」作「國人」。〔註491〕

〔四〕敚（美）亓（其）行

　　建洲按：「敚」讀作「美」。李家浩先生說：

　　　　「敚」、「美」音近古通。《六韜・武韜・發啓》：「大兵無創、與鬼神通，微哉！微哉！」銀雀山漢墓竹簡《六韜》「微哉」作「美才」（《銀雀山漢墓竹簡〔壹〕》一一三頁）。《周禮・地官・大司徒》「以本俗六安萬民：一曰媺宮室……」鄭玄注：「媺，善也。」孫詒讓《周禮正義》說：「經作『媺』、注作『美』者，亦經用古字，注用今字之例也。《廣韵》五旨云：『美、媺同。』錢大昕云：『媺，古美字。』」「微」、「媺」二字皆從「敚」得聲，本簡（**建洲按：**指《九店》56.35）的「敚」當從秦簡讀爲「美」。〔註492〕

說可參。相關意見亦參林澐〈說飄風〉一文。〔註493〕

〔五〕旬（昳）畕（畝）

　　建洲按：「旬」，從「勻」從「日」，楚系文字偏旁「今」、「勻」之別，張桂光先生歸納說：

　　　　楚簡中「今」、「勻」形近而有別，即以郭店楚簡言，「今」之作 者（如《太一生水》第 2、5 簡 字所從）自與「勻」之作 者判然有別，其作 者，如 （《語叢》四第 16 簡「陰」字）、（《性自命出》第 52 簡「含」字）、（《語叢》一第 38、40 簡用作「今」的「含」字），所增之短筆均在字左側，且呈外撇之勢；而從「勻」之 （《尊德義》第

〔註489〕《十三經注疏──詩經》，頁 89。
〔註490〕〔清〕王先謙《荀子集解》（北京：中華書局，1997.10 四刷），頁 207。
〔註491〕〔漢〕司馬遷《史記》（五），頁 1523。
〔註492〕湖北省文物考古研究所、北京大學中文系編《九店楚簡》，頁 96 注 132。
〔註493〕林澐〈說飄風〉《林澐學術文集》（北京：中國大百科全書出版社，1998.12），頁 30
　　　　～34。

34 簡「均」字）、（《語叢》三第 19 簡用作「均」的「賞」字）、（《唐虞之道》第 2 簡用作「均」的「鈞」字），標示與 區別之短筆均在字之右內側，且無外撇之勢，區別還是挺明顯的。〔註 494〕

此說大抵可信，黃錫全先生亦指出「勻」作 是楚文字特點。〔註 495〕比較特別如「軍」字，一般認為從「勻」聲，〔註 496〕字作（《郭店・老子丙》9）。或作（《郭店・成之聞之》9），從「今」。此屬聲符音近互換，「軍」，見文；「勻」，余眞；「今」，見侵。聲紐見余互通之例常見，如「與」，余紐魚部，而從與的「舉」，見紐魚部。又如「睪」，古有「皋」音。《左傳・哀公二十六年》所記越大夫皋如，《春秋繁露》卷九作「大夫睪」；《荀子・大略》：「望其壙，皋如也……。」「皋如」，《列子・天瑞》、《家語・困誓》皆作「睪如」。〔註 497〕「睪」，余紐鐸部；「皋」，見紐幽部。無損「勻」、「今」字形差異的觀察。

簡文「畎畝」寫作「旬罍」。「旬」，邪紐眞部；「畎」，見紐元部。韻眞元旁轉，古籍常見通假。聲紐見邪互通之例，如《侯馬盟書》「弁㠯」讀作「變改」、《郭店・尊德義》簡 1「㠯愼勅」即「改愼勝」，而「巳」，邪紐之部；「己」，見紐之部，即為一例，〔註 498〕所以簡文「畎」寫作「旬」是可以的。「罍」，李零先生隸作「罍」，筆者原從之。〔註 499〕現在看來有誤，字似作，下部從「田」，不從「曰」。而且由〈子羔〉8「罍（畝）」作亦說明從「田」較有道理。其次，上部不從「母」，應從「毋」，如《郭店・緇衣》22「毋」作、《望山》1.46「尚毋有咎」，「毋」作，所以字應隸作「罍」。「毋」（明魚）、「母」（明之）本是一字之分化，所以聲韻關係俱近，可讀作「畝」（明之）。

〔註494〕張桂光〈古文字考釋六則〉《于省吾教授百年誕辰紀念文集》（長春：吉林大學出版社，1996.9），頁 279～280、《郭店楚墓竹簡》釋注續商榷》《簡帛研究二〇〇一》，頁 188。

〔註495〕黃錫全〈試說楚國黃金貨幣稱量單位「半鎰」〉《江漢考古》2000.1。亦見《古文字研究》22 輯，頁 186。

〔註496〕何琳儀《戰國古文字典》，頁 1320、李家浩〈貴將軍虎節與辟大夫虎節——戰國符節銘文研究之一〉《中國歷史博物館館刊》1993.2 頁 51。

〔註497〕裘錫圭〈談談地下材料在先秦秦漢古籍整理工作中的作用〉《古代文史研究新探》，頁 54～56。

〔註498〕李守奎〈《戰國楚竹書・孔子詩論・邦風》釋文訂補〉《古籍整理研究學刊》2002.3，頁 9。

〔註499〕蘇建洲〈容成氏譯釋〉《上海博物館藏戰國楚竹書（二）讀本》（臺北：萬卷樓出版社，2003.7），頁 126。

〔六〕訇（始）〔〕孚（免）蓺（執）幵（錢）、檽（耨）、萎（鎔）

李零先生：「孚」，即「免」，猶「釋」，指放下。所釋之物皆農具。「蓺」，疑與「蓺」形近混用，音近假爲「刈」。「銍」，疑讀作「斸」。「檽」疑讀「耨」，鋤類農具。「萎」，疑讀「鎔」，是鑱類農具。（頁 261）

何琳儀先生〈滬二〉：「幵」，《考釋》誤以爲「主」之繁文。按，「幵」從二「主」會意，與「主」並非「單複無別」的關係。本簡「幵」當讀「肩」。《詩・齊風・還》「並驅從兩肩兮。」《釋文》：「肩，本亦作豜。」……。是其佐證。《尚書・盤庚》下「朕不肩好貨。」《傳》：「肩，任也。」簡文意謂「肩任耨鎔」。（【洲再按】：吳良寶以爲「主」、「幵」有形混的現象，《古研》25 頁 398，參《戰典》998 何琳儀認爲「幵」從二「主」會意，吳良寶似乎認爲二者並無關係）

陳劍先生〈編連二〉：讀作「始免執幵耨鎔」。

陳劍先生〈傳說〉：讀作「始免蓺（笠）、幵（肩）耨萎（鎔）」。「蓺」又見於後文第 15 簡，應分析爲從「艸」從「執」得聲，疑可讀爲「笠」。「執」和「立」上古都爲緝部，中古都是開口三等字，聲母也有關係，其讀音相近可以相通。「幵」讀爲「肩」，從何琳儀〈滬簡二冊選釋〉之說。「免笠、肩耨鎔」意謂脫下斗笠、將農具耨鎔扛在肩上。大概堯多次到田野中見舜，舜均未予理會，最後才（「始」）脫下斗笠、扛耨鎔於肩上停止耕作而見堯。

建洲按：「訇」讀作「始」。字作「」，亦作 （簡 25）。李零先生解釋《郭店・語叢四》1 字說：「『始』，原釋『司』，讀爲『詞』，案原文此字是合台、司爲一字，簡文此字或從此得聲的字有『辭』、『始』、『治』等用法。」〔註 500〕此說可信，簡文此處應讀作「始」。字亦見 （王孫鐘）、（南疆鉦）等，《金文編》誤釋爲「佀」（頁 565）。朱德熙先生說：「訇字金文屢見，由於台與司古音極近，這個字可能是在厾（司）字上加注聲符台，也可能是在台字上加注聲符司。」〔註 501〕陳劍先生亦隸作「訇」，並以爲是雙聲字。〔註 502〕又如《九店》56.26 有字作 ，李家浩先生隸作「裪」，並以爲當是「祠」的異體。〔註 503〕另外，《包山》278 反有字作 ，《包簡釋文》釋作從「司」，〔註 504〕《楚系簡帛文字編》釋作從「牙」皆誤，〔註

〔註 500〕李零《郭店楚簡校讀記——增訂本》，頁 45。
〔註 501〕朱德熙〈戰國時代的「圥」和秦漢時代的「半」〉《朱德熙古文字論集》，頁 118。
〔註 502〕陳劍〈釋《忠信之道》的「配」字〉，《國際簡帛研究通訊》第二卷第六期（2002 年 12 月），頁 5。
〔註 503〕湖北省文物考古研究所、北京大學中文系編《九店楚簡》，頁 81 注 78。
〔註 504〕湖北省荊沙鐵路考古隊《包山楚簡》（北京：文物出版社，1991.10），頁 39。
〔註 505〕滕壬生《楚系簡帛文字編》（武漢：湖北教育出版社，1995.7），頁 929。

505）學者均已改隸爲「紿」。〔註 506〕楚簡「旨」字有共筆的現象，由 （王孫鐘）

→ （《郭店・老子乙》1）可知。但是比較多的字形是作 ，其上多一筆，此筆應

是屬於「台（或 ）」的筆劃，如《天星觀》「莫」作 、「蒝」作 ，〔註 507〕

又如《包山》129「戾」作 、《包山》牘一「戲」作 ，〔註 508〕「允（）」上多

一筆可證。附帶一提，李零先生以爲「旨」可讀作「辭」，例證如〈容成氏〉簡 22

「冬不敢以蒼旨（辭）；夏不敢以屠旨（辭）。」

「孚」，讀作「免」。字又見於《慈利楚簡》古佚書：「自其身果死則孚於罪女其

身不」，其中「孚」亦可釋「免」。〔註 509〕《望山楚簡》曾考釋此字說：

> 據字形分析，三八號簡似是從「心」從「子」從「亓」，一七號、三
>
> 七號簡似是從「字」從「亓」。「亓」、「其」古通，「其」字古音與「亥」
>
> 相近。《淮南子・時則》「爨其燧火」，高誘注：「其，讀荄備之荄。」《易・
>
> 明夷》「箕子之明夷」，陸德明《釋文》引劉向本「箕子」作「荄滋」。……
>
> 「孚」和「孛」可能都是「孩」（《說文》以爲「咳」字古文）的異體。據
>
> 簡文文義，此字當與心疾有關，疑當讀爲「駭」。《說文》：「駭，驚也。」
>
> 〔註 510〕

李零先生首先將「孚」釋爲「免」，其曰：「『免』，整理者不識，以爲相當今本『遯』

字。按此字又見於《成之聞之》簡 23，疑是『娩』字古寫，『免』與『遯』含義相

近。」〔註 511〕又《郭店・六德》28「祖字爲宗族也」，裘錫圭先生「按語」說：「或

疑簡文『祖字』之『字』爲『免』之誤寫。」〔註 512〕李零先生則認爲「簡文『免』

有兩種寫法，一是借『冠冕』之『冕』的初文爲之，即後世『免』字（見〈唐虞之

道〉7、〈性自命出〉25。**建洲按**：字作 ）；一是借分娩之『娩』的初文爲之，（見

〈緇衣〉24、〈成之聞之〉23。**建洲按**：字作 。），後世失傳。這裡的『免』字（**建

洲按**：指〈六德〉28）是屬於後一種，嚴格講，還不能說是錯字。」〔註 513〕他應該

〔註 506〕李零〈讀《楚系簡帛文字編》〉《出土文獻研究》第五集（北京：科學出版社，1999.8），
頁 152，166 條、湯餘惠《戰國文字編》，頁 865。

〔註 507〕滕壬生《楚系簡帛文字編》，頁 66、李守奎《楚文字編》（上海：華東師範大學，
2003.12），頁 447。

〔註 508〕李家浩〈包山遣冊考釋（四篇）〉《古籍整理研究學刊》2003 年 9 月第 5 期，頁 1。

〔註 509〕張春龍〈湖南省近年出土簡牘文獻資料略論〉《第一屆中國語言文字國際學術研討
會論文》（香港：香港大學，2002.3）。

〔註 510〕湖北省文物考古研究所等《望山楚簡》，頁 89～90 注 20。

〔註 511〕李零《郭店楚簡校讀記——增訂本》，頁 65。

〔註 512〕荊門市博物館《郭店楚墓竹簡》，頁 189 注 19。

〔註 513〕李零《郭店楚簡校讀記——增訂本》，頁 137。

是根據《郭店・緇衣》簡 24「則民有免心」;《上博（二）・紟衣》簡 13 相應字作「免心」,將「免」釋爲「免」。

李家浩先生在此基礎上進一步討論楚簡其他字例,如（一）《望山》的「冕」是「悗」字的異體;「免」是「悗」字的假借,而「悗」通「悶」;《天星觀》的「瘴」當是「冕」的不同寫法。（二）《包山》259 𩌛（𩌛）,《信陽》2.28𩌛省寫作「幹」,字又可隸作「𩌛」。〔註514〕二者皆應釋爲「鞔」,高誘《注》說:「鞔,履也。」（三）〈緇衣〉的「免」,李家浩先生認爲:

> 朱彬《禮記訓纂》說,「民有遁心」即「孔子所謂『免而無恥』者也。」
> 按朱彬所引孔子語,見於《論語・爲政》:「道之以政,齊之以刑,民免而無恥。」劉寶楠《論語正義》在引《緇衣》鄭玄注「遁,逃也」之後說:
> 「彼言『遁』,此言『免』,義同,《廣雅・釋詁》:『免,脫也。』謂民思脫避於罪也。」簡本〈緇衣〉的「免（娩）」,當從《論語》讀爲「免」。

最後,李家浩先生認爲:「據這些『免』字的異體和從『免』之字的釋讀情況,似乎也可以證明『免』相當『娩』字的說法可從。《說文》篆文『娩』作『㝃』,從『子』從『免』聲,『免』可能就是『㝃』字的異體。」〔註515〕

趙平安先生指出「免」過去分析爲從子,丌聲是不對的,它實際上是表意字,形體源於甲骨文的「娩」作「𣎵」（《鐵》67.1）〔註516〕,并指出《曾侯》129免亦

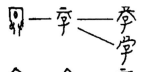

應釋爲「娩」。字形演變是: 。趙先生的說明是:「字頭部分增加了一橫或兩橫,行筆時筆畫內收,訛變爲冂或丌。字中部分的變化,可以從『宀』系字尋得軌迹。字下兩手省去一隻,與О形粘連。」〔註517〕

馮勝君先生說:「從文義上看,將『免』釋爲『娩』,當無疑問。」在此基礎上論述《老子》中可能有本是「娩」字卻誤爲「孩」字者。〔註518〕

〔註514〕李家浩〈楚簡中的夾衣〉《中國古文字研究》第一輯（長春:吉林大學出版社,1999.6）,頁 97;亦收錄於《著名中年語言學家自選集——李家浩卷》（合肥:安徽教育出版社,2002.12）,頁 298。

〔註515〕湖北省文物考古研究所等《九店楚簡》,頁 146～147。

〔註516〕孫海波編《甲骨文編》（北京:中華書局,1996.9 五刷）,頁 693。

〔註517〕趙平安〈從楚簡「娩」的釋讀談到甲骨文的「娩33」——附釋古文字中的「冥」〉《簡帛研究二〇〇一》,頁 57。

〔註518〕馮勝君〈談《老子》中的「孩」字〉《第十三屆全國暨兩岸中國文字學學術研討會

　　白於藍先生不贊同以上諸說，他指出了「季」釋爲「免」并無字形或聲韵的證據，他說：

> 按李零先生本是根據上海簡的「免」而將郭店簡之「季」釋爲「娩」，當時上海簡尚未正式公布，所以李零先生講不出任何理由，字形上也提不出任何有力證據。現在又拿上海簡之「免」來和郭店簡之「季」相參證，以證明其釋「娩」可信。從前的依據現在又變成新證據，有點類似循環論證，令人摸不著邊際。其實從根本上來講，李零先生的這種釋字方法是靠不住的，我們不能因爲郭店簡之「季」於上海簡中作「免」，就來認定「季」是「免」或與「免」同音的字。正如同今本《禮記‧緇衣》之「遁」於《論語‧爲政》中作「免」，但我們不能就說「遁」與「免」是一字或同音假借一樣，只能理解爲同義互換。另外，上海簡〈性情論〉簡二十八：「……而勿曼。」郭店簡《性自命出》「曼」作「憍」，亦是相同例子。《説文》：「僞，詐也。」《説文》：「謾，欺也。」《廣雅‧釋詁二》：「謾、詐、僞，欺也。」可見，簡文中「曼」、「憍」應讀作「謾」、「僞」，亦是同義互換。典籍中類似的例子比比皆是，兹不贅舉。古文字的考釋是要建立在嚴格的字形分析的基礎上的，相信李零先生至今尚未找到「季」何以會是「娩」字的字形依據。〔註519〕

建洲按：首先，李家浩先生并無從「字形」上説明季爲何是分娩之「娩」的初文。其次，對於白於藍先生將「季」釋爲從「丌」聲之字，並改釋上述楚簡諸字，如〈緇衣〉即讀作「欺心」，〔註520〕並認爲上述《望山楚簡》的原考釋還是可信的。這樣的説法現在看來是有問題的，《望山》1.37「㠯心季」，「季」作季，上述李家浩先生已改讀作「悗」，通「悶」；相同文例亦見於《天星觀》「以心䎿」，「疒」「心」二旁擔任義符時有通用的現象。又見《葛陵簡》甲三 189「既心㝒」，〔註521〕陳偉先生亦讀作「悗」，內心悶亂之意。〔註522〕後二者（䎿、㝒）「免」旁的寫法亦見於《信陽》2.28「幹」作🅰。換言之，「免」可作宀或季。這樣的寫法讓我們想起《郭店‧

　　　　論文集》（臺北：萬卷樓，2002.4），頁 388。

〔註519〕白於藍〈「季」字補釋〉《上博館藏戰國楚竹書研究》，頁 458。

〔註520〕白於藍〈釋「季」、「輇」〉《古文字研究》22 輯，頁 267〜269、〈「季」字補釋〉《上博館藏戰國楚竹書研究》，頁 456〜459。

〔註521〕河南省文物考古研究所等〈河南新蔡平夜君成墓的發掘〉《文物》2002.8，頁 17 圖三一。

〔註522〕陳偉〈新蔡楚簡零釋〉《華學》第六輯（北京：紫禁城出版社，2003.6），頁 96。

六德》28「祖![字]爲宗族也」的![字]，整理者隸定作「字」，裘錫圭先生「按語」以爲「字」
爲「免」的誤寫。顏世鉉先生以爲「『免』字古文字均從『八』從『人』，簡文則從從
『八』從『子』，這也可能是意義相近的形旁的通用。『子』和『人』在意義上可互通，
簡文此字仍當釋爲『免』。」〔註523〕朱淵清先生亦曾探討過「人」、「子」偏旁互換現
象。〔註524〕說應可信，如〈容成氏〉13「邦子」即「邦人」。這樣也多了一條證據說
明上述《葛陵》的![字]及《信陽》的![字]的確是「免」字。若與《望山》1.37![字]相較，
前者其上未見「![亓]」，可見「亓」似未必如白氏所說是「聲符」，一方面雖然「聲符」
偶見省略，但是畢竟不多，若無充分的證據，不宜遽下結論說「聲符省略」。另一方
面「免」（明元）與「亓」（見之）聲韻俱遠，亦無證據說明「亓」作聲符用。其次，
上述趙平安先生指出了《曾侯》129![字]亦應釋爲「娩」應是對的，因爲《天星觀》相
同文例字形亦作「以心![字]」〔註525〕、《葛陵》乙四 7 作「以心![字]」。可見其上除作
「二（亓）」外，亦作![口]（![字]所從）、![口]（![字]所從）、![二]（![字]所從）。

其三，趙平安先生說明字形中間演變環節，大抵可以信從，只有一些小地方可
以討論的：

（一）因爲從「甲骨文」直接演變爲「戰國楚文字」，雖然季旭昇師補充了殷器
![字]（角戊父![字]鼎），並以爲可能是「挽」字。〔註526〕不過，中間尚缺「西周金文」
一環。

（二）字形上部由甲骨文的「![字]」演變成楚文字的「![亓]」，趙先生的說明是
參考「寶」等字「宀」旁的變化，如![字]（仲鼎），亦作![字]（保卣），再於其上加
上一、二筆劃，說似可參。

（三）字形下部舉「對」、「擇」等例，認爲「![字]」可省作「![字]」，并說與「O」
形粘連可參照「欂」作![字]（《楚文字編》273 頁）、「禽」作![字]（《睡虎地秦簡文字編》
58 頁），此說需要加以說明。首先，「![字]」（攀）可省作「![字]」，如![字]（斐鼎），于
省吾先生釋爲「排」之初文。〔註527〕陳漢平先生說：「![字]字或體從手作![字]、攀，是

〔註523〕顏世鉉〈郭店楚簡〈六德〉箋釋〉《中央研究院歷史語言研究所集刊》72：2（臺北：
　　　　中央研究院歷史語言研究所，2001.6），頁 476。
〔註524〕朱淵清〈讀簡偶識〉《上博館藏戰國楚竹書研究》（上海：上海書店出版社，2002.3），
　　　　頁 404～406。
〔註525〕滕壬生《楚系簡帛文字編》（武漢：湖北教育出版社，1995.7），頁 627。
〔註526〕季旭昇師〈從《新蔡葛陵》簡談戰國楚簡「挽」字——兼談《周易》「十年貞不字」〉
　　　　《文字學學術研討會論文集》（台中：東海大學，2004.3.13），頁 95。
〔註527〕見《金文編》，頁 164，414 號注解。

戜、手相通，作為文字形傍，當可通用替代。」〔註 528〕但舉「對」、「擇」為例則不甚恰當。雖然「戜」與「廾」在西周金文時已有形混的現象，如「闢」，除作 ▨（盂鼎）、▨（彔伯簋），從「戜」；亦作 ▨（伯闢簋），從「廾」，到戰國文字的「闢」幾乎從「廾」了。〔註 529〕又如「樊」，除作 ▨（氏樊君鼎）、▨（樊夫人龍嬴匜）、▨（樊君簋）、▨（《珍秦》118），從「戜」；亦作 ▨（《故宮博物院藏古璽印選》412）、▨（《中國璽印集粹》），從「廾」。但畢竟戰國文字「廾」所從兩手形多向上，或向內，作 ▨ 或 ▨〔註 530〕與「▨」（攀）音義並不相同。〔註 531〕尤其「孚」的下部由筆勢來看，明顯從「子」形，並不是「〇」形與「ㄋ」形的粘連。季旭昇師則以為「冂」形或「冖」形下的部件義符替換為「子」，並以為殷器 ▨（角戊父 ▨ 鼎）應釋為「挽」而非「字」為證。〔註 532〕此說似較趙說合理。

（四）最後，趙氏將「娩（挽）」字分為二系，筆者基本上是贊同的，只是第二系由「▨」變到「孚」似乎應該刪除。至於它沒有列入的《望山》1.37 ▨ 則正好結合二系的寫法，其上有「冂」形，下有「子」形。

「埶」讀作「執」。「埶」與「執」二字的確形近易混，王念孫《讀書雜志》卷七之四「執函」條下說：「執字函字，皆義不可通。執當為埶，埶即今勢字。」〔註 533〕八之一「執詐」條下說：「執詐當為埶詐，字之誤也。」〔註 534〕另外，裘錫圭先生亦曾舉《禮記・內則》：「少者執床與坐」的例子說：「床之為物頗大，似非少者所能執持。古人席地而坐，不用椅凳，『坐』如何『執』，也不好理解。這裡的『執』無疑是『埶』的誤字，本應讀為『設』。『設床』、『設坐』都見於古書，如《禮記・喪大記》『設床，祖第，有枕』、《吳子・勵士》『設坐廟庭』。」〔註 535〕但是此處依

〔註 528〕陳漢平《金文編訂補》（北京：中國社會科學出版社，1993.9），頁 362。

〔註 529〕何琳儀《戰國古文字典》，頁 775。

〔註 530〕李天虹〈新蔡楚簡補釋四則〉「簡帛研究網」2003.12.17。

〔註 531〕陳漢平《金文編訂補》（北京：中國社會科學出版社，1993.9），頁 362。

〔註 532〕季旭昇師〈從《新蔡葛陵》簡談戰國楚簡「挽」字——兼談《周易》「十年貞不字」〉《文字學學術研討會論文集》（台中：東海大學，2004.3.13），頁 95。

〔註 533〕〔清〕王念孫《讀書雜志》（南京：江蘇古籍，2000.9），頁 609。

〔註 534〕〔清〕王念孫《讀書雜志》（南京：江蘇古籍，2000.9），頁 638。

〔註 535〕裘錫圭〈簡帛古籍的用字方法是校讀傳世先秦秦漢古籍的重要根據〉《兩岸古籍整理學術研討會論文集》（南京：江蘇古籍出版社，1998）524～528 頁。其他意見亦參裘錫圭〈古文獻中讀為「設」的「埶」及其與「執」互訛之例〉《東方文化》第36 卷（香港：香港大學亞洲研究中心，1998 年 1、2 期合刊），頁 39～45、裘錫圭討論《郭店・老子丙》「埶大象，天下往」的意見，《郭店楚墓竹簡》，頁 122 注釋七、〈郭店《老子》簡初探〉《道家文化研究》17 輯，頁 53、湖北省文物考古研究所、北京大學中文系編《九店楚簡》，頁 90～91 注 111、孟蓬生〈字詞〉。

文意仍應讀作「執」。陳劍先生改讀作「笠」，自無問題，但聯繫上下文來看，似仍以讀作「執」爲上（詳下）。而且陳劍先生特別標出「藪」見於簡15「芙藪」，陳先生釋爲「蒲笠」（《傳說》頁18注30），可能以此之故，故亦改釋本簡「藪」爲「笠」，此說可再討論。首先，楚簡同一字未必就是同樣的解釋，如上舉「台」，李零先生指出有「始」、「治」、「辭」的用法，尤其簡8有「與之言政，『敚』簡以行」，又有「堯乃『敚』」，但陳劍先生釋前者爲「率」，釋後者爲「悅」（《傳說》頁18注27），可見文字是否同形，對釋義未必有關鍵性的決定。況且簡15「芙藪」釋爲「蒲笠」則將與前面的「箬若帽」，李零先生釋爲「竹笠」意思重複，但未見陳劍先生作進一步說明，可見簡15「藪」的字義還可討論。（【洲再按】：由《上博四・柬大王泊旱》15「毋敢執篓籔」，則「藪」似乎不能讀作「執」。不過，《上博四》字形從「竹」，不同於本簡之從「艸」，或因此《上博四・柬大王泊旱》陳劍不敢直接釋爲「笠」。董珊〈雜記〉則釋爲「笠」）

「玕」，上引何琳儀先生釋作「玕」應無問題，[註536]但讀作「肩」則可再討論。《國語・齊語》：「時雨既至，挾其槍、刈、耨、鎛，以旦暮從事於田野」，韋昭《注》：「在掖曰挾。」[註537]此可見攜帶農具似用「挾」。退一步說，即使釋爲舜將農具扛於肩上，（大概相當於「荷」吧）這樣的動作以常理判斷接下來的動作比較可能是上工或是離開田地，準備回家休息。因爲農具是有重量的，所以不會是一種靜態的行爲，但是簡文下卻接「介而坐之茲」，即堯舜二人坐在席上談論「天地人民之道」，則釋爲「肩耨鎛」恐怕不是很恰當，若釋爲「免執玕、耨、鎛」即將手邊的農具放下，與來訪的帝堯坐下來談話似乎比較理想，意即「玕」仍應釋爲農具的一種，所以筆者以爲「玕」應讀作「錢」。「玕」，見紐元部；「錢」，精紐元部。《儀禮・大射禮》：「挾乘矢」，鄭《注》曰：「古文挾（匣葉）皆作接（精葉）。」[註538]而「夾」古音見紐葉部，可見「見」、「精」有可通之例。韻部則疊韻。《說文・金部》：「錢，銚也，古田器。從金戔聲。詩曰：『庤乃錢鎛』」。段《注》曰：「云古田器者，古謂之錢。今則但謂之銚，謂之舌，不謂之錢。而錢以爲貨泉之名。」[註539]《詩・周頌・臣工》：「庤乃錢鎛」，毛《傳》：「錢，銚也。」[註540]值得注意的是典籍常

〔註536〕「玕」旁亦見於《葛陵》甲三：323，賈連敏先生的隸定是對的，參賈連敏《新蔡葛陵楚墓出土竹簡釋文》，河南省文物考古研究所編著：《新蔡葛陵楚墓》（河南：大象出版社，2003.10），頁198，照片見圖版一一四。

〔註537〕徐元誥《國語集解》，頁221。

〔註538〕《十三經注疏──儀禮》，頁201。

〔註539〕〔清〕段玉裁注《說文解字注》，頁706。

〔註540〕《十三經注疏──詩經》，頁724。

見「銚」、「鎒」一起出現，如《管子‧輕重乙》：「一農之事，必有一耜、一『銚』、一鎌、一『鎒』……，然後成爲農。」〔註541〕亦有「合言」者，如《莊子‧外物》：「春雨日時，草木怒生，『銚鎒』於是乎始脩，草木之到植者過半而不知其然。」〔註542〕《戰國策‧齊策三》：「使曹沫釋三尺之劍，而操『銚鎒』與農夫居壠畝之中，則不若農夫。」〔註543〕後者的情況正與簡文相同，「錢」乃「銚」之別名。而下一字「槈」亦可作「鎒」，《說文》曰：「槈，薅器也。鎒，或從金。」（六上十五）以上可證改讀爲「錢」較有根據。

「槈」字作𣛙。「辱」，《郭店‧老子甲》36作𣈆、〈老子乙〉6作𡪏、《包山》21作𡨄，簡文與之不似。簡文「辰」旁作類似「冂」形，較接近《包山》182作𡩅、185作𤔔。「葰」，《說文》：「葰，蒲葰也。從艸夋聲。」（一下十三）《廣韻》：「葰，莟葰，水草可食。」〔註544〕「夋」，清紐葉部；「鍤」，初母葉部，聲紐同爲齒音，疊韻，可知讀作「鍤」是對的。

〔七〕价（介）而坐之子（茲）。夫（堯）南面〔🔲〕

李零先生：「价」，從雙「介」，疑讀「謁」，拜見之義。又讀作「子堯」，「子」，尊稱。（頁261）

陳劍先生〈編連二〉：則將「子」移至前一句。

何琳儀先生〈滬二〉：△，原篆從二「介」，會畫分之意。《說文》：「介，畫也。」這類特殊的「同體會意字」，尚有「易」（中山王方壺）、「各」（信陽簡1‧01）等，都是戰國時期新創的會意字，非常值得注意。簡文「△而坐之」，仍讀「介而坐之」，猶言「分而坐之」。接讀下文「子堯南面，舜北面。」前後貫通，文意符洽。

陳偉先生〈容零〉：蘇建洲先生評述說：「……」（〈容成氏柬釋〉一）。我們懷疑這裡的「子」應如陳劍先生的處理，改屬上句，讀爲「茲」。《爾雅‧釋器》：「蓐謂之茲。」郭璞《注》：「《公羊傳》曰『屬負茲』，茲者，蓐席也。」「介」有止息義。《詩‧小雅‧甫田》「攸介攸止」，鄭玄《箋》：「介，舍也。」這裏可能是說舜自己停下農活，也可能是說舜讓堯停留下來。「之」用作代詞，指代堯。（頁296）

建洲按：何先生分析有其道理，因爲簡文是說堯主動拜訪舜，所以二人見面時直接分兩邊坐下。若釋作「謁」似是舜去求見堯，與簡文不合。此外，上述何先生

〔註541〕陳麗桂師等《新編管子》（下），頁1618。
〔註542〕〔清〕郭慶藩集釋《莊子集釋》（臺北：貫雅出版社，1991.9），頁942。
〔註543〕〔漢〕劉向集錄《戰國策》（臺北：里仁出版社，1990.9），頁384。
〔註544〕〔宋〕陳彭年等重修《宋本廣韻》（臺北：黎明出版社，1995.3 十五刷），頁538。

所說中山王方壺作「而臣宗𣎆立」，讀作「易位」。《信陽》1.01作「夫賤人𡭴上」，讀作「格上」。〔註545〕可見形體重複，義與本字仍相同，「价」的形構亦是相同情形，陳偉武先生將這些字稱爲「同體合符字」。〔註546〕但衡量上下文，我們傾向陳偉先生將「价」釋爲「止息」之義。

李零先生釋爲「子堯」古籍似未見它證，一般稱「帝堯」。如《尚書‧堯典》：「曰若稽古帝堯，曰放勳。」〔註547〕《禮記‧樂記》：「武王克殷反商，未及下車而封黃帝之後於薊，封帝堯之後於祝」〔註548〕、《荀子‧非相》：「蓋帝堯長，帝舜短」〔註549〕、《史記‧五帝本紀》：「帝堯者，放勳。」〔註550〕其次，《論語‧學而》：「學而時習之。」邢昺《疏》：「後人稱其先師之言，則以子冠氏上，所以明其爲師也，子公羊子、子沈子之類是也。若非己師而稱它有德者，則不以子冠氏上，直言某子，若高子、孟子之類是也。」〔註551〕《公羊傳‧隱公十一年》：「子沈子曰：『君弒，臣不討賊，非臣也。』」何休《注》：「沈子稱子，冠氏上者，著其爲師也。」〔註552〕

「堯」，或以爲是「謚號」，非「氏」。如《白虎通義‧謚》：「《禮‧謚法記》曰：『翼善傳聖謚曰堯』」。〔註553〕《史記‧五帝本紀》：「帝堯者」，《集解》：「翼善傳聖謚曰堯。」《索隱》曰：「堯，謚也。放勳，名。帝嚳之子，姓伊祁氏。」〔註554〕對此，《續通志‧謚略（上）》曰：「以黃、堯、舜、禹、湯等字爲謚，出於漢初諸儒傅會，後遂轉相師述。馬融注《尚書》，裴駰解《史記》，皆祖之。張守節錄《周書》全篇，猶竄入湯字一謚。……唯鄭氏力辨謚法之起於周，以堯舜禹湯桀紂爲生名，非死謚，證以《尚書》『咨女舜格女禹』之文，誠爲確見。」〔註555〕清朝陳立亦說：「案《禮》言死而謚，周道也。則殷以前有生號者，即仍爲死後之稱。故《尚書‧典》曰：『有

〔註545〕中山大學古文字研究室《戰國楚簡研究》二（廣州：中山大學，1977），頁2、劉雨〈信陽楚簡釋文與考釋〉《信陽楚墓》（北京：文物出版社，1986.3），頁125、李零〈長台關楚簡《申徒狄》研究〉，簡帛研究網，2000/08/08，http://www.bamboosilk.org/Wssf/Liling2.htm；亦收錄於《揖芬集》（北京：社會科學文獻出版社，2002.5），頁310。

〔註546〕陳偉武〈同符合體字探微〉《中山大學學報》1997.4，頁106～117。

〔註547〕《十三經注疏──尚書》，頁19。

〔註548〕《十三經注疏──禮記》，頁696。

〔註549〕〔清〕王先謙《荀子集解》，頁73。

〔註550〕〔漢〕司馬遷《史記》（一），頁15。

〔註551〕《十三經注疏──論語》，頁5。

〔註552〕《十三經注疏──公羊傳》，頁42。

〔註553〕〔清〕陳立《白虎通疏證》（北京：中華書局，1997.10二刷），頁71。

〔註554〕〔漢〕司馬遷《史記》（一），頁15。

〔註555〕〔清〕曹仁虎等纂修《續通志》卷一一九（杭州：浙江古籍出版社，1988.11），頁3977。

鮌在下，曰虞舜。』又曰：『伯禹作司空。』是生時名舜名禹也。……然則堯舜即生死同稱之號，亦非幼名冠字之名也。」〔註556〕近人汪受寬先生結合出土銅器及文獻資料，認爲「至於周王的稱號，現在已發現的禮器銘文中，武、成、昭、穆、共、懿的王號都是生稱，已見上文舉例。從孝王開始，就不見生稱周王尊號，而是死稱美名（諡號）了。這就是說，諡法由穆王以前貴族稱頌故去的父祖開始，經過一百多年，終於備周王室所接受，作爲追榮天子的典禮之一，自此，周王再沒有生時的尊號，只是死後加以諡號。於是，到周孝王時（約前 909 年～前 895 年），諡法正式成爲周朝制度了。」〔註557〕當然亦有不同看法，2003 年 1 月於陝西眉縣出土的 2 件宣王 42 年「逨（逑）〔註558〕鼎」，10 件宣王 43 年「逨（逑）鼎」，銘文中記載了單氏家族 8 代與周代文、武、成、康、昭、穆、恭、懿、孝、夷、厲以及當時王（宣王-）11 代 12 王的對應關係。李伯謙先生談到這批銅器發現的意義時說：「第三，除了追溯世系，在銘文當中，對當時在世的周王都稱之爲天子（即宣王），而對以往的王都用諡號稱呼（比如文王、武王……厲王），顯然厲王也是諡號。……另外，由於這個發現，再加上以往的發現，就證明文、武、成、康、昭、穆直到厲王都是諡號不是生稱，王國維郭沫若以來都認爲這是生稱，肯定不對。」〔註559〕李學勤先生有相似看法：「史墻盤周王名諡到穆王，器作於共王時。以彼例此，逨〔註560〕盤王諡到厲王，作器時的王，即銘文裡的『天子』，顯然是宣王。」〔註561〕李零先生亦說：「古書對人名的稱呼，經常是把後來才有的稱呼加在以前發生的事上，存在逆溯的誤差。如《左傳》講魯隱公如何如何，『隱公』是死後才有的稱呼，活著不會這麼講，金文中的諡稱和日名也是如此，一旦出現，人已經死了，所有描述都是追記。古書講『文王』，也是如此。文王在商朝作西伯時，當然不能排除，他在當地也自稱爲王（但稱王也并無證據），就像西周時期的呂王、丰王，都是以小國稱王，但對商

〔註556〕〔清〕陳立《白虎通疏證》，頁 69～70。

〔註557〕汪受寬《諡法研究》（上海：上海古籍出版社，1995.6），頁 16。

〔註558〕原考釋隸作從「來」，此依裘錫圭先生的看法，參〈讀逨器銘文札記三則〉《文物》2003.6，頁 74。或認爲可直接釋爲「逑」，參陳劍〈據郭店簡釋讀西周金文一例〉《北京大學中國古文獻研究中心集刊》第二輯，頁 378～396、李零〈讀楊家村出土的虞逨諸器〉《中國歷史文物》2003.3，頁 20、董珊〈略論西周單氏家族窖藏青銅器銘文〉《中國歷史文物》2003.4，頁 42。

〔註559〕尹夏清、龐博〈夏商周時代的資訊風暴——陝西眉縣西周青銅器窖藏出土前後〉《文物天地》2003.5，頁 22。

〔註560〕李學勤先生以爲字應從「垂」，此處爲方便呈現，暫以「逨」字代之。見〈眉縣楊家村新出青銅器研究〉《文物》2003.6，頁 66。

〔註561〕李學勤〈陝西眉縣出土窖藏青銅器筆談〉《文物》2003.6 頁 55。

朝的天子而言，他是西伯不是王，更不會自稱『文王』。」〔註562〕但是馬承源先生
又有不同看法，他說：「新發現的逨盤從文王武王歷數到剌王，增加了考王、㣋王、
剌王三世。文、武、成、康、卲、穆、龔、懿、考、㣋、剌等十一位王名是西周正
式稱謂，且王名是生稱，後世將之納入謚法，按照《史記正義・謚法解》：『殺戮無
辜曰厲。』剌王就寫作厲王。其實西周所有的王名都不是貶義字，包括剌王名在內，
剌在金文中多假借爲烈。」〔註563〕所以「堯」究竟應該是「生稱」，指「名」或「號」。
或是「謚號」，目前恐怕未能遽下定論。則「子＋堯」所代表的意思，是否就是李零
先生所說的「敬稱」，亦非沒有疑問。今從陳偉先生之說，讀作「茲」，則簡文義爲
「舜坐在堯的席上」。

　　「南面」，人君聽治之位。如《論語・雍也》：「子曰：『雍也可使南面也。』」，
朱熹《注》曰：「南面者，人君聽治之位。言仲弓寬洪簡量，有人君之度也。」〔註
564〕另外，《尸子・明堂》：「故堯從舜於畎畝之中，北面而見之，不爭禮貌。」〔註
565〕前者與簡文所載相合。但後者說「堯站在北面見舜，不計較君臣之禮」則於簡
文相反。「面」，作圖。字亦見於《包山》271作圖、牘一作圖；《郭店・唐虞之道》
25作圖、〈尊德義〉15作圖。關於上述《包山》二字，李家浩先生曾隸作「䇬」，
讀作「銜」。〔註566〕具體分析是：

　　　「臼」、「凵」二字形義皆近，都像掘地爲坎之形，所以從「臼」之「舊」，
　　甲骨文寫作「凵」（《甲骨文編》一八〇、一八一頁）。疑簡文「䇬」所從
　　「臼」是作爲「凵」字來用的。「凵」即「坎」字的象形初文。「坎」、「銜」
　　古音相近，疑「䇬」當讀爲「銜」。因爲「銜」是馬口所銜之物，故字從
　　「首」。〔註567〕

對此說，劉信芳先生基本同意其說，但分析作：

　　　「面」字原簡（建洲按：指圖）從齒，面聲，「面」字異構，郭店簡
　　〈唐虞之道〉25「南面而王天下而甚居」，「面」字亦如是作。字讀爲「銜」，

〔註562〕李零〈三代考古的歷史斷想——從最近發表的上博楚簡〈容成氏〉、燹公盨和虞逑
　　　　　諸器想到的〉《中國學術》（北京：商務印書館，2003.8），頁201。
〔註563〕〈陝西眉縣出土窖藏青銅器筆談〉《文物》2003.6 頁43。
〔註564〕程樹德《論語集釋》（二）（北京：中華書局，1997.10 四刷），頁362。
〔註565〕汪繼培輯《尸子》收錄於《二十二子》（一）（京都：中文出版社，1982.6），頁392。
〔註566〕李家浩〈包山楚簡研究（五篇）〉《第二屆國際中國古文字學研討會論文集》（香港：
　　　　　香港中文大學，1993）。
〔註567〕引自湖北省文物考古研究所、北京大學中文系編《望山楚簡》，頁130～131「補正
　　　　　二」。

《説文》:「銜，馬勒口中也。從金行。銜者，所以行馬者也。」〔註568〕
何琳儀先生則以爲:

面，金文作 ⬱（師遽方彝「瑂」作 ⬱）。從百（首），{ 表示面部。
借體象形。秦國文字承襲金文，楚系文字{加飾筆作 ⌇，似臼旁。……
或釋菖。〔註569〕

建洲按:由〈唐虞之道〉及〈容成氏〉簡文，可知本字的確應該釋爲「面」。李家浩先生以爲字從「坎」聲，溪紐談部;「面」，明紐元部，韵部雖有通轉關係，但聲紐距離較遠。而且楚簡的寫法除作 ⬱ 形，下象「臼」形外，亦作 ⬱，而這種形體無論如何都不能說從「臼」。劉信芳先生分析下從「齒」，當然亦有其道理，「齒」與「臼」形體本來相近，如《信陽》2.2 作 ⬱、《仰天》5 作 ⬱。但認爲字形上部從「面」聲則可商，雖然曾侯乙鐘架「䩉」可作 ⬱ ，右旁從「首」，〔註570〕所呈現出的是「首」、「面」偏旁互換，但是 ⬱ 明顯從「首」，若無單字可相對應，就理解爲從「面」，則「面」、「首」豈不成爲同一字了。況且「銜」（匣談）與「面」（明元）聲韻關係並不密切。〈唐虞之道〉的 ⬱ 承襲金文而來，即由 ⬱→⬱，爲此字釋爲「面」提供了很好的證據。至於字形演變是否如何琳儀先生所說是加上飾筆所致，尚需平行例證來說明。最近我們也看到李家浩先生大作已放棄舊說，改釋爲「面」。〔註571〕又陳劍〈編連二〉:「原以簡 7、簡 8 相次，則簡 8 開頭的『於是乎始語堯天地人民之道』，主語不明。下文云『與之言禮，悅敀而不逆』，上博簡《子羔》篇第 5 簡正面云『堯之取舜也，從諸艸茅之中，與之言禮，悅尃』，『悅尃』即此處簡文的『悅敀』，也可證明我們此處編連的正確性。」此說亦見於黃德寬〈補正〉。

〔八〕敓（悅）柬（簡）㠯行

劉樂賢〈容小札〉:按，《尸子》和《路史》中也有類似說法，對理解簡文或有幫助。《尸子》說:「舜一徙成邑，再徙成都，三徙成國，其政致四方之士。堯聞其賢，征諸草茅之中。與之語禮，樂而不逆;與之語政，至簡而易行;與之語道，廣大而不窮。於是妻之以媓，勝之以娥，九子事之，而托天下焉。」《路史》卷二十一（《四庫全書》本）述此事說:「語禮，樂詳而不㝛;語政，治簡而易行;論道，廣大而亡窮;語天下事，貫昵條達，咸叶於帝，而咸可底績。於是錫之絺

〔註568〕劉信芳《包山楚簡解詁》，頁 300。
〔註569〕何琳儀《戰國古文字典》，頁 1074。
〔註570〕中國社會科學院考古研究所編《曾侯乙墓》，頁 557 注 13。
〔註571〕李家浩〈包山遣冊考釋（四篇）〉《古籍整理研究學刊》2003 年 9 月第 5 期，頁 3～4。

衣、雅琴，命之姚姓。妃以盲，媵以瑩，以窺其內。九子事之，以觀其外。」……
參照兩種文獻，我們對簡文某些字詞的理解似可重新斟酌。例如，三個「敓」字，
很容易想到讀「悅」。但這樣讀與《路史》所載不能密合，似有再做考慮的必要（如
讀「說」）。

　　黃錫全〈札記三〉：《尸子》和《路史》的記載的確與簡文類似，但簡文如照此
對應理解也覺得不是特別順暢。我以為敓柬、敓和、敓故三者都是舜對堯闡述政、
樂、禮達到最佳後的效果。也就是只有這樣，才算盡善盡美而達到天下大治。敓似
可釋讀為「悅」。悅柬，似可讀「悅勸」。柬，見母元部。勸，溪母元部。二字音近。
《晉書・懷潛帝紀論》：「世祖仁以厚下，儉以足用，和而不弛，寬而能斷，故民詠
惟新，四海悅勸矣。」四海悅勸，所以為政上下一致。

　　陳偉先生〈容零〉：劉樂賢先生的提議應該受到重視，這三個「敓」都應讀為「說」，
是指舜對堯所云話題的闡述。

　　陳劍先生〈傳說〉：下文云「堯乃悅（字亦本作「敓」）」，顯然是說堯聽了舜關
於政、樂、禮的見解後才「悅」，可見此三個「敓」字讀為「悅」不妥。疑皆應讀為
「率」。「率」與「帥」古音相同，兩字相通習見；而跟「敓」字同從「兌」得聲的
「帨」字，《說文・巾部》以為「帥」之或體，此可證「敓」與「率」讀音相近可以
相通。率，範圍副詞，「表示『悉』、『皆』、『全』、『都』一類意義。」（頁18注27）

　　建洲按：「敓」從陳劍先生之說，則簡文意謂「舜與堯談論到政治的施行，大抵
是簡約才能長久。」「柬」，字作🀀，從「束」，八形為分化符號。〔註572〕楚簡多見用
為「簡」，如《望山》1.10「🀀大王」即《史記・楚世家》的「簡王」。〔註573〕《郭
店・五行》22：「不柬（簡）不行」、〈五行〉35「不以少（小）道害大道，柬（簡）
也」。又如《尚書・呂刑》：「五刑不簡」，《岩崎本》「簡」作「柬」。〔註574〕其次，《廣
韻・產韻》：「簡，略也。」《易・繫辭上》：「乾以易知，坤以簡能；易則易知，簡則
易從。」孔《疏》：「簡謂簡省。」〔註575〕《管子・桓公問》：「此古聖帝明王所以有
而勿失，得而勿忘者也。桓公曰：『吾欲效而為之，其名云何？』對曰：『名曰嘖室
之議，曰法簡而易行，刑審而不犯，事約而易從，求寡而易足。……』」〔註576〕《史
記・齊太公世家》：「太公至國，脩政，因其俗，簡其禮，……而人民多歸齊，齊為

〔註572〕何琳儀《戰國古文字典》，頁999、季師旭昇《說文新證》（上），頁513。
〔註573〕湖北省文物考古研究所、北京大學中文系編《望山楚簡》（北京：中華書局，1995.6），
　　　　頁90注24。
〔註574〕臧克和《尚書文字校詁》（上海：上海教育出版社，1999.5），頁539。
〔註575〕《十三經注疏——周易》，頁144。
〔註576〕陳麗桂師等校注《新編管子》（臺北：國立編譯館，2002.2），頁1189～1192。

大國。」〔註577〕依上引文，則「簡」應訓爲簡單、簡略，也可說明施政簡單易從對政治的幫助。本簡亦可與簡19「去苛以行柬（簡）」、簡33「去苛慝」相呼應。

〔九〕敓（悅）和吕長

黃錫全〈札記三〉：悅和，見《後漢書・郎顗傳》：「陛下若欲除災昭祉，順天致和，宜察臣下尤酷害者，亟加斥黜，以安黎元，則太皓悅和，雷聲乃發。」「樂者，天地之和也。」音樂悅和與蒼天悅和一樣，聲和才能遠長。而「聲音之道，與政通矣」（《禮記・樂記》）。

建洲按：簡文意謂「舜與堯談論到音樂，大抵是音聲相應和，對人的教化才能綿延長久」。《禮記・樂記》：「禮節民心，樂和民聲」、「大樂與天地同和，大禮與天地同節」、「和故百物皆化」、《郭店・五行》簡29「『和』則樂，樂則有德，有德則邦家舉」，可見「和」的重要性。〔註578〕此外，《郭店・性自命出》簡36「凡學者求其心爲難，從其所爲，近得之矣，不如以樂之速也。」《荀子・樂論》：「夫聲樂之入人也深，其化人也速。」〔註579〕可見音樂對人的影響是深遠的，所謂「樂教」是也。另外，據現有的可靠資料，我國古代的樂教，濫觴於虞舜時代。〔註580〕《尚書・舜典》：「帝曰：『夔，命汝典樂，教冑子。直而溫，寬而栗，剛而無虐，簡而無傲。』」〔註581〕《呂氏春秋・愼行論・察傳》：「孔子曰：『昔者，虞欲以樂傳教於天下，乃令重黎舉夔於草莽之中而進之，舜以爲樂正。』」〔註582〕與簡文背景正合。

〔十〕敓（悅）故（博）吕不逆

李零先生：「故」爲「薄」，「薄」有依附之義。（頁256）

劉樂賢〈容小札〉：《尸子》作「與之語禮，樂而不逆」。《路史》卷二十一作「語禮，樂詳而不孛」。又如，「故」、「專」二字應與「詳」同義，似可讀爲「溥」或「博」

黃錫全〈札記三〉：悅故似可讀「悅恔」或者「悅懌」。此句當是說禮和人情，令人快慰，所以沒有人敢作不合禮儀的。

陳偉先生〈容零〉：劉樂賢先生的見解很有意義。不過，以《路史》與竹書對讀，「詳」字之前的「樂」字是不能忽略的。何況在《尸子》中對應處只是一個「樂」

〔註577〕〔漢〕司馬遷《史記》（五）（北京：中華書局，1964.4四刷），頁1480。

〔註578〕郭梨華〈竹簡《五行》的「五行」研究〉《郭店楚簡國際學術研討會論文集》，頁258。

〔註579〕〔清〕王先謙《荀子集解》（北京：中華書局，1997.10四刷），頁380。

〔註580〕李天虹《郭店竹簡〈性自命出〉研究》，頁102。

〔註581〕《十三經注疏──尚書》，頁46。

〔註582〕〔漢〕高誘注《呂氏春秋》（臺北：藝文印書館，1974.1三版），頁653。

字。在這個意義上，黃錫全先生的解釋，要比說成依附（薄）或詳博（博）更適宜一些。另外，天星觀有「大牢樂之百之贛。」葛陵簡有「前鐘樂之百之贛。」二簡都是記禱神之事，即用大牢、前鐘等物取悅神靈。「樂之」，應該是說讓神靈愉悅。「百之」大致也當是類似含義。〈容成氏〉以及〈子羔〉中的「攴」似均爲喜悅之義。（頁 297）

建洲按：上述黃錫全先生所釋「恔」、「懌」二字均與「攴」聲母相差甚遠，不太能成立。陳偉先生聯繫《天星觀》及《葛陵簡》釋本簡及〈子羔〉的「攴」爲「愉悅」之意，這是很有見解的。只是《天星觀》及《葛陵簡》的「樂之百之贛」究應何解，尚無確證，連帶釋「攴」爲「悅」就不是那麼穩當可靠了。筆者以爲「攴」仍應釋爲「博」，即「舜與堯談論到禮的施行，大抵是禮要廣施於每一階層，才能使人們的行爲不逆於常道」。《左傳・宣公十二年》：「其君之舉也，內姓選於親，外姓選於舊。舉不失德，賞不失勞。老有加惠，旅有施捨。君子小人，物有服章。貴有常尊，賤有等威，『禮不逆矣』。德立、刑行，政成、事時，典從、『禮順』，若之何敵之？」〔註 583〕意爲君上舉拔人才，只要做到上述諸項措施，對禮法便沒有拂逆了。以此觀之，簡文的「攴」似應釋爲「博」。「博」有廣泛、普遍的意思，《玉篇・十部》：「博，廣通也。」〔註 584〕另外，「敚攴」一詞亦見於〈子羔〉簡 5，參該簡注釋。又「攴」字亦見於（《郭店・窮達》7 作，簡文文例作「爲攴𢾈（牧）牛」，裘按說「攴」讀爲「伯」，當屬可信。《尚書・立政》：「常伯常任」，《說文》引「伯」作「攴」。〔註 585〕

「逆」，字作。字亦見簡 21「朝不車『逆』」、簡 52「迟（起）帀（師）㠯『逆』之」，形體皆相近。字亦見於〈成之聞之〉32「是古（故）小人變（亂）天棠（常）以大道」，字形與「△」相近，整理者釋爲「逆」，可信。由字義來說確應釋爲「逆」。學者或改釋爲「逢」，〔註 586〕看來是不必要的。亦見於〈性自命出〉9-10「凡眚（性）或𢾊（動）之，或之」、11「眚（性）者，兌（悅）也」、17「雚（觀）其之（先）逡（後）而訓之」，均應釋爲「逆」。〔註 587〕楚系其他

〔註 583〕《十三經注疏——左傳》，頁 390。

〔註 584〕〔宋〕陳彭年《大廣益會玉篇》（臺北：國立中央圖書館，1992），頁 408。

〔註 585〕〔宋〕徐鉉校定《說文解字》（北京：中華書局，2002.10 二十刷），頁 67、高亨《古字通假會典》，頁 921。

〔註 586〕顏世鉉〈郭店楚簡淺釋〉《張以仁先生七秩壽慶論文集》（臺北：學生書局，1999.1），頁 387。

〔註 587〕黃德寬、徐在國〈郭店楚簡文字續考〉，《江漢考古》1999.2 第七條、劉釗〈讀郭店楚簡字詞札記〉《郭店楚簡國際學術研討會》（武漢：武漢大學出版社，2000.5），

「逆」字作 🔲（《包山》87）、🔲（《包山》71）、🔲（《包山》75）、🔲（鄂君啟舟節）🔲（鄂君啟車節），乍看之下與「隹」不甚相同。何琳儀先生曾指出這是「筆劃貫穿」的現象，意即將🔲、🔲右旁的豎筆貫穿即成隹。〔註588〕此說可信，相同例證如🔲（九年衛鼎）亦作🔲（舀鼎）。「逆」字這種構形法，黃錫全先生亦有相似的論述。〔註589〕不過「逆」作🔲形，其「屰」旁的確與「毛」、「丰」形近。如《包山》37「毛」作🔲、179「耗」作🔲；《郭店·語叢一》103「弄（奉）」作🔲、〈老子乙〉17「奉」作🔲、〈容成氏〉簡7「奉」作🔲。明顯的例子如〈成之聞之〉39「言不🔲大棠（常）者」，「🔲」字作李學勤先生以爲下從「雁」聲，其「隹」旁借「月」旁豎筆（**建洲按：此種借筆亦見〈尊德義〉1 🔲**），此字當讀爲「敦」。《釋詁》：敦，勉也。〔註590〕李零先生讀「逆」，以爲字從雨從朔（下半左右反置），疑讀「逆」。〔註591〕黃德寬、徐在國先生以爲與《郭店·老子甲》25「脆」作🔲形近。簡文是从「毛」，分析爲从雨，「芼」聲，應釋爲膬（脆）。〔註592〕顏世鉉先生則以爲以爲字從「丰」，讀作「奉」，即「奉天常」。〔註593〕如同前述，「丰」、「毛」有形混的現象，則「🔲」從「毛」（如〈容成氏〉49「毳」作🔲）或「丰」（如《郭店·老子乙》17「邦」作🔲）均有可能。至於「🔲」亦與上述🔲接近，則從「屰」亦不能排除。究竟何爲正解，尚待更多資料來證明。另外，《包山》5🔲，《釋文》隸作從「屯」，〔註594〕黃錫全、劉信芳先生從之。〔註595〕亦

頁83（七）。

〔註588〕何琳儀〈上博簡〈性情論〉講疏〉，台灣師大國文系專題演講，2002.12.13。

〔註589〕黃錫全〈齊「六字刀」銘文釋讀及相關問題〉《吉林大學古籍整理研究所建所十五周年紀念文集》（長春：吉林大學出版社，1998.12），頁126～127，亦見於《先秦貨幣研究》（北京：中華書局，2001.6），頁315、黃錫全〈讀上博楚簡札記〉《新出楚簡與儒學思想國際學術研討會》（北京：清華大學，2002.3）十三條。附帶一提，「六字刀」該字，王輝先生右旁從「斤」，〈也談齊「六字刀」的年代〉《中國錢幣》2003.2，頁18。（《說文》篆文「斤」作「斦」，從广屰聲。《張家山·蓋廬》41「斤」亦作🔲。曹錦炎先生認爲簡文抄寫於劉邦卒後不久，見氏著〈論張家山漢簡《蓋廬》〉《東南文化》2002.9，頁66）。

〔註590〕李學勤〈試說郭店簡〈成之聞之〉兩章〉，《清華簡帛研究》第1輯（北京：清華大學出版社，2000.8），頁26。

〔註591〕李零《郭店楚簡校讀記──增訂本》（北京：北京大學出版社，2002.3），頁124。

〔註592〕黃德寬、徐在國〈郭店楚簡文字考釋〉《吉林大學古籍整理研究所建所十五周年紀念文集》（長春：吉林大學出版社，1998.12），頁110 第36條。

〔註593〕顏世鉉〈郭店楚簡淺釋〉《張以仁先生七秩壽慶論文集》（臺北：學生書局，1999.1），頁386。

〔註594〕湖北省荊沙鐵路考古隊《包山楚簡》（北京：文物出版社，1991.10），頁17。

〔註595〕黃錫全〈《包山楚簡》部分釋文校釋〉《湖北出土商周文字輯證》（武昌：武漢大學出

有學者認爲應從「丰」，如劉釗、何琳儀、滕壬生、張守中、李運富諸先生。〔註596〕前說不可從，如「屯」作 ![字] （《郭店・老子甲》9）、![字] （《信陽》2.23）、![字]（鄂君啓舟節）；「坉」〔註597〕作 ![字] （《包山》166）；「純」作 ![字] （《包山》262），可見「屯」其第一、三橫筆較短，第二橫筆最長，![字]顯然不合此條件。至於釋作「丰」比較有可能，如「邦」作 ![字] （《郭店・老子乙》17）、![字] （《郭店・老子甲》29）、![字] （老子甲 29）。但考慮到〈容成氏〉「毛」作![字]來看，![字]似亦可釋爲從「毛」，隸作「乇」。「乇」字亦見於三孔布幣作![字]。〔註598〕（【洲再按】：關於楚簡的「逆」字，宜參陳劍〈釋上博竹書《昭王毀室》的「幸」字〉《漢字研究》（第一輯）（北京：學苑出版社，2005.6））

〔十一〕 夫乃敓（悅）。夫（堯）……

劉樂賢〈容小札〉：以爲由《尸子》原文作：「舜一徙成邑，再徙成都，三徙成國，其政致四方之士。堯聞其賢，征諸草茅之中。與之語禮，樂〔註599〕而不逆；與之語政，至簡而易行；與之語道，廣大而不窮。於是妻之以媓，滕之以娥，九子事之，而託天下焉。」〔註600〕《路史》卷二十一（《四庫全書》本）原文作「語禮，樂詳而不字；語政，治簡而易行；論道，廣大而亡窮；語天下事，貫昵條達，咸協於帝，而咸可底績。於是錫之絺衣、雅琴，命之姚姓。妃以盲，媵以瑩，以窺其內。九子事之，以觀其外。」〈容成氏〉簡末所缺內容可能是講堯以二女妻舜、以九子事舜之類的事情。

版社，1992.10），頁 191③、劉信芳《包山楚簡解詁》（臺北：藝文印書館，2003.1），頁 12。

〔註596〕劉釗〈包山楚簡文字考釋〉第 5 條，中國古文字研究會第九屆學術研討會論文，（南京，1992）、何琳儀〈包山竹簡選釋〉《江漢考古》1993.4，頁 61，亦見《戰國古文字典》，頁 432、滕壬生《楚系簡帛文字編》，頁 670、張守中《包山楚簡文字編》，頁 136、李運富〈楚國簡帛文字叢考（二）〉《古漢語研究》1997.1，頁 87，亦見氏著《楚國簡帛文字構形系統研究》（長沙：岳麓書社，1997.10），頁 108～109。

〔註597〕黃錫全《《包山楚簡》部分釋文校釋》《湖北出土商周文字輯證》（武昌：武漢大學出版社，1992.10），頁 194⑳。

〔註598〕何琳儀〈三孔布幣考〉《古幣叢考（增訂本）》（合肥：安徽大學出版社，2002.6），頁 157。

〔註599〕與簡文對照，此段無「語樂」之句，也可能是「語禮樂」一讀，但這樣讀從句式看不好，故不取。下引《路史》同。

〔註600〕《尸子》（汪繼培輯）第 19 頁，《諸子百家叢書》本，上海古籍出版社，1989 年。建洲按：亦見〔清〕汪繼培輯《尸子》收錄於《二十二子》（京都：中文出版社，1982.6），頁 406。

〔十二〕【堯乃老，視不明】

陳劍先生〈編連二〉：「『堯乃老，視不明』參照後文簡 17『舜乃老，視不明，聽不聰』補。第 12 簡上端殘去約 20 字，補出『堯乃老，視不明』6 字後，還有約 14 字的位置容納簡 8 末尾『堯』字下要接的簡文。因此簡 8 與簡 12 之間從內容看不大可能還有缺簡，故連讀。」

〔十三〕聖（聽）不聬（聰）

建洲按：「聬」讀作「聰」。字從「兇」聲與「聰」同為東部。字形亦見於〈容成氏〉簡 17、《郭店・五行》簡 15 作𦕃等等。何琳儀先生說：「此字（𦕃）右部明確從『兇』。『凶』與『悤』聲系可通（詳高亨《古字通假會典》14），故『聬』為『聰』之異文。」〔註 601〕此說可參。

〔十四〕𠀎（堯）又（有）子九人

李零先生：引《史記・五帝本紀》：「於是堯……使九男與處以觀其外。」證明堯有九子。（頁 259）

建洲按：古代傳說不一，一說堯有十子，如《呂氏春秋・孟春紀・去私》：「堯有子十人，不與其子而授舜……至公也。」〔註 602〕

〔十五〕【舜乃五讓以天下之臤（賢）者，不旻（得）已，然後敢受之。】

陳劍先生〈編連二〉：「堯有子九人，不以其子為後，見舜之賢也，而欲以為後。舜乃五讓以天下之賢者，不得已，然後敢受之。舜聽政三年」，與後文簡 17、18「舜有子七人，不以其子為後，見禹之賢也，而欲以為後。禹乃五讓以天下之賢者，不得已，然後敢受之。禹聽政三年」類同。簡 33、34「禹有子五人，不以其子為後，見皋陶之賢也，而欲以為後。皋陶乃五讓以天下之賢者，遂稱疾不出而死」，亦可參考。此簡上半殘，補出「舜乃五讓以天下之賢者，不得已，然後敢受之」共 18 字，參考相鄰的整簡如第 21 簡，其上半適可容納 18 字。

〔十六〕坴（舜）聖（聽）正（政）三年

建洲按：由頁 115 的放大彩圖，「舜」與「聖」之間似可容納一字，但再參頁 11 的縮小圖版，可見「舜」字下的位置在編繩附近。但是我們前面已討論過〈容成

〔註 601〕何琳儀〈郭店竹簡選釋〉《簡帛研究二〇〇一》（上冊），頁 162。
〔註 602〕〔漢〕高誘注《呂氏春秋》（臺北：藝文印書館，1974.1 三版），頁 38。

氏〉是先編後寫，所以此處不存在書手因見編繪而跳開位置的現象。此處雖然缺一字，但是文意是流暢的，爲何會缺一格，待考。

〔十七〕山陸（陵）不尻（疏）

李零先生：即「山陵不序」。《子彈庫楚帛書》「山陸（陵）不斌」或與此同（「斌」，疑同「疏」，讀爲「序」，「疏」是生母魚部字，「尻」同「處」，是昌母魚部字，讀音相近），意思是山陵沒有秩序。（頁 268）

陳偉先生：「山陵不處」的「處」，李陵先生讀爲「序」。疑當如字讀，爲居處之義，與下文諸州「始可處」呼應。同篇 18-19 號簡說「禹乃因山陵平隰之可封邑者而繁實之」，表明山陵實可設邑安居。〔註 603〕

陳劍先生〈傳說〉：「尻」原讀爲「序」，此從白於藍〈讀上博簡（二）箚記〉（待刊稿）讀爲「處」，訓爲「止」，「山陵不處」指山陵崩解而壅塞川谷造成水患。（頁 18 注 28）

建洲按：即「山陵不疏」，山陵不通之意。陳劍先生所引白於藍先生之說與我們相近。「山」，字作，馮勝君先生指出戰國楚系簡帛「山字寫法豎筆與彎筆交接處均塗黑填實」，〔註 604〕所以如〈六德〉12 應釋爲「中」，舊釋爲「山」是不對的。這項觀察無疑是對的。其次，對於李零先生釋作「山陵不序」，山陵的生成乃天然而致，似不可以「秩序」規範之。《楚帛書》的「斌」（應隸作「斌」，詳下），饒宗頤先生原釋爲「疏」，其曰：

> 斌字從爻從武，爲𣥠之異構。《說文》：「𣥠，通也，從爻從疋，疋亦聲。武亦步武，與疋爲足，形義正相近。下文「以爲其𣥠」，〈周語〉：「歸物於下，疏爲川谷，以導其氣。」……「疏川導滯」是山陵不斌謂不通也。
> 〔註 605〕

後改釋爲「殻」，謂「山陵不殻」即山陵各就其所，神民不相雜錯，言禹與冥治水之功。而下句「以爲其殻」，猶言以爲其效。〔註 606〕二說當以前說爲是。對於後說，曾憲通先生認爲「同字而異讀」（《長沙楚帛書文字編》84 頁）。劉信芳先生說：

> 按釋「𣥠」是。《離騷》：「及前王之踵武。」王逸〈章句〉：「武，迹

〔註 603〕陳偉〈竹書《容成氏》所見的九州〉《中國史研究》2003 年 3 期，頁 42。
〔註 604〕馮勝君〈讀《郭店楚墓竹簡》札記（四則）〉《古文字研究》22 輯，頁 211。
〔註 605〕饒宗頤〈楚繒書疏證〉《中央研究院歷史語言研究所集刊》第四十冊（上）（臺北：中央研究院歷史語言研究所，1968.10），頁 5～6。
〔註 606〕饒宗頤、曾憲通《楚地出土文獻三種研究》（北京：中華書局，1993.8），頁 238。

也。《詩》曰：履帝武敏歆。」説文：「疋，足也。」疋、武古音同在魚部，音近義通（**建洲按**：「武」（明魚），「疋」（疑魚）韻部疊韻，聲紐「明疑」有互通之例，如《國語・楚語上》：「啓有五觀。」《竹書紀年》「五（疑魚）觀」作「武（明魚）觀」，《墨子・非樂上》同，《會典》855頁。可見疑、明相通，這是牙音通唇音的現象，參《陸志韋語言學著作集》（一），270-273頁。）」，此所以從疋與從武無別。《説文》：「㐬，通也。」㐬又作疏，《禮記・月令》：「其器疏以達。」《玉篇》引作「其器㐬以達。」知「山陵不㪔」即山陵不通，亦即僅知山陵之籠統，未知山陵有方位彼此之具體劃分。〔註607〕

馮時先生亦説：

> 山陵不疏。《説文・疋部》：「疏，通也。」「不疏」即不通，乃指山陵橫攔阻塞導致水患。故帛書自此以下實述禹平治水土之事，亦即《禹貢》導山導水之内容。……顧頡剛先生認爲，導水必先導山，……故帛書「山陵不疏」即引起下文大禹導山之事。山陵不疏則水之不通，帛書以此爲洪水氾濫之原因。〔註608〕

裘錫圭先生亦提到：

> 其實禹不但要平抑洪水，還要「奠高山大川」。「奠」的意思就是「定」。要定大川，就不能不進行疏導。《詩・小雅・信南山》説「信彼南山，維禹甸（古通「奠」）之」，《大雅・韓奕》説「奕奕梁山，維禹甸之」，《大雅・文王有聲》説「豐水東注，維禹之績。」可見西周時人是相信禹「奠高山大川」的。禹使豐水東注，不就是疏導豐水嗎？這正與本銘（**建洲按**：指「燹公盨」）」説禹「濬川」相合。〔註609〕

簡文的背景，正如馮時先生所説，下接「禹治水」的事情，所以讀作「山陵不疏」應該是較好的。尻（處），昌紐魚部；疏，山紐魚部，舌齒鄰紐疊韻，聲韻可通。惟劉信芳先生認爲「山陵不通，亦即僅知山陵之籠統，未知山陵有方位彼此之具體劃分。」似較無據。要特別提出的是，上引《楚帛書》「山陵不㪔」，學者皆隸作「㪔」。但是相近字形亦見於《上博簡・周易・大畜》、《葛陵簡》甲三380，字皆作「㪔」。〔註

〔註607〕劉信芳《子彈庫楚墓出土文獻研究》（臺北：藝文印書館，2002.1），頁27。
〔註608〕馮時《中國天文考古學》（北京：社會科學文獻出版社，2001.11），頁21～22。
〔註609〕裘錫圭〈燹公盨銘文考釋〉《中國歷史文物》2002.6，頁15。
〔註610〕廖名春《新出楚簡試論》（臺北：台灣古籍出版社，2001.5），頁292，亦見氏著《周易》經傳與易學史新論》（濟南：齊魯書社，2001.8），頁52；徐在國〈新蔡葛陵楚簡札記〉「簡帛研究網」2003.12.07。

610〕則《楚帛書》的 似應釋爲「戏」的繁文，〔註611〕所加的「止」旁是無義偏旁，如同「賓」字的異體可作「」和「」，其下所加「止」是增繁的飾符。〔註612〕《郭店・緇衣》32「」〈弦〉〔註613〕作、〈語叢三〉45「」（犯）作，均加「止」爲飾。而《上博簡・周易・大畜》的「戏」，帛書易經本、帛書易傳《昭力》引、王弼本作「衛」，〔註614〕所以《葛陵簡》甲三380「戏尹」，徐在國先生亦釋爲「衛尹」。〔註615〕而「衛」（匣月）；「戈」（見歌）；「爻」（匣宵），三者聲紐均相近，而韻部「月」、「歌」對轉。但是「月」、「宵」則距離較遠，則「戏」應分析爲從「爻」「戈」聲。換言之，「戏」與《說文》古文「教」作應該是沒有關係的。〔註616〕而回到《楚帛書》「戏」（匣月）似仍可讀作「疏」（山魚），月、魚主要元音相同，可以通轉。如曾侯乙編鐘「姑（見魚）」可寫作「箇（見月）」，〔註617〕又如中山王鼎「吳人併雩」，學者以爲「雩」（魚部）通「越」（月部）。〔註618〕聲紐「山」、「匣」似遠，但有相通之例，如《尹灣漢簡・神烏賦》：「欲循南山（山元），畏懼猴猿（匣元）。去色就安（影元），自託府官（見元）。高樹輪困（溪文），支格相連（來元）。」〔註619〕可見「山」紐、「匣」紐、「見」紐或可通。其三，簡文「山陵不尻，水潦不湝」意指山陵橫攔阻塞導致積水無法流通。《呂氏春秋・開春論・愛類》：「昔上古，龍門未開，呂梁未發，河出孟門。大溢逆流，無有丘陵、平原、高阜，盡皆滅之，名曰鴻水。」〔註620〕《淮南子・本經》：「龍門未開，呂梁未發，江淮流通，四海溟涬，民皆上丘陵，赴樹木。舜乃使禹疏三江、五湖，闢伊闕，導廛、澗。」〔註621〕《國語・周語下》：「其後伯禹念前之非度，……高高下下，疏川導滯」，韋昭《注》：「導滯，鑿龍門，闢伊闕也。」

〔註611〕何琳儀《戰國古文字典》，頁611。

〔註612〕參陳劍〈説「安」字〉《語言學論叢》（待刊稿）。

〔註613〕陳偉〈郭店楚簡別釋〉《江漢考古》1998.4 頁68，亦見陳偉《郭店竹書別釋》（武漢：湖北教育出版社，2003.1），頁42。

〔註614〕廖名春《新出楚簡試論》（臺北：台灣古籍出版社，2001.5），頁292，亦見氏著《《周易》經傳與易學史新論》（濟南：齊魯書社，2001.8），頁52。

〔註615〕徐在國〈新蔡葛陵楚簡札記〉「簡帛研究網」2003.12.07 第12條。

〔註616〕何琳儀先生以爲「戏」是「教」的異文，恐待商榷，見《戰國古文字典》，頁285、611。

〔註617〕中國社會科學院考古研究所編《曾侯乙墓》（北京：文物出版社，1989.7）《曾侯乙墓》，頁554注4。

〔註618〕朱德熙〈平山中山王墓銅器銘文的初步研究〉《朱德熙古文字論集》（北京：中華書局，1995.2），頁103。

〔註619〕裘錫圭〈神烏傳（賦）初探〉《尹灣漢墓簡牘綜論》（北京：科學出版社，1999.2），頁1、3注7。

〔註620〕〔漢〕高誘注《呂氏春秋》（臺北：藝文印書館，1974.1 三版），頁627。

〔註621〕劉文典《淮南鴻烈集解》（北京：中華書局，1997.1 二刷），頁255～256。

〔註622〕《山海經三注》、《荀子・非相注》、《太平御覽》四十卷及八十二卷、《天中記》十一卷引《尸子》曰：「古者龍門未闢，呂梁未鑿，河出於孟門之上，大溢逆流，無有丘陵，高阜滅之，名曰洪水。」〔註623〕皆可見山陵不開通的結果是「大溢逆流」。

〔十八〕水𣽈（潦）不湝（？）

李零先生：分析爲從水從勞省，讀作「潦」。「湝」，《廣韻・平皆》以爲「水流貌」。簡文似指積水不能洩導。（頁268）

陳劍先生〈傳說〉：讀作「水潦不洞（通）」。「洞」字圖版有模糊之處，原釋爲「湝」，諦審字形不類，且文意難通。今改釋爲「洞」讀爲「通」，「水潦不通」正承上山陵崩解而言。

建洲按：「勞」作𤓨（《郭店・尊德義》24），可見李零先生分析是對的。「勞」、「潦」同爲來紐宵部。《韓非子・外儲說右上》：「天雨，廷中有潦，太子遂驅車至於茆門。」〔註624〕「潦」是「積水」之意。

「湝」，《說文》：「湝，水流湝湝。」（十一上十一）《詩・小雅・鐘鼓》：「淮水湝湝」，毛《傳》：「湝湝猶湯湯。」〔註625〕陳劍先生改釋爲「洞」，但是仔細觀察字形，筆劃實在不類「同」。倒是與「湝」略爲相似，此暫從李零先生之說。

〔十九〕司工

李零先生：古書多作「司空」，但從西周金文看，「司工」是本來寫法。《尚書・堯典》說四岳薦禹「作司空」。

建洲按：本簡「司」字筆劃稍嫌模糊，但與一般作𠃌不同則是確定的。季師旭昇摹作𠃌，可參。〔註626〕這種寫法亦見於曾侯乙編鐘鐘架「嗣」作▨，可分析爲上「司」下「子」，如同《說文》古文「嗣」作𤔲。〔註627〕其中▨的「司」旁正如同𠃌。〔註628〕又如《包山》175「郭」作▨亦是一例。〔註629〕其上部乍看之下與「勹」形

〔註622〕徐元誥《國語集解》（北京：中華書局，2002.6），頁95。

〔註623〕〔清〕汪繼培輯《尸子》收錄於《二十二子》（京都：中文出版社，1982.6），頁407。

〔註624〕陳啓天《增訂韓非子校釋》（臺北：商務印書館，1982.8四版），頁579。

〔註625〕《十三經注疏——詩經》，頁452。

〔註626〕季師旭昇主編《《上海博物館藏戰國楚竹書（二）》讀本》（臺北：萬卷樓，2003.7），頁219。

〔註627〕參李守奎《楚文字編》（上海：華東師範大學，2003.12），頁130。

〔註628〕不過，最近徐在國撰文指出舊釋爲「嗣」是錯的，以爲字形又見於《上博（三）・周易》簡2，應分析爲從「夗」從「子」，讀爲「亂」。徐氏文見〈上博竹書（三）《周易》釋文補正〉，簡帛研究網，040424，

似，如《包山》165「䢵」作{字}，右上增添聲符「勹」。〔註630〕「司」（心之）與「勹」（並蒸），韻部陰陽對轉，但聲紐有距離。亦有可能是本於「司」上加「一」飾筆，其後變成「冖」。如同「不」，{字}（《包山》20）→{字}（《包山》16）→{字}（《包山》23）；「房」作{字}（《包山》266），又作{字}（《包山》266）；「下」作{字}（《郭店・老子甲》15）→{字}（《郭店・老子甲》3）→{字}（〈民之父母〉2）。而「司」作{字}形體出現，亦說明李運富先生將{字}改釋為從「号」是沒有必要的。〔註631〕

　　《尚書・舜典》：「舜曰：『咨，四岳！有能奮庸熙帝之載，使宅百揆亮采，惠疇？』僉曰：『伯禹作司空。』」〔註632〕亦見於《史記・夏本紀》：「舜謂四岳曰：『有能奮庸美堯之事者，使居官相事？』皆曰：『伯禹為司空，可美帝功。』」〔註633〕張亞初、劉雨二先生說：「嗣工文獻上做司空在西周銘文中均作嗣工。東周銘文有作嗣工或嗣攻的（《三代》10.22；《錄遺》112）」，但從未見有寫成嗣空的，可見典籍上的司空之空是工字的同音假借。」〔註634〕說可信。關於「司空」的執掌有二說，其一，是掌管百工之事。《周禮・考工記・鄭注》：「司空，掌營城郭，建都邑，立社稷宗廟，造宮室車服器械，監百工者。唐虞以上曰共工。」孔《疏》：「鄭《目錄》云：象冬所立官也。是官名司空者，冬閉藏萬物，天子立司空使掌邦事，亦所以富立家使民無空者也。」〔註635〕《左傳・桓公六年》：「宋以武公廢司空」，杜《注》：「武公名司空，廢為司城」，楊樹達先生補充說：「以司城代司空者，築城為工事之大者也。」〔註636〕《史記・五帝本紀》「於是以垂為共工。」《集解》：「馬融曰：『為司空，共理百工之事。』」〔註637〕其二，「司工」的職掌大約與水土有關。《集成》8.4294揚簋：「揚，作嗣工，官嗣量田甸」。《尚書・舜典》：「舜曰：『咨，四岳！有能奮庸熙

---

http://www.jianbo.org/ADMIN3/HTML/xuzaiguo04.htm。若此說可成，則此例應去除。

〔註629〕黃錫全〈《包山楚簡》部分釋文校釋〉《湖北出土商周文字輯證》（武昌：武漢大學出版社，1992.10），頁196 ㉝、何琳儀〈包山竹簡選釋〉《江漢考古》1993.4頁59、《戰國古文字典》，頁111、徐在國《隸定古文疏證》（合肥：安徽大學出版社，2002.6），頁50、李守奎《楚文字編》（上海：華東師範大學，2003.12），頁413。

〔註630〕李守奎《楚文字編》（上海：華東師範大學，2003.12），頁409。

〔註631〕李運富《楚國簡帛文字構形系統研究》（長沙：岳麓書社，1997.10），頁110。

〔註632〕《十三經注疏──尚書》，頁44。

〔註633〕〔漢〕司馬遷《史記》（北京：中華書局，1964.4四刷），頁51。

〔註634〕張亞初、劉雨《西周金文官制研究》（北京：中華書局，1986.5），頁22。

〔註635〕《十三經注疏──周禮》，頁593。

〔註636〕楊樹達〈司徒司馬司空釋名〉《積微居小學述林》卷六（北京：中華書局，1983.7），頁243。

〔註637〕〔漢〕司馬遷《史記》一（北京：中華書局，1964.4四刷），頁41注釋19。

帝之載，使宅百揆亮采，惠疇？』僉曰：『伯禹作司空。』帝曰：『俞，咨！禹，汝平水土，惟時懋哉！』」《禮記‧月令》：「季春之月……是月也，令司空曰：『時雨將降，下水上騰，循行國邑，周視原野，修利堤防，道達溝瀆，開通道路，毋有障塞。』」〔註638〕《禮記‧王制》：「司空執度度地，居民山川沮澤，時四時，量地遠近，興事任力。」《荀子‧王制》：「修堤梁，通溝澮，行水潦，安水臧，以時決塞，歲雖凶敗水旱，使民有所耘艾，司空之事也。」〔註639〕《韓詩外傳》卷八：「司空主土……山陵崩竭，川谷不通，五穀不植，草木不茂，則責之司空。」〔註640〕《太平御覽》職官部引《尚書大傳》：「溝瀆壅遏，水爲民害，田廣不墾，則責之司空。」〔註641〕《白虎通‧封公侯篇》：「司空主土」。〔註642〕簡文「禹」的職責無疑接近後者。沈長雲先生引于省吾先生認爲甲骨文諸「工」字作「貢納」之「貢」，〔註643〕金文中亦有工無貢，以甲文例之，彝銘司工亦應理解作「司貢」。管理各地臣屬與眾庶的貢納，應是司工（亦即司空）最初的職守。又說：

> 「禹作司空，主平水土」，這是文獻一致的說法。禹「平水土」的目的是什麼？《尚書‧禹貢‧書序》說得很清楚：「禹別九州，隨山濬川，任土作貢。」原來大禹治理山川，劃分九州的疆界，就是要根據各地土壤肥沃與瘠薄的不同，規定不同貢賦。《禹貢》號稱我國最早的一部地理專著，其每叙一州，在講了本州的四至及水道治理情況後，接著就介紹本州的土質、賦稅等級、應貢的物品以及貢道的路線。全文最後還不忘總結道：「四海會同，六府孔修，庶土交正，厎愼財賦。」可見戰國時人作的這篇《禹貢》，與其說頌揚禹平水土的功績，不如說在叙述禹作司空對各地貢賦的管理情況。這正是古官司空管理貢賦的一個絕好證據。從《禹貢》中可以看出，古司空官管理貢賦是與平治水土，清理各地土田之事聯繫在一起的。古文獻屢言司空主土，正是這個緣故。〔註644〕

〔註638〕《十三經注疏——禮記》，頁303。

〔註639〕〔清〕王先謙《荀子集解》（北京：中華書局，1997.10四刷），頁168。

〔註640〕屈守元《韓詩外傳箋疏》（成都：巴蜀書社，1996.3），頁717。

〔註641〕屈守元《韓詩外傳箋疏》（成都：巴蜀書社，1996.3），頁719。

〔註642〕〔清〕陳立《白虎通疏證》（北京：中華書局，1997.10二刷），頁130～131。

〔註643〕〈容成氏〉簡19的「祉」亦釋爲「貢」。不過，簡18～19「禹乃因山陵平隰之可封邑者而繁實之，……四海之内及四海之外皆請祉（貢）」的背景是禹已經聽政三年，已非昔日舜身邊的司空。

〔註644〕沈長雲〈談古官司空之職〉《中華文史論叢》1983年第3輯（總27輯）（上海：上海古籍出版社，1983）。亦見《上古史探研》（北京：中華書局，2003.6），頁263～266。

新出「燮公盨」有「設征」一句，李學勤先生讀作「差地設征」，并說：

> 《書序》用「任土作貢」概括《禹貢》的主要内容，盨銘也有相當的
> 話，就是「差地設征」。「征」，《左傳》僖公十五年注：「賦也。」「差地」
> 是區別不同的土地，「設征」是規定各自的貢賦，正如《國語·齊語》講
> 的「相地而衰征」（實質有所區別）。〔註645〕

李零先生讀作「別方設征」，以爲與「禹別九州，……任土作貢」含義相似。〔註646〕
朱淵清先生〈禹九〉亦認爲：「《△公盨》中『○○埶征』，是十分關鍵的一句話，……
『設征』即是設立貢賦的意思。《僞孔傳》『禹制九州貢法』、《書序》『任土作貢』都
是此意。」又《史記·夏本紀》：「令益予眾庶稻，可種卑濕。命后稷予眾庶難得之
食。食少，調有餘相給，以均諸侯。禹乃行相地宜所有以貢，及山川之便利。」由
以上所列文獻來看，則「司工（空）」的職責包含「司貢」，應不爲無據。

又底下談到「大禹治水」或「禹定九州」的事迹，傳統文獻及出土史料履有提
及，如：

◎ 《尚書·禹貢》：「禹敷土，隨山刊木，奠高山大川。」

◎ 《詩經·商頌·長發》：「洪水芒芒，禹敷下土方。」
《山海經·海内經》：「禹鯀是始布土，均定九州。」

◎ 《左傳·襄公四年》：「昔周辛甲之爲大史也，命百官，官箴王闕。於《虞人之
箴》曰：『芒芒禹迹，畫爲九州，經啟九道。民有寢廟，獸有茂草，各有攸處，
德用不擾。』」

◎ 《國語·周語下》記太子晉言伯禹：「高高下下，疏川道滯，鍾水豐物，封崇
九山，決汨九川，陂鄣九澤，豐殖九藪，汨越九原，宅居九隩，合通四海。」

◎ 《孟子·滕文公》：「禹疏九河，……決汝漢，排淮泗，而注之江，然後中國可
得而食也。」

◎ 《莊子·天下》：「墨子稱道曰：『昔者禹之湮洪水，決江河而通四夷九州也，
名川三百，支川三千，小者無數。』」

◎ 《韓非子·飾邪》：「昔者舜使吏決鴻水，先令有功而舜殺之。」

◎ 《呂氏春秋·慎大覽·貴因》：「禹通三江、五湖，決伊闕，溝迴陸，注之東海，
因水之力也。」

◎ 《淮南子·本經》：「舜乃使禹疏三江五湖，闢伊闕，導廛、澗，平通溝陸，流

〔註645〕李學勤〈論燮公盨及其重要意義〉《中國歷史文物》2002.6，頁10。
〔註646〕李零〈論燮公盨發現的意義〉《中國歷史文物》2002.6，頁37。

注東海。」

◎ 新出西周中期「𧽶公盨」有「天命禹敷土，隨山浚川」的內容，是「目前所知年代最早也最爲詳實的關於大禹的可靠文字紀錄」。〔註647〕

◎ 《集成》1.276「叔夷鍾」：「咸有九州，處禹之堵。」〔註648〕

◎ 《集成》8.4315「秦公簋」：「鼏宅禹蹟。」裘錫圭先生說：「『責』讀爲『蹟』，與『迹』爲一字。」〔註649〕

◎ 《郭店・唐虞之道》簡10「禹治水」。

〔二十〕塦（禹）既巳（已）

建洲按〔註650〕：裘錫圭先生說：「已然之『已』本然假借辰巳之『巳』表示（春秋晚期的蔡侯盤銘以『毋巳』表『毋已』。漢代人除有時借『以』表『已』外，都以『巳』表『已』，漢簡、漢碑中屢見其例，如孔龢碑『事巳即去』）。後來以在『巳』字左上角留缺口的辦法，分化出了專用的『已』字（《說文》無『已』）。」〔註651〕可見裘先生以爲「巳」、「已」乃一字之分化，李家浩先生亦以爲「巳、已古本一字。」〔註652〕陳偉先生也提出「巳」、「已」同形。〔註653〕不過，除了這樣的解釋之外，「巳」、「已」二字也存在著音近的關係：「巳」，古音邪紐之部；「已」，余紐之部，聲紐關係密切，陸志韋先生曾指出：上古邪紐不獨立，可歸入羊紐（喻四紐），〔註654〕而「余」紐正是喻四。又如《說文》：「𨍌，導車所以載，全羽以爲允。允，進也。從𠃊，㒸聲。𨍌，𨍌或從遺。」〔註655〕「㒸」（邪物）；「遺」（余微），亦是邪、余相通之證。韻部

〔註647〕參新生新聞網 www.xinsheng.net/xs/articles/big5/2002/10/24/17778.htm、李學勤〈論𧽶公盨及其重要意義〉《中國歷史文物》2002.6 頁5、李零〈論𧽶公盨發現的意義〉《中國歷史文物》2002.6 頁37。「隨山」一句，裘錫圭先生讀作「墮山」，裘錫圭〈𧽶公盨銘文考釋〉《中國歷史文物》2002.6 頁13。

〔註648〕中國社會科學院考古研究所編《殷周金文集成釋文》第一卷（香港：香港中文大學，2001.10），頁245。

〔註649〕裘錫圭〈𧽶公盨銘文考釋〉《中國歷史文物》2002.6 頁24 注6。

〔註650〕下文對於「巳」、「已」關係的改寫，蒙林清源師於博士學位口考時提示。

〔註651〕裘錫圭《文字學概要》（台北：萬卷樓出版社，1999.1 再版二刷），頁256～257。

〔註652〕李家浩〈九店楚簡「告武夷」研究〉《著名中年語言學家自選集──李家浩卷》（合肥：安徽教育出版社，2002.12），頁321。

〔註653〕陳偉《郭店楚簡別釋》，頁134。

〔註654〕陸志韋《古音說略》，載於陸志韋《陸志韋語言學著作集》（一）（北京：中華書局，1985.5），頁261。相關討論亦見參耘〈《帛書老子校注》音韻求疵〉《古文字研究》24 輯（北京：中華書局，2002.7），頁431、姚炳祺〈《說文》中之聲訓例釋〉《古文字研究》24 輯，頁462。

〔註655〕〔清〕段玉裁注《說文解字注》（台北：漢京文化，1985.10），頁310。相關可參李

則是叠韵，故「巳」、「已」二字可通假，如《韻補》：「古巳午之巳，亦讀如已矣之已。」這種用法亦見《包山》207「少未巳」讀作「少未已」（《包山楚簡》圖版九二）。又如長沙仰天湖遣策簡於每簡記載器物之末，往往書一「巳」字 [註656] 作爲驗收的標記，此字亦應讀作「已」。[註657] 另外，《郭店・成之聞之》40「古（故）君子斳（慎）六立（位）以巳天裳（常）。」整理者釋「巳」爲「祀」，李學勤先生已指出這樣的解釋文義難通。崔永東先生則以爲「巳」即「已」（《說文》：「巳，已也。」）「已」通「以」，「以」者，用也。「巳天常」，即用天常，也就是適用天常的意思。[註658] 綜上以上來看，「巳」、「已」的關係如同「刀」、「刁」。「刀」字古代有「刁」音，後來分化出「刁」字來取代讀「刁」音的「刀」字（《說文》無「刁」）。[註659]

〔二一〕受命〔〕

建洲按：「命」字作，下加二橫筆爲飾。依一般戰國文字構形的常識，此種飾筆的添加本來極爲常見，近林素清先生認爲此種飾筆的添加有分別詞性的作用。比如「文」若其下加一「橫筆」則用於姓氏，如《璽彙》3564 作。並說「我們發現璽所見『仌』皆用於姓氏，至於名字、地名等『文』字，決不加短橫於下方。其爲區別而添加筆劃的用意是存在的。」[註660] 又如〈成之聞之〉16-18「古（故）君子不貴徸（庶）勿（物）而貴與民又（有）同也。智（知）而比即（次），則民谷（欲）其智（知）之述（遂）也。福而貧賤，則民谷（欲）其福之大也。貴而罷（能）纕（讓），則民谷（欲）其貴之上也。」林素清先生以爲：「此段文字共見四個『貴』

家浩〈包山遣冊考釋（四篇）〉《古籍整理研究學刊》2003 年 9 月第 5 期，頁 7。

〔註656〕此字舊釋爲「尸」或「卩」，見吳良寶〈漫談先秦時期的標點符號〉《吉林大學古籍整理研究所建所十五週年紀念文集》（長春：吉林大學出版社，1998.12），頁 192 所載諸家說法、陸錫興〈釋「卩」〉，載於《急就集——陸錫興文字論集》（北京：中國社會科學出版社，2002.10 二刷），頁 192～200。但目前多認爲應釋爲「巳」，見何琳儀《戰國文字通論訂補》（南京：江蘇教育出版社，2003.1），頁 257、曾憲通〈「子」字族群的研究〉《第一屆中國語言文字國際學術研討會論文》（香港：香港大學，2002.3）。此點於博士學位口考時，蒙許學仁師提示。

〔註657〕商承祚《戰國楚竹簡匯編》（濟南：齊魯書社，1995.11），頁 51、62、曾憲通〈「子」字族群的研究〉《第一屆中國語言文字國際學術研討會論文》（香港：香港大學，2002.3）。

〔註658〕崔永東〈讀郭店楚簡《成之聞之》與《老子》札記〉《簡帛研究二○○一》（桂林：廣西師範大學，2001.9），頁 70。

〔註659〕裘錫圭《文字學概要》（台北：萬卷樓出版社，1999.1 再版二刷），頁 257。

〔註660〕林素清〈釋亝——兼釋楚簡的用字特徵〉《中央研究院歷史語言研究所集刊》74：2（臺北：中央研究院，2003.6），頁 301～302。

字，其一、二、四作，第三個貴字則於貝旁下方附加短橫作。如果我們仔細區分這幾個貴字的詞性，可以發現，第三個貴字爲基本形，是形容詞，與第一、二個帶有意動詞性的『貴』，和第四個名詞性質的貴，從詞性上看來，是略有分別的。」〔註 661〕又如〈孔子詩論〉簡七「『懷爾明德』曷？誠謂之也。『有命自天，命此文王』，誠命之也。信矣！孔子曰：『此命也夫！文王雖裕已，得虐此命也』」，林素清先生以爲：「這段簡文共有五個『命』字，其中凡用作動詞（如命令）之命字，簡文寫作（第二、三字），而用爲名詞（如天命）之命字則一律於命字下方添加兩橫筆作爲（第一、四、五字），其區分是相當清楚的。」又舉簡六「昊天有成命」、〈子羔〉簡 7「舜其可謂受命之民矣」二者的「命」字，用作名詞，皆作，下皆作二飾筆。還有如〈容成氏〉的六個「命」字來補充證據。

建洲按：林素清先生指出飾筆可區分詞性，的確是很有啓發性的。然而所舉某些例證似可進一步討論。如第一例「文」字，所舉《璽彙》3564、《書道》1.41，二者皆爲楚璽，而且的確作姓氏用。但是商承祚教授舊藏《楚帛書》殘片有，凡四見，〔註 662〕文例作「得」或「得居」。比對楚璽，可知帛書殘片應釋爲「文」，而學者多以爲帛書殘片內容有關數術，饒宗頤先生將「文得」讀作「莫得」。〔註 663〕李學勤先生雖誤釋「文」爲「守」，但也未將「文得」當作姓名用。〔註 664〕可見「」字在楚系中并不一定作姓氏用。而且《包山》42、97、167 等用作姓氏的「文」均作，其下亦不見橫筆。又如《璽彙》3079「文果」，「文」作姓氏用，其下無加橫筆。可見「」下的橫筆是否一定具有深義，尚可再議。第二例談到〈成之聞之〉的「貴」字，第三個貴字則於貝旁下方附加短橫作，所以有區分詞性的作用。但是第一、二、四字作，其中一、二是動詞，第四是名詞，卻不見有任何不同書寫的形式，所以是否一定具有深義，亦可再議。第三例提到楚簡的「命」若作「名詞」，則於下方加二筆爲飾。所舉〈孔子詩論〉、〈子羔〉似乎有此區別，但是同一書手所書寫的〈魯邦大旱〉「虐子女重命其與」，「命」亦爲名詞，但字作，可見以加「二飾筆」來區別詞性未必是書手的原意。至於，〈容成氏〉的「命」字分別見於簡 15、28、29、30、37、44，文例皆爲「受命」，作爲名詞，字形均作。但是因爲沒有可供比對其他詞性的「命」字，所以寫作有可能是書手的習慣所致，未必

〔註 661〕林素清〈釋吝——兼釋楚簡的用字特徵〉《中央研究院歷史語言研究所集刊》74：2（臺北：中央研究院，2003.6），頁 299。
〔註 662〕商志醰〈記商承祚教授藏長沙子彈庫楚國殘帛書〉《文物》1992.11，頁 33。
〔註 663〕饒宗頤〈長沙子彈庫殘帛文字小記〉《文物》1992.11 頁 35。
〔註 664〕李學勤〈試論長沙子彈庫楚帛書殘片〉《文物》1992.11 頁 37。

眞有區別詞性的作用。再看〈唐虞之道〉簡 11「羕（養）眚（性）『命』之正，安『命』而弗实（夭）」，二「命」字皆爲名詞，字作[圖]；〈窮達以時〉8「出而爲命尹」，「命」是名詞詞組，字作[圖]。〈尊德義〉36「不從其所命」，「命」爲動詞，字作[圖]；〈尊德義〉9「智（知）人所以智（知）命」，「命」爲名詞，字作[圖]，二者詞性不同，但下面同樣加上二飾筆。以上皆說明所加飾筆未必有區別詞性的作用。由以上的討論，可知此種區別特徵并非是種普遍的現象，書手未必具有這樣的習慣。而研究具備這種特徵與否，應該限於同一批材料，而且有不同詞性的例子來供比對，否則可信度恐怕不高。附帶一提，何琳儀先生以爲「㚔」，〈窮達以時〉作[圖]，其下「一」是裝飾符號，並無深意。〔註 665〕

〔二二〕卉備（服）

李零先生：即「卉服」，「草服」。（頁 261）

建洲按：大概是「簔衣」一類的東西。《尙書·禹貢》：「島夷卉服」，《疏》引鄭玄云：「此洲下濕，故衣草服。」〔註 666〕《爾雅·釋草》：「卉，草。」〔註 667〕另外，黃錫全先生〈箚記四〉將「卉備」譯作「隨意（草草）穿著當時普通人穿的可能是用竹皮編織可以防備風雨的外衣」恐誤。

〔二三〕蕥（箬）〔圖〕著（箬）冒（帽）

李零先生：「△」隸作「蕥」，釋爲「箬」。以爲即「箬箬帽」，《說文·竹部》：「箬，竹箬也」，「箬，楚謂竹皮曰箬」。箬箬帽即今之竹笠。（頁 261）

建洲按〔註 668〕：首字中的確與「辛」作[圖]（《包山》57）形近，如《包山》276「童」作[圖]、《郭店·窮達以時》11 作[圖]，其上所從「辛」旁皆與[圖]形近，所以李零先生隸作從「辛」無疑是對的。有人直接隸作從「音」，這是不對的。《郭店·語叢二》簡 11「嗌」作[圖]，《上博（一）·孔子詩論》26「啙（倍）」作[圖]。〔註 669〕可見「音」是從「不」從「口」，簡文與之並不似。筆者贊成李零先生隸作「蕥」，讀作「箬」，現補充說明如下：

〔註 665〕何琳儀《戰國文字通論訂補》（南京：江蘇教育出版社，2003.1），頁 258。

〔註 666〕《十三經注疏──尚書》，頁 83。

〔註 667〕《十三經注疏──爾雅》，頁 135。

〔註 668〕底下內容曾刊載於《中國文字》新 29 期（臺北：藝文印書館，2003.12）。

〔註 669〕劉釗〈讀《上海博物館藏戰國竹書》（一）箚記〉《上博館藏戰國楚竹書研究》（上海：上海書店出版社，2002.3），頁 291。

字隸作「䇂」，釋為「蒦」。陳昭容先生曾指出「䇂」與「辛」如為鑿具，當作偏旁時有互換的現象，如「對」，既作 🔣（令鼎）、🔣（大師虘簋），又作 🔣（大師虘簋）、🔣（同簋）。「僕」，既作 🔣（幾父壺），又作 🔣（幾父壺）。〔註 670〕劉釗先生、董蓮池先生、許學仁先生亦指出古文字中的「辛」或與「辛」類似的形體有時可以在上面加飾筆而演變為「䇂」，如《金文編》526 頁「宰」字所從「辛」作🔣。〔註 671〕而《郭店・老子甲》2「視索（素）保僕（樸）」，「僕」作「🔣」，可分析為從「臣」從「🔣」。對照上述學者的說法，則「🔣」有可能是「辛」字。所以本簡的「△」字扣掉「艸」旁之後的「🔣」字，可能就是「僕」字，亦即由「🔣」➔「🔣」。這種「辛」旁的變化如同上述「對」字由🔣（同簋）➔🔣（令鼎）。李運富先生亦說楚文字中「辛」類的這種變體作構件時都簡省作「🔣」或「🔣」。并認為《郭店・性自命出》22「淺澤」合文作「🔣」，上部的「淺」字就從「水」從簡省的「辛」聲；〈五行〉46「淺」作🔣，其右邊的上面是簡省的聲旁「辛」，下面又再從「水」，可以看作義符累增。〔註 672〕以上皆可與本簡「△」參看。其次，再看聲韻部分。「僕」，並紐屋部；「箁」，並紐侯部，雙聲對轉。古籍通假之例如：《戰國策・秦策三》：「楚有和璞。」《史記・范雎蔡澤列傳》「璞作樸」。又《爾雅・釋言》：「斃，踣也。」《左傳・定公八年》《正義》引「踣」作「仆」。〔註 673〕可證「僕」與「箁」確可相通。以上可證「△」應釋為「蒦」，可讀為「箁」。

〔二四〕乃卉備（服），蒦（箁）箬（箁）帽，芺藝□疋□

　　陳劍〈編連二〉：乃卉服箁箁，帽芺□□足□

　　陳劍〈傳說〉：「乃卉服、箁箁帽、芺藝，□足□」。從「夫」聲之字與從「甫」聲之字常常相通，……疑「芺藝」可讀為「蒲笠」，《國語・齊語》「令夫農……挾其槍、刈、耨、鎛，以旦暮從事於田野。脫衣就功，首戴茅蒲，身衣襏襫，霑體塗足，

〔註 670〕陳昭容〈釋古文字中的「䇂」及從「䇂」諸字〉《中國文字》新 22 期，頁 121～149。

〔註 671〕劉釗《利用郭店楚簡字形考釋金文一例》，《古文字研究》第 24 輯，（北京：中華書局，2002.7），頁 278；董蓮池《釋楚簡中的「辯」字》，《古文字研究》第 22 輯，（北京：中華書局，2000.7），頁 202；許學仁〈戰國楚簡研究中的一些問題〉《紀念甲骨文發現百周年文字學研討會》（台中：靜宜大學中文系，1999.12.18），頁 2～5、其後易名為《戰國楚簡文字研究的幾個問題——試讀戰國楚簡〈語叢四〉所錄〈莊子〉語暨漢墓出土〈莊子〉殘簡瑣記》，《東華人文學報》第三期 2001.7，頁 43。亦見《古文字研究》第 23 輯，（北京：中華書局，2002.6），頁 123。

〔註 672〕李運富〈楚"僕"字及相關諸字考辨〉，簡帛研究網，（03/01/24），http://www.jianbo.org/Wssf/2003/liyunfu02.htm。

〔註 673〕高亨、董治安編纂《古字通假會典》（濟南：齊魯書社，1997.7 二刷），頁 364～365。

暴其髮膚，盡其四支之敏，以從事於田野。」韋昭《注》：「茅蒲，簦笠也。襪襏，蓑襏衣也。茅，或作『萌』。萌，竹萌之皮，所以爲笠也。」（頁 6、18 注 30）

　　建洲按：陳劍先生新說改從李零先生的意見是對的。其次，陳劍先生將「芺蓺」讀作「蒲笠」，其中「蓺」讀作「笠」應是簡 14「𡥀蓺」，讀作「免笠」解釋的延續。但是後說筆者有一些不同的看法，加上陳劍先生既已改從李零先生的釋讀，而「笝若帽」，李零先生釋爲「竹笠」，可見若將簡 15「芺蓺」釋爲「蒲笠」，文意恐將會重複，但未見陳劍先生作進一步說明，可見簡 15「蓺」的字義還可討論，此處仍以不識字來處理。

〔二五〕面𡩈（乾）〔〕鯥（敊）

　　李零先生：「釋文」隸作「𡩈」。但「考釋」隸作「𡩈」，並說「此句含義不詳」。（頁 268）

　　孟蓬生先生〈字詞〉：當隸作「𡩈」，從旱聲，旱字寫法與《魯邦大旱》之旱字相同。𡩈當讀爲乾或旰。『鯥』當讀敊。『乾敊』指面部皮膚乾燥粗糙；『旰敊』指面部皮膚烏黑粗糙。核之傳世文獻，似以後者更爲近之。

　　徐在國先生〈雜考〉：第二字應讀爲「乾」。《集韻·寒韻》：「乾，燥也。」乾爲乾燥義。第三字從魚、昔聲，沒有什麼疑問。此字似讀爲「粗」。典籍中從「昔」聲的字常和從「且」聲的字通假。如：《周禮·秋官·序官》「蠟氏。」鄭注：「蠟讀如狙司之狙。」《周禮·地官·遂人》：「以與鋤利甿。」鄭注：「鄭大夫讀鋤爲藉。」因此，此字可讀爲「粗」。《說文》：「粗，疏也。」引申指粗糙。

　　建洲按：字應隸作「𡩈」。「干」，《包山》269 作 、牘一作 、〈容成氏〉26 作 ；「軒」，《隨縣》50 作 、《包山》267 作 ，可見簡文下部的確從「干」。另外，《天星觀》，舊釋爲「潯」〔註 674〕，但字下從「旱」，並不從「早」，應隸作「漧」。又《葛陵》乙二：14「☐攜羅丘☐」，整理者隸作「靈」。〔註 675〕按：此隸有誤，字下不從「豆」，字形下部與〈容成氏〉同形，可見應隸作「霏」。（**州再按**：字亦參《滕人生》頁 559「秦家嘴」。）

　　至於李零先生「釋文」隸作「𡩈」字，楚系文字的確是有的，如《楚帛書》甲

〔註 674〕滕壬生《楚系簡帛文字編》（武漢：湖北教育出版社，1995.7），頁 812

〔註 675〕貫連敏《新蔡葛陵楚墓出土竹簡釋文》，河南省文物考古研究所編著：《新蔡葛陵楚墓》（河南：大象出版社，2003.10），頁 203，照片見圖版一三二。

4.30 作![字形]、《包山》75 作![字形]、85 作![字形]、《包山》85 作![字形]，舊釋爲「旐」。〔註676〕但是這些字形右下并無開又，而是作「十」字形，可見不從「干」。如同《包山》168 作![字形]、王孫鐘作![字形]、余購逨兒鐘作![字形]，下皆從「早」，學者隸作「鉾」當屬可信。〔註677〕可見![字形]只是在「早」旁加一橫爲飾，亦可隸作「草ˆ」。〔註678〕

〔二六〕𡖂（脛）〔![字形]〕不生〔之〕毛

李零先生：此句含義不詳。（頁268）

徐在國先生〈雜考〉：字右邊偏旁從「𡉚」。《郭店楚墓竹簡·唐虞之道》19「𡉚」字作![字形]，與此字右旁形近。左邊偏旁是「丩」。此字當分析爲從「丩」「𡉚」聲，讀爲「脛」，當屬下讀。「脛不生之毛」，即脛（小腿）不生毛。見於《韓非子·五蠹》：「禹之王天下也，身執耒臿以爲民先，股無胈，脛不生毛。」《尸子·廣澤》：「禹於是疏河決江，十年不窺其家，足無爪，脛無毛，偏枯之病，步不能過，名曰禹步。」簡文所記禹之事正與典籍合。簡文「……面乾粗，脛不生之毛」是指大禹面乾粗糙，小腿不長毛。

孟蓬生先生〈字詞〉：簡文的「之」當爲衍字。

何琳儀先生〈滬二〉：「之」，疑讀「趾」，簡文意謂「腿部不生毛」。

建洲按：徐先生之說大抵可信，惟上引《尸子》原文并不出自〈廣澤〉，而是輯自《山海經三注》、《荀子·非相注》、《太平御覽》四十卷及八十二卷、《天中記》十一卷，原文作「禹於是疏河決江，十年不窺其家，手無爪，脛不生毛，生偏枯之病，步不相過，人曰禹步。」〔註679〕又《太平御覽》七十七卷、《後紀》卷十二《注》引《尸子》：「禹脛不生毛」。〔註680〕黃錫全先生〈箚記四〉分析「脛」字爲從丩從「髳」，不知何據？至於簡文的「之」，陳劍先生同意孟蓬生先生釋爲衍字。〔註681〕筆者亦同此說，何先生認爲「之」讀爲「趾」，則簡文讀作「脛不生趾毛」，似不辭。

「毛」作![字形]，字形與〈容成氏〉49「毨」作![字形]相似，亦與〈容成氏〉13「邦」

〔註676〕湖北省荊沙鐵路考古隊《包山楚簡》（北京：文物出版社，1991.10），頁21～22、張守中《包山楚簡文字編》（北京：文物出版社，1996.8），頁115、曾憲通《長沙楚帛書文字編》（北京：中華書局，1993.2），頁103。

〔註677〕何琳儀《戰國古文字典》，頁968。

〔註678〕何琳儀《戰國古文字典》，頁968、湯餘惠主編《戰國文字編》，頁463。

〔註679〕〔清〕汪繼培輯《尸子》收錄於《二十二子》（京都：中文出版社，1982.6），頁407。

〔註680〕〔清〕汪繼培輯《尸子》收錄於《二十二子》（京都：中文出版社，1982.6），頁409。

〔註681〕陳劍〈上博楚簡《容成氏》與古史傳說〉《中國南方文明學術研討會論文》（台北：中央研究院歷史語言研究所，2003.12.19），頁6、18注30。

作同形。「毛」字通常末筆往右偏，如《包山》37「毛」作、《包山》179「耗」作、〈子羔〉1「氄」作。〔註682〕某些例外情況之下會向左，如《天星觀》「毛」作、《隨縣》61「毢」作、《天星觀》「氀」作，〔註683〕〈容成氏〉的「毛」可能是書手專有寫法。而這種寫法與〈容成氏〉簡7「奉」作的「丰」旁，中竪筆較長，對書手而言基本上不會相混。（見簡35「厚惎而泊魯安」、簡8「敓故吕不逆」、簡13「邦子」注釋）。

〔二七〕　瀏湝潪（流）〔〕

李零先生：此句含義不詳。

黃錫全先生〈劄記四〉：根據下面文義，「□潪」可能不是專指的水名，而是指水貌漫流不通，……，瑟從必聲，潪可讀泌。《說文》：「泌，俠流也。」《詩・衡門》：「泌之洋洋。」泌為泉水。

建洲按：簡文「開塞湝流」疑指「開通阻塞使河水大流」。首字李零先生以為左旁從「豈」，右旁不識。由字形看來，此說似可信。字或可讀作「開」，《易・繫辭上》：「夫易開物成務」，《釋文》：「開，王肅作闓。」〔註684〕次字「潪」，其「瑟」旁與（〈孔子詩論14〉）同形。似可讀作「塞」。「瑟」，山紐質部；「塞」，心紐職部，聲紐同為齒音，韻部「職」、「質」相通如同「之」、「脂」可通，〔註685〕例證如《郭店・緇衣》簡23「毋以嬖禦息莊後，毋以嬖士息大夫、卿士」，二個「息」（職）字今本皆作「疾」（質）。〔註686〕簡文讀作「開塞」，一詞亦見於《商君書・開塞》，蔣禮鴻曰：「開塞者，謂開已塞之道也。」〔註687〕至於黃錫全先生以為「□潪」指「水貌漫流不通」與筆者看法相近，但讀「潪」為「泌」則義與「湝流」重複，而且看不出有「水貌不通」的意思。

「潪」，字作。《郭店・緇衣》30作、〈成之聞之〉11作、〈性自命出〉31作、〈性自命出〉46作、《上博（一）・性情論》19作、〈性情論〉38作，

〔註682〕滕壬生《楚系簡帛文字編》（武漢：湖北教育出版社，1995.7），頁692～696、張光裕、黃錫全、滕壬生《曾侯乙墓竹簡文字編》（臺北：藝文印書館，1997.1），頁72～76、張光裕、袁國華《包山楚簡文字編》（臺北：藝文印書館，1992.11），頁229～230、湯餘惠《戰國文字編》，頁585～586。

〔註683〕滕壬生《楚系簡帛文字編》，頁696。

〔註684〕高亨、董治安編纂《古字通假會典》，頁519

〔註685〕參〈民之父母〉簡1「」字注釋。

〔註686〕曾昱夫《戰國楚地簡帛音韵研究》（臺北：台灣大學中文所碩士論文，2001.6），頁365。

〔註687〕蔣禮鴻《商君書錐指》（北京：中華書局，2001.8三刷），頁51。

可知字釋爲「流」是對的。關於「流」字的構形，目前有三說：李零先生以爲楚簡「流」字所從「蚰」即「蟲」字，所以「流」字從「蟲」得聲，[註688] 沈培先生從聲韻觀點贊同其說。[註689] 其次，何琳儀、劉釗、李天虹、曾憲通等先生以爲右旁的「㐬」是由甲骨文「毓」右旁所從倒子之形演變而來，演變過程如下：[註690]

◆（《甲》1760，「毓」所從）→ ◆（毓且丁卣，「毓」所從）→ ◆（中山王嚳壺，「流」所從）→ ◆（〈性情論〉19，「流」所從）→ ◆（〈性自命出〉31，「流」所從）

另一說是龍宇純先生所主張的，其曰：

> 流字所要表示的在水，所以人首朝下，象人從水而下以表示水之流。孟子說：「從流下而忘反謂之流。」這一個流字古義，不啻爲流字結構的注解。人游於水中前進時，頭髮應該是緊貼著頭向後披拂的，流字㐬下的 ◆ 應該不是髮形，而是水的樣子，說即是川字也無不可。所以 ◆ 字實在是人正面從水而下的樣子，左右與前方都是水。小篆省作流，文字偏旁遂省作㐬，也都是人從水而下的樣子。[註691]

後二說之別在於何琳儀等先生以爲「㐬」象倒「子」，其下爲「羊水」；龍先生則以爲象「人」上伸兩手順流而下之形，其下象「川」之形。至於李零先生之說是根據楚簡常見的楚先公「祝融」的「融」作 ◆ 而來，但是釋「流」爲從「蚰」，對中間所從的「○」形並無法說明，況且 ◆ 可能不從「蚰」（詳下）。李天虹先生注意到「流」、「融」偏旁形體相近的現象，她以爲：「值得注意的是，楚簡『㐬』將子旁頭部省略後的形體與『蚰』混同，如望山和包山簡中『祝融』之『融』均從蚰，就分別作 ◆（望簡一二三）和 ◆（包簡二三七）。所以這樣的形體究竟應該隸作『㐬』還是『蚰』，應當充分考慮文義。」[註692] 此說似稍可保留，新出《葛陵》甲三：188、甲三：197、零：560、522、554「融」字偏旁從「◆」。[註693]

[註688] 李零〈古文字雜識（二則）〉《第三屆國際中國古文字學研討會論文集》（香港：香港中文大學，1997.10），頁757。

[註689] 沈培〈上博簡《緇衣》篇「◆」字解〉《華學》第六輯（北京：紫禁城出版社，2003.6），頁73注23。

[註690] 何琳儀《戰國古文字典》，頁222、劉釗〈讀郭店楚簡字詞札記〉《郭店楚簡國際學術研討會》，頁79、李天虹〈上海簡書文字三題〉《上博館藏戰國楚竹書研究》（上海：上海書店，2002.3），頁380～381、曾憲通〈「子」字族群的研究〉《第一屆中國語言文字國際學術研討會論文》。

[註691] 龍宇純〈說文古文「子」字考〉《大陸雜志》第21卷第1、2期合刊（1960.7），頁92～93。

[註692] 李天虹〈上海簡書文字三題〉《上博館藏戰國楚竹書研究》，頁380。

[註693] 其他相同字形見李守奎《楚文字編》（上海：華東師範大學，2003.12），頁169。

值得注意的是乙一：22、乙一：24、零：288「融」字皆作<img>，偏旁從「<img>」，〔註694〕可見舊說認爲「<img>」右旁從「蚰」似可商。「融」（余冬）應該釋爲從「充（毓）」（余覺），二者雙聲，韻部陽入對轉。換言之，「融」字字形變化的過程由<img>→<img>，如同上引「流」字。所以上述李天虹先生所提「融」、「流」二字偏旁寫法的分別可能是不存在的。另外，《包山》217「舉禱楚先：老童、祝融、<img>酓」，「<img>」字，學者分析爲從「女」「蚰」省聲，釋爲「鬻」，連下字「酓」讀作「鬻熊」〔註695〕；或分析爲從二「虫」從「女」聲，以爲是《山海經・大荒西經》「長琴」，也就是「穴熊」。〔註696〕二說何者爲是呢？《葛陵簡》甲三：188、197「舉禱楚先：老童、祝融、<img>酓」，〔註697〕<img>字可分析爲右旁從「充（毓）」，陳偉先生讀作「鬻」，即見於典籍的「鬻熊」應可信，〔註698〕因爲「鬻」、「毓」二字古音同爲余紐覺部。由字形來看，<img>字應可與《包山》<img>字相對應，換言之，<img>本亦是從「<img>」。也就是說《包山》「<img>酓」應釋爲「鬻熊」。此可與《史記・楚世家》記楚君熊通說「吾先鬻熊」相對應。《左傳・僖公二十六年》：「夔子不祀祝融與鬻熊，楚人讓之」亦是一證。至於「穴熊」，《葛陵簡》乙一：22「有祟見於司命、老童、祝融、空（穴）酓」、乙一：24「融、空（穴）酓各一牂」，何琳儀先生分析爲「原篆下從『土』，上從『穴』。乃『穴』之繁文」當無疑義。〔註699〕李家浩先生分析爲從「穴」「土」聲，恐不可從。〔註700〕換言之，就《葛陵簡》而言，「<img>酓」、「空酓」所

〔註694〕此種字形亦見於《上博（三）・周易》簡25「虎視△△」，「△」整理者釋爲「蹲」，見馬承源主編《上海博物館藏戰國楚竹書（三）》（上海：上海古籍出版社，2003.12），頁171。筆者曾以爲可能是「融」字（2004.4.16 奇摩電子信箱），後見徐在國先生〈上博竹書（三）《周易》釋文補正〉「簡帛研究網」2004.4.24 一文亦以爲是「融」字。值得注意的是，此「融」字所從的「○」旁誤寫成「口」形。

〔註695〕李學勤〈包山簡一楚先祖名〉《文物》1988.8，亦刊載於《李學勤學術文化隨筆》（北京：中國青年出版社，1999.1），頁331、許學仁〈包山楚簡所見之楚先公先王考〉《魯實先先生學術討論會論文集》（台北：萬卷樓，1993.6），頁52～61、曾憲通〈從「蚰」符之音讀再論古韻部東冬之分合〉《第三屆國際中國古文字學研討會論文集》（香港：香港中文大學，1997.10），頁746、李零〈古文字雜識（二則）〉《第三屆國際中國古文字學研討會論文集》，頁758、袁國華師〈楚簡疾病及相關問題初探——以包山楚簡、望山楚簡爲例〉《中國南方文明學術研討會論文》（台北：中央研究院歷史語言研究所，2003.12.19），頁28（44）。

〔註696〕李家浩〈包山竹簡所記楚先祖名及其相關的問題〉《文史》第四十二輯（北京：中華書局，1997.1），頁10、13 補記。

〔註697〕河南省文物考古研究所編著《新蔡葛陵楚墓》圖版九七。

〔註698〕陳偉〈讀新蔡簡札記（三則）〉，簡帛研究網，04/01/30。

〔註699〕何琳儀〈新蔡竹簡選釋〉（下），簡帛研究網，2004.12.07。

〔註700〕李家浩〈包山竹簡所記楚先祖名及其相關的問題〉《文史》第四十二輯（北京：中華

指應無可能是同一人。綜合以上，筆者以爲楚簡「流」字分析爲從「㐬（毓）」應無疑問。最後，《上博（一）‧孔子詩論》8「〈小弁〉、〈考言〉，則言讒人之害也。」「讒」字學者多以爲從「虫」聲，但以目前材料而言，似未能確定。

〔二八〕枌（畚）矵（耜）

李零先生：「枌」疑是「杒」字的誤寫，讀爲「耒」。「矵」，隸作「耜」。（頁268）

孟蓬生先生〈字詞〉：以爲由字形應隸作「矵」，簡文從立，㠯聲，借爲耜字。可能是整理者一時疏忽，也許是手民之誤。

陳劍先生〈編連二〉：懷疑應讀爲「畚耜」。

劉樂賢先生（〈容小札〉）：《莊子‧天子》：「禹親自操橐耜而雜天下之川」、《韓非子‧五蠹》：「禹之王天下也，身執耒臿以爲民先」。從文例看，簡文「枌耜」應與《莊子》的「橐耜」及《韓非子》的「耒臿」相當。橐是盛土之器，耜是掘土之器。《韓非子》的「耒臿」，《淮南子‧要略》作「藥垂」。王念孫已經指出，「藥垂」是「藥臿」之訛，「耒臿」則是「藥臿」之通假。據《集韻》，藥是「盛土籠」，與「橐」所指實同。臿是鍬，與「耜」都是掘土之器。因此，《莊子》的「橐耜」，《韓非子》的「耒臿」，以及《淮南子》的「藥臿」，三者用字雖異，其所指實同。比較三種文獻可知，《韓非子》「耒臿」的「耒」用的不是本義，而是「藥」的通假字。因此，這並不能作爲簡文「枌耜」 訛作「杒耜」並讀爲「耒耜」的證據。也就是說，將簡文禹所執之器視爲「耒耜」，與傳世文獻不合。值得注意的是，上引《淮南子》的「藥垂」，《太平御覽》引作「畚插（鍤）」。這證明，陳劍先生讀「枌耜」爲「畚耜」的說法是正確的。古書中作爲器物用的「畚」字有兩種含義。一種是指盛土之器，《國語‧周語中》：「其時儆曰：收而場功，偫而畚梮，營室之中，土功其始。」《注》：「畚，器名，土籠也。」另一種是指掘土之器，《廣雅‧釋器》：「畚，臿也。」簡文「畚耜」及《淮南子》「畚插（鍤）」的畚字，顯然用的是第一義。總之，根據傳世文獻記載，可以斷定簡文的「枌耜」應讀爲「畚耜」，畚是盛土之器，耜是掘土之器。

建洲按：「枌」，並紐文部；「畚」，幫紐元部，聲韻俱近，故得通假。《論衡‧程材》：「禹決江河，不秉钁鍤。」黃暉先生《校釋》說：「《韓非五蠹篇》：『禹之王天下也，身執耒臿，以爲民生。』《淮南子‧要略》亦云：『禹身執藥臿』……與此異義。」〔註701〕可與簡文參看。

　　書局，1997.1），頁13補記。

〔註701〕黃暉《論衡校釋》（北京：中華書局，1996.11三刷），頁544。

〔二九〕波（陂）明者（都）之澤

李零先生：即「陂明都之澤」。《尚書・禹貢》作「被孟豬」，《史記・夏本紀》作「被明都」，「被」當讀爲「陂」，即〈禹貢〉之「九澤既陂」之「陂」，是築堤障塞之義。「明都之澤」，即古書常見的孟諸澤，「明都」、「孟豬」皆「孟諸」之異文。（頁269）

建洲按：周秉鈞《尚書易解》解〈禹貢〉「被孟豬」時認爲：「《墨子・兼愛中》：『古者禹治天下，……防孟諸之澤。』據此，『被』當讀爲『陂』，築堤防的意思。」〔註702〕與李零看法相同。「明都」，〈禹貢〉作「孟豬」、《周禮・職方氏》作「望諸」、《墨子・尚同》作「孟諸」、《史記・夏本紀》作「明都」、《漢書・地理志》作「盟豬」其實一也。

〔三十〕決〔🈳〕九河之深（結）〔🈳〕

李零先生：「決」，《說文・水部》：「決，行流也。」是疏通水道的意思。「深」，疑讀爲「阻」。（頁269）

許全勝先生〈容補〉：字是「渫」之誤，讀爲「泄」。簡文「決九河之泄」，正謂分九河所泄之流。

陳劍先生〈傳說〉：決九河之深（阻）。（頁6）

建洲按：「決」作🈳，右旁與「夬」作🈳（《九店》56.96）、🈳（曾候乙墓石磬「獤」字偏旁）〔註703〕、🈳（《包山》260）、🈳（《睡虎地》）〔註704〕相同。趙平安先生對「夬」的形義有詳細的說解，可以參看。〔註705〕

「深」，字作🈳，右旁上部從二直筆，只是在第二直筆添加一斜筆。李家浩先生曾經指出：「戰國文字有在豎畫的頂端左側加一斜畫的情況」，如「陳」作🈳（《璽彙》1453），亦作🈳（《璽彙》1454）、「匋」作🈳（麓伯簋），亦作🈳（《古陶文字徵》頁187）等等。〔註706〕又如「害」金文作🈳（盂鼎），《郭店・緇衣》5作🈳亦是相同現象。或是「攻」作🈳（《包山》106），亦作🈳（《包山》116）皆可參。〔註707〕

〔註702〕引自錢宗武等譯注，周秉鈞審校《尚書》（臺北：地球出版社，1994.3），頁93。（本書原是貴州人民出版社出版）

〔註703〕見《曾侯乙墓》上冊頁559注25，580頁圖22.6。

〔註704〕《秦漢魏晉錄隸字形表》，頁195。

〔註705〕趙平安〈夬的形義和它在楚簡中的用法——兼釋其他古文字資料中的夬字〉《第三屆國際中國古文字學研討會論文集》（香港：香港中文大學，1997.10），頁711～723。

〔註706〕李家浩〈傳遽鷹節銘文考釋——戰國符節銘文研究之二〉《海上論叢》第二輯，頁24。

〔註707〕何琳儀《戰國文字通論訂補》（南京：江蘇教育出版社，2003.1），頁258。

仔細觀察，[字圖]與〈容成氏〉簡42「傑」作[字]、「复」作[字]（簡29）並不相同。「△」斜筆與豎畫是緊連一起的，後二者則是分開的。換言之，字形的理解應與簡5的「[字]」（殊）相同，但李零先生隸簡5的字作從「世」，本簡卻隸作從「乍」，前後不一。而許氏之說有二誤。首先，字形右旁與「世」不類。其次，將簡文讀作「分九河所泄之流」，則「決」字所表示的「開鑿壅塞」字義將湮沒不現。筆者以爲由簡5的「宇」及簡35的「傑」，可知字應隸作「渫」。亦應分析爲從水桀聲，可讀作「結」，見紐質部，與「桀」，群紐月部，聲同爲見系，韵部旁轉。《管子・樞言》：「先王不約束，不『結紐』」、《靈樞・陰陽二十五人》：「岐伯曰：『結而不通者』」，﹝註708﹞可見「結」有打結、不通之意。另外，《史記・扁鵲倉公列傳》：「其後扁鵲過虢。……乃割皮解肌，訣脈結筋」，瀧川資言說：「訣，決通用。決通經絡之壅塞；結紐經筋之斷絕。」﹝註709﹞亦可見「決」、「結」可當反義詞用。總之「決九河之結」，就是「決九河之不通」，意謂疏通九河淤結不暢之處。另外，簡40讀作「桀」的字，上似從三直筆，與其他〈容成氏〉三個「桀（傑）」﹝註710﹞並不相同，應是訛誤。

〔三一〕夾州

　　李零先生：《尚書・禹貢》所無，但與下「滄（徐）州」鄰近，疑相當〈禹貢〉等書的「兗州」。

　　陳偉先生：認爲「夾、寅形近，或生混淆」，「寅、兗二字爲喻紐雙聲，眞、元旁轉，上古時讀音相近，或相通假。」﹝註711﹞

　　晏昌貴先生〈九州〉：「夾」意爲夾持、夾輔，夾州當得名於兩河夾持其間地，此與古書釋「冀州」正同。《釋地》：「兩河間曰冀州」。「九河」亦屬夾州。

　　朱淵清先生〈禹九〉：贊同晏說，以爲「夾州，其地當在河北」。並說《爾雅・釋地》：「兩河間曰冀州。」郭璞《注》：「自東河至西河。」孔《疏》引馬融曰：「在東河之西，西河之東，南河之北。」《禹貢》孔《疏》：「兗州云濟河，自東河以東也，豫州云荊、河，自南河以南也，雍州云西河，自西河以西也。明東河之西、西河之東、南河之北是冀州之境也。」晏氏所釋當是，夾州應以黃河東西兩河所夾而得名。北上黃河沿太行山脈東麓而行，故黃河下游水患斷不至影響山西，因此洪水泛濫的

﹝註708﹞〔明〕馬蒔《黃帝內經靈樞注證發微》（北京：科學技術文獻出版社，2000.12二刷），頁323。

﹝註709﹞瀧川資言《史記會注考證》（六）（臺北：天工書局，1989.9），頁4742。

﹝註710﹞分別見於頁127簡35第2行第2字、第4字；頁132簡40第4行最末字。

﹝註711﹞陳偉〈竹書〈容成氏〉所見的九州〉《中國史研究》2003.3，頁43。

夾州地方不在山西。夾州不是兗州。《容成氏》「決九河之阻」而夾州始可處。九河指黃河下游的眾多岔流，在今河北巨鹿、束鹿以東的河北平原上。《容成氏》這裏特別用了「決」字，決通九河岔流，目的是爲黃河幹流的分流泄洪。所以夾州在河北。

建洲按：簡文字作✗，亦見於《信陽》2.07 作✗。至於陳偉先生說「夾、寅形近，或生混淆」，這是對的。比如《郭店・成之聞之》30「槁木三年，不必爲邦旂（旗）。✗（蓋）〔註712〕言✗之也。」張光裕先生隸「✗」作「審」，從「寅」。〔註713〕周鳳五則以爲字從夾，字見於《汗簡》（按：見於中之二五十六引《尚書》作✗）及《古文四聲韻》（按：入聲二十「狹」引《古老子》作✗、「夾」引《古尚書》作✗）。《方言》：「挾斯，敗也。南楚凡人貧，衣被醜弊，或謂之挾斯；器物弊，亦謂之挾斯」是「挾斯」爲楚方言，緩言之爲挾斯，疾言之則爲夾，意指破敗、朽敗。簡文謂三年的槁木不能取以爲邦旗，因已經朽敗，不堪使用了。〔註714〕可見「夾」、「寅」二字的確有相混的現象。「兗」，古音余紐元部；「夾」，見紐葉部；「寅」，余紐眞部。見余二紐相通并不少見，如「與」，余紐魚部，而從與的「舉」，見紐魚部。「瓜」，見紐魚部；「瓜」，余紐魚部。又如「罜」（余鐸），古有「皋」（見幽）音。《左傳・哀公二十六年》所記越大夫皋如，《春秋繁露》卷九作「大夫罜」；《荀子・大略》：「望其壙，皋（見）如也……。」「皋如」，《列子・天瑞》、《家語・困誓》皆作「罜（餘）如」。〔註715〕而韵部「元」、「葉」爲通轉，《說文・弦部》：「🗌，不成遂急戾也。從弦省，曷聲，讀若癗。」上古音「曷」在月部，與元部陽入對轉；癗，從「夾」聲，古音影紐葉部，可見「元」、「葉」的確可通。《儀禮・士昏禮》：「面葉」，鄭玄《注》：「古文葉爲擖」，亦是。〔註716〕而「兗」、「寅」二者聲韻俱近，亦得相通。

〔註712〕字爲「害」字當無疑問。以往多讀作「曷」，即「……曷？」。類似句法，裘錫圭先生按語舉《公羊傳》爲例。但是彭裕商先生以爲《公羊傳》乃漢人解經而作，故設爲問答方式。郭店楚簡乃先秦遺籍，年代早於《公羊傳》，不是專爲解經而作的，其體例當與同時的其他傳世文獻一致。以傳世的東周文獻而論，其體例往往是在稱引典籍後，即對典籍所言作一概括的解釋，如：《易・文言》：「易曰：『履霜，堅冰至。』蓋言順也。」又從〈孔子詩論〉簡 10 彭裕商先生以爲「害」前有一墨丁，此字不能上讀，應讀爲「蓋」。〈讀《戰國楚竹書（一）隨記三則〉《新出楚簡與儒學思想國際學術研討會》（北京：清華大學，2002.3）。陳偉先生贊同其說，見《郭店竹書別釋》（武漢：湖北教育出版社，2003.1），頁 135、138。

〔註713〕張光裕主編《郭店楚簡研究──文字編》，頁 163

〔註714〕周鳳五〈讀郭店竹簡《成之聞之》札記〉《古文字與古文獻》試刊號（臺北：楚文化研究會，1999.10），頁 53。

〔註715〕裘錫圭〈談談地下材料在先秦秦漢古籍整理工作中的作用〉《古代文史研究新探》，頁 54～56。

〔註716〕馮時〈柞伯簋銘文剩義〉《古文字研究》24 輯，頁 227。

可見李零、陳偉二先生將「夾州」釋爲「兗州」就文字、聲韻條件來說是可以的。至於晏昌貴、朱淵清二先生將「夾州」釋爲「冀州」牽涉到古地理的問題，非筆者能力所及，今並存其說。附帶一提，沈長雲先生認爲：「實際上，古代洪水最易發生的地區只有一個，那就是古河濟之間的兗州。」〔註717〕存此備參。

　　爲方便理解，底下列出《尚書·禹貢》、《周禮·職方氏》、《爾雅·釋地》、《呂氏春秋·有始覽》有關「九州」的說法，并附上地圖：

　　《尚書·禹貢》：冀州；濟、河惟兗州；海、岱惟青州；海、岱及淮惟徐州；淮、海惟揚州；荊及衡陽惟荊州；荊、河惟豫州；華陽、黑水惟梁州；黑水、西河惟雍州。

　　《周禮·職方氏》：東南曰揚州；正南曰荊州；河南曰豫州；正東曰青州；河東曰兗州；正西曰雍州；東北曰幽州；河內曰冀州；正北曰并州。

　　《爾雅·釋地》：「兩河間曰冀州，河南曰豫州，河西曰雍州，漢南曰荊州，江南曰楊州，濟、河間曰兗州，濟東曰徐州，燕曰幽州，齊曰營州。」

　　《呂氏春秋·有始覽》：河、漢之間爲豫州，周也。兩河之間爲冀州，晉也。河、濟之間爲兗州，衛也。東方爲青州，齊也。泗上爲徐州，魯也。東南爲揚州，越也。南方爲荊州，楚也。西方爲雍州，秦也。北方爲幽州，燕也。

　　表列如下：

書　名	九　州											
禹　貢	冀	兗	青	徐	揚	荊	豫	梁	雍			
職　方	冀	兗	青		揚	荊	豫		雍	幽	并	
爾　雅	冀	兗		徐	楊	荊	豫		雍	幽		營
呂　覽	冀	兗	青	徐	揚	荊	豫		雍	幽		

〔註717〕沈長雲〈禹都陽城即濮陽說〉《中國史研究》1997.2。亦收錄於《上古史探研》（北京：中華書局，2002.12），頁36。

◎ 禹畫九州圖：〔註718〕

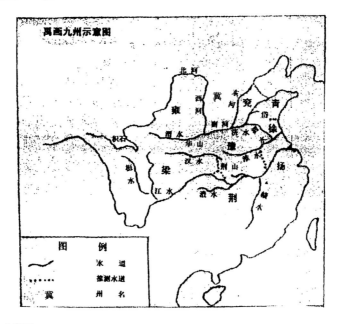

◎爾雅九州山川圖：〔註719〕

〔註718〕取自曲英杰〈禹畫九州考〉《九州》第三輯（北京：商務印書館，2003.4），頁23。
〔註719〕取自徐莉莉、詹鄞鑫著《爾雅──文詞的淵海》（上海：上海古籍出版社，1998.10
二刷），頁200。

〔三二〕淦（徐）〔〕州

李零先生：從明都澤的位置看，疑即〈禹貢〉等書的「徐州」。（頁269）

晏昌貴〈九州〉：徐州。

朱淵清〈禹九〉：徐州。

建洲按：字作，其「余」旁與（書也缶）、（《郭店・成之聞之》33）、（〈成之聞之〉36）、「舍」作（《郭店・性自命出》19）形同，惟其上少一橫筆。簡27亦有「敆」字，但其「余」旁竹簡筆劃已經漫漶，不知是否與本簡寫法一樣？亦見簡29作，其下似加「少」爲聲符，余、少共用一豎筆。「少」，書紐宵部；「余」，余紐魚部。聲紐相通之例如《睡虎地・秦律十八種》74「三人以上鼠養一人」，「鼠」（書）讀「予」（余）。〔註720〕《睡虎地・爲吏之道》20.5「三枼之後，欲仕仕之」，「枼」（余）讀「世」（書）。〔註721〕韻部旁轉，如《詩・小雅・賓之初筵》「載號」（宵）韻「載呶」，而「呶」從「奴」（魚）。又如《楚辭・大招》以「招逃」（宵）韻「遽」（魚）可證。

〔三三〕 L

建洲按：此爲「鉤識號」。即《說文》十二下「ㄥ，鉤識也。」段《注》曰：「鉤識者，用鉤表識其處也。……此非甲乙字，乃正ㄥ字也，今人讀書有所鉤勒即此。」〔註722〕簡文此處文例是「於是乎某州始可處」。值得注意的是，其他相同文例的地方，於其後均有「也」字，如「於是乎競州簣州始可處『也』，此處的「也」無疑相當於一種停頓的語氣，相當於一種「句讀」的作用。本簡卻沒有「也」字，只是在「處」之後加「L」鉤識號，可見其作用相當於「也」。筆者懷疑簡文此處應是書手漏鈔「也」字，只好在事後校讀時補上一「鉤識號」表示脫文。而本簡「L」的作用表示文章章句的結束，相當於今天的句號。「L」號又見於〈魯邦大旱〉簡1「邦大旱，毋乃遊（失）者（諸）型（刑）與惠（德）虛（乎）L」，也是句讀的作用。〔註723〕這種現象如同《郭店・老子乙》6「是胃（謂）戁（寵）辱纓（驚）。」《注

〔註720〕睡虎地秦墓整理小組《睡虎地秦墓竹簡》（北京：文物出版社，2001.12），頁37。

〔註721〕睡虎地秦墓整理小組《睡虎地秦墓竹簡》（北京：文物出版社，2001.12），頁174。

〔註722〕〔清〕段玉裁注《說文解字注》（臺北：漢京文化，1985.10），頁633。

〔註723〕有關簡牘標點符號的論述，可參陳夢家《漢簡綴述》（北京：中華書局，1980.12），頁309、吳良寶〈漫談先秦時期的標點符號〉《吉林大學古籍整理研究所建所十五周年紀念文集》（長春：吉林大學出版社，1998.12），頁190～195、李均明《簡牘文書學》（南寧：廣西教育出版社，1999.6），頁60～88、周鳳五〈郭店竹簡的形式特徵及其分類意義〉《郭店楚簡國際學術研討會論文集》（武漢：武漢大學出版社，

釋》說：「據文例『辱』下脫『若』字。」裘錫圭先生「按語」認爲：「『辱』下有一類似句逗的符號，也許是校讀者所加，表示此處抄脫一字。《老子》甲『其事好還』句脫一『還』字，『好』字下亦有此類符號（見《老子》甲第八號簡）。」〔註724〕又如《郭店·性自命出》48、49 作「凡人憍爲可亞（惡）也。憍斯甼壴（矣），甼斯慮壴（矣），慮斯莫與之結壴（矣）」；《上博·性情論》39 作「凡人憍爲可亞（惡）也。憍斯慢壴（矣），慢斯慮壴（矣），慮斯莫與之結■」，可見「■」的作用相當於「壴（矣）」，表示文章章句的結束。〔註725〕再如〈窮達以時〉7「百里轉鬻五羊，爲伯牧牛，釋板擧而爲朝卿，遇秦穆■」經與簡5「……遇齊桓『也』。」相比，此「■」亦是標示簡文有脫文。林素清先生說：「〈窮達以時〉第七簡『釋版築而爲朝卿，遇秦穆也』抄脫『也』字，脫字處（穆字）右下的墨點較大，類似墨塊，但簡文並不分章，應當視同墨點，因此，也是校讀的符號。」〔註726〕說可從。以上這些現象顏世鉉先生稱爲「以墨點標示脫文」。〔註727〕

〔三四〕通淮〔揮〕與忻（沂）

李零先生：淮水和沂水。（頁 269）

陳偉先生：竹書中的「通」字值得注意。「通」有疏通的意思，也有連接、溝通的意思。……竹書說「通」的時候，都是同時提到兩條河流。在「淮與沂」之外，還有藕州的「夔與易」……其中淮水和沂水、三江與五湖、伊與洛以及涇與渭，彼此相通，有著可靠的紀載。因而，竹書講河道的「通」也可能是說將兩條河道溝通。〔註728〕

陳劍先生〈傳說〉：此「通」字下文屢見，意爲「疏通」。……（見下注所引陳

2000.5），頁 55～56、林素清〈簡牘符號試論──從楚簡上的符號談起〉《第一屆簡帛學術討論會》（臺北：國家圖書館，1999.12）、黃人二〈郭店竹簡小墨釘點之一作用（上）、（下）〉，簡帛研究網，http://www.bamboosilk.org/Wssf/2002/huangrener06、林清源師〈睡虎地秦簡標題格式析論〉《中央研究院歷史語言研究所集刊》73：4（臺北：中央研究院歷史語言研究所，2002.6），頁 773～826、何琳儀《戰國文字通論訂補》（南京：江蘇教育出版社，2003.1），頁 256～257。

〔註724〕荊門市博物館《郭店楚墓竹簡》（北京：文物出版社，1998.5），頁 119 注7。

〔註725〕林素清〈釋吝──兼釋楚簡的用字特徵〉《中央研究院歷史語言研究所集刊》74：2（臺北：中央研究院，民 2003.6），頁 297。

〔註726〕林素清〈簡牘符號試論──從楚簡上的符號談起〉《第一屆簡帛學術討論會》（臺北：國家圖書館，1999.12），頁 3。

〔註727〕顏世鉉〈郭店竹書校勘與考釋問題舉隅〉《中央研究院歷史語言研究所集刊》74：4（台北：中央研究院歷史語言研究所，2003.12），頁 630～631。

〔註728〕陳偉〈竹書《容成氏》所見的九州〉《中國史研究》2003 年 3 期頁 43。

（偉）文）我們認爲此說實無必要。《呂氏春秋‧古樂》云「禹……通大川，決壅塞，鑿龍門，降通瀿水以導河，疏三江五湖，注之東海」，「通」與「決」、「疏」對文，應該就是「疏通」之意；此云「疏三江五湖」，《淮南子‧本經》同，而簡文後文及《呂氏春秋‧貴因》皆云「通三江五湖」，亦可見這類「通」與「疏」無別，不能解釋爲「連接、溝通」。……晏昌貴先生主張簡文下文……看來就是拘於「通蔞與易」之「通」解釋爲「連接、溝通」之故。（頁 19 注 33）

建洲按：對於「通」，筆者亦釋爲「疏通」，〔註729〕與陳劍先生同。「淮」字作△，李守奎先生指出「隹」在較早的楚文字中，多作 形，由四斜筆構成。自戰國初期之後，無論是銅器銘文還是竹簡帛書，都一律簡化爲 或 形，由三斜筆或三橫筆構成。〔註730〕其說可信。

「忻」即「沂水」。亦見於《左傳‧襄公十八年》：「齊侯駕，將走郵棠。……南及沂」。地點在莒國。〔註731〕所以後文「簹州」釋爲「莒州」應該是對的。

〔三五〕東豉（注）之洅（海）〔 〕

建洲按：「豉」讀作「注」。「豆」旁與《郭店‧老子甲》2「豆」作 形同。「注」，章紐侯部；「豆」，定紐侯部，聲紐同爲舌音，疊韻。「洅」讀作「海」。簡文字作△，李零先生隸作「抅」。由字形來看應隸作「洅」，字從「毋」。〈容成氏〉其他舊隸作「抅」者，一併改隸作「洅」。

〔三六〕競（青）州

李零先生：〈禹貢〉無競州，疑相當於〈禹貢〉等書的「青州」或《爾雅‧釋地》的「營州」。（頁 269）

晏昌貴〈九州〉：競、莒二州約當《禹貢》徐州南境。簡文莒州當偏北偏東，在沂水流域；競州當偏西偏南，當淮水流域。

朱淵清〈禹九〉：「競州，其地當在淮水流域」。

建洲按：競，群紐陽部；青，清紐耕部；營，餘耕，韵部耕陽古籍常見通假，但聲紐稍遠。另有一州「荊州」，荊，見紐耕部，與「競」聲紐同爲見系，疊韵，就

〔註729〕蘇建洲〈〈容成氏〉譯釋〉《〈上海博物館藏戰國楚竹書（二）〉讀本》（台北：萬卷樓，2003.7），頁 128。

〔註730〕李守奎〈楚文字考釋（三組）〉《簡帛研究》第三輯（南寧：廣西教育出版社，1998.12），頁 27。

〔註731〕程發軔《春秋左氏傳地名圖考》（臺北：廣文書局，民 56.11），頁 290。

聲韻條件是比較好的。但考慮到地理位置，沂水在今山東臨朐一帶（《一統志》：「沂水源出今山東臨朐縣南之沂山」）正好與青州所在「東方爲青州，齊也。」（《呂氏春秋·有始覽·有始》）相差不遠。據學者研究，「青州」相當於今山東的東部，而「荊州」在今湖北、湖南和江西西部地區，（見上附圖）可見李零先生所釋可信。

〔三七〕**簹**（莒）州

李零先生：以爲春秋莒國銅器以「**簹**」自稱其國名。莒國之城在沂水一帶。〈禹貢〉無莒州，疑簡文「莒州」即莒國一帶。（頁269）

朱淵清〈禹九〉：「莒州，當在沂水流域。」

建洲按：此說就地理位置及聲韻通假來看，應該是對的。

〔三八〕**羿**（藕？）州

李零先生：可能是《周禮·夏官·職方氏》的「并州」。「并」、「蓏」簡文寫法相近，或有混淆。（頁270）

晏昌貴先生〈九州〉：引陳偉先生說以爲字當讀作「藕」，《容成氏》藕州正當《職方》「并州」。

朱淵清先生〈禹九〉：藕州，或相當於《職方氏》所說的并州。

蘇建洲《譯釋》：《周禮·夏官·職方氏》原文作「正北曰并州，其山鎮曰恒山，其澤藪曰昭餘祁，其川呼池、嘔夷，其浸淶、易，其利布帛，其民二男三女，其畜宜五擾，其穀宜五種。」其次，「蓏」所從二「瓜」之形亦見於《包山》174作**羿**、258作**羿**，所以字隸作「蓏」應無問題。《說文》曰：「㼌，本不勝末，微弱也。從二瓜，讀若庾。」（七下二）李家浩先生說：「㼌」與「藕」都是侯部字，「蓏」從「㼌」聲，讀作「藕」。〔註732〕但是「瓜」與「人」的分別大致還算清楚，即「瓜」會加上圓點。何況「并」字所從的「人」旁一般會加上二道橫畫，所以二者相混的機會似乎不高。何況「并」字亦見於同簡，則書手寫錯的機會似乎就更小了。所以「蓏州」是否一定就是「并州」尚可保留。筆者以爲「蓏州」或許就是見於《爾雅》、《周禮》、《呂氏春秋》的「幽州」。「幽」，影紐幽部；「瓜」，見紐魚部；「㼌」，余紐魚部。見影古同爲喉音，聲紐可通，韻部魚、幽爲旁轉例可通假，如「怮」，泥紐幽部；「奴」，泥紐魚部。《爾雅·釋地》：「燕曰幽州」、《呂

〔註732〕李家浩〈信陽楚簡中的「亡枳」〉《簡帛研究》第2輯（北京：法律出版社，1996.6），頁7。

氏春秋·有始覽·有始》：「北方爲幽州，燕也。」而「菻州」附近有「湯水」、「蔞水」。前者「湯水」李零先生以爲古燕地的易水，正與「幽州」地望相合。而後者「蔞水」，李零先生以爲即古易水附近的「㴲水」，「蔞」，來紐侯部；「寇」，溪紐侯部，聲紐有相通之例，如《說文》「臚」（來魚）字的籀文作「膚」（幫魚），而「膚」、「𪕊」（溪歌）均從魚部「虍」爲聲，可見來、溪二紐可通，一說二者是複聲母關係。韻部則疊韻。可見「蔞水」的確有可能是「㴲水」。《山海經·北山經》：「又北三百里，日高是之山……㴲水出焉，東流注於河。」郭璞《注》：「過博陵縣南，又東北入於易水。」亦在燕國境內。總之，簡文「菻州」釋爲「幽州」可能比較理想。（頁 140-141 注 41）

陳偉先生：李家浩先生認爲：258 號與簽牌 59-2 中的這個字所從的「瓜」旁是反寫的，此字與「菻」同時出現，說明它們不是一個字。簽牌 59-2 所繫的竹笥內有藕六節。「瓜」與「藕」都是侯部字，因而頗疑這是一個形聲字，從「瓜」聲，讀爲「藕」。（原注：〈信陽楚簡中的「柿枳」〉《簡帛研究》第 2 輯（北京：法律出版社，1996.6）頁 6-7。）劉信芳先生則將人形左向之字釋爲「菻」，右向之字隸作「芿」，以爲「二個爲偶」讀爲「藕」。又說：「出土竹笥簽牌字亦作『芿』，該竹笥內盛蓮藕六節。」（原注：〈楚簡器物釋名〉下篇，《中國文字》新廿三期（1997 年））李先生、劉先生注意到竹笥內遺物與簽牌文字以及簡文的對照，是很有意義的。對照竹笥內的遺物，我們懷疑此字「艸」頭之下的部分從二人側立取義，是「耦」的象形字。……李零先生懷疑藕州即《職方》并州，是有道理的。除了李氏提到的并、菻（本文改釋爲「藕」）二字因形近相混外，還有一種可能性也應納入考慮。并，《說文》：「相從也。」在古文字中，「并」是在「从」（二人相隨狀）的下部附加一二道橫畫，表示二人並立或相連。「耦」的辭義與之相通。因而竹書中的「藕」恐當讀爲「耦」，是用一個意義相近的詞指稱《職方》中的并州。〔註 733〕

陳劍先生〈傳說〉：𦮼州原注釋疑即「并州」，但將𦮼字隸定作「菻」，應該是不可信的。（頁 6）

建洲按：陳偉先生的說法應該是在劉信芳先生之說的基礎上發展起來的，但更爲合理。意即《包山》𦬇可能是二人側立取義，故有「耦」意。我們暫依陳偉先生後說，也就是簡文「𦮼州」即「耦州」，用同義字來指稱《職方》中的并州，是一種「同義換讀」的現象。但是字形應該如何隸定，則尚不能完全確定。

〔註 733〕陳偉〈竹書《容成氏》所見的九州〉《中國史研究》2003 年 3 期，頁 44～45。

〔三九〕通三江五沽（湖）

李零先生：即「三江五湖」，舊說不一。案：《周禮・夏官・職方氏》：「東南曰揚州，……其川『三江』，其浸『五湖』。〈禹貢〉有「三江」而無「五湖」，曰：「淮、海惟揚州，彭蠡既豬，陽鳥攸居。三江既入，震澤厎定。」似「三江五湖」在長江下游今鄱陽湖一帶。但簡文「三江五湖」是并荊州而說，其範圍可能還包括長江中游一帶。（頁 270）

陳劍先生〈傳說〉：「通三江五湖」猶言「通三江、通五湖」，正如《管子・輕重戊》云「禹疏三江，鑿五湖。」（頁 19 注 33）

建洲按：〈禹貢〉：「揚州……『三江』既入，震澤厎定」、《周禮・夏官・職方氏》：「東南曰揚州，……其川『三江』，其浸『五湖』」，就「揚州」部分與簡文吻合。但「荊州」在〈禹貢〉則是「江、漢朝宗於海，九江孔殷，沱、潛既道」、〈職方氏〉中則是「其川江、漢，其浸潁、湛」似不合。所謂「三江」者，《國語・越語上》：「三江環之，民無所移。」韋昭《注》：「松江、錢塘江、浦陽江」徐元誥《集解》曰：「三江，宋庠本《注》作『松江、錢塘江、浦陽江』。《補音》又出『浙江』，是又以宋庠本『錢塘』作『浙江』矣。明道本《注》作『吳江、錢唐江、浦陽江』。《水經注》引郭璞曰：『三江者，岷江、松江、浙江也。』胡渭謂：『以此當《國語》之三江，則長於韋矣。』今據以訂正。岷江爲長江上游，正環吳境，不得獨遺之。松江首受太湖，經吳江、昆山、嘉定、青浦等縣，至上海縣合黃浦入海，亦名吳松江。浙江又名錢塘江，發源安徽黟縣。浦陽江發源於浙江浦江縣，然合流之後，同至餘姚縣入海。是言浙江已包浦陽，不得分而爲二。」〔註734〕所謂「五湖」者，《周禮・職方氏》鄭玄《注》：「具區、五湖在吳南」。《國語・越語下》：「果興師而伐吳，戰於五湖」，韋《注》曰：「五湖，今太湖。」徐元誥《集解》曰：「《史記・夏本紀・正義》曰：『五湖者，菱湖、游蝴、莫湖、貢湖、胥湖，皆太湖東岸，五灣爲五湖，蓋古時應別，今并相連。……』元誥按：五湖皆與太湖連，故韋乙太湖統五湖。太湖跨江蘇、浙江二省，號稱三萬六千頃。」〔註735〕再由《呂氏春秋・有始覽・有始》：「東南爲揚州，越也。」、「南方爲荊州，楚也。」〔註736〕可知簡文以「三江五湖」含括揚、荊二洲應可理解。又「三江五湖」常見於傳統文獻，如《呂氏春秋・仲夏紀・古樂》：「禹立，勤勞天下，日夜不懈，通大川，決壅塞，鑿龍門，降通漊水以

〔註734〕徐元誥《國語集解》（北京：中華書局，2002.6），頁 568～569。

〔註735〕徐元誥《國語集解》（北京：中華書局，2002.6），頁 576～577。

〔註736〕〔漢〕高誘注《呂氏春秋》（臺北：藝文印書館，1974.1 三版），頁 287。

導河，疏『三江五湖』，注之東海，以利黔首。」〔註 737〕《呂氏春秋・慎大覽・貴因》：「禹通『三江五湖』，决伊闕，溝迴陸，注之東海，因水之力也。」〔註 738〕《淮南子・本經》：「舜乃使禹疏三江五湖。」〔註 739〕《漢書・溝恤志》：「（禹）於吳，則通渠三江五湖。」

〔四十〕酓（荊）〔䣪〕州

李零：即「荊州」。（頁 270）

建洲按：「酓」作△，亦見《包山》162 䣪，文例是「酓尿之月」，讀作即「荊尸之月」。〔註 740〕簡文用法相同，亦以「酓」讀「荊」。近有賈漢清先生考釋江漢地區屈家嶺文化時期陰湘城的 ⿰ 與屈家嶺文化至石家河文化時期鄧家灣的 ⿱ 爲「荊」，並說：「當然，江漢地區這兩例『荊』字陶文的發現……從一個側面說明《禹貢》的得名並不是空穴來風，而是有其深刻的歷史根源的。……『荊』何以從江漢地區一個古代部落的名稱演變成九州之一，目前不得而知。但在今天荊州的附近發現『荊』最早的寫法卻不能說是偶然中的必然。果眞如此的話，那麼江漢地區這兩例史前陶文的發現必將成爲我們探索先楚文化－《禹貢》荊州的原始文化－又一個新的出發點。」〔註 741〕按：對於史前陶文的性質，目前學界尚未取得共識，上述史前陶文是否一定是「荊」字不無疑問，謹存此待考。

〔四一〕㱻（伊）〔㲋〕、洛

李零先生說：「㱻從水從死，與《說文・人部》「伊」字古文從「死」合。（頁 270）

建洲按：字作△，其上「死」旁與《包山》151「死」作 ⿰ 同形。「㱻」在簡文中讀爲「伊」，即伊水。《說文》曰：「⿰，古文伊。從古文死。」而《說文》古文「死」作 ⿰，可證李說可信。附帶說明，楚簡「歹」有二種寫法，〔註 742〕除由上

〔註 737〕〔漢〕高誘注《呂氏春秋》（臺北：藝文印書館，1974.1 三版），頁 131。

〔註 738〕〔漢〕高誘注《呂氏春秋》（臺北：藝文印書館，1974.1 三版），頁 394。

〔註 739〕劉文典《淮南鴻烈集解》（北京：中華書局，1997.1 二刷），頁 256。

〔註 740〕湖北省文物考古研究所、北京大學中文系編《望山楚簡》，頁 88 注 13、湖北省文物考古研究所、北京大學中文系編《九店楚簡》，頁 62 注 19、何琳儀《戰國古文字典》，頁 819。

〔註 741〕賈漢清〈論江漢地區二例相關的史前陶文〉《江漢考古》2003.2，頁 31～36。

〔註 742〕湖北省文物考古研究所、北京大學中文系編《望山楚簡》，頁 94 注 48、楊澤生〈楚系簡牘中從「肉」從「歹」之字考釋〉《古漢語研究》2001.3，頁 31。

可知作 下作類「又」形外，亦作 （《望山》1.176），下作類「女」形。此種字形亦見於《郭店·六德》16「葬」〔註743〕作 、《望山》1.55、1.123作 。另外，《說文》訓「歺」爲「列骨之殘也」。裘錫圭先生以爲「從古文字看，疑『歺』本象鏟臿之類挖土工具」，〔註744〕存此備查。

〔四二〕里〈廛（瀍）〉

李零先生：蓋「廛」字之誤，即瀍水。（頁271）

建洲按：李零先生以爲誤字，但我們看《十鐘山房印舉》3.11「纏」作 ，何琳儀先生分析「廛」疑從「吳」，從「土」，從「厂」，〔註745〕《說文》分析爲從「里」可能是不對的。由「廛」要訛作「里」似非易事，縱使「吳」與「里」有形誤的可能，但是尙有「土」、「厂」（或「广」）二旁。其次，「里」，來紐之部；「廛」，定紐元部，聲紐同爲舌頭音，但是韻部遠隔，似無通假之例。所以本簡爲何寫作「里」，恐怕尙待證據來說明。

〔四三〕敔（豫）州

李零先生：即豫州。（頁271）

建洲按：何琳儀先生以爲：呂與予實一字之分化。戰國文字「豫」從「呂」聲，是其確證。「余」、「呂」、「予」、「舍」、「舒」、「豫」均屬魚部。〔註746〕可見「敔州」是「豫州」是沒問題的。另外，《集成》17.11074有「豫州上庫造」戈銘，徐在國先生以爲即〈禹貢〉之「豫州」。〔註747〕

〔四四〕經（涇）與渭〔〕

李零先生：涇水與渭水（頁271）

建洲按：字作△，右下與「胃」一般作 或 ，從「月（肉）」，並不相同。反與《郭店·成之聞之》35「舟」作 形近。「舟」、「月」二形有形混的現象，〔註748〕如同「愉」作 （從「舟」，〈老子甲〉23），亦作 （作「月」形，〈窮達以時〉

〔註743〕黃德寬、徐在國〈郭店楚簡文字續考〉，《江漢考古》1999.2 第8條、陳斯鵬〈郭店楚簡解讀四則〉《古文字研究》24輯，頁410。字亦見於《容成》簡33。

〔註744〕裘錫圭〈𧽙公盨銘文考釋〉《中國歷史文物》2002.6，頁25注14。

〔註745〕何琳儀《戰國古文字典》，頁1030。

〔註746〕何琳儀〈舒方新證〉《安徽史學》1999.4，頁21。

〔註747〕徐在國〈兵器銘文考釋（七則）〉《古文字研究》22輯，頁117。

〔註748〕何琳儀《戰國文字通論訂補》（南京：江蘇教育出版社，2003.1），頁237。

13）。![舟字形](從「舟」，〈窮達以時〉9）、![舟字形](從「舟」，〈老子甲〉3），亦作![月字形]（作「月」形，〈尊德義〉2）。

〔四五〕虞州

李零先生：從文義看，應相當於〈禹貢〉之雍州。其名或與沮水有關。（頁271）

朱淵清先生〈禹九〉：盧州，地近涇、渭二水，當即《禹貢》、《職方氏》雍州，盧州得名當與沮水相關，古書沮水或作盧。

陳偉先生：雍州的得名，……大致皆以壅塞爲說。竹書用字，在李零先生推測外，或可讀爲「阻」。阻訓險隘、障隔，與這些對雍州的說法相通。

建洲按：簡文「涇」、「渭」二水流經「虞州」。而〈禹貢〉原文作：「黑水、西河惟『雍州』：弱水既西，涇屬渭汭」。另外，由《周禮·職方氏》：「正西曰『雍州』，其山鎮曰岳山，其澤藪曰弦蒲，其川涇、汭，其浸渭、洛」亦可證明其說可從。惟「虞」，楚簡多讀作「且」，如《郭店·緇衣》26「吾大夫恭叔（且）儉」。「且」，清紐魚部與「雍」，影紐東部，韻部旁對轉，聲紐則關係較遠，可用陳偉先生的說法來理解。

〔四六〕乃飭（？飤）〔![字形]〕臥（食）

李零先生：△，左半從食，右半不清。（頁272）

何琳儀〈滬二〉：《考釋》闕釋。按，其右上較爲糢糊，右下則明確從「力」。《易·雜》「蠱則飭也。」《注》：「飭，整治也。」《國語·吳語》「周軍飭壘。」《注》：「飭，治也。」參照下文，簡文大意「謂天下之民安居樂業，於是整治食物，於是樹立后稷以爲榜樣。」

陳劍先生〈傳說〉：何琳儀〈滬二〉釋讀爲「飭食」可從。其謂「飭」字「右上較爲糢糊，右下則明確從『力』」。諦審圖版，此字上端正當竹簡開裂處，右半上端筆劃應與下部連接，就是「力」形。「飭」應即「飾」字異體，亦見於馬王堆漢墓遣策，用爲「飾」。參看陳松長編著《馬王堆簡帛文字編》208頁。（頁19注37）

建洲按：筆者過去誤將竹簡右上開裂處視爲筆劃，所以將右旁釋爲從「豕」。〔註749〕其次，「△」右偏旁作![字形]（![字形]），這樣的寫法我們過去曾以爲與楚系文字「力」旁作![字形]（《郭店·性自命出》43）、![字形]（加，《隨縣》48）、![字形]（〈容成氏〉44）筆法

〔註749〕蘇建洲〈〈容成氏〉譯釋〉《《上海博物館藏戰國楚竹書（二）》讀本》（台北：萬卷樓，2003.7），頁142注46。

不類，現在再檢索似乎與 ![字] （賢，《包山》172）、![字] （賢，《包山》182）、![字] （旄，《璽彙》2552）形體近似，此處暫依何、陳二說，隸作「勆」釋爲「餝」。

〔四七〕乃立句（后）禝（稷）![字]爲緹（句或田）

李零先生：「禝」，字的右半是從鬼的變體。《說文・禾部》「稷」字古文從禾從鬼，正與此合。「緹」，即「盈」。（頁272）

何琳儀先生〈滬二〉：《考釋》讀「盈」。按「左糸 右呈」當讀「程」。《詩・小雅・小旻》「匪先民是程。」《傳》：「程，法也。」

蘇建洲《譯釋》：「禝」字形右旁與《上博（一）・孔子詩論》簡24「稷」作![字]同形。《說文》古文「稷」作![字]，從「鬼」作。吳振武先生說：古文字「![字]」形變成「女」形，是古文字形體演變的通例。如「嬰」，春秋晚期齊叔夷鎛作![字]，而戰國齊系璽印作![字]（《璽彙》195）可以爲證。〔註750〕所以楚簡文字寫作從「女」完全是合乎文字發展規則的。另外，簡文作從「示」旁，寫法與《集韻・職韻》所列古文同。

「緹」，簡文寫作從「土」。「壬」旁常會省作「土」，如鄂君啓節「郢」作![字]。「緹」字亦見於《郭店・成之聞之》簡34-35「少（小）人不緹（逞）人於刃，君子不緹（逞）人於豊（禮）。」讀作「逞」。與本簡相同文例亦見〈容成氏〉簡29「乃立皋陶以爲李」、簡30「乃立夔以爲樂正」，相同位置的「李」、「樂正」二者均爲官名。所以本簡的「緹」字照理說應該也是「官名」。但《尚書・堯典》：「禹拜稽首，讓於稷、契暨皋陶。」《傳》曰：「『居稷官者』，棄也。」〔註751〕又「棄！黎民阻飢。汝后稷，播時百穀。」《疏》曰：「正義曰……帝呼稷曰：『棄，往者洪水之時，眾民之難，難在於飢，『汝君爲此稷官』，教民布種』」。〔註752〕《詩經・周頌・思文》孔穎達《疏》引尚書《注》云：「始者洪水時，眾民厄於飢，『汝居稷官』，種蒔五穀，以救活之。」〔註753〕「汝居稷官」與「汝作司徒」文例相同，所以「稷」應該是官名。《國語・周語上》：「昔我先王室后稷」，韋昭《注》曰：「後，君也；稷，官也。」《史記・五帝本紀》：「棄主『稷』，百穀時茂；契主司徒，百姓親和」、《漢書・百官公卿表》：「禹作司空，平水土；棄作『后稷』，播百穀；契作司徒，敷五教」，更可

〔註750〕吳振武《古璽文編校訂》582條、何琳儀《戰國古文字典》，頁689、1342、蘇建洲《戰國燕系文字研究》，頁159。

〔註751〕《十三經注疏——尚書》，頁44。

〔註752〕《十三經注疏——尚書》，頁44。

〔註753〕《十三經注疏——詩經》，頁721。

證「后稷」是官名。金景芳先生就認爲「稷」即「后稷」，當是官名。〔註754〕既然「后稷」已是官名，則本簡「經」似不能再作官名來理解。惟《史記·殷本紀》載：「（湯）既紬夏命，還亳，作〈湯誥〉……曰：『古禹、皋陶久勞於外，其有功乎民，民乃有安。……后稷降播，農殖百穀。』」〔註755〕黃懷信先生認爲「可見『后稷』在商初已由職事之名變成了人名的代稱，……同時，商人亦言『后稷』，說明后稷確有其官、其人。……另外，『后稷』之名在《詩經》中共出現十餘次，且均是作爲周人始祖而出現的。……說明后稷確是周人始祖。而『后稷』本義，顯然是一官職。古文獻別無封『后稷』之事，亦說明舜封后稷當有其事。」〔註756〕其他例證尚有《國語·周語上》：「宣王即位……是故稷爲天官。」《集解》曰：「各本作大官，……汪遠孫曰：大官當爲天官，涉注文『大事』而誤。賈公彥《周禮疏序》：『天官，稷也。』又引〈堯典·鄭注〉：『稷，棄也。初堯天官爲稷。』《太平御覽·百穀部》四引鄭氏〈婚禮謁文贊〉曰：『稷爲天官』。《尚書·舜典·疏》引《國語》作『稷爲天官』。」〔註757〕又「後又舉禹掌『天官』；夏官，司馬也，棄掌之；秋官，士也，咎陶掌之；冬官，司空也，垂掌之。」〔註758〕由文例看來，「天官」作「官名」應無問題。以上的「稷」均可解爲「人名」，之後再加「天官」（官名），則簡文此處的「后稷」無疑亦作人名解釋，則其下的「經」自可釋爲官名。事實上，由簡文上下觀察，「后稷」相對於「皋陶」、「(敻)」，亦可知「后稷」實指人名。以此觀之，則「經」解爲官名當無疑問。考慮到「稷」簡文前面已出現，所以此處可能讀作「畯」。《說文》曰：「畯，農夫。」段《注》曰：「〈釋言〉曰：『畯，農夫也。』孫（**建洲按**：指「孫炎」）云：『農夫，田官也。』《詩·七月》：『田畯至喜』，《傳》曰：『畯，田大夫也。』《周禮·籥章》：『以樂田畯』，《注》：『鄭司農云：田畯，古之先教田者。』按田畯，教田之官，亦謂之田月令。命田舍東郊，鄭曰：田謂田畯，主農之官也。」〔註759〕王引之《經義述聞》在《爾雅·釋言》「畯，農夫也。」條下說：

　　畯，長也。田畯，農之長。率人曰夫，若大夫之夫矣。凡經傳言準夫、言牧夫、言嗇夫、言馭夫、言膳夫、言宰夫，皆率人之義。故〈郊特牲〉曰：「夫也者，夫也。夫也者，以知帥人也。」〈周頌·噫嘻〉篇「率時農

〔註754〕金景芳、呂紹綱《尚書·虞夏書新解》，頁160。
〔註755〕〔漢〕司馬遷《史記》一（北京：中華書局，1964.4 四刷），頁97。
〔註756〕黃懷信〈周族的源地與遷轉〉原載《陳直先生紀念文集》（西北大學出版社，1992.5）。又收錄於《古文獻與古史考論》（濟南：齊魯書社，2003.6），頁250～251。
〔註757〕徐元誥《國語集解》，頁16。
〔註758〕〔清〕孫詒讓《周禮正義》第十三冊，頁3104。
〔註759〕〔清〕段玉裁注《說文解字注》（臺北：漢京文化，1985.10），頁697。

夫」，鄭《箋》以農夫爲主田之吏，義本《爾雅》也。……畯，農夫也，
皆出眾之稱，故皆以俊髦連言之。」〔註760〕

可知「畯」的身份與「稷」相同，亦是古代掌管農事之官。「畯」，精紐文部；「壬」，
透紐耕部；「呈」，定紐耕部。聲紐舌齒鄰紐，例可相通。韻部「耕」、「文」亦有相
通之例，如《爾雅・釋魚》：「蜥蜴，蝘蜓。」《釋文》：「蜓（耕部）字或作蚳。」〔註
761〕而「殄」，定紐文部，可證韻部「耕」、「文」可通。另外，金文「廷」或說從「㐱」
聲。〔註762〕又如《詩經・衛風・碩人》：「巧笑倩兮，美目盼兮」，「倩（耕）」、「盼
（文）」亦屬耕文合韵的現象。〔註763〕〈周頌・烈文〉：「無競維人，四方其訓之。
不顯維德，百辟其形之。」「人」（眞）、「訓」（文）、「刑」（耕）爲眞文耕合韵。〔註
764〕陸志韋曾說「文部」與「眞部」的分界，在《詩》韵本來已經是很勉強的，正
像脂部不能再分爲微與脂。《楚辭》中，耕部通眞部的例子特別的多，又說先秦韵文
的眞耕通轉，除了《詩經》，乃是極普遍的現象。〔註765〕以此觀之，則韻部「耕」、
「文」相通或可接受。〔註766〕但是讀作「畯」還有一個問題，《國語・周語上》：「及
籍，后稷監之，膳夫、農正陳籍禮。」「乃命其旅曰：『徇。』農師一之，農正再之，
后稷三之。」韋昭《注》曰：「一之，先往也。農師，上士也。農正，后稷之佐，田
畯也，故次農師。后稷，農官之君也，故次農正。」〔註767〕若依此說，則釋爲「畯」
似有不妥。但《史記・周本紀》：「帝堯聞之，舉棄爲『農師』，天下得其利，有功。」
〔註768〕《左傳・昭公二十九年》：「稷，田正也。」孔《疏》：「百穀稷爲其長，遂以
稷名爲農官之長。……稷是田官之長。」〔註769〕則所謂「農師」、「農正」的用法，
恐未必如《國語》所寫的這般固定。換言之，我們將「緸」釋爲「畯」，訓爲「農官」，
或不爲無據。（頁144注47）

　　陳劍先生〈傳說〉：「緸」讀爲「田」從張富海〈讀楚簡札記五則〉（待刊稿）所

〔註760〕〔清〕王引之《經義述聞》（臺北：廣文書局，1963.5），頁644。
〔註761〕高亨《古字通假會典》，頁62。
〔註762〕何琳儀《戰國古文字典》，頁806、季旭昇師《說文新證》（上），頁122。
〔註763〕向熹《詩經詞典》（成都：四川人民出版社，1997.7三刷），頁979、向熹《《詩經》
　　　　語文論集》（成都：四川民族出版社，2002.7），頁208。
〔註764〕王力《詩經韻讀》（上海：上海古籍出版社，1980.12），頁391。
〔註765〕陸志韋《陸志韋語言學著作集（二）》（北京：中華書局，1999.3），頁365～366。
〔註766〕汪啓明亦曾論述此現象，參《先秦兩漢秦語研究》（成都：巴蜀書社，1999.4二刷），
　　　　頁133、頁56。
〔註767〕徐元誥《國語集解》，頁20。
〔註768〕〔漢〕司馬遷《史記》（北京：中華書局，1964.4四刷），頁112。
〔註769〕《十三經注疏——左傳》，頁925。

釋。張文舉下列古書爲證：《管子・法法》：「舜之有天下，禹爲司空，契爲司徒，皋陶爲李，后稷爲田。」《小匡》：「弦子爲理，寧戚爲田。」《淮南子・天文》：「何謂五官？東方爲田，南方爲司馬，西方爲理，北方爲司空，中央爲都」皆稱掌農業之官爲「田」。（頁 19 注 38）

建洲按：張富海先生的思路與筆者相同，如《禮記・月令》：「王命布農事，命田舍東郊。」鄭《注》：「田謂田畯，主農之官也。」但是所舉證據更爲直接，其說可從。但是我們注意到《穀梁傳・桓公十四年》：「甸粟而納之三官。」范甯《注》：「甸，甸師，掌田之官。」〔註 770〕《周禮・天官・冢宰》：「甸師：掌帥其屬而耕耨王藉，以時入之，以共齋盛。」《儀禮・士喪禮》：「甸人」，鄭《注》：「有司主田野者。」〔註 771〕加上「甸」應分析爲從「勹」，「田」聲。〔註 772〕筆者懷疑張富海先生所引《管子・法法》：「舜之有天下，禹爲司空，契爲司徒，皋陶爲李，后稷爲『田』。」此「田」可能是假借字，本字可能是「甸」。其他《管子・小匡》、《淮南子・天文》的「田」可能亦是相同情形。

〔四八〕佃（宿）〔〕於埜（野）

建洲按：「佃」在《說文》中是「夙」的古文，《說文・宀部》：「宿，止也。從宀佃聲。佃，古文夙。」（七下五）；《說文・夕部》：「夙，早敬也。……佃，古文夙，從人西。佃，亦古文夙，從人西，宿從此。」（七上十）；《說文・𠂤部》：「西，舌貌。……西，古文西」（三上二）。所以不論是筆者隸作「佃」或李零先生隸作從「西」都是可以的。大家知道「西」是簟席之「簟」的初文，則「佃」象人躺在簟席上會人過夜止息之意，是「宿」的本字。〔註 773〕字亦與《包山》35 、《楚帛書》甲 1.26 ，《璽彙》5671 、《望山》1.24 （取其上部）形近，惟本簡的「西」旁筆劃有所省簡，均當釋爲「宿」。〔註 774〕又〈民之父母〉簡 8「城（成）王不敢

〔註 770〕《十三經注疏——穀梁傳》，頁 40。

〔註 771〕《十三經注疏——儀禮》，頁 412。

〔註 772〕何琳儀《戰國古文字典》，頁 1123。

〔註 773〕李運富《楚國簡帛文字構形系統研究》（長沙：岳麓書社，1997.10），頁 122～124。裘錫圭先生贊同其說，並指出：「宿」字中的「百」是「畜」在隸書中的簡訛之形。又說：「附帶說一下，李氏在論證『佃（從心）』從『宿』聲時，根本否定古文字中有『夙』字存在，把西周金文中的『夙』字也釋爲『宿』，則是不正確的。」見裘錫圭〈從殷墟卜辭的「王占曰」說到上古漢語的宵談對轉〉《中國語文》2002.1，頁 73、頁 75 注 44。

〔註 774〕參湖北省文物考古研究所、北京大學中文系編《九店楚簡》，頁 117 注釋 209、李運富《楚國簡帛文字構形系統研究》（長沙：岳麓書社，1997.10），頁 122～124、施

康，迺夜晉命又簋」，即「成王不敢康，夙夜基命宥密」。其中「迺夜」即「夙夜」，即假「宿」爲「夙」。〔註775〕此例亦見於新出《上博（三）‧周易》簡37「又（有）卣（攸）往，佀（夙）吉。」〔註776〕簡文亦假「宿」爲「夙」。

〔四九〕復穀（穀）〔**𣪊**〕豢（換）土

李零先生：即「復穀換土」，指更換穀物的品種和讓土地輪休。（頁272）

建洲按：字亦見於《包山》191作**𣪊**、《楚帛書》乙12.4「民則有穀」。《說文》曰：「穀，乳也。從子，殸聲。」（十四下十二）而「穀」，《說文》分析爲從禾殸聲，所以以上楚文字讀作「穀」是可以的。古籍通假之例如《左傳‧莊公三十年》：「鬭穀於菟」，《釋文》：「穀，《漢書》作穀。」《荀子‧禮論》：「君子以背叛之心接臧穀。」楊《注》：「或曰，穀或讀爲鬭穀於菟之穀」。〔註777〕

「豢土」，季旭昇先生指出依本字解，意思是「養」，指培養地力。**建洲按：**《左傳‧哀公十一年》：「是豢吳也夫。」杜《注》：「豢，養也。」上引二說均可參。

〔五十〕五年乃壞（穰）

李零先生：「壞」即「穰」，指穀物豐收。（頁273）

建洲按：《廣雅‧釋詁四》：「穰，豐也。」《史記‧天官書》：「星色赤黃而沈，所居也大穰。」張守節《正義》：「穰，豐熟也。」〔註778〕又《淮南子‧主術》：「夫天地之大，計三年耕而餘一年之食，率九年而有三年之畜，十八年而有六年之積，二十七年而有九年之儲」〔註779〕與簡文所載不盡相同。

〔五一〕民乃賽

謝捷〈楚簡文字中的「悚」字〉《古文字研究》24輯，頁379～382、李守奎〈九店楚簡相宅篇殘簡補釋〉《新出土文獻與古代文明研究國際學術研討會會議論文》，頁2。只是「卜筮祭禱簡」中「少有△於某某」，對於「△」，施謝捷先生讀作「悚」；李守奎先生從陳劍先生讀作「感」。

〔註775〕商承祚《說文中之古文考》（台北：學海出版社，1979.5），頁66～67、徐在國〈上博竹書（三）《周易》釋文補正〉，簡帛研究網，2004.4.24
http://www.jianbo.org/ADMIN3/HTML/xuzaiguo04.htm。

〔註776〕馬承源主編《上海博物館藏戰國楚竹書（三）》（上海：上海古籍出版社，2003.12），頁185。

〔註777〕高亨、董治安編纂《古字通假會典》（濟南：齊魯書社，1997.7二刷），頁341。

〔註778〕〔漢〕司馬遷《史記》（四）（北京：中華書局，1964.4四刷），頁1294。

〔註779〕劉文典《淮南鴻烈集解》（北京：中華書局，1997.1二刷），頁307。

李零先生：「賽」，指爭利競勝。（頁 273）

何有祖先生：賽在此處應讀作「Δ（塞，土作心）」。參見郭店簡老子乙篇 13號簡「啓其兌，賽其事」。整理者釋爲賽，讀作Δ。《說文》：「Δ，實也」《廣雅·釋詁》：「安也」。此處「民乃Δ,驕態始作」應指老百姓糧食問題稍微得到解決（即『乃安』），又出現了新的問題（即「驕態始作」）。〔註780〕

陳偉先生〈容零〉：查字書，早期典籍中「賽」似如蘇（建洲）先生所云，未見競賽義。不過，看上文說「舜聽政」至「乃立禹以爲司空」以及禹治水成功至「乃立後稷以爲盈」的過渡，將後稷的成功與皋陶事迹分開看待，恐不妥。……這裡的「賽」似當讀作「塞」，安定義。《方言》卷六：「塞，安也。」郭璞《注》：「物足曰定。」正與簡文上云「民有餘食，無求不得」相應。（頁 298）

陳劍先生〈傳說〉：民乃賽。（頁 7）

建洲按：「賽」字的早期用法，多指「賽禱」，見簡 6「堯戔虵而岂=（時時）寅（賽）」註腳。在先秦典籍少見「賽」字用作「競賽」的意思。疑本句的「賽」仍應用作「報神福」之意，蓋人民無求而不得，遂祭禱感謝神祇的幫助，可與簡六呼應。底下「驕態始作……」爲皋陶的事迹，主語「民」承上省略。此處并不存在陳偉先生所說「將后稷的成功與皋陶事迹分開看待」的現象，正是因爲人民食有餘，人民感謝神明的保佑，但不久驕態始作，所以立「皋陶」以爲李，這也是一環接一環。可能是筆者於「民乃賽」下斷「句號」遂引起誤會。果如此，則可重新標點爲「民有餘食，無求不得，民乃賽，驕態始作……」。至於何有祖先生引《郭店·老子乙》的整理者的注釋，認爲本簡「賽」應讀作「寋」，訓爲「安」，與陳偉先生釋爲「塞」，訓爲「安」意思相近。稍作補充如下：《說文·心部》：「寋，實也。從心塞省聲。虞書曰：剛而寋。」（十下十三）段《注》曰：「〈邶風〉：『其心塞淵』，毛《傳》：『塞，瘞也。』崔集注本作『實也』，今以許書繩之，作實爲是矣。《詩》『秉心淵塞』、『王猷允塞』皆同。鄭《箋》云：『塞，充實也。』今文尚書『文塞晏晏』，鄭注《考靈耀》云『道德純備謂之塞』。道德純備，充實之意也。〈咎繇謨〉：『剛而塞』，〈夏本紀〉：『剛而實』。」〔註781〕可見「寋」當爲「塞」，揆諸先秦典籍多用作「充實」之意。「塞」訓爲「安」，見於《方言·卷六》：「厭，塞，安也」，郭璞《注》曰：「物足曰定。」〔註782〕可見此處的「塞」是由「（物資）充塞」引申出「安定」義。而

〔註780〕何有祖〈讀上博簡《容成氏》偶得〉，簡帛研究網，030710，
http://www.jianbo.org/Wssf/2003/heyouzhu01.htm。
〔註781〕〔清〕段玉裁注《說文解字注》（臺北：漢京文化，1985.10），頁 505。
〔註782〕〔漢〕揚雄《方言》。收錄於〔明〕程榮纂輯《漢魏叢書》（長春：吉林大學出版社，

「賽」異文可作「塞」，如古籍「賽禱」亦作「塞禱」，如《韓非子・外儲說右下》：「秦襄王病，百姓謂之禱。病愈，殺牛塞禱。」《史記・封禪書》「冬賽禱祠」，《索隱》：「賽謂報神福也。」《漢書・郊祀志上》「賽」作「塞」，顏《注》：「塞謂報其所祈也。」〔註783〕由上述，將簡文「民乃賽」訓為「民乃安」，或可備一說。不過，上引陳劍先生〈傳說〉仍讀作「賽」，似乎對讀作「塞」不是完全贊同。因為以其文章體例，比如頁 5 簡 14 同意陳偉先生之說將「子」讀為「茲」，則釋文寫作「㑒而坐之子（茲）」。如此看來，陳先生或以為「賽」當如字讀，則筆者解為「賽禱」當不致完全無據。

附帶說明，上述〈老子乙〉的「賽」，學者多有它解，如劉信芳先生說：「《淮南子・說林》：『丘夷而淵塞』注：『滿也。』『賽其事』猶今言忙於事務。」〔註784〕白於藍先生說：「『濟』字在此是當憂講。……那麼，為什麼簡本中又要將『濟』字書寫為『賽』呢？筆者以為此處之『賽』應當讀為『思』。」〔註785〕廖名春先生則認為：「《玉篇・土部》：『塞，實也，滿也。』……『齊』為『濟』字之借。《爾雅・釋言》：『濟，益也。』『塞其事』即充實其事，盈其事；『濟其事』即增益其事，其義近。故書當作『塞』，訓盈。」〔註786〕

〔五二〕咎（皐）尌（陶）

何琳儀先生〈滬二〉：《考釋》隸定為「左吉右土」，殊誤。按：△之筆畫清楚，從「土」，從「匋」，乃「陶」之異文。「咎陶」當讀「皐陶」。

陳劍先生〈傳說〉：隸作「咎壿」。（頁 21 注 51）

建洲按：「咎」，群紐幽部；「皐」，見紐幽部，聲近皆近，故得通假。「尌」，何說似誤。簡 29 第一個「陶」作 （△1），李零先生隸作「尌」，可從，左下的「口」旁可能是飾符。而「土」、「口」共用一筆，換言之，字從三「土」。《上博（二）》頁 276 即隸作從三「土」。至於下一個「陶」字作 （△2），李零先生隸作「尌」，左旁從「吉」與《包山》238、《九店》56.21 相比對似乎有理。但參照上下二字，△2 與△1 的左上形體相同，則△2 應該理解為從二「土」從「口」，

1992.12），頁 203
〔註783〕參湖北省文物考古研究所、北京大學中文系編《望山楚簡》（北京：中華書局，1995.6），頁 97 注 63。
〔註784〕劉信芳《荊門郭店竹簡老子解詁》（臺北：藝文印書館，1999.1），頁 119。
〔註785〕白於藍〈郭店楚簡《老子》「㤻」、「賽」、「坣」校釋〉《古籍整理研究學刊》2000.2，頁 59～60。
〔註786〕廖名春《郭店楚簡老子校釋》（北京：清華大學出版社，2003.6），頁 461。

隸作「𡐖」。「士」、「土」戰國文字形近，〔註787〕如「頡」，《說文》曰：「從頁吉聲」，《包山》155作🖼，從「士」。但〈容成氏〉簡1「頡」作🖼，字與「𡑞」作🖼從「土」形近。又如簡9「𡑞」作🖼，字從「圭」，但字形類似「士」。另外，亦可參〈魯邦大旱〉簡3的「圭」字。其次，李零先生以爲這些寫法是「堯」的異體，〔註788〕但戰國文字的「堯」，作「𡎶」、「𡎶」、「🖼」，其「卩」或「人」旁不見省略，〔註789〕《陶徵》57字形從三「土」，何琳儀先生以爲眞僞待考。〔註790〕其三「陶」，余紐幽部；「堯」，疑紐宵部，韻部旁轉音近，但聲紐似未見證據可通。《會典》742、798頁亦未見相通之例。是以△1與△2理解爲「土」的繁構即可，「土」，透紐魚部與「陶」（余幽），聲紐同爲舌頭音，韵部旁轉音近。至於簡34作「𠯑咎（群幽）」、「𠯑秀（心幽）」均爲「皋陶」的一聲之轉。另外，「皋陶」又作「𠯑繇」（〈窮達以時〉3）、「咎采」（〈唐虞之道〉12）。

〔五三〕𢾤（李）〔🖼〕

　　建洲按：△字形上部與「𡐢」作🖼（《郭店·老子乙》13）、🖼（「來」歸，《九店》56.44），學者多分析爲從子來聲，讀作「李」，來、李古音同爲來紐之部。即「李」，又作「理」，法官。字亦見於《包山》80、82等。〔註791〕李零先生說：「1993年我在弗利爾美術館整理新發現的子彈庫帛書殘片，其中也有這個字，辭例作『□桓（樹）桑桃🖼』可證🖼應釋爲「李」。〔註792〕《禮記·月令》：「是月也，……命理瞻傷，察創，視折，審斷。決獄訟，必端平。」孫希旦《集解》：「愚謂理，治獄之官，於周禮則士師、鄉士、遂士之屬也。」〔註793〕《史記·天官書》：「左角，李；右角，將。」司馬貞《索隱》：「李即理，法官也。」〔註794〕不過，最近王寧先生認爲「此字李零隸定爲『𡐢』是正確的，其上部確是『來』字，郭店楚簡中的『遝』字寫作『𡐢』，從來從止，上部之『來』與此字之上部所從全同。🖼字上部之『來』是『𢾤』字之簡化，郭店簡中的『釐』字正做『🖼』，其上部之『來』亦『𢾤』字之簡化。

〔註787〕何琳儀《戰國古文字典》，頁103。
〔註788〕《上博楚竹書（二）》，頁276～277。
〔註789〕劉釗〈《金文編》附錄存疑字考釋（十篇）〉《人文雜志》1995.2，頁103～104。
〔註790〕何琳儀《戰國古文字典》，頁299。
〔註791〕參鄭剛〈戰國文字中的陵與李〉、何琳儀〈包山楚簡選釋〉《江漢考古》1993.4，頁57。
〔註792〕李零〈包山楚簡研究（文書類）〉《李零自選集》（桂林：廣西師範大學出版社，1998.2），
　　　　頁136注2、何琳儀《戰國文字通論訂補》，頁166。
〔註793〕〔清〕孫希旦《禮記集解》（中）（北京：中華書局，1998.12三刷），頁469。
〔註794〕〔漢〕司馬遷《史記》（北京：中華書局，1964.4四刷），頁1297。

故『<img_char>』應釋爲『孼』。」〔註795〕趙平安先生亦有相同看法，他說「這個字多從鄭剛等先生隷作李。但就字形而言，是孼的省形，詳拙文〈釋包山楚簡中的『笆』〉，《簡帛研究》待刊。」〔註796〕二說應可信。又黃焯《經典釋文彙校》第三：「寫本釐作釐」〔註797〕亦爲一證。「麳」作<img_char>（趠鼎）、「釐」作<img_char>（師酉簋）、<img_char>（善夫克鼎），這些字的右上雖然類似「垂」字，但學者已指出應該從「來」，與垂同形异字，彼此來源不同。〔註798〕而且來、釐音近可通，如《詩・周頌・思文》：「貽我來牟」，《漢書・劉向傳》引「來」作「釐」。《儀禮・少牢饋食禮》：「來汝孝孫」，鄭《注》曰：「來讀如釐」，均其證。〔註799〕

〔五四〕支（辨）〔<img_char>〕會（陰）易（陽）之<img_char>（氣）

李零先生：即「辨陰陽之氣」。《史記・律書》：「王者制事立法，物度軌則，壹稟於六律。」《漢書・律曆志上》：「律十有二，陽六爲律，陰六爲呂。」此決獄本之陰陽說。「氣」字，簡文多從既從火，這裏從而，蓋涉下文「而」字而誤。（頁273）

饒宗頤先生：皋咎能辨陰陽之氣，乃知後人所謂「燮理陰陽」，有其遠源。〔註800〕

建洲按：「支」字形與《望山》2.2作<img_char>形近。《望山》考釋說：「《說文》『鞭』字古文作<img_char>，此作<img_char>，字形稍有變化。」〔註801〕說可參。「<img_char>」，此種現象，劉釗先生稱爲「隨文改字」。〔註802〕文獻證據如《左傳・僖公十六年》：「隕石於宋五」，《說文》引「隕」作「磒」；《易・離卦》：「百穀草木麗乎土」，《說文》引「麗」作

〔註795〕王寧〈釋孼〉「簡帛研究網」，2002/08/15，
http：//www.bamboosilk.org/wssf/2002/wangning01.htm。

〔註796〕趙平安〈戰國文字中的「宛」及其相關問題研究——以與縣有關的資料爲中心〉《第四屆國際中國古文字學研討會論文》（香港：香港中文大學，2003.10.15），頁539注28。

〔註797〕引自陳偉武〈雙聲符字綜論〉《中國古文字研究》第一輯（長春：吉林大學出版社，1999.6），頁331。

〔註798〕何琳儀《戰國古文字典》（北京，中華書局，1998.9），頁2、80；劉信芳〈從a²之字匯釋〉《容庚先生百年誕辰紀念文集》，頁612、616；沈建華、曹錦炎編著《新編甲骨文字形總表》（香港：中文大學出版社，2001），頁80

〔註799〕詳見蘇建洲〈從古文字材料談「柬」、「棘」的文字構形及相關問題〉《中國學術年刊》24期（臺北：台灣師大國文研究所，2003.6），頁119。

〔註800〕饒宗頤〈<img_char>公盨與夏書佚篇《禹之總德》〉《華學》第六輯（北京：紫禁城出版社，2003.6），頁4。

〔註801〕湖北省文物考古研究所、北京大學中文系編《望山楚簡》，頁116注16。亦參季旭昇師〈讀郭店楚墓竹簡札記：卡、絕偽棄作、民復季子〉《中國文字》新24期，頁129～134。

〔註802〕劉釗《古文字構形研究》（長春：吉林大學博士論文，1991），頁92、162。

「麤」。《韓詩外傳・卷三》：「太平之時，無瘖、瘂、跛、眇、尪、蹇、侏儒、折短。」「瘂」字乃「聾」字异體，或是受上一「瘖」字影響類化而成。〔註803〕〈容成氏〉38「玉閨」，即「玉門」，「閨」或受「玉」字影響而來。其他出土文字資料如陳──簋「鞞盟鬼神」，其中「鬼」作「禖」，雖然「鬼」字《郭店・老子乙》5作 〔註804〕、〈魯邦大旱〉2作 皆從「示」旁。但陳──簋「禖」未必不可視爲受「神」影響而改字。〔註805〕又〈民之父母〉8「命」作 ，字下部從「又」，與一般下從「卩」並不相同。程燕〈研讀〉紀錄引徐在國說法認爲受到下面「又」的影響。

《管子・四時》：「令有時。……不知四時，乃失國之基。……是故陰陽者，天地之大理也；四時，陰陽之大經也；刑德者，四時之合也。刑德合於時則生福，詭則生禍。然則春夏秋冬將何行？東方曰星，其時曰春，……其事號令，……解怨赦罪，通四方。然則柔風甘雨乃至，百姓乃壽，百蟲乃蕃，此謂星德。」〔註806〕此外，《周禮・春官宗伯・占夢》：「占夢：掌其歲時，觀天地之會，『辨陰陽之氣』，以日月星辰占六夢之吉凶。」賈公彥《疏》：「辨陰陽之氣以知吉凶。」〔註807〕另外，《周禮訂義》引李嘉令曰：「（其夢）協於陰陽歲時者吉，背於陰陽歲時者凶。」〔註808〕均可與簡文參看。

〔五五〕天下大和畇（均）

建洲按：「畇」讀作「均」，公平之意。字亦見《郭店・唐虞之道》簡2作「身窮不 」，李零先生隸作「畇」讀作「均」，可信。又李零先生將此句歸於下一段。陳劍〈編連二〉則歸於上一段，筆者從之。

〔五六〕會天陞（地）之燹（氣）而聖（聽）甬（用）之

建洲按：此處的「天地」疑與上述「陰陽」義近。《國語・越語下》載范蠡之言：「節事者與地。……必有以知『天地之恒制也』，……」，又說「四封之外，敵國之制，立斷之事，『因陰陽之恒，順天地之常』，……」，〔註809〕天地、陰陽互作，可

〔註803〕劉釗〈容二〉。
〔註804〕黃錫全〈讀郭店楚簡《老子》札記三則〉《郭店楚簡國際學術研討會論文集》，頁457。
〔註805〕董蓮池《金文編訂補》（長春：東北師範大學，1995.9），頁32。
〔註806〕陳麗桂師等校注《新編管子》（臺北：國立編譯館，2002.2），頁958。
〔註807〕《十三經注疏──周禮》，頁381。
〔註808〕引自劉文英《夢的迷信與夢的探索》（北京：中國社會科學出版社，2000.1二刷），頁62。
〔註809〕徐元誥《國語集解》（北京：中華書局，2002.6），頁578。

爲其證。又如《呂氏春秋・季夏紀・音律》:「應鐘之樂,陰陽不通」,張雙棣先生說:「古人認爲孟冬之月,天氣上騰,地氣下降,『天地』不通,所以說『陰陽』不通。」〔註810〕亦是一例。《呂氏春秋・仲夏紀・大樂》:「音樂之所由來遠矣,生於度量,本於太一。……凡樂,天地之和,陰陽之調也。」〔註811〕《呂氏春秋・季夏紀・音律》:「大聖至理之世, 天地之氣,合而生風,日至則月鐘其風,以生十二律。」〔註812〕《國語・周語下》載伶州鳩向周景王諫曰:「於是乎氣無滯陰,亦無散陽。陰陽序次,風雨時至,嘉生繁祉,人民和利,物備而樂成,上下不罷,故曰樂正。」〔註813〕以上都說明瞭音樂是由天地陰陽之氣和合而來,可與簡文參看。

〔五七〕乃立鱥（？質或契） 〔鱥〕吕（以）爲樂正

李零先生:其聲旁與簡18「鱥」字聲旁只是繁簡不同,如何隸定還有爭論。此字與《包山楚簡》第120簡作鱥、《郭店楚簡・語叢四》第8簡「竊」作鱥寫法相同。堯、舜樂正古書多作「夔」,唯《呂氏春秋・古樂》作「質」,從讀音考慮,此字疑讀爲「質」,(「質」是端母質部字,「竊」是清母質部字,讀音相近)。(頁274)

陳偉先生〈零釋〉:《說文》云:「竊,盜自中出曰竊。從穴米,卨廿皆聲也。廿,古文疾。卨,偰字也。」《莊子・馬蹄》:「夫加之以衡扼,齊之以月題,而馬知介倪闉扼鷙曼詭銜竊轡。」陸德明《釋文》云:「竊轡,齧轡也。」以上二例,可以作爲竊、契通假的輔證。按照這一綫索,竹書所記也許是舜的另一位大臣——契(亦作「偰」、「卨」)。在傳世古書中,契與禹、后稷、夔等人同事。如《大戴禮記・五帝德》記孔子述舜之事迹說:「使禹敷土,主名山川,以利於民;使后稷播種,務勤嘉穀,以作飲食;羲和掌曆,敬授民時;使益行火,以辟山萊;伯夷主禮,以節天下;夔作樂,以歌籥舞,和以鐘鼓;皋陶作士,忠信疏通,知民之情;契作司徒,教民孝友,敬政率經。」《史記・五帝本紀》談舜即位時事也說:「而禹、皋陶、契、后稷、伯夷、夔、龍、倕、益、彭祖自堯時而皆舉用,未有分職。」在《容成氏》中,提到的舜臣有禹、后稷、皋陶以及我們正在討論的竊。在傳世古書中,擔任樂正之職的是夔或者《呂氏春秋・古樂》所記的質;契的職位則是司徒。如非傳聞有異(原注:傳聞各異的可能性並不能完全排除。《呂氏春秋・古樂》的質,作爲質部字,與竊、契音近,所指或即一般說是司徒的契。),那麼較有可能的是,竹書作者或抄手

〔註810〕張雙棣《呂氏春秋譯注》(北京:北京大學出版社,2000.9),頁154。
〔註811〕〔漢〕高誘注《呂氏春秋》(臺北:藝文印書館,1974.1 三版),頁117～119。
〔註812〕〔漢〕高誘注《呂氏春秋》(臺北:藝文印書館,1974.1 三版),頁139。
〔註813〕徐元誥《國語集解》(北京:中華書局,2002.6),頁111。

將樂正夔誤寫成時代相同、地位也大致相當的契。

陳劍先生〈傳說〉：此字可隸作「斀」。……我們認爲，陳偉先生提出後一說應該是合乎事實的。無論是從文字釋讀還是從人物對應關係的角度來講，簡文「斀（竊）」都應該是商契。「契」在《呂氏春秋・古樂》中作「質」，同類的例子如：古帝少暤之名，古書多作「摯」，亦作「質」（摯、質相通習見），……現在我們看簡文，傳爲任樂正的「契」，因音近而也可以寫作「質」，但是由於傳聞異辭，大概後來「契」任司徒的說法逐漸佔了上風成了主流的說法，於是，保存在《呂氏春秋・古樂》中的樂正「質」最後不但跟「契」已經毫無關係，甚至還被懷疑爲是習見的樂正「夔」之誤了（《呂氏春秋・古樂》高誘注）。這種情況，是不是對少昊帝「質」跟商「契」本爲一人之分化的說法，多少能提供一些積極的支持或起到一定的印證作用呢？（頁8-9）

建洲按：此字在楚簡中並不少見，學者論述亦夥。近在李零、胡平生、劉釗、許學仁、裘錫圭、黃錫全、李運富諸先生的努力下，使我們對這組字有深入的認識。〔註814〕斀形左旁許學仁、李運富二先生以爲從「業」，如許先生說：「郭店竹簡《語叢四》中『竊』字從攴業聲，當隸定爲『斀』，古音『竊』聲在月部，『業』聲在怗部，『竊』、『業』月怗旁轉，因得相假。（原注6古音部分依陳先生伯元三十二部之說，見《古音研究》）」〔註815〕李運富先生補充說：「『怗』部也叫『葉』部或『盍』部，在各家的音系裏都跟月部是旁轉關係。後代讀音跟『竊』相同的『怯』古音也是屬葉部的，『業』字的繁形有增『去』爲聲符的，如《秦公簋》作『業』，其實《中山王壺》的『業』也可以看作從『去』得聲，只是『大』爲『業』和『去』的共用形體。可見『去』應該有接近『業』的讀音，因而『業』、『竊』、『怯』古音都是相近的。」建洲按：斀字形左旁的確如同「業」昶伯業鼎作 𦥑 〔註816〕、〈孔子詩論〉5作斀〔註817〕、《說文》古文「業」作采，可見字形上是有根據的。《馬王堆・戰國縱橫家書》189「竊」作 𥦬 ，劉釗先生分析作從「宀」從「米」「萬」

〔註814〕參李運富〈楚簡"斀"字及相關諸字考釋評議〉，簡帛研究網，（03/01/22），http://www.jianbo.org/Wssf/2003/liyunfu01.htm．所列諸家之說。
李運富〈楚"斀"字及相關諸字考辨〉，簡帛研究網，（03/01/24），http://www.jianbo.org/Wssf/2003/liyunfu02.htm．

〔註815〕許學仁《戰國楚簡文字研究的幾個問題——試讀戰國楚簡〈語叢四〉所錄〈莊子〉語暨漢墓出土〈莊子〉殘簡瑣記》《古文字研究》第23輯，（北京：中華書局，2002.6），頁122。

〔註816〕陳漢平《金文編訂補》（北京：中國社會科學出版社，1993.9），頁192。

〔註817〕見劉信芳《孔子詩論述學》（合肥：安徽大學出版社，2003.1），頁142～144所列諸家說法。

聲，〔註818〕並認爲《說文》曰：「竊，盜自中出曰竊。從穴米，禼廿皆聲也。廿，古文疾。禼，偰字也。」其中的「禼」乃是「萬」字之變形，「廿」乃是「萬」字所從之「艸」形之訛變。而不論「萬」或「禼」皆爲「月」部，則許學仁先生以爲「竊」歸「月」部是可以的。不過，郭錫良先生認爲「竊」是質部，〔註819〕上引李零先生亦將「竊」歸於「質」部，〔註820〕這樣的歸字實際上也不能說錯，比如古籍中「竊」與「切」常見通假，〔註821〕而「切」從「七」聲，《古音研究》即歸於「質」部。〔註822〕《廣韻》「竊」是歸於「切」字下，反切是「千結切」。〔註823〕《古音研究》將「千」歸於「眞」部，〔註824〕眞、質有對轉關係。所以不論歸於「月」或「質」部基本上都是對的，但筆者以爲由古文字的字形來看，「竊」歸於「月」部應是較好的選擇。其次，許學仁先生將「業」歸「怗」部則可商。郭錫良先生認爲「業」是疑紐「葉」部，〔註825〕而此「葉」部包含了陳新雄師所分的「怗」與「盍」部。《廣韻》「業」是「魚怯切」，〔註826〕《古音研究》「盍」部中有「怯」聲，〔註827〕可見「業」應入「盍」部。〔註828〕則「竊」（月）；「業」（盍）通假之例如「蓋」（月）從「盍」聲（盍）；「闔」（月）一作「闒」（盍），可見「竊」與「業」韻部相通應不成問題。至於上引李運富先生以爲「怯」與「竊」音近不知何據？上已提到《廣韻》「業」是「魚怯切」，可見只能說「怯」與「業」韵近。至於舉《秦公簋》、《中山王壺》來論述「業」與「去」聲韻的關係，曾憲通先生已有論及。〔註829〕換言之，李說並無助於補強「竊」與「業」音近的證據。

〔註818〕劉釗《古文字構形研究》（長春：吉林大學博士論文，1991），頁230～234。又見於〈說「禼」「皇」二字來源并談楚帛書「萬」「兒」二字的讀法〉《江漢考古》1992.1頁78～79。

〔註819〕郭錫良《漢字古音手冊》（北京：北京大學出版社，1986），頁39。

〔註820〕不過，於《上博（二）》，頁264又說：「此字的聲旁應如何隸定，還有待進一步討論，但從各有關辭例的讀法看，似是舌、齒音的月部或質部字。」亦即不排除「月」部的可能。

〔註821〕高亨、董治安編纂《古字通假會典》（濟南：齊魯書社，1997.7二刷），頁587。

〔註822〕陳新雄師《古音研究》（臺北：五南出版社，1999.4），頁348。

〔註823〕〔宋〕陳彭年等重修《宋本廣韻》（臺北：黎明出版社，1995.3十五刷），頁491。

〔註824〕陳新雄師《古音研究》（臺北：五南出版社，1999.4），頁348。

〔註825〕郭錫良《漢字古音手冊》（北京：北京大學出版社，1986），頁36。

〔註826〕〔宋〕陳彭年等重修《宋本廣韻》（臺北：黎明出版社，1995.3十五刷），頁545。

〔註827〕陳新雄師《古音研究》（臺北：五南出版社，1999.4），頁368。

〔註828〕其實在《古音研究》，頁461中所舉「月盍旁轉」例中，已明確提到「業」屬「盍」部。

〔註829〕曾憲通〈從曾侯乙編鐘之鐘虡銅人說虡與業〉《楚地出土文獻三種研究》（北京：中華書局，1993.8），頁223～224。

只是將 🔲 釋爲從「業」在聲紐則有距離，即竊（精）；業（疑）。這種情形如同 🔲（察，精月）、🔲（淺，精元），學者以爲從「辛」（溪元）聲。〔註830〕附帶一提，新出陝西眉縣楊家村的逨鼎有「🔲伐楚荊」一句，李學勤、董珊二先生贊同劉釗先生讀爲「踐」或「翦」。〔註831〕換言之，李、董二先生對分析這一系列的字從「辛」聲應該是不反對的。而「業」是從「辛」而來。〔註832〕不過，上引陳劍先生〈傳說〉一文仍依形隸作「🔲」，陳劍先生告訴我，這個偏旁所組成的字，從各有關辭例的讀法看，都是舌、齒音，若隸作從「業」或「辛」則聲紐變成見系，所以他不是很贊同。〔註833〕陳劍先生所指出的正如同上文所說「聲紐」的問題，這是很有見地的。惟依目前學者的研究，則文例似能讀通，字形也頗有點畫根據，至於聲紐問題，如同堯、舜的樂正除書作「質」（章質，爲舌音），亦作「夔」（群脂），後者正是「見系」。加上王志平先生也指出「精系字與見系字也頗有淵源」，〔註834〕所以此一系列的字暫依學者隸作從「業」或從「辛」（請見下文簡18「田無刈」考釋）。

其次，上引陳偉、陳劍二先生之說頗堪注意，若其說可成，則〈容成氏〉的價值又多一條，意即「契」與「質」本同一人，本來職掌是樂正，與「司徒」沒有關係。

〔五八〕六頪（律）六郖〈邵（呂）〉

李零先生：即「六律」，「律」、「頪」音同互用（二字都是來母物部字）。下面的「六」字應接「呂」字。案：此下疑有脫簡。（頁274）

建洲按：《說文》曰：「頪，難曉也。」段《注》曰：「謂相似難分別也，頪、

〔註830〕劉信芳《簡帛五形解詁——附錄九》（臺北：藝文印書館，2000），頁393～395、劉釗《利用郭店楚簡字形考釋金文一例》，《古文字研究》第24輯，（北京：中華書局，2002.7），頁278。

〔註831〕李學勤〈眉縣楊家村新出青銅器研究〉《文物》2003.6，頁67、董珊〈略論西周單氏家族窖藏青銅器銘文〉《中國歷史文物》2003.4，頁43。但是李零先生則指出「第一字，舊釋『撲』，但古書沒有這種辭例，近有學者提出，此字是與『戔』字的古文寫法有關，當改釋爲『翦伐』。案金文『僕』字有兩種不同寫法，一種聲旁上部作峀形，一種與此字聲旁相同（《金文編》，158頁：0379），所釋尚有疑問。」氏著〈讀楊家村出土的虞逑諸器〉《中國歷史文物》2003.3，頁24。洲補：董珊於〈恆先〉1中認爲有字於意義上應釋爲「樸」，但「樸」（滂屋）與「翦」（精元）、「業」（疑葉）聲音相去較遠，所以認爲是「形近訛混」關係

〔註832〕陳昭容〈釋古文字中的「羋」及從「羋」諸字〉《中國文字》新22期，頁140。

〔註833〕2003.12.20於台北中央研究院歷史語言研究所舉辦的「中國南方文明學術研討會」會場，筆者向陳先生請教時所告知。

〔註834〕王志平〈《詩論》發微〉《華學》第六輯（北京：紫禁城出版社，2003.6），頁64。

類古今字。」〔註835〕段說是也。楚簡即用作「類」，如《郭店·尊德義》30、〈性自命出〉17。「類」、「律」古音均爲來紐物部，故可通假。

「鄩」當作「呂」。簡30之下應有「呂」字。李零先生下接簡31，遂以爲其下有脫簡。陳劍先生〈編連二〉則編連簡30與簡16，而簡16首字是「鄩」，陳劍以爲是「邵」的誤字，「邵」讀爲「呂」。「六律六呂」即十二律呂，下文又言「五音」，「作爲六律六呂」與「辨爲五音」句式整齊。古書以「六律」與「五聲」或「五音」並舉習見。陳美蘭先生則指出二者有音近關係，不必釋爲誤字。**建洲按：**參照上下文，陳劍所編連較爲有理。而「鄩」的左旁實際說來是「毌」而不是「串」，《說文》不見「串」字。典籍中從「貫」的字多假「串」爲之，如《包山》265「一💢耳鼎」，《包山楚簡》說：「讀如貫」，〔註836〕詳見簡18「闤市」注釋。「毌」，見元；「呂」，來魚，聲紐來見屬於複聲母，關係密切，如「京」，古音見紐陽部；從「京」諸字如「諒」、「涼」、「椋」，古音來紐陽部；呂爲來母、莒爲見母。韵部主要母音相通，例可相通。如《呂氏春秋·明理》：「烏聞至樂？」《注》：「烏，安也。」烏（魚）與安（元）爲同源詞。〔註837〕

其次，六律六呂的名稱，傳世文獻多見，如《國語·周語下》周景王將鑄無射，問律於伶州鳩。亦見《周禮·春官·大師》、《禮記·月令》、《呂氏春秋》十二月紀等。內容分別是黃鐘、大（太）蔟、姑洗、蕤賓、夷則、無射，以上爲六律，爲「陽」；大呂、夾鐘、仲呂、林鐘、南呂、應鐘，以上六呂，爲「陰」。「五音」則是宮、商、角、徵、羽。另外，「六律」與「五音」合言者，如《呂氏春秋·慎行覽·察傳》：「孔子曰：『昔者，虞欲以樂傳教於天下，乃令重黎舉夔於草莽之中而進之，舜以爲樂正。夔於是正六律，和五聲，以通八風，而天下大服。』〔註838〕與簡文背景完全吻合，可見陳劍的編連是對的。其他例證如：《孟子·離婁上》：「師曠之聰，不以六律，不能正五音」〔註839〕、《晏子春秋·景公謂梁丘據與己和晏子諫第五》：「聲亦如味：一氣，二體，三類，四物，五聲，六律，七音，八風，九歌，以相成也。」〔註840〕《莊子·駢拇》：「亂五聲，淫六律」。〔註841〕

〔註835〕〔清〕段玉裁注《說文解字注》（臺北：漢京文化，1985.10），頁421。
〔註836〕湖北省荊沙鐵路考古隊《包山楚簡》（北京：文物出版社，1991.10）63頁注590。
〔註837〕王力《同源字典》，頁120。
〔註838〕〔漢〕高誘注《呂氏春秋》（臺北：藝文印書館，1974.1三版），頁653。
〔註839〕《十三經注疏——孟子》，頁123。
〔註840〕張純一《晏子春秋校注》《新增諸子集成》六（臺北：世界書局，1983.4新四版），頁181～182。
〔註841〕〔清〕郭慶藩《莊子集釋》（臺北：貫雅文化，1991.9），頁314。

〔五九〕**吕**定男女之聖（聲）

李零先生：以爲「聖」即「聲」。古人認爲音樂有別男女之用。（頁 262）

建洲按：李零先生所釋與上下文文意似不連貫。況簡文是說「定」男女「之聲」，並非「別」男女「之用」。此處「男女之聲」疑指六律所代表的「陽」及六呂所代表的「陰」二者合起來的「陰陽之聲」。黃老帛書〈稱〉曰：「凡論必以陰陽□大義。……男陽〔女陰，父〕陽〔子〕陰」，即以男、女分屬陽、陰。《周禮・春官・大師》：「大師：掌六律、六同，以合『陰陽之聲』。陽聲：黃鐘、大蔟、姑洗、蕤賓、夷則、無射；陰聲：大呂、應鐘、南呂、函鐘、小呂、夾鐘。皆文之以五聲：宮、商、角、徵、羽。……」鄭《注》曰：「以合陰陽之聲者，聲之陰陽各有合。……同位者象夫妻，異位者象子母，所謂律取妻而呂生子也。」〔註842〕《周禮正義》曰：「『掌六律六同以合陰陽之聲』者，此著審音調樂之通義……，云『皆文之以五聲，宮商角徵羽』者，凡調樂以五聲十二律爲本。」〔註843〕與簡文可參看。

〔六十〕**戠**（癘）〔**戁**〕**遷**（疫）

李零先生：隸作「戁」，以爲楚簡或用爲「列」，疑是古「烈」字。（頁 262）

建洲按：上引李零先生之說見於《上博（三）・周易》簡 45「九五：菜**劃**（從水）」，今本《周易》作「井冽」〔註844〕；簡 49「**劃**丌賡」，今本《周易》作「列其夤」。〔註845〕「**劃**」或「**戁**」字常見於《包山》，如**戁**（67）、**戁**（142）、**戁**（3）、**戁**（163）。〔註846〕亦見於《葛陵》甲三：361、344-2。〔註847〕「刀」、「戈」二旁可通用，故上述四者實同爲一字。李天虹先生隸作「**斷**」，並以爲與《說文》「銳」籀文作**戁**形近，疑是「銳」字異體。〔註848〕白於藍先生則隸作「**劃**」，釋爲「銳」。〔註849〕李零先生舊隸作「**戁**」。〔註850〕李運富先生進一步補充說：

〔註842〕《十三經注疏──周禮》，頁 354～355。

〔註843〕〔清〕孫詒讓《周禮正義》第七冊，頁 1833。

〔註844〕馬承源主編《上海博物館藏戰國楚竹書（三）》（上海：上海古籍出版社，2003.12），頁 197。

〔註845〕馬承源主編《上海博物館藏戰國楚竹書（三）》（上海：上海古籍出版社，2003.12），頁 202。

〔註846〕參《楚系簡帛文字編》，頁 871～872。

〔註847〕河南省文物考古研究所編著《新蔡葛陵楚墓》（河南：大象出版社，2003.10）圖版一一九。

〔註848〕李天虹〈《包山楚簡》釋文補正〉《江漢考古》1993.2，頁 85。

〔註849〕白於藍〈《包山楚簡文字編》校訂〉《中國文字》新 25 期（臺北：藝文印書館，1999.12），頁 181（60）、199（192）。

〔註850〕李零〈包山楚簡研究（文書類）〉《李零自選集》（桂林：廣西師範大學出版社，1998.2），

今按，原字左上一橫乃屬火字，右下 L 形疑爲飾筆，並無構形功能，故當楷定爲從炎從戈或剡……《説文·金部》「鋭」字下存籀文作 ⿰炎刂，亦當爲剡、剡同詞字，……《説文·刀部》：「剡，鋭利也。從刀，炎聲。」是剡、戭、⿰炎刂 同詞而與鋭異詞同義。可見《説文》所收重文并未嚴格遵守異體字的標準，除雜有假借字外，還包括紀錄同義詞的「同義字」，前人將説文重文一律視爲異體字（完全同功能字）是不妥的。李天虹《包山楚簡釋文補正》將簡文 ⿰炎戈 字楷定爲剡」，並據《説文》釋爲「鋭」，就是由於把籀文 ⿰炎刂 看作「鋭」字異體而誤釋了「剡」字的。……我們説剡等字右部所從乃炎字的傳承變體，其「L」形可以看作飾筆，其實是可有可無的。作爲一種傳承變體， ⿱大炎 與炎在楚簡文字構形中是并形共處的，正如舟、土、於、成等也有并行的幾種異寫一樣。有趣的是， ⿱大炎 、炎在簡文構形中似有較明確的分工，凡在字的左邊，一般作 ⿱大炎 ，如戭、剡共出現 38 次而從不作炎；凡在字的右邊，則一般作炎，如郯、錟等也多次出現而從不作 ⿱大炎 。這種互補現象的形成，除了傳承的因素外，恐怕與書寫配形也會有一定的關係。〔註851〕

上述李運富先生所説不無道理，但認爲「L」是飾筆，所舉例證如「或」、「晏」並無法佐證。如「或」（國）作 ⿱大戈 亦作 ⿱大戈 ，李家浩先生認爲

其字形結構可以有兩種分析。⿱大戈 所從的「L」，可能是「或」字下部一橫的變形。此是一種分析。古文字「國」或作 ⿴囗或、⿴匚或、⿴囗戈 等形（《金文編》四二六頁），第一、二兩體是把「囗」旁右邊一豎省去作「匚」字形的一種寫法，第三體是第一、二兩體的進一步簡寫，是「匚」旁上邊一橫與「戈」旁上邊一橫公用的一種寫法。簡文 ⿱大戈 可能是屬於上引第三種寫法的「國」。此是又一種分析。〔註852〕

可見李先生不認爲「L」是飾筆。而《璽彙》1959「鄆」作 ⿰軍阝，「L」乃「匚」之省。又如「建」作除作 ⿸廴聿（《隨縣》172）亦作 ⿱聿乚（《郭店·老子乙》10）。但大家知道「建」本象持物樹立於「L」內之形，〔註853〕所以後者是省掉「L」偏旁，不可倒果爲因説「L」是飾筆。雖然「絹」除作 ⿰糸肙（《包山》267）亦作 ⿰糸肙（《包山》271），此「L」

頁 135。

〔註851〕李運富〈楚國簡帛文字叢考（一）〉《古漢語研究》1996.3，頁 9。亦見《楚國簡帛文字構形系統研究》（長沙：岳麓書社，1997.10），頁 105～106。

〔註852〕湖北省文物考古研究所、北京大學中文系編《九店楚簡》，頁 85 注釋 92。

〔註853〕裘錫圭〈釋「建」〉《古文字論集》（北京：中華書局，1992.8），頁 355。

可視爲飾筆，但它的構形位置與上述諸字如、畢竟不同，是否可等同不無疑問。而且如其所說，戈、剡共出現 38 次，若「Ｌ」皆爲飾筆，未免頻率太高。換言之，就目前的字例來看，認爲的「Ｌ」旁是飾筆可能證據不足。何琳儀先生則分析作從剡（或剡省），疑「乙」聲。小篆從厂（**建洲按**：指「」），疑乙之訛變。〔註854〕「乙」小篆作「」，與「Ｌ」字形有段差距，恐不可信。筆者以爲應分析作從「Ｌ」（曲），「剡」聲。「剡」與「銳」音義皆近。「銳」，余紐月部；「癘」，來紐月部。聲紐同爲舌頭音，韻部疊韻。「剡」，古音有禪談、余談二音；聲同爲舌音，韵部月談爲通轉，李家浩先生曾對此二韻部的通假關係加以論述。〔註855〕所以簡文「△」得讀爲「癘」。「癘疫」一詞見於古籍，如《左傳・昭公元年》：「山川之神，則水旱『癘疫』之災於是乎禜之。」楊伯峻說「癘疫」即「傳染病」〔註856〕、《墨子・兼愛下》：「今歲有『癘疫』」〔註857〕、《說文》：「禜，設綿蕝爲營，以禳風雨、雪霜、水旱、『癘疫』於日月、星辰、山川也。」（一上四）

〔六一〕寀（祅？）〔〕羕（祥）

　　李零先生：隸作「祅羕」，釋爲「妖祥」。並引《說文・示部》：「祅」欄位玉裁注：「祅，省作祆。經傳通作妖」。「妖」作「祅」，與簡文寫法同。（頁 262）

　　建洲按：簡文「△」偏旁與「夭」字不似，如《郭店・唐虞之道》11「寀」作、《包山》173「昳」作、〈子羔〉12「芺」作、《古文四聲韻》上聲十九引《汗簡》「夭」作。「△」右似從「禾」旁，如《包山》103「種」作，則「△」似應隸作「寀」。但考慮到「妖祥」一詞典籍常見，如《周禮・春官・保章氏》：「保章氏：以星土辨九州之地，所封封域皆有分星，以觀『妖祥』。以十有二歲之相，觀天下之『妖祥』。以五雲之物辨吉凶、水旱降、豐荒之祲象。以十有二風，察天地之和、命乖別之『妖祥』。」《禮記・樂記》：「疾疢不作而無妖祥，此之謂大當。」《荀子・非相》：「而知其吉凶妖祥」等等，則簡文「寀」似也不能排除書手寫錯字，即將「夭」形寫作「禾」形。另一種可能是「寀」分析爲從「示」從「禾」，其上的「宀」旁依戰國文字的通常用法來看，可能是無義偏旁。〔註858〕依一般文字的構形，「禾」

〔註854〕何琳儀《戰國古文字典》，頁 931。

〔註855〕李家浩〈南越王墓車馹虎節銘文考釋〉《容庚先生百年誕辰紀念文集》（廣東：廣東人民出版社，1998.4），頁 664～665。

〔註856〕楊伯峻《春秋左傳注》（臺北：洪葉書局，1993.5），頁 1219。

〔註857〕〔清〕孫詒讓《墨子閒詁》（臺北：華正書局，1995.9），頁 110。

〔註858〕何琳儀《戰國文字通論訂補》（南京：江蘇教育出版社，2003.1），頁 216。

可能兼有聲符的作用。「禾」，匣紐歌部；「夭」，影紐宵部，聲紐同為喉音，但韻部似較遠。《包山》24「李逗」，《包簡》考釋 67 云：「李逗，即簡 21 之李瑞」，簡 21 應易為 22。而「逗」，侯部；「瑞」，歌部。〔註859〕而「侯」與「宵」關係密切，如《詩·小雅·常棣》「儐爾籩豆，飲酒之飫。兄弟既具，和樂且孺。」其中「飫」是「宵」部；豆、具、孺是「侯」部。〔註860〕值得注意的是，由〈常棣〉「夭」聲與「豆」聲可通，而「豆」聲又與「歌」部的「瑞」可通，則「㛥」（歌）與「祅」（宵）相通似不無可能。

〔六二〕 㛥（禍）才（災）

建洲按：「㛥」通假為「禍」，字亦見於《郭店·尊德義》簡 2「賞與䇂（刑），㛥（禍）福之羿（基）也」。「化」（曉歌）與「禍」（匣歌），聲近疊韻，故得通假。

〔六三〕 肥〔●〕大

建洲按：字作△（簡49），亦作●（子羔1）、●（《包山》250）、●（《包山》203）、●（《望山》1.116）。近陳劍先生對此字的構形有進一步的說明。他認為「肥」字右旁與《郭店·忠信之道》05「●」右旁同形，所以「●」字的釋讀也完全可以跟「肥」字聯繫起來重新考慮。其曰：

> 《說文》分析「肥」字為「從肉從卪」會意，徐鉉等曰「肉不可過多，故從卪」，顯然頗為迂曲。「肥」字在戰國文字中右旁所從上端填實，跟「卪」不同，一直到馬王堆漢墓帛書仍多如此。……將「●」跟「肥」字結合起來考慮，它們所從的「人」和「肉」都是極常見的意符，剩下的「△」，按照我們對古文字結構的一般認識，顯然都分別分析為聲符是最直接的。……「配」字在殷墟甲骨文和西周金文中，則確定無疑是從「卪」的。但值得注意的是，在春秋晚期金文中，「配」字已有將所從的「卪」寫作上端填實形的，跟其他字中常見的「卪」旁明顯不同。例如●（拍敦）、●（配兒鉤鑃）。……上舉兩形「配」字的右半，跟我們上文討論的「●」和「肥」字右半所從的「△」形非常接近。……由此看來，「●」和「肥」中的「△」形、「妃」和「圮」中的「己」形，都應該來源於「配」字的右半。進一步講，它們都有可能就是從「配」省得聲

〔註859〕曾昱夫《戰國楚地簡帛音韻研究》（臺北：台灣大學中文所碩士論文，2001.6），頁 219。
〔註860〕陳新雄師《古音研究》（臺北：五南出版社，1999.4），頁 457。

的，……至於「肥」字，《說文》小篆從「卩」，似乎跟早期古文字的「配」字從「卩」正好相合。……《說文》「肥」字篆形所從的「卩」，實際上也應該看作「△」形的訛體，而跟早期古文字「配」字所從的「卩」並沒有直接的形體繼承關係。……我們把「肥」、「妃」、「屺」等字所從的「△」分析爲「配」字之省，但「配」字本身「從酉從卩」，其字形如何解釋也還是一個難以解決的問題。裘錫圭先生告訴我，他久已懷疑，殷墟甲骨文中的「如」字及其異體「㛯」、「俀」，就應當釋爲「妃」。……裘先生認爲，從字形看，就是指一男一女「一對」人牲，「一對」義跟「妃」、「配」的「匹配」、「配偶」義有密切聯係。相應地，「配」字本身就應該分析爲「從酉從如（妃）省聲」，我們所討論的「肥」、「屺」等字的聲符也是來源於「如（妃）」字。〔註 861〕

建洲按：囿於能力，我們對陳劍先生的論述始終摸不著重點。陳文僅說「△」是來源於「配」的右半。而「配」若分析爲從酉從「如（妃）」省聲，那「配」的右半應該從「卩」，則「肥」、「𦙝」右半也應該從「卩」，則《郭簡》整理者、袁國華師釋「𦙝」爲從「卩」理應可從，〔註 862〕何琳儀先生亦認爲「配」字右旁從「卩」。〔註 863〕但陳文又說「除去末筆爲飾筆，餘下的部分上端作塡實形，跟常見的『卩』旁有顯著區別。……從字形上看就不可信。」（頁 2）其實，此說亦是矛盾的，因爲陳文已提到在春秋晚期金文中，「配」字已有將所從的「卩」寫作上端塡實形的，跟其他字中常見的「卩」旁明顯不同，例如 𨟠（配兒鈎鑵）。可見「卩」寫作上端塡實形並非特例。其次，對黃德寬、徐在國二先生隸作從「巳」，〔註 864〕陳文則以爲「在字形方面確實極爲有據。楚文字中常見的作偏旁的『巳』，跟此字右半形除去末筆後餘下的部分（即所謂上端塡實的『卩』形，下文用『△』代表），可以說完全相同。」（頁 2）。何琳儀先生分析「肥」的構形說：「肥，從肉，從卩，會膝肉肥厚之意。或說巳聲。」〔註 865〕亦是不能確定。《說文·成之聞之》16「節」作 𥳑，上端若塡實則與「△」同形。〈語叢三〉簡 45「㹴（犯）」作 𤟬，形體亦與「△」形近。《說

〔註 861〕陳劍〈釋《忠信之道》的「配」字，《國際簡帛研究通訊》第二卷第六期（2002 年 12 月），頁 3～5。

〔註 862〕袁國華師〈郭店竹簡「屯」（卲）、「其」、「卡」（卞）諸字考釋〉《中國文字》新 25 期（臺北：藝文印書館，1999.12），頁 161。

〔註 863〕何琳儀《戰國古文字典》，頁 1297。

〔註 864〕黃德寬、徐在國〈郭店楚簡文字考釋〉《吉林大學古籍整理研究所建所十五周年紀念文集》（長春：吉林大學出版社，1998.12），頁 105 第 21 條。

〔註 865〕何琳儀《戰國古文字典》（北京：中華書局，1998.9），頁 1299。

文》曰「巳」讀若「含」，匣紐侵部；「肥」，並紐微部。韵部主要母音相同，可以通轉。〔註866〕聲紐乍看似遠，但從「巳」的「犯」、「範」皆在「並」部。在新證據未出現之前，筆者暫從傳統舊說，即將「肥」釋爲從「巳」。另外，大家知道「肥」所從的「巴」旁乃是後世訛變所致，不過《望山》2.12 有字作 多，李家浩先生隸作「𦙄」，讀作「葩」，〔註867〕但具體考釋尚未得見，存此待考。〔註868〕

〔六四〕晉　長

李零先生：即「蓁長」。（頁262）

孟蓬生先生〈字詞〉：晉長即進長，同義複合詞。古音晉、進聲通。

何琳儀先生〈滬二〉：按，《說文》：「晉，進也。日出而萬物進。從日，從臸。《易》曰：明出地上，晉。」

建洲按：可見原簡按本字讀即可，不需改釋。《呂氏春秋‧季夏紀‧明理》：「故衆正之所積，其福無不及也；衆邪之所積，其禍無不逮也。其風雨則不適，其甘雨則不降，其霜雪則不時，寒暑則不當，陰陽失次，四時易節，人民淫爍不固，禽獸胎消不殖，草木庫小不滋，五穀萎敗不成，其以爲樂也，若之何哉？」〔註869〕「故子華子曰：『夫亂世之民，長短頡忤百疾，民多疾癘，道多褻襁，盲禿傴尪，萬怪皆生。』故亂世之主，烏聞至樂？不聞至樂，其樂不樂。」〔註870〕反言之，只有純善盡美、正六律、和五聲的音樂，才能「天下大服」，才能「癘疫不至，妖祥不行，禍災去亡，禽獸肥大，草木晉長」。

〔六五〕女（如）是𦣞（狀）

建洲按：「𦣞」字亦見《郭店‧老子甲》簡21、〈五行〉簡36。裘錫圭先生分析作從百（首）「爿」聲，〈老子〉讀作「狀」；〈五行〉讀作「莊」。〔註871〕

〔六六〕𡙸（舜）又（有）子七人

〔註866〕王力《同源字典》，頁13。

〔註867〕李家浩〈楚墓竹簡中的「昆」字及從「昆」之字〉《中國文字》新25期（臺北：藝文印書館，1999.12），頁145。

〔註868〕此字或釋爲「易」，恐不類。見程燕〈望山楚簡考釋六則〉《江漢考古》2003.3，頁88。

〔註869〕〔漢〕高誘注《呂氏春秋》（臺北：藝文印書館，1974.1 三版），頁150。

〔註870〕〔漢〕高誘注《呂氏春秋》（臺北：藝文印書館，1974.1 三版），頁154。

〔註871〕裘錫圭〈郭店《老子》簡初探〉《道家文化研究》17輯（北京：三聯書局，1999.8），頁46。

建洲按：或曰「九人」。如《呂氏春秋・孟春紀・去私》：「舜有子九人，不與其子而授禹：至公也。」〔註872〕

【釋　文】

墨（禹）聖（聽）正（政）三年，不斮（製）革〔一〕，不釰（刃）金，不鉻（略）矢〔二〕，田無剳（蔡或萑）〔三〕，厇（宅）不工（空），闡（關）坊（市）〔四〕無賦。墨（禹）乃因山陸（陵）坪（平）隆（隰）〔五〕之可垟（封）邑〔六〕**18** 者而緐（繁）實之，乃因迒（？量）以智（知）遠〔七〕，法（去）蠠（苛）而行柬（簡）〔八〕，因民之欲，會天陛（地）之利，夫是㠯逮（？近）者敓（悅）綗（治）〔九〕，而遠者自至。四海（海）之內𢓊（及）〔十〕**19** 四海（海）之外皆青（請）社（貢）〔十一〕。墨（禹）肰（然）句（後）訂（始）爲之虐（號）羿（旗），㠯𡗣（辨）亓（其）左右，思民毋𡨦（惑）〔十二〕。東方之羿（旗）㠯日，西方之羿（旗）㠯月〔十三〕，南方之羿（旗）㠯它（蛇）〔十四〕，**20** 宙（中）正之羿（旗）以澳（熊）〔十五〕，北方之羿（旗）以鳥〔十六〕。墨（禹）肰（然）句（後）訂（始）行㠯會（儉）：衣不褻（製）娓（美）〔十七〕，飤（食）不童（重）香（味）〔十八〕，朝不車逆〔十九〕，穜（種）不粺（毀）米〔二十〕，盥（饗）不斮（折）骨〔二一〕。褽（製？）**21**……表皵（皮）専〔二二〕。墨（禹）乃𦘒（建）鼓於廷〔二三〕，㠯爲民之又（有）訟（謁）告〔二四〕者訏（鼓？）〔二五〕安（焉）。敂（撞）〈擊？〉鼓〔二六〕，墨（禹）必速出，冬不敢㠯蒼（寒）訂（辭）〔二七〕，顕（夏）不敢以㞕（暑）訂（辭）〔二八〕。身言 **22** 孝唇（辰？厚？）〔二九〕，方爲三借〔三十〕，救聖（聲）之紹〔三一〕：東方爲三借，西方爲三借，南方爲三借，北方爲三借，㠯𧗿（衛？）於溪浴（谷）〔三二〕，淒（濟）於坣（廣）川〔三三〕，高山陞（登）〔三四〕，蓁林 **31**……□泉〔三五〕所曰聖人，亓（其）生賜羕（養）也，亓（其）死賜𦙶（葬）〔三六〕，法（去）蠠（苛）匿（慝）〔三七〕，是㠯爲名〔三八〕。墨（禹）又（有）子五人，不㠯亓（其）子爲逡（後），見 **33** 㕣（皐）咎（陶）〔三九〕之臤（賢）也，而欲㠯爲逡（後）。㕣（皋）秀（陶）乃五嚻（讓）㠯天下之臤（賢）者，述（遂）𤔲（稱）疾〔四十〕不出而死。墨（禹）於是虐（乎）嚻（讓）𢌾（益），啓於是虐（乎）攻𢌾（益）自取〔四一〕，**34** 內（入）安（焉）以行政〔四二〕。於是於（乎）訂（始）簹（爵）而行彔（祿）〔四三〕，㠯嚻（讓）於來（？），亦＝迵＝，曰𢝊速蓑……**32**（頁209～248）

〔註872〕〔漢〕高誘注《呂氏春秋》（臺北：藝文印書館，1974.1三版），頁38。

【校　釋】

〔一〕不斲（製）〔🗡〕革

李零先生：不折革。「折革」即「製革」，指製甲衣。（頁 264）

　　建洲按：字亦見於〈容成氏〉簡 21、《郭店・緇衣》簡 26，字作🗡。何琳儀先生以爲左旁從「專」，「顓」爲「專」之异文，而「顓」又與「制」可通假。〔註 873〕《包山》270「敦」作🗡，左下從「又」，與🗡並不相同，可見隸作從「專」並不準確。朱德熙、李家浩二先生在考釋鄂君啓節的「榑」時，曾舉例🗡、🗡爲「叀」字，又引黃賓虹之說認爲《璽彙》559 作🗡爲《說文》「斷」字古文「𢇍」，《說文》曰：「斷，……𠤏，古文叀字」（十四上十四），所以🗡亦爲「叀」，〔註 874〕而將本簡「△」隸作「斲」。陳偉武先生亦從此角度出發，認爲郭店簡有字作🗡，諸家釋「斷」無异議，遂將🗡亦釋爲「斷」。下部的變化如同🗡→🗡→🗡，而從「刃」從「斤」義近互換。〔註 875〕此說有理，但在本簡未必要讀爲「斷」，因爲簡文讀作「不斷革」與上下文意不合。其實，將「△」釋爲「斷」自有其文字學上根據，而依字形應隸作「斲」，字形變化在《郭店》中亦可見，如🗡（徝，〈唐虞之道〉1）→🗡（「𢻹」，〈語叢四〉20）→🗡。字從「叀」聲，古音章紐元部；制，章紐月部，雙聲，韵部元月對轉。「斷」，定紐元部，聲韵亦近，所以簡文可讀作「制（製）」。「不製革」即不製作甲衣。不過，「朝」作🗡（《郭店・窮達以時》5）、🗡（〈成之聞之〉34）、🗡（《包山》145）。其左旁亦與「△」同形，所以《璽彙》、《戰國文字編》將🗡隸作「𪔛」。〔註 876〕**建洲按**：字在璽印中作人名用。隸作「𪔛」字書未見，反不如黃賓虹釋爲「斷」的好。同樣，「△」若隸作「斲」，則於形、音、義俱無所取，故不從此說。

〔二〕鉻（略）矢

李零先生：即「䂹矢」，《爾雅・釋詁下》：「䂹，利也。」亦作「略矢」，《詩・載芟》：「有略其耜」，毛《傳》：「略，利也。」意指使矢鏃鋒利。（頁 264）

　　建洲按：說可信。簡文句式，「折革」、「釾金」屬於主動；「鉻矢」屬於使動。如同簡 3「孝（教）而茪（誨）之，歙（飲）而𠂤（食）之」，參該簡注釋。又《尸

〔註 873〕何琳儀〈郭店竹簡選釋〉《簡帛研究二〇〇一》，頁 161。

〔註 874〕朱德熙、李家浩〈鄂君啓節考釋（八篇）〉《朱德熙古文字論集》，頁 199。

〔註 875〕陳偉武〈舊釋「折」及從「折」之字平議〉《古文字研究》第 22 輯（北京：中華書局，2000.7），頁 251。

〔註 876〕湯餘惠《戰國文字編》，頁 464。

子》曰：「武王已戰之後，三革不累，五刃不砥」〔註877〕可見「革」、「刃」的不製、不砥，均代表一種不興兵戎、休養生息的治國方式，可與簡文參看。

〔三〕田無刑（蔡或萑）〔𣶏〕

李零先生：左半所從與郭店楚簡釋為「察」、「淺」、「竊」的字所從相同（其中釋為「察」、「竊」的字也見於《包山楚簡》），右半從刀。疑此字在這裡作荒廢之義講，或可讀為「蔡」，指野草。（頁264）

建洲按：筆者完全贊同李零先生所釋。不過，結合目前學界對「△」字的研究，似可再提一說：「△」形左旁同𢽾（〈窮達以時〉1）的右旁。今由𣂅（察，精月）、𣂈（淺，精元），學者以為右上從「辛」（溪元）聲，〔註878〕尤其劉釗先生分析本組字形構時說「這個字雖然下部變體很多，但是其上部作𦥑、𦥑、𦥑形則一般不變。」〔註879〕可見「△」左旁可目為從「辛」，則字可隸作「刑」。從「辛」聲（溪元），可讀作「萑」，匣紐元部。聲紐古同為喉音，韻部疊韻。《廣韻》：「萑，萑葦，《易》亦作萑，俗作萑。」〔註880〕《呂氏春秋・士容論・任地》：「后稷曰：……子能使萑夷毋淫乎？」張雙棣先生以為「萑夷」即「萑荑」，這裏泛指田間雜草。整句譯作「你能使田裡的雜草不滋長蔓延嗎？」〔註881〕則簡文「田無刑」即「田無萑」，意即田裡無野草。這樣的解釋與李零先生所釋相同。附帶一提，對於這個字，陳劍先生告訴我認為隸作「𢽾」，讀作「蔡」即可，恐怕不需改釋。這個看法，筆者沒有異議，只是嘗試在目前學界說法的基礎上，提出另一種稍可參考的說法。請參見上文簡三十「𢽾（質）」的考釋。

〔四〕闗（關）坿（市）

建洲按：「闗」，亦見於「鄂君啓舟節」、《上博（一）・孔子詩論》簡10「關雎」的「關」。《說文》無「串」字。而於「患」字下段《注》曰：「患字上從毌，或橫

〔註877〕〔清〕汪繼培輯自《太平御覽》三百二十七卷，《北堂書鈔》十五卷。〔清〕汪繼培輯《尸子》收錄於《二十二子》（京都：中文出版社，1982.6），頁408。

〔註878〕劉信芳《簡帛五形解詁——附錄九》（臺北：藝文印書館，2000），頁393～395、劉釗《利用郭店楚簡字形考釋金文一例》，《古文字研究》第24輯，（北京：中華書局，2002.7），頁278。

〔註879〕劉釗《利用郭店楚簡字形考釋金文一例》，《古文字研究》第24輯，（北京：中華書局，2002.7），頁277。

〔註880〕〔宋〕陳彭年等重修《宋本廣韵》（臺北：黎明出版社，1995.3 十五刷），頁123。

〔註881〕張雙棣《呂氏春秋譯注》（北京：北京大學出版社，2000.9），頁900、903。

之作申，而又析爲二中之形，蓋恐類爲申也。……古毌多作串，《廣韻》曰：『串，穿也。』親串即親毌。貫，習也。〈大雅〉：『串夷載路』，《傳》曰：『串，習也。』蓋其字本作毌，爲慣、摜之假借。」〔註882〕換言之，「患」應分析爲從心「毌」聲，後訛作「串」，如中鼎的 ，象穿貝之形，乃「毌」的初文。又如晋薑鼎的 ，象穿兩貝之形演化而來的訛體。「串」可能由上述二形體訛變而來。故典籍中從「貫」的字多假「串」爲之。何琳儀先生謂「閏，從門，串聲」，〔註883〕又謂：「或說：串、毌本一字。」〔註884〕顏世鉉先生分析楚簡「閏」當是從「門」從「毌」，「毌」亦聲。可從。〔註885〕「坿」作 ，形體似近於「坒」作 （簡5），彼此差別在右下的一筆。另外，△與 （《包山》191）並不相同，應該是近於 （《包山》95），而「土」旁增一斜筆遂成「壬」字。應隸作「坿」，讀作「市」。〔註886〕《呂氏春秋·仲夏紀·仲夏》：「關市無索」，高誘《注》：「關，要塞也。市，人聚也。無索，不征稅。」〔註887〕

〔五〕坪（平）䌛（隰）

建洲按：「䌛」讀作「隰」。「絲」（聯）與「絲」二字用作表意偏旁時往往可以通用。如「隰」所從的「絲」旁，金文往往作「」。〔註888〕

〔六〕坴（封）邑

建洲按：「坴」字作 ，其「丰」旁與〈容成氏〉24的「毛」作 、〈容成氏〉49「靐」作 相似。「坴」即「封」，與《說文》「封」籀文作 同形。「邑」作 ，其下部與常見於《包山》、《郭店》的「邑」作 （《包山》10）；「邦」作 （《郭店·語叢四》6）、（《老子甲》29）；「邸」作 （《窮達以時》8）等並不相同。〔註889〕這種寫法與上海博物館所藏郊立戈（《文物》1963年9期）的「郊」作

〔註882〕〔清〕段玉裁注《說文解字注》（臺北：漢京文化，1985.10），頁514。

〔註883〕何琳儀《戰國古文字典》，頁1001。

〔註884〕何琳儀《戰國古文字典》，頁1000。

〔註885〕顏世鉉〈考古資料與文字考釋、詞義訓詁之關係舉隅〉《楚簡綜合研究第二次學術研討會》（臺北：中央研究院歷史語言研究所，2002.12），頁4。

〔註886〕裘錫圭〈戰國文字中的「市」〉《古文字論集》，頁463～464。

〔註887〕〔漢〕高誘注《呂氏春秋》（臺北：藝文印書館，1974.1三版），頁115。

〔註888〕裘錫圭〈戰國璽印文字考釋三篇〉《古文字論集》，頁479。

〔註889〕張光裕主編《包山楚簡文字編》（臺北：藝文印書館，1992.11），頁383～410、張光裕主編《郭店楚簡研究——第一卷——文字編》（臺北：藝文印書館，1999.1），頁397～398。

的「邑」旁形近，學者指出此戈屬巴蜀式兵器，其銘文則無疑屬於楚文字。〔註890〕又見「邦」作 ![字] （國差鐕）、「邡」作 ![字] （《隨縣》173）簡等。比較起來，《包山》、《郭店》的寫法較具楚系特色，因爲類似〈容成氏〉的寫法常見於其他戰國文字，如林清源師所指出的燕國器銘所見的「鄾」字，其右邊所從的「邑」旁，上半呈倒三角形，下半多作「 ![字] 」形。〔註891〕「邵」作 ![字] （中山王 ![字] 壺）、「鄾」作 ![字] （蚉壺）。又〈容成氏〉中，這兩種寫法亦是同時出現的，如「邦」作 ![字] （13），亦作 ![字] （45）。

〔七〕乃因迳（？量）〔 ![字] 〕以暂（知）遠

李零先生說：迤（？），與下文「遠」字相對，從文義看，似是「近」之義，但其聲旁與「近」、「迤」都不太一樣。（頁264）

建洲按：誠如李先生所言，△確與「介」或「近」不似。「介」可見《郭店・緇衣》3作 ![字] 、〈六德〉2作 ![字] 〔註892〕、《上博（二）・昔者君老》簡4作 ![字] ，上端的「八」形省簡，竪筆的橫畫則加以延長，又見於《璽彙》3713作 ![字] ，乃楚璽。而「近」作 ![字] （《郭店・五行》7）、 ![字] （〈尊德義〉8），以上皆與△不類。「△」，筆者曾以爲與簡3「遞」作 ![字] 類似，只是省掉「又」旁而已，則△可隸作從「石」。但仔細觀察，「石」作 ![字] ，象「厂」形，但「△」作 ![字] ，左下有一勾形，與「石」似不相似。《郭店・六德》16有字作 ![字] ，袁國華師以爲此字以順時針方向稍微移動，便與「它」形近。〔註893〕顏世鉉先生贊同其說。〔註894〕簡文「 ![字] 」與 ![字] 形體相近，惟「△」少一筆劃，似不能排除訛變的可能。〈容成氏〉簡24-27說明禹疏通河川之後，九州乃可處，如「禹通淮與沂，東注之海，於是乎競州、莒州始可處也。」（25），亦見於其他文獻，如《墨子・兼愛中》：「古者禹治天下，西爲西河漁竇，以泄渠孫皇之水。……南爲江漢淮汝，東流之注五湖之處，以利荊楚、於越與南夷之民。」〔註895〕《詩・商頌・長發》：「洪水茫茫，禹敷土下方。外大國是疆，幅隕既長。」

〔註890〕何琳儀〈新蔡竹簡地名偶識——兼釋次竝戈〉，簡帛研究網，02/10/23。
〔註891〕林清源師〈戰國燕王戈器銘特徵及其定名辨僞問題〉《中央研究院歷史語言研究所集刊》70：1（臺北：中央研究院，1999.3）頁249。
〔註892〕張光裕主編《郭店楚簡研究 第一卷 文字編》，頁165 字頭411
〔註893〕袁國華師〈郭店楚簡文字考釋十一則〉《中國文字》新24期（臺北：藝文印書館，1998.12），頁144。
〔註894〕顏世鉉〈郭店楚簡〈六德〉箋釋〉《中央研究院歷史語言研究所集刊》72：2（臺北：中央研究院歷史語言研究所，2001.6），頁462。
〔註895〕〔清〕孫詒讓《墨子閒詁》（臺北：華正書局，1995.9），頁99～102

鄭《箋》：「乃用洪水，禹敷下土，正四方，定諸夏，廣大其竟界之時，始有王天下之萌兆。」孔《疏》：「往者唐堯之末，有大水芒芒然。有大禹者，敷廣下土，以正四方，京師之外大國於是畫其疆境，令使中國廣大均平，既已長遠矣。」〔註 896〕可見禹治水有成之外，也正四方疆境。加上《周禮・夏官・量人》：「量人掌建國之法，以分國爲九州」，賈公彥《疏》曰：「量人至如之。釋曰：云掌建國之法者，以其建國當先知遠近廣長之數故也。」〔註 897〕《禮記・王制》：「司空執度度地，居民山川沮澤，時四時。量地遠近，興事任力。」禹正是「司空」，其職責之一是「量地遠近」。而依照陳劍先生的編連，簡 18-19 是在上述簡 24-27 之後的，換言之，「禹乃因山陵平隰之可邦邑者而繁實之，乃因△以知遠」應可理解爲禹濬川之後，九州之民可以安處於山陵平隰之地，這時國家疆域的遠近廣長之數也才確定下來。筆者以爲或可讀作「因量以知遠」，「量」（來陽）；「它」（透歌），聲紐同爲舌頭音；韵部主要母音相同可通轉。如王力先生認爲「兩」（陽）與「麗」（歌）是同源字。〔註 898〕又如《淮南子・說山》：「不見堶埤」，高誘《注》：「堶，讀似望，作江淮間人言能得耳。」〔註 899〕江淮屬於楚地，華學誠先生歸納高誘《注》語所反映的方言區，其一便是「楚淮方言地域」。〔註 900〕「堶」（歌）；「望」（陽），可見楚方言中「歌」、「陽」二部應可通。

〔八〕沄（去）蟲（苛）而行柬（簡）

建洲按：《左傳・昭公十三年》：「苛慝不作」，楊伯峻《春秋左傳注》曰：「苛，瑣細煩細；慝，邪惡污穢」。〔註 901〕則簡文「去苛以行柬（簡）」可與簡 8「與之言正（政），敓（悅）柬（簡）㠯行」相呼應。

〔九〕逮（？近）〔逡〕者敓（悅）紿（治）

李零先生：△隸作從「聿」，讀作「近」。（頁 265）

建洲按：從文意看來是對的，但筆劃不類。字與「逮」作 （《郭店・語叢一》75）、 （〈成之聞之〉簡 31）相似。字與「聿」作 可能形近而誤。

〔註 896〕《十三經注疏——詩經》，頁 800。
〔註 897〕《十三經注疏——周禮》，頁 456
〔註 898〕王力《同源字典》，頁 359。
〔註 899〕劉文典《淮南鴻烈集解》（北京：中華書局，1997.1 二刷），頁 526。
〔註 900〕華學誠《周秦漢晉方言研究史》（上海：復旦大學出版社，2003.3），頁 401～402。
〔註 901〕楊伯峻《春秋左傳注》（臺北：洪葉書局，1993.5），頁 1351。

〔十〕四浘（海）之內坴（及）

李零先生：「坴」釋爲「及」，有來至之義，指來朝觀。（頁265）

建洲按：《廣雅・釋詁一》：「及，至也。」則「及」有來、至之義，應無問題，但引申爲「來朝觀」未免求之過深。陳劍先生〈編連二〉可能贊同其說，遂於「坴」下斷句，即「四海之內及，四海之外皆請貢。」筆者以爲此處的「及」應理解爲連接詞。雖然「坴」下加「止」旁，似乎的確有「行動」的意思，但楚簡某些「止」旁並無實質意義，如〈語叢三〉簡45「堲」即「犯」；〈性自命出〉27「奠（鄭）衞之樂」，「衞」即「衛」；〈老子乙〉7「迉虐（吾）亡身」，「迉」從「辶」與從「止」義近，在此表示「及」；上述《楚帛書》「山陵不 𣥏 」，對照《上博簡・周易・大畜》、《葛陵簡》甲三380，則《楚帛書》 𣥏 所加的「止」旁亦是無義偏旁。以上均可證「坴」可直接理解爲「及」。其次，簡文「皆」字所指顯然不僅「四海之外」，古籍常見「及……皆」的句式，如《左傳・定公五年》：「逐公父歜『及』秦遄，『皆』奔齊。」《儀禮・大射禮》：「公有命徹幂，則賓『及』諸公卿大夫『皆』降，西階下北面東上，再拜稽首。」《後漢書・趙岐傳》：「紹『及』操聞岐至，『皆』自將兵數百奉迎。」

〔十一〕青（請）玒（貢）

李零先生：即「請貢」，指請求朝貢。（頁265）

建洲按：于省吾先生曾說：「工與貢字古通用，但甲骨文有工無貢，貢乃後起之分別文」。〔註902〕《易・繫辭上》：「六爻之義易以貢。」《釋文》：「貢，陸虞作工。」〔註903〕胡渭《禹貢錐指》卷1引宋王炎曰：「九州有賦有貢。凡賦，諸侯以供其國用；凡貢，諸侯以獻於天子。」胡渭亦曰：「夫賦出於百姓，貢出於諸侯。」〔註904〕實物貢納根據各地的特產，《禹貢》記錄了九州出產的大量貢物。各地貢納規劃調配，《史記・夏本紀》：「令益予眾庶稻，可種卑濕。命后稷予眾庶難得之食。食少，調有餘相給，以均諸侯。禹乃行相地宜所有以貢，及山川之便利。」可見所謂貢納實不分「四海之內」或「四海之外」。總之，此處讀爲「四海之內及四海之外皆請貢」應該較好。

〔註902〕于省吾〈釋工〉《甲骨文字釋林》（北京：中華書局，1993.4 三刷），頁71。
〔註903〕高亨、董治安編纂《古字通假會典》（濟南：齊魯書社，1997.7 二刷），頁1。
〔註904〕引自朱淵清〈禹畫九州論〉，簡帛研究網，03/08/02，
　　　　http://www.jianbo.org/Wssf/2003/zhuyuanqing03.htm。

〔十二〕璽（禹）肰（然）句（後）訂（始）爲之虘（號）羿（旗），
　　　　呂攴（辨）亓（其）左右，思民毋憲（惑）。

李零先生：古文圖繪群物於旌旗，作爲徽號，是爲「號旗」。「思民毋憲」，即「使
民毋惑」。（頁265）

建洲按：俞樾《古書疑義舉例》有「上下文異字同義例」一例，〔註905〕如本
簡「後」作「句」，而簡12則作「迻」。裘錫圭先生指出楚簡中，「先後」、「前後」
之「後」似無有作「句」者，而「然句（後）」、「而句（後）」之「句」，則無有作
「後」者。〔註906〕此說就《上博（二）》而言，亦是可信的。如「然句（後）」：〈容
成氏〉簡18「肰（然）句（後）敢受之」、〈容成氏〉簡20「璽（禹）肰（然）句
（後）始爲之虘（號）羿（旗）」、〈容成氏〉簡21「璽（禹）肰（然）句（後）訂
（始）行呂僉（儉）」、〈容成氏〉簡39「肰（然）句（後）從而攻之」、〈從政〉甲
13「然句（後）能立道」、〈昔者君老〉簡1「肰（然）句（後）竝（並）聖（聽）
之」。其次，「先後」之「後」：〈容成氏〉簡12「不呂亓（其）子爲迻（後）」、〈容
成氏〉簡17「不呂亓（其）子爲迻（後）」、〈容成氏〉簡33「不呂亓（其）子爲
迻（後）」、〈容成氏〉簡34「欲呂爲迻（後）」、〈從政〉甲17「迻（後）人則奉相
之」。

「虘羿」讀作「號旗」。《孫子兵法‧軍爭》：「視不相見故爲之旌旗。」亦見於
《銀雀山漢簡‧孫子兵法》76「視不相見，故爲旌旗。」

〔十三〕東方之羿（旗）呂日，西方之羿（旗）呂月

李零先生：古人朝日於東，故東方之旗以日；夕月於西，故西方之旗以月。（頁
265）

建洲按：這種「日東月西」的觀念亦見於1960年湖北荊門是彰河車橋戰國墓出
土的「兵闢（避）太歲」戈。〔註907〕另外，《曾侯乙墓》出土「衣箱與蓋上青龍相
應的一側繪有一日狀物，圓面向下；與白虎相應的一側繪一蟾蜍，表示月亮，象徵
日、月居於東西地平綫偏下之處」〔註908〕亦是一例。

〔註905〕楊家駱主編《樸學叢書之一——古書疑義舉例七卷》（台北：世界書局，1956.2），
　　　　頁1。
〔註906〕引自顏世鉉〈郭店竹書校勘與考釋問題舉隅〉《中央研究院歷史語言研究所集刊》
　　　　74：4（台北：中央研究院歷史語言研究所，2003.12），頁637注75。
〔註907〕李零《中國方術續考》（北京：東方出版社，2000.10），頁219～221、胡文輝《中
　　　　國早期方術與文獻叢考》（廣州：中山大學出版社，2000.11），頁306。
〔註908〕劉信芳〈曾侯乙墓衣箱禮俗試探〉《考古》1992.10，頁937。

〔十四〕南方之絻（旗）昌它（蛇）

李零先生：「它」，即「蛇」。蛇於十二屬當巳位，在南，蕭吉《五行大義・論禽獸》：「《式經》云：『巳有騰蛇之將，因而配之。蛇，陽也，本在南……』」。（頁265）

建洲按：《睡虎地・日甲盜者篇》提到十二地支與十二禽相對的內容，這是目前所知關於十二生肖最早的記錄。其中「巳，蟲也」（〈日甲・74背〉），〔註909〕于豪亮說：「因此，『巳，蟲也』，實際上是巳爲蛇。」〔註910〕劉樂賢說：「簡文巳爲蟲，《說文》段注云：『古虫、蟲不分。』而《說文》云：『虫，一名蝮。』因此巳爲蟲就是蛇。」〔註911〕另外，新出土的孔家坡《日書》58.438亦曰：「巳，蟲也。盜者長而黑，蛇目而黃，卵藏瓦器下。其盜深目而鳥口輕足。」〔註912〕不過，若依照出土式盤的「地盤」所列方位，則「巳」屬於東南，如安徽阜陽雙古堆漢墓M1。〔註913〕《吳越春秋・闔閭內傳》亦提到：「越在東南，故立蛇門，以制敵國。」〔註914〕這是以詳分「十二度」而言，若簡單分爲「四方」或「五位」，則仍歸於南方應無問題。如《吳越春秋・闔閭內傳》：「越在巳地，其位蛇也，故『南』大門上有木蛇，北向首內，示越屬於吳也。」〔註915〕亦可說明「巳」位是「蛇」，在「南」方。

〔十五〕宔（中）正之絻（旗）以澳（熊）

李零先生：「宔」即「中」。「澳」，從讀音和文義看，似應讀爲「熊」。古四象、十二屬、三十六禽俱無熊，但《周禮・春官・司常》所述「九旗」，其中有熊虎。（頁266）

建洲按：「澳」（從興，曉蒸），讀作「熊」（匣蒸）。《國語・吳語》：「王親秉鉞，載白旗以中陣而立。」韋昭《注》：「熊虎爲旗。此王所帥中軍。」〔註916〕

〔十六〕北方之絻（旗）以鳥

李零先生：古四象有「朱鳥」，亦名「朱雀」，在南方，與此不同。（頁266）

〔註909〕睡虎地秦墓整理小組《睡虎地秦墓竹簡》（北京：文物出版社，2001.12），頁219。

〔註910〕于豪亮〈秦簡《日書》記時記月諸問題〉《于豪亮學術文存》，頁162。

〔註911〕劉樂賢《睡虎地秦簡日書研究》（臺北：文津出版社，1994.7），頁272，亦參氏著《簡帛數術文獻探論》（武漢：湖北教育出版社，2003.2），頁323。

〔註912〕張昌平〈隨州孔家坡墓地出土簡牘概述〉《新出簡帛國際學術研討會論文》，北京大學，2000.8。

〔註913〕參《中國方術考》，頁92、133。

〔註914〕周生春《吳越春秋輯校匯考》（上海：上海古籍出版社，出版年月不詳），頁40。

〔註915〕周生春《吳越春秋輯校匯考》（上海：上海古籍出版社，出版年月不詳），頁40。

〔註916〕徐元誥《國語集解》（北京：中華書局，2002.6），頁549。

建洲按：簡文東西南北方位所代表的圖像皆與傳統所謂的「四象」
－青龍、白虎、朱雀、玄武不同。本簡所謂「北方」以「鳥」，不知是否與「南
方」以「蛇」有關？由文獻資料來看，蛇、鳥常見一起出現，如曾侯乙墓「墓主內
棺上頭足兩擋和東西兩側，繪了一組組的圖案，其中有不少鳥、龍共軀（連軀）的
形象」。〔註917〕吳榮曾先生說：「除銅器花紋外，在有的絲織品或繪畫上也有鳥銜蛇
或是操蛇神怪的圖像。如湖北隨縣曾侯乙墓所出木棺上的彩畫，就是一個重要的例
子。全部棺畫是由若干動物、神怪的圖案所組成，動物以鳥和龍蛇爲主。而且和銅
器花紋一樣，如鳥蛇在一起，蛇成爲被鳥所制服的對象。……湖北江陵馬山楚墓出
土的大量絲織物，上面以龍鳳圖案爲最多，而其中也有張開雙翼銜蛇和踐蛇的鳳鳥，
和常見於銅器上者並無差異。……〈海外北經〉提到的禺強，即爲『人面鳥身，珥
兩青蛇，踐兩青蛇』的神怪。據郭璞注，禺強即水神玄冥。《莊子・大宗師》說：『禺
強得以立於北極。』則禺強主北方又主水」。〔註918〕以「踐蛇」的動作而言，則「鳥」、
「蛇」的方位正好是相對的。若以上述〈海外北經〉的「禺強」而言，其軀體爲「鳥
身」，主「北方」。若「踐兩青蛇」，則「蛇」的位置當在「南方」，或可與簡文互參。

〔十七〕衣不褻（製）姱（美）

李零先生：「褻」，即「藝」字，疑讀爲「鮮」。「鮮美」是色彩艷麗之義。（頁
266）

建洲按：「鮮美」一詞似未見先秦典籍，而且不用於形容衣服者，據《漢語大詞
典》所載，其義有二：（一）是「新鮮美好」，如晉・陶潛〈桃花源記〉：「芳草鮮美，
落英繽紛。」（二）謂食物的滋味好，如唐・李復言《續幽怪錄・李衛公靖行雨》：「既
而命食，食頗鮮美，然多魚。」〔註919〕可見釋爲「鮮美」不一定對。筆者以爲或可
讀作「製」（章月）；「藝」（心月），聲紐舌齒鄰紐，疊韻。古籍有通假之例，如《禮
記・仲尼燕居》：「軍武功失其制。」《孔子家語・論禮》「制」作「勢」。〔註920〕《左
傳・襄公三十一年》：「子有美錦，不使人學製焉。」〔註921〕「製美錦」意即「製美
衣」，簡文「衣不製美」正與之相反。又「製衣」一詞，典籍有載，如《莊子・讓王》：

〔註917〕郭德維〈曾侯乙墓五弦琴上伏羲和女媧圖像考釋〉《江漢考古》2000.1，頁67。
〔註918〕吳榮曾〈戰國漢代的操蛇神怪及有關神話迷信的變異〉《文物》1989.10，頁49～50，
　　　　又見《先秦兩漢史研究》（北京：中華書局，1995.6），頁353、355～356。
〔註919〕漢語大詞典編輯委員會《漢語大詞典》第12冊（上海：漢語大詞典出版社，1995.11），
　　　　頁1226。
〔註920〕高亨、董治安編纂《古字通假會典》（濟南：齊魯書社，1997.7二刷），頁630。
〔註921〕《十三經注疏——左傳》，頁689。

「曾子居衛，縕袍無表，顏色腫噲，手足胼胝，三日不舉火，十年不製衣。」〔註922〕
《晏子春秋・景公爲履飾以金玉晏子諫第十三》：「晏子曰：『君奚問天之寒也？古聖
人製衣服也，多輕而暖，夏輕而清……』」。〔註923〕亦見於與古人日常生活息息相關
的《日書》，如《九店》56.20「凡盍日，利以製衣裳。」《睡虎地・日甲》26正二「製
衣，丁丑媚人，……」，則簡文讀作「衣不製美」應不爲無據。要說明的是，本簡最
末一字「𢽳」，李零先生以爲睡虎地秦簡《日書》用爲「製衣」之「製」。若依其說，
則本文的釋讀豈能成立？但是，《睡虎地》「製衣」之「製」是從「折」作，〔註924〕
與本簡從「斬」並不相同。它們可以是通假字，但未必就是同一字。退一步說，即
使同一字，用法亦未必相同，如前舉簡8「𢽳簡以行」及「堯乃𢽳」，前者讀爲「率」，
後者讀爲「悅」。其次，由竹簡編連來說，亦無積極證據證明「𢽳」一定讀作「製」
（詳下），所以筆者仍維持本來的釋讀－「衣不裂（製）美」。

〔十八〕𩚁（食）不童（重）春（味）

李零先生按：即「重味」，指多種滋味。《文子・上仁》：「國有饑者，食不重味；
民有寒者，冬不被裘。」（頁266）

建洲按：「味」字下似從「甘」，不從「日」，可能是「口味」之「味」之專用字。
《荀子・王霸》：「夫貴爲天子，富有天下，名爲聖王，兼制人，人莫得而制也，是
人情之所同欲也，而王者兼而有是者也。重色而衣之，重味而食之，重財物而制之」
楊《注》曰：「重，多也。」〔註925〕另外，《藝文類聚》八十二、《太平御覽》九百
九十六引《尹文子》：「堯爲天子，……，『食不兼味』」、《呂氏春秋・季春紀・先己》
亦提到夏后相「食不貳味」。〔註926〕

〔十九〕朝不車逆

李零先生：會見賓客不以車逆。參看《周禮・秋官・司儀》」（頁266）

建洲按：《周禮・秋官・司儀》：「主君郊勞，交擯，三辭；車逆，拜辱……」鄭
玄《注》引鄭司農說：「車逆，主人以車迎賓於館也。」〔註927〕則所謂「不車逆」指

〔註922〕〔清〕郭慶藩《莊子集釋》（臺北：貫雅文化，1991.9），頁977。
〔註923〕張純一《晏子春秋校注》《新增諸子集成》六（臺北：世界書局，1983.4新四版），
頁48。
〔註924〕張守中《睡虎地秦簡文字編》（北京：文物出版社，1994.2），頁135。
〔註925〕〔清〕王先謙《荀子集解》（北京：中華書局，1997.10四刷），頁216。
〔註926〕〔漢〕高誘注《呂氏春秋》（臺北：藝文印書館，1974.1三版），頁79。
〔註927〕《十三經注疏——周禮》，頁577。

主人不以車迎接賓客，此說恐不可信。因爲相同文例「衣不裂娗」、「飤不童香」、「穜不粨米」、「豔不斬骨」均指禹個人的節儉行爲，此處若解爲禹憑著不派車迎接賓客來顯示自己的節儉，則與上下文例不合，而且恐遭慳嗇之譏。此處的「朝」疑指「上朝」，如《呂氏春秋・審應覽・精諭》：「齊桓公合諸侯，衛人後至。公『朝』而與管仲謀伐衛，退『朝』而入，……明日君『朝』，揖管仲而進之。」〔註928〕《墨子・七患》：「君『朝』之衣不革制」〔註929〕、《晏子春秋・景公臺成盆成適願合葬其母晏子諫而許第十一》：「景公宿於路寢之宮，夜分，聞西方有男子哭者，公悲之。明日『朝』，問於晏子曰……」。〔註930〕則簡文「朝不車逆」疑指禹上朝時不以車來迎接。

〔二十〕穜（種）不粨（糳）米

李零先生：讀作「春不糳米」。並說「粨」即「糳」，是一種精米。（頁266）

建洲按：《周禮・地官司徒・春人》：「春人：掌共米物。祭祀，共

其齏盛之米。賓客，共其牢禮之米。凡饗，共其食米。掌凡米事。」可知讀作「春」是可以的。不過若直接讀作「種」似亦無不可。《淮南子・主術》：「太羹不和，粢食不糳。」高誘《注》：「糳，細也。」

〔二一〕豔（饗）不斬（折）骨

李零先生：「豔」以爲從「采」聲，疑讀作「宰」，指「殺牲」。「折骨」，是節解的牲肉。參看凌廷堪《禮經釋例・儀禮釋牲上》。（頁266）

陳劍先生〈編連二〉：「豔」讀作「饗」。

許子濱〈小識〉：「豔」讀作「烝」。

建洲按：由筆劃看來，上部似乎從「采」，但應從陳劍先生讀作「饗」。學者已指出「鄉」應分析爲從㠯「卯」聲，〔註931〕另外甲骨文的「㕙」亦應分析爲從㠯「収」聲，〔註932〕所以相同構形「豔」亦可分析爲從「采」，從「皿」，「卯」聲，讀作「饗」。許子濱先生認爲讀作「烝」，但是「烝」（章蒸）與「鄉」（曉陽），聲紐稍有距離。《國語・晉語四》：「君其饗之」，《注》：「饗，食也」。《穀梁傳・莊公

〔註928〕〔漢〕高誘注《呂氏春秋》（臺北：藝文印書館，1974.1三版），頁498～499。

〔註929〕〔清〕孫詒讓《墨子閒詁》（臺北：華正書局，1995.9），頁24。

〔註930〕張純一《晏子春秋校注》《新增諸子集成》六（臺北：世界書局，1983.4新四版）

〔註931〕《甲骨文字詁林》337號引李孝定、金祥恒說。季旭昇師《說文新證》，頁529。

〔註932〕王人聰〈甲骨文収、㕙釋讀辨析〉《紀念殷墟甲骨文發現一百周年國際學術研討會論文集》（北京：社會科學文獻出版社，2003.3），頁135～136。

四年》：「夫人姜氏饗齊侯於祝丘」，《注》曰：「饗，食也，兩君相見之禮。」〔註933〕
《淮南子・說山》：「先祭而後饗」，《注》：「饗，猶食也。」〔註934〕但本簡的「饗」
不作如此解，因為簡文前面已有「食不重味」。「饗」應解作「享」，詳下。

其次，《左傳・哀公二年》：「敢告無絕筋，無折骨，無面傷，以集大事，無作三
祖羞。」《疏》：「《正義》曰：『上言無絕筋、無折骨，謂君之士眾無令損傷，以成大
事。』」〔註935〕此「折骨」應為「斷骨」之意，但於簡文中不適用。《左傳・宣公十
六年》：「原襄公相禮。殽烝。武季私問其故。王聞之，召武子曰：季氏！而弗聞乎？
王享有體薦，宴有折俎。公當享，卿當宴。王室之禮也。」杜《注》曰：「享則半解
其體而薦之，所以示共儉」；孔穎達《疏》曰：「王為公侯設享則半解其體而薦之。
為不食故不解折，所以示其儉也。」〔註936〕楊伯峻曰：

> 古代祭祀、宴會，殺牲以置於俎（載牲之器）曰烝。……若將半個牲
> 體置於俎，曰房烝，亦曰體薦。若節解其牲體，連肉帶骨置之於俎，則曰
> 殽烝，亦曰折俎。……殽烝，賓主可食，至全烝、房烝則只是虛設，不能
> 食。……因折斷其骨節而後置之俎上，故亦曰折俎。享即饗，享與宴有時
> 義同，此則意義有別。享有體薦者，徒具形式，而賓主並不飲食之。成十
> 二年《傳》杜《注》所謂「設幾而不倚，爵盈而不飲，肴乾而不食」是也。
> 宴則以折俎，相與共食之。〔註937〕

尤其，淩廷堪《禮經釋例・儀禮釋牲上》曰：「節解謂之折骨，折謂之殽脀」及《國
語・周語中》：「體解節折而共飲食之」。可見簡文「折骨」可能相當於這裏的「折
俎」、「殽烝」。綜合以上，簡文讀作「饗不折骨」即《左傳》的「享（饗）有體薦」。
設宴殺牲，不節解其骨、肉，徒具形式，所以不能食用，比喻節儉之意。

〔二二〕製（製？）21……表鞁（皮）專。

李零先生：「製」下有脫簡，疑接「不□□」。（頁267）

陳劍先生〈編連二〉則將簡21下接簡31，讀作「製孝辰，方為三告……」，但
說「其義待考」。（簡序編連是：21+31～32+22+33～34+35A）

白於藍先生〈補議〉：筆者細審上下文義，認為上引幾支簡的編連次序應為：21

〔註933〕《十三經注疏──穀梁傳》，頁47。
〔註934〕劉文典《淮南鴻烈集解》（北京：中華書局，1997.1二刷），頁551。
〔註935〕《十三經注疏──左傳》，頁996。
〔註936〕《十三經注疏──左傳》，頁410～411。
〔註937〕楊伯峻《春秋左傳注》（臺北：洪葉書局，1993.5），頁769～770。

～22-31～33-34-32-35A-38，……簡21都是四字句，若與簡31相連，則「制孝厚」變成三字句，（原注③：「制孝厚」之「厚」字，過去釋爲「辰」。其字形與〈容成氏〉簡52「紂不知其未有成政，而得失行於民之辰也，或亦起師以逆之」之「辰」字相同，彼字筆者認爲是「厚」字，則該字亦當是「厚」。詳拙作〈讀上博簡（二）箚記〉，待刊。）讀起來很不順暢。今依原釋文中將簡21與簡22相連後，「製表皮專」亦成四字句，讀起來較爲順暢。關於「製表皮專」，筆者以爲似應讀作「制服皮黼」。……「制服皮黼」體現了禹對禮服的重視，這看上去與簡文前面講禹「衣不鮮美，食不重味」有些矛盾，其實不然，《論語・泰伯》：「子曰：『禹，吾無閒然矣！ 菲飲食，而致孝乎鬼神；惡衣服，而致美乎黻冕；卑宮室，而盡力乎溝洫。禹，吾無閒然矣。』」何晏《集解》：「孔曰：『損其常服，以盛祭服。』」孔穎達《疏》：「黻冕，皆祭服也，言禹降損其常服以盛美其祭服也。」正可解釋這一問題。

建洲按：陳劍先生讀作「制孝辰」，的確如白於藍先生所說由「四字句」變成「三字句」。但是白氏之說亦有可商之處，因爲簡文句式是「某不某某」，若讀作「制服皮黼」則并不相合，所以李零先生才會說下有「脫簡」。而且簡文此段在論述禹勤儉的情形，突然轉而論述禹對禮服非常重視似不合常理。其次，將「皮黼」釋爲「皮制的黼」，以爲相當於《禮記・玉藻》的「黼裘」。鄭玄《注》：「以羔和狐白雜爲黼文也」，孔穎達《疏》：「以黑羊皮雜狐白爲黼文以作裘也。」筆者以爲「皮黼」的意思還可討論。相同句式亦見於《儀禮・士昏禮》：「女從者畢袗玄，纚笄，被纁黼，在其後。」其中「纁黼」，鄭玄《注》：「纁，襌也。《詩》云『素衣朱襮』，《爾雅》云『黼領謂之襮』，《周禮》曰『白與黑謂之黼』。天子諸侯後夫人狄衣。卿大夫之妻刺黼以爲領，如今偃領矣。士妻始嫁施襌黼於領上假盛飾耳。」孔《疏》：「纁，襌也者，此讀如《詩》云裞衣之裞，故爲襌也。……黼謂刺之在領爲黼文名爲襮，故云黼領謂之襮。……但黼乃白黑色爲之，若於衣上則畫之，若於領上則刺之。」[註938] 所以「被纁黼」，彭林先生譯作「身披繪有黑白相間的斧形花紋的單層披肩」。[註939] 換言之，「纁黼」重點在「纁」，「黼」作形容詞用。同樣「皮黼」應該解爲「繪有黑白相間的斧形花紋的皮毛」，而非「皮制的黼」。其三，白氏解「制服」爲指依社會地位高低而制定的有定制的服裝，依其說則「制服皮黼」應是說只有「禹」才能穿「黼裘」之衣。但是《禮記・玉藻》「唯君有黼裘以誓省，大裘非古也。」孔穎達《疏》：「《正義》曰：君，諸侯也。……大裘，天子郊服也。禮唯許諸侯服黼裘以誓軍眾田獵耳，不得用大裘。常時有者非但諸侯用大裘，又有大夫僭用大裘者，故

〔註938〕《十三經注疏——儀禮》，頁49～50。

〔註939〕彭林《儀禮全譯》（貴陽：貴州人民出版社，1997.10），頁47。

譏之云非古也。」〔註940〕依此說，則「黼裘」諸侯似亦可用，並不侷限於天子。總之，以目前的說法來看，都有些問題，簡文恐怕應理解爲下有脫簡較爲允當。陳劍先生亦說：「舊文《上博簡〈容成氏〉的拼合與編連問題小議》原將此段簡文及下文按 21～31～32-22-33-34-35A-38 的簡序連讀。但其中簡 21 與簡 31 相連處的『製孝辰（？）』難以講通。白於藍《〈容成氏〉編連問題補議》將此段簡文及下文重新編連，按 21～22-31～33-34-32-35A-38 的順序連讀，也存在有幾處兩簡連讀難以講通的問題。」〔註941〕惟衡量上下文，簡文此處簡序從白於藍先生所說，詳下。

「表鞁」，「表」作𧝑。《包山》262 作𧝑，應分析爲從「衣」從「毛」。值得注意的是，〈容成氏〉「表」的「毛」旁如同前述其豎筆并不偏向右。「鞁」即「皮」。陳劍〈編連二〉讀作「皮」。**建洲按**：字見於楚簡，如《隨縣》11「鞁彎」，亦作「鞁彎」，《說文》：「鞁，車駕具也。」亦見《包山》259「一魚鞁之縷（屨）」，「鞁」釋爲「皮」。

〔二三〕畫（建）鼓於廷

建洲按：典籍常見「建鼓」一詞，如《左傳·哀公十三年》：「日旰矣，大事未成，二臣之罪也。建鼓整列，二臣死之，長幼必可知也。」孔《疏》曰：「建，立也。立鼓擊之與戰也。」〔註942〕《國語·吳語》：「十旌一將軍，載常建鼓，挾經秉枹。」韋昭《注》曰：「鼓，晉鼓也。《周禮》：『將軍執晉鼓。』建，謂爲之楹而樹之。」〔註943〕但簡文的用法可能與上述文獻不同，比較偏向《呂氏春秋·不苟覽·自知》：「堯有欲諫之鼓」，高誘《注》：「欲諫者擊其鼓也。」〔註944〕《淮南子·主術》：「故堯置敢諫之鼓」〔註945〕、《管子·桓公問》：「禹立諫鼓於朝，而備訊也。」〔註946〕的「鼓」意。劉樂賢先生〈容小札〉也提到《路史》卷二十二引《太公金匱》：「禹居人上，栗栗如不滿日，乃立建鼓。」載有建鼓之事。另外《淮南子·氾論》：「禹之時，以五音聽治，懸鐘鼓磬鐸，置鞀，以待四方之士，爲號曰：教寡人以道者擊鼓，……有獄訟

〔註940〕《十三經注疏——禮記》，頁 553。
〔註941〕陳劍〈上博楚簡《容成氏》與古史傳說〉《中國南方文明學術研討會論文》（台北：中央研究院歷史語言研究所，2003.12.19），頁 20 注 47。
〔註942〕《十三經注疏——左傳》，頁 1028。
〔註943〕徐元誥《國語集解》（北京：中華書局，2002.6），頁 549。
〔註944〕〔漢〕高誘注《呂氏春秋》（臺北：藝文印書館，1974.1 三版），頁 689。
〔註945〕劉文典《淮南鴻烈集解》（北京：中華書局，1997.1 二刷），頁 310。
〔註946〕郭沫若《郭沫若全集——歷史編——第七卷》（北京：人民出版社，1984.10），頁 265。

者搖鞉。」高誘《注》:「道和陰陽,鼓一聲以調五音,故擊之。……獄亦訟,訟一辯於事,故取小鞉搖也。」劉文典按語曰:「《初學紀·樂部》下引,作『有獄訟告寡人者搖鞉。』」〔註947〕《說文》曰:「鞉……鼗,鞉或從鼓兆」,《段》注曰:「周禮注曰:鼗如鼓而小。持其柄搖之,旁耳還自擊。」〔註948〕與簡文稍有不同。

「廷」是「庭」的初文,指門與宮室之間的區域。《詩經·唐風·山有樞》:「子有廷內,弗灑弗掃」,王引之《經義述聞》:「廷與庭通,庭謂中庭。內,謂堂與室也。」至於詳細的位置圖,參楊鴻勛〈西周岐邑建築遺址初步考察〉一文。〔註949〕

〔二四〕訣（謁）告

李零先生:「訣」是「訟」的異體字。(頁267)

陳劍先生〈編連二〉:則以為「謁」。

顏世鉉先生:此字當讀作「訴」、「愬」,《說文》:「訴,告也。」或作「謝」、「愬」。簡文「訣」,從「去」諧聲,「去」,古音為溪紐魚部;「訴」、「愬」為心紐鐸部;韻部是疊韻,聲紐則是牙音和齒頭音的關係。「愬」從「朔」諧聲,而「朔」則從「屰」諧聲,董同龢先生將「屰」歸在疑紐魚部入聲韻,「朔」在心紐魚部入聲韻,「愬」在心紐魚部陰聲韻;董先生並在心紐〔s〕「朔」字後標〔k〕,表示它有和見系(牙音)諧聲的情況。可見「愬」字聲紐雖在齒頭音心紐,但它和牙音(見系字)有音近的關係。簡文「訣告」讀為「愬告」,「愬」即「告」也,《詩·邶風·柏舟》:「薄言往愬,逢彼之怒。」朱熹《詩集傳》:「愬,告也。」《楚辭·九思·憫上》:「思怫鬱兮肝切剝,忿悁悒兮孰訴告。」《後漢書·獨行傳·諒輔》:「至令天地否隔,萬物焦枯,百姓喁喁,無所訴告。」「訴告」為同義複詞,又通「告愬」、「告訴」,《管子·任法》:「賤人以服約卑敬悲色告愬其主,主因離法而聽之,所謂賤而事之也。」《呂氏春秋·振亂》:「天子既絕,賢者廢伏,世主恣行,與民相離,黔首無所告愬。」《韓詩外傳》卷六:「百姓上困於暴亂之患,而下窮衣食之用,愁哀而無所告訴。」〔註950〕

建洲按:「去」,溪紐魚部;「訟」,邪紐東部,聲紐稍遠,韻部則楚國方言東、陽二部互通,而陽部是魚部的陽聲,所以去、訟韻部可通。「謁」,影紐月部。與「去」,聲紐古同為喉音,韻部則是通轉關係,如曾侯乙編鐘「姑洗」的「姑(見

〔註947〕劉文典《淮南鴻烈集解》(北京:中華書局,1997.1二刷),頁437。

〔註948〕〔清〕段玉裁注《說文解字注》(臺北:漢京文化,1985.10),頁108。

〔註949〕楊鴻勛〈西周岐邑建築遺址初步考察〉《文物》1981.3,頁24圖二。

〔註950〕顏世鉉〈讀楚簡札記二則〉,簡帛研究網,2004.03.21。

魚）」寫作從「劊（見月）」。〔註851〕又如中山王鼎「吳人併雩」，學者以爲「雩」
（魚部）通「越」（月部）。〔註952〕《詩・衛風・碩人》：「齒以瓠犀」，「瓠」（魚），
《阜陽漢簡》及〈碩人〉銅鏡皆作「會」（月）。〔註953〕「謁」有稟告的意思，《說
文》：「謁，白也。」段《注》曰：「《廣韻》曰：『白，告也。』」〔註954〕《戰國策・
燕策一》：「臣請謁王之過。」《論衡・紀妖》：「吾欲有謁於主君。」另外《睡虎地・
封診式》44「乙令甲謁鯨劓丙」，意即「乙命甲來請求對丙施加鯨劓」〔註955〕、〈封
診式〉50「甲親子同里士伍丙不孝，謁殺，敢告」，意即「甲的親生子同里士伍丙
不孝，請求處以死刑，謹告。」〔註956〕可見釋爲「謁」較合文意。而「告」有「揭
發」的意思。如《韓非子・姦劫弒臣》：「商君說秦孝公以變法易俗，……，賞『告』
姦，因末作而利本事。」〔註957〕

　　至於顏世鉉先生認爲應讀作「愬告」，有文獻上的證據。聲韻關係上則韻部是陰
入對轉，而非疊韻。聲紐溪、心也有一些相通的例證，如「挈」爲溪母，從「挈」
得聲的「楔」屬心母。李家浩先生將《信陽》「挈」讀作「筍」，亦是認爲形聲字裡，
溪、心二母有通諧的現象。〔註958〕以此觀之，顏氏之說似乎可備一說。但是參照注
釋〔二三〕，可知所謂「建鼓」是指「舜」針對「欲諫者」而設置的，所謂「教寡
人以道者擊鼓」。但是「告愬」比較偏向「將冤屈向人陳訴」，〔註959〕與簡文的情境
並不相同，暫不取其說。

〔二五〕䶗（鼓？）〔　〕

　　李零先生：「䶗」隸作从「壴」從「干」，釋爲「鼓」。（頁267）
　　蘇建洲《譯釋》：「䶗」，字的右旁明顯從「千」。以「千」代替「攴」，可能是整

〔註851〕中國社會科學院考古研究所編《曾侯乙墓》（北京：文物出版社，1989.7），頁554注
　　　　4。
〔註952〕朱德熙〈平山中山王墓銅器銘文的初步研究〉《朱德熙古文字論集》（北京：中華書局，
　　　　1995.2），頁103。
〔註953〕胡平生《阜陽漢簡詩經研究》（上海：上海古籍，1988），頁65。
〔註954〕〔清〕段玉裁注《說文解字注》（臺北：漢京文化，1985.10），頁90。
〔註955〕睡虎地秦墓整理小組《睡虎地秦墓竹簡》（北京：文物出版社，2001.12 二刷），頁
　　　　155。
〔註956〕睡虎地秦墓整理小組《睡虎地秦墓竹簡》（北京：文物出版社，2001.12 二刷），頁
　　　　156。
〔註957〕陳啓天《增訂韓非子校釋》（臺北：商務印書館，1982.8 四版），頁217
〔註958〕詳參李家浩〈信陽楚簡「樂人之器」研究〉《簡帛研究》第三輯，頁6。
〔註959〕王力主編《王力古漢語字典》（北京：中華書局，2000.12 三刷），頁1270。

體代替部分的現象。「攴」象手拿棍狀類東西，與「又」、「手」旁均可相通，如「得」，克鼎作 ![字] （從「手」）；余贎逜兒鐘作 ![字] （從「攴」）；陳章壺作 ![字] （從「又」）。又如「扶」，扶卣作 ![字] （從「又」）；《說文》古文作 ![字] 從「攴」；《說文》小篆的「扶」作 ![字] 從「手」。可說明這些偏旁或可互換。而「千」是「人」的分化字，所以「千」可用來取代「攴」。（頁 158 注 29）（可參〈昔者君老〉簡 4「![字]」的注釋）

　　陳劍先生〈傳說〉：「鼓」原釋爲「鼓」，蘇建洲指出字的右旁明顯從「千」，此從其說。從下文要引到的《管子・桓公問》有關詞句來看（**建洲按：**指「禹立諫鼓於朝，而備訊唉。」）此字顯然就是訓爲「告」的「訊」字的異體。擊鼓以告，故字從「鼓」之象形初文「壴」爲意符；「千」爲聲符，與「訊」讀音極爲相近。（頁 10、20 注 44）

　　建洲按：陳劍先生改釋爲「訊」，並推論今天所見的「卂」可能就是源自於「千」。〔註 960〕「千」（清眞）；「訊」（心眞），聲紐同爲齒頭音，疊韻。尤其《管子・桓公問》：「禹立諫鼓於朝，而備訊唉。」林圃曰：「宋本《御覽》七十六引此文『諫』作『建』」〔註 961〕正與簡文作「建鼓」相同，似乎增加本簡「鼓」讀作「訊」的可能。不過，我們所擔心的是「鼓」讀作「訊」，這樣是否會與前面「民之有詰（謁）告」文意重複。因爲「謁（告）」本有稟告或進諫君王的意思，如《戰國策・燕策一》：「臣請謁王之過。」（參上注）而「訊」也大約是這個意思，上引《管子・桓公問》一句，豬飼彥博注釋曰：「『訊』，告也，《詩・陳風・墓門》：「夫也不良，歌以訊之。」〔註 962〕而《傳》曰：「訊，告也。」《釋文》曰：「訊，又作誶。」又引《韓詩》曰：「訊，諫也。」郭錫良先生亦訓爲「訓誡」、「勸告」。〔註 963〕可見「謁（告）」、「訊（告）」意義的確相近。差別在於前者在簡文中用作名詞，指「謁告」的內容；後者在文獻中當作動詞，指「訊告」的動作。所以簡文「鼓」恐怕依整理者所說釋爲「鼓」，作動詞用似乎比較適當。尤其《淮南子・氾論》：「禹之時，以五音聽治，懸鐘鼓磬鐸，置鞀，以待四方之士，爲號曰：教寡人以道者擊鼓。」最末一句「教寡人以道者擊鼓」中，「教寡人以道者」即「謁告者」或「訊者」；「擊鼓」當然就是「鼓焉」，與簡文完全可以配合。以此觀點，則「禹立諫鼓於朝，而備訊唉」可理解爲「禹在朝

〔註 960〕據筆者於陳劍〈上博楚簡《容成氏》與古史傳說〉《中國南方文明學術研討會論文》（台北：中央研究院歷史語言研究所，2003.12.19）會場的紀錄。

〔註 961〕郭沫若《郭沫若全集——歷史編 7——管子集校（三）》（北京：人民出版社，1984.10），頁 266。

〔註 962〕郭沫若《郭沫若全集——歷史編 7——管子集校（三）》（北京：人民出版社，1984.10），頁 265。

〔註 963〕王力主編《王力主漢語字典》（北京：中華書局，2002.12），頁 1263。

廷上設立諫鼓，準備讓給君王建議與忠告的人民（可以敲擊）」〔註 964〕而假如有人擊鼓，禹不論溽暑或嚴寒都不敢推辭。這樣的解釋帶入簡文應該是非常合適的。即「以爲民之有謁告（訊）赶（擊鼓）焉。（假使有人）撞〈擊？〉鼓，禹必速出，冬不敢以寒辭，夏不敢以暑辭。」這樣解釋文意似乎較融洽。（【洲再按】：舊說可能不可從。因爲「謁告」的主語是人民，但是「訊」的主語則是官吏，如一般所說「審訊」。金文中常見「訊訟」連言，如新見西周（并令）簋「訊訟」。或是如五祀衛簋：「正迺訊屬日，女賈田否」，則將「謁告」等同於「訊」不可取。參《古研》25 頁175。但是同時也可說明陳劍之說可能也值得商榷，因爲《管子·桓公問》：「禹立諫鼓於朝，而備訊唉。」主語是「禹」，是主事者，而非人民。）

〔二六〕軰（撞）〈擊？〉〔𣪊〕鼓

李零先生：隸作從「童」。（頁 267）

陳劍先生〈傳說〉：裘錫圭先生認爲，「撞鼓」實不辭，字當釋爲「𣪊」讀爲「擊」。（頁 20 注 45）

建洲按：李零先生隸定不確，《包山》103「穜」作𦱤、《包山》276「童」作𡔷、《郭店·窮達以時》11 作𡔷，亦見於〈容成氏〉21「食不『童』味」，上從「辛」。今仍依字形隸作「軰」，如《郭店·性自命出》10「或軰（動）之……凡枑（動）眚（性）」前一字作𣎴，後一字作𣪊（從「童」）。而由於「重」、「童」古音皆爲定紐東部，故「重」、「童」常見通假。又如《禮記·檀弓》：「鄰重汪踦」，鄭《注》曰：「重，皆當作童。」所以「△鼓」讀作「撞鼓」當無疑問。但是陳劍先生所引裘錫圭先生認爲應釋爲「𣪊」，讀作「擊」（見錫），就目前我們所見的古籍而言，的確多作「擊鼓」，似未見「撞鼓」。如《詩·小雅·甫田》：「琴瑟擊鼓，以御田祖。」《莊子·天道》：「若擊鼓而求亡子焉。」《呂氏春秋·愼行覽·疑似》：「戎寇當至，幽王擊鼓，諸侯之兵皆至，褒姒大說，喜之。」等等。可見似乎也不能排除形近致誤的可能。首先「攴」、「殳」二旁可互換，如「政」作𢻭（鄂君啓舟節）又作𢻭（鄂君啓車節）；「攻」作�（鄂君啓舟節）又作�（鄂君啓車節）。〔註965〕其次，「軰」作𣪊，而「𣪊」雖未見於楚文字，但由偏旁分析來看，「繫」作𦃣（《楚帛書》乙 6.18），二者右旁或許有誤寫的可能。（洲案：裘先生分析爲

────────

〔註964〕參陳麗桂師等校注《新編管子》（台北：國立編譯館，2002.2），頁 1191。

〔註965〕相關論述可參黃錫全〈古文字考釋數則〉《古文字研究》17 輯，頁 291～292；董珊、陳劍〈郾王職壺銘文研究〉《北京大學中國古文獻研究中心集刊》（北京：北京大學出版社，2002.10），頁 37

從土從散省,《古研》25 頁 317。字亦見《周易》1、40,見《楚文字編》頁 720。又上引裘先生此說已見於何琳儀:春秋中期以後,楚文字「鐘」字右下方所從「土」形已演變爲「壬」形,而「鐘」字所從「東」形則演變爲「目」形(何琳儀〈楚王(今頁)鐘器主新探〉《東南文化》1999.3 頁 94))

〔二七〕多不敢呂蒼(寒)刍(辭)

建洲按:簡文「寒」多作「倉」或「蒼」。字應釋爲倉,訓爲滄,寒也,見曾憲通《楚帛書文字編》27 頁,69 號上註解。

〔二八〕顕(夏)不敢以屠(暑)刍(辭)

建洲按:「顕」字形如同《包山》128「夏」作 。「夏」作 (仲夏父鬲),從「止」旁,演變成 (伯夏父鬲),從「女」旁。後者即「△」字形的來源。

〔二九〕孝唇(辰?厚?)

李零先生:「唇」以爲是「君」。(頁 274)

陳劍〈編連二〉:以爲是「唇」,字形同簡 52「唇(辰)」,應即「辰」之繁體,與嘴唇之唇無關。

白於藍先生〈補議〉:將簡 22 與簡 31 相連,則簡 22 簡尾「身言」二字可與簡 31 簡首之「孝厚」連讀爲一句。這樣「身言孝厚,方爲三佸,救(求)聖之紀」又都是四字句,讀起來亦較順暢。「身言孝厚」之「身」字,應當身體力行講,……「厚」,應指敦厚。……《禮記‧內則》:「五帝憲,養氣體而不乞言,有善則記之爲惇史。」鄭玄《注》:「惇史,史之孝厚者也。」鄭《注》中有「孝厚」一詞。故「身言孝厚」應是說禹身體力行並講述孝厚之道。

陳劍先生〈傳說〉:孝辰(?)(頁 9)

建洲按:由字形來說,陳劍先生釋爲「唇(辰)」自無問題,只是文義不好理解。白於藍先生釋爲「厚」,文章尚未發表,暫列其說於此。

〔三十〕方爲三佸

李零先生:「佸」疑讀爲「調」。上文是講十二律,這裡似乎是說以十二律分屬四方,每方各爲三調,即下文所述。(頁 275)

蘇建洲《譯釋》:李零先生的編連與本文不同,故不取其釋。《史記‧五帝本紀》

「帝嚳」，《正義》引《帝王世紀》「俈」作「嚳」。〔註966〕但簡文的「俈」顯然不作如此用法，不知是否與甲骨文的「某告」有關？黃錫全先生以爲「告」有「示」義。二告、小告之告似爲「示」義。〔註967〕而《史記・殷本紀》：「作《帝誥》」，《索隱》：「誥一作俈。」〔註968〕所以「誥」、「俈」可通。「誥」正有「示」義，如《尚書・序》：「雅誥奧義」，《釋文》：「誥，示也。」可與黃氏之說對應。（錄自筆者舊文）

陳劍先生〈傳說〉：禹「方爲三俈」之事，古書亦未見。此「俈」字跟「嚳」的異體「俈」沒有關係，它在戰國文字常用爲製造之「造」，其右半所從的所謂「告」跟祝告之「告」並非一字。董珊先生提出，這十二「俈」或即古書的「十二牧」，簡文是說每方設立三人以爲帝王之輔佐，深入四方民間以行政事。……董珊先生此說確實很有可能是合於事實的。古書云十二牧輔佐帝王「明通四方耳目」（《史記・五帝本紀》）、「通（或達）四聰」，似乎也可以跟簡文「救聖（聽）之紀」相聯繫。「俈」跟「牧」從讀音看難以相通，它究竟表示的是什麼詞，還有待進一步研究。（頁10）

建洲按：諸家之說似未盡善，存疑待考。

〔三一〕救聖（聲）之

李零先生：「救」，隸作從「尋」。即「尋聲之紀」。「尋」有順沿之義，這裡似指「十二俈」是從十二律推演而來。（頁275）

陳劍先生〈編連二〉釋爲「救」。

徐在國先生〈雜考〉則分析爲從「攴」從「求」聲，釋爲「救」。

白於藍〈補議〉：似可讀作「求聖之紀」。「紀」可指法度、準則。因此「求聖之紀」蓋是說尋求聖人的法度或準則，這就可以與後文云「所曰聖人，其生賜養也，其死賜葬，去苛匿，是以爲名」這句話相對應。

陳劍先生〈傳說〉：救聖（聽？）之紀。（頁9）

建洲按：字應釋爲「救」，但意義待考。

〔三二〕虒（衛）於溪浴（谷）

李零先生：「虒」，疑同《說文・足部》「躗」字，讀法有待研究，含義當與「濟」字相近。《改併四聲篇海》引《龍龕手鑑》有「蹧」字，訓爲「踐也」。（頁275）

建洲按：李零先生疑有「濟」之義，但下一句「凄」已釋爲「濟」了，如此文

〔註966〕〔漢〕司馬遷《史記》（北京：中華書局，1964.4 四刷），頁13。

〔註967〕黃錫全〈「告」、「吉」辨〉《古文字論叢》，頁26～27。

〔註968〕〔漢〕司馬遷《史記》（北京：中華書局，1964.4 四刷），頁93。

意可能重複。筆者疑「䧙」有「守衛」之意。《國語・齊語》：「以衛諸夏之地」，韋昭《注》曰：「衛，蔽扞也。」〔註969〕

〔三三〕淒（濟）於坒（廣）川

李零先生：「淒」即「濟」，簡文「濟」字多從水從妻。（頁275）

建洲按：「妻」旁寫法可參《楚帛書》丙3.2『『妻』畜生」。「淒」亦見於《郭店・成之聞之》25「允币淒㥁」，「淒」作𣱐，裘錫圭先生讀作「濟」，釋爲「成」。〔註970〕亦見於〈六德〉16「古（故）曰：句（苟）𣱐（淒）夫人之善」，「淒」，顏世鉉先生亦讀作「濟」，訓爲成就、幫助。〔註971〕《九店》56.39「帝以命益淒禹之火」，劉樂賢先生亦讀「淒」爲「濟」。〔註972〕簡文似亦當讀作「濟」，《廣韻・霽韻》：「濟，渡也。」「廣川」，廣大的河川，《管子・乘馬》：「凡立國都，非於大川之下，必於廣川之上。」〔註973〕

〔三四〕高山陛（登）〔𣥂〕

建洲按：類似「𣥂」字形常見於楚簡文字，有學者隸作從「升」。李守奎先生指出「就現有的楚國文字材料來看，尚未見到確鑿無疑的『升』字」，〔註974〕並認爲𢆶應是「徵」的古文。但是李氏之文似乎寫得較早，尚未得見《郭店楚簡》。《郭店・唐虞之道》「𢆶爲天子而不驕」，「𢆶」字，裘錫圭先生按語以爲「此字似可釋爲『升』，『升』猶言『登』」，〔註975〕顏世鉉先生贊同其說。〔註976〕最近翻閱李守奎先生的著作《楚文字編》，亦將「𢆶」歸到「升」字。〔註977〕並且《包

〔註969〕徐元誥《國語集解》（北京：中華書局，2002.6），頁241。

〔註970〕荊門市博物館《郭店楚墓竹簡》（北京：文物出版社，1998.5），頁170。

〔註971〕顏世鉉〈郭店楚簡〈六德〉箋釋〉《中央研究院歷史語言研究所集刊》72：2（臺北：中央研究院歷史語言研究所，2001.6），頁462。

〔註972〕劉樂賢〈讀郭店楚簡札記三則〉《中國哲學》第20輯，頁363～364。

〔註973〕陳麗桂師等校注《新編管子》（臺北：國立編譯館，2002.2），頁112。

〔註974〕李守奎〈古文字辨析三組〉《吉林大學古籍整理研究所建所十五周年紀念文集》（長春：吉林大學出版社，1998.12），頁82～83。袁國華師亦有相同意見，釋〈唐虞之道〉「歆」字爲「弓」，並認爲「楚系竹簡確定爲『升』的字，目前雖未見……」，文見〈《郭店楚墓竹簡・唐虞之道》「歆爲天子而不驕」句的「歆」字考釋〉《郭店楚簡國際學術研討會論文集》，頁274。

〔註975〕荊門市博物館《郭店楚墓竹簡》（北京：文物出版社，1998.5），頁159注22。

〔註976〕顏世鉉〈郭店竹書校勘與考釋問題舉隅〉《中央研究院歷史語言研究所集刊》74：4（台北：中央研究院歷史語言研究所，2003.12），頁650。

〔註977〕李守奎《楚文字編》（上海：華東師範大學，2003.12），頁812。

山》23「⿰月」，李氏原以為右旁是「呈」字的省變訛形，〔註978〕但在新作《楚文字編》中則歸到「阩」字下。〔註979〕又如《郭店・性自命出》22「⿰言」字，《楚文字編》歸在「徵」字下，但以括號標出「諻」。〔註980〕《楚文字編》本是李先生的博士論文，但這次出版時，卻將本來論文中的「歸字說明」挪到《楚文字彙考》出版，〔註981〕所以這些字他的看法如何目前尚無法得知，不過可以確定的是李氏似乎不再堅持楚系目前無「升」字的觀點。

《郭店・性自命出》22「所以為信與⿰言也」，其中「⿰言」字《郭店》整理者隸作「諻」，讀作「證」；裘錫圭先生按語說：「『諻』或可讀為『徵』。」〔註982〕李天虹先生亦隸作「諻」，讀作「徵」，〔註983〕這些說法應該可信。我們可以觀察到〈性自命出〉「⿰言」字與〈唐虞之道〉「⿰彳」字二者筆勢、寫法似有不同。又如《隨縣》150「⿰辶」有釋為從「升」的可能，〔註984〕這種字形也比較偏「⿰彳」，所以裘錫圭先生對「⿰言」及「⿰彳」二字的說法並無矛盾之處。而本簡⿰與〈性自命出〉22⿰形近，只不過「徵」作⿱，上從三筆；簡文作⿰，上作二筆。這種情形如同「廈」，《郭店・語叢三》41作⿰，上從三筆；〈語叢三〉44作⿰，上作二筆。以此觀點，筆者暫將〈容成氏〉⿰隸作「陞」，可依李零先生讀作「登」，徵、登二者聲韵皆為端紐蒸部，簡文作「高山登」。這種情形如同上引《郭店・性自命出》22「諻」字，《上博（一）・性情論》13相應字作「登」。還有一種解釋是將字讀為「阩」，「徵」（端蒸）、「升」（書蒸），聲同為舌音，疊韵。《集韻・蒸韻》：「阩，登也。」亦是同義。

〔三五〕蓁林〔⿰林〕……□泉〔⿰〕

白於藍先生〈補議〉：將簡31與簡33相接後，出現一個明顯現象，就是簡31有溪谷，廣川，高山，蓁林這些名詞，而簡33有「淵」，可以說在屬性上都是一致

〔註978〕李守奎〈古文字辨析三組〉《吉林大學古籍整理研究所建所十五周年紀念文集》（長春：吉林大學出版社，1998.12），頁83。

〔註979〕李守奎《楚文字編》（上海：華東師範大學，2003.12），頁812。

〔註980〕李守奎《楚文字編》（上海：華東師範大學，2003.12），頁826。

〔註981〕李守奎《楚文字編》（上海：華東師範大學，2003.12），頁6。

〔註982〕荊門市博物館《郭店楚墓竹簡》（北京：文物出版社，1998.5），頁182注18。

〔註983〕李天虹《郭店竹簡《性自命出》研究》（武漢：湖北教育出版社，2003.1），頁154注65。

〔註984〕裘錫圭、李家浩〈曾侯乙墓竹簡釋文與考釋〉中國社會科學院考古研究所編《曾侯乙墓》（北京：文物出版社，1989.7），頁526注220。

的，即都屬於自然名詞。只是簡33「淵」字前有缺文，故致使不知其前講的是什麼。

建洲按：陳劍先生〈編連二〉讀作「高山隆，藜林入」，句式、詞性都是相應的。若單看此簡，陳說的確是可以的。惟考慮到下面簡32簡序排列，白氏之說確有其理，今暫從白氏之說。

「林」，書手對二個「木」字寫法不同，左「木」作交叉形；右「木」則作二「U」上下相對形，結合二種「木」形的寫法。如「楚」作 （會圣鼎），作交叉形； （�, 篙鐘），作二「U」形上下相對。《包山》4「楚」作 ，亦是結合這二種寫法。

「泉」，李零先生隸作「胏」。此隸不確。「胏」作 （牆盤）、 （戈，《集成》10980）〔註985〕；「淵」作 （沈子它簋）、 （中山王�鼎）、 （《楚帛書》乙7.10）、 （《郭店·性自命出》62）、《說文》古文作 ；「肅」作 （䊆鎛）、 （王孫鐘）、 （王孫𤪥鐘），以上均可見隸「△」爲「胏」無據。字應隸爲「泉」，如兩周金文「泉」多作 、〔註986〕《包山》簡86的「泉」字作 、《石刻篆文編》11.17「泉」 、《郭店·性自命出》簡47「㴱」作 、〈成之聞之〉14「㴱」作 。至於《包山》174「肅」作 、《包山》262作「繡」 ，吳振武先生已指出其下實應從「泉」，因爲「胏（淵）」、「泉」古義近，故有換讀的可能。不過，許師學仁指出此處的「泉」沒有證據要換讀爲「淵」。〔註987〕此說可參，因爲簡文本就殘闕，加上「泉」也屬於自然名詞，與本來的編連並不衝突，此從其說。

〔三六〕亓（其）生賜羕（養）也，亓（其）死賜𦫵（葬）

建洲按：「𦫵」字亦見於中山王兆域圖作 、《郭店·六德》簡16 。〔註988〕釋爲「葬」。整句意思同於《郭店·六德》簡4-5「足此民尔生死之甬（用）」，顏世鉉先生指出：「『生死之用』指養生送死之所需，《孟子·梁惠王上》：『穀與魚鱉不可勝食，材木不可勝用，是使民養生喪死無憾也。養生喪死無憾，王道之始也。』」〔註989〕

〔註985〕吳振武〈燕國銘刻中的「泉」字〉《華學》第二輯（廣州：中山大學出版社，1996.12），頁50注18。

〔註986〕《金文編》，頁411、682、744。

〔註987〕博士學位口考時指出。

〔註988〕黃德寬、徐在國〈郭店楚簡文字續考〉第8條，《江漢考古》1999.2頁76、陳斯鵬〈郭店楚簡解讀四則〉《古文字研究》24輯，頁410。

〔註989〕顏世鉉〈郭店楚簡〈六德〉箋釋〉《中央研究院歷史語言研究所集刊》72：2（2001.6），頁457。

〔三七〕迲（去）盐（苛）匿（慝）

李零先生：「盐匿」即「苛慝」，指煩苛暴虐。如《左傳・昭公十三年》：「苛慝不作」。（頁276）

建洲按：《左傳・昭公十三年》：「苛慝不作」，楊伯峻先生《春秋左傳注》曰：「苛，瑣細煩細；慝，邪惡污穢」。〔註990〕而仔細觀察圖版，本簡「匿」與其他字形相較，顯得較小。而「匿是以」三字的距離略顯擁擠，正好相當右邊「也」字。〔註991〕以放大彩版來測量，「匿」、「是」均爲1.6公分。而簡32「是」2.2公分；簡34「是」2公分；簡25「是」2.1公分；簡7「是」2.3公分，可見的確稍小。不過，簡36、47「是」皆爲1.6公分，則本簡「是」字的大小當然有可能是本來的寫法。但「匿」一般作🔲，筆劃較多，本簡大小總顯不自然。對照簡19「迲（去）盐（苛）而行柬（簡）」，則簡文「匿」似不能排除書手後加。本來可能是「迲（去）盐（苛）是以爲名」。

〔三八〕是🔲爲名

建洲按：《禮記・中庸》：「故大德必得其位，必得其祿，必得其名，必得其壽。」鄭《注》：「名，令聞也。」〔註992〕

〔三九〕咎（皋）咎（陶）

陳劍先生〈傳說〉：「皋陶」原寫作「咎咎」，從本篇用字習慣看實相當於「皋皋」。其下字寫作「咎」，當係因本篇「皋陶」既可寫作「咎秀」（本簡下文）又可寫作「咎垎」（簡29兩見）而誤寫。（頁21注51）

建洲按：《楚帛書》丙5.1「欿」即《爾雅・釋天》「五月爲皋」的「皋」。「欿」從「欠」，「咎」聲。「咎」從「九」得聲。「九」、「皋」雙聲疊韵。〔註993〕又《包山》習見作🔲者，李家浩先生考釋說：「上古音『咎』、『咎』都是群母幽部字，可以通用。《詩・小雅・大車》『有洌氿泉』，陸德明《釋文》：『氿音軌，字又作暑。』此是其例。」〔註994〕又「皋陶」，《離騷》、《尚書大傳》、《說文・言部》引《虞書》均作

〔註990〕楊伯峻《春秋左傳注》（臺北：洪葉書局，1993.5），頁1351。

〔註991〕馬承源主編《上海博物館藏戰國楚竹書（二）》（上海：上海古籍出版社，2002.12），頁125。

〔註992〕《十三經注疏──禮記》，頁885。

〔註993〕曹錦炎〈楚帛書《月令》篇考釋〉《江漢考古》1985.1，頁65。

〔註994〕李家浩〈包山楚簡中的旌旆及其他〉《第二屆國際中國古文字學研討會論文集續編》（香港：香港中文大學，1995.9），頁380。

「咎繇」;《古本竹書紀年》作「咎陶」，本簡「陶」（余幽）寫作「咎」（群幽），疊韻，但是聲紐稍遠，或許如同陳劍先生所說是一種誤寫。

〔四十〕述（遂）嫛（稱）疾

建洲按：述，船紐物部；遂，邪紐物部，古籍常見通假，如《老子》九章「功遂身退」，漢帛書甲本「遂」作「述」。〔註995〕

〔四一〕啓於是虖（乎）攻丹（益）〔〕自取

李零先生：「△」隸作「益」。

建洲按：嚴格說來，此隸定並不確。「益」一般多作從「皿」、從「八」，如《包山》116 作 〔註996〕；或如《說文》小篆作「益」，均與△字形不同。，應分析為從「口」從「冉」，會口下鬍鬚垂至咽喉之意。〔註997〕所以△應隸作「冉」。另外，字形同於《說文》「嗌」的籀文作 ，《說文》曰：「嗌，咽也。從口，益聲」（二上六）。可見 讀音當與「益」相近。所以《三體石經·皋陶謨》;《汗簡》、《古文四聲韻》引《古尚書》的「益」均作 形，〔註998〕恐怕都是假借的用法。

對於簡文本句的歷史背景，李零先生引《史記·夏本紀》的記載曰（頁277）：

> 十年，帝禹東巡狩，至於會稽而崩，以天下授益。三年之喪畢，益讓帝禹之子啓，而辟居箕山之陽。禹子啓賢，天下屬意焉。及禹崩，雖授益，益之佐禹日淺，天下未洽。故諸侯皆去益而朝啓，曰：「吾君帝禹之子也。」於是啓遂即天子之位，是為夏后帝啓。〔註999〕

此說與簡文不盡不同。《古本竹書紀年·啓》:「益干啓位，啓殺之。」李存山先生說：

> 現傳《古本竹書紀年》是清人朱右曾輯錄（原名《汲冢紀年存真》），也就是說，關於「益干啓位，啓殺之」的記載在兩宋之際古本佚失之後，至明代被「今本」中的《孟子》之說取代，至清代才又復見於《古本竹書紀年》。此條能復見於《竹書紀年》，據王國維的考證，端賴《晉書·束晳傳》，其次就是劉知幾《史通》的《疑古》篇和《雜說》篇。看來，《晉書·束晳傳》關於「汲冢竹書」出土的「原始記載」是彌足珍貴的，茲把有關

〔註995〕高亨、董治安編纂《古字通假會典》（濟南：齊魯書社，1997.7 二刷），頁555。
〔註996〕亦見《金文編》0793 號。
〔註997〕何琳儀《戰國古文字典》，頁734、何琳儀〈上博簡〈性情論〉講疏〉，國立台灣師範大學國文學系專題演講，2002.12.13。
〔註998〕《汗簡·古文四聲韻》，頁26、78。《訂正六書通》，頁371
〔註999〕〔漢〕司馬遷《史記》（一），頁83。

《紀年》部分錄於下：

其《紀年》十三篇，記夏以來至周幽王爲犬戎所滅，以事接之，三家分，仍述魏事至安厘王之二十年。蓋魏國之史書，大略與《春秋》皆多相應。其中經傳大異，則云夏年多殷；益干啓位，啓殺之；太甲殺伊尹；文丁殺季歷；自周受命，至穆王百年，非穆王壽百歲也；幽〔厲〕王既亡，有共伯和者攝行天子事，非二相共和也。

　　古人對於「汲冢書」與儒家經傳的異同是很敏感的，所以先是肯定《紀年》「大略與《春秋》皆多相應」，然後指出其與「經傳大異」的幾條，其中就有「益干啓位，啓殺之」。在古本《竹書紀年》佚失後，書中關於「啓攻益」的記載，除了劉知幾《史通》所引「益爲啓所誅」或「后啓殺益」之外，可能只留下了《晉書・束晳傳》的「益干啓位，啓殺之」，因此現傳《古本竹書紀年》的輯錄者便照錄之。而關於「太甲殺伊尹」，因又見於《春秋經傳集解・後序》、《通鑑外紀》、《太平御覽》等書，所以輯錄的文字比「太甲殺伊尹」要詳。由此可以說，關於「啓攻益」的記載，如果沒有《晉書・束晳傳》和《史通》的《疑古》、《雜說》篇，此事就在《竹書紀年》中消失了，而《容成氏》的「啓於是乎攻益自取」就可能成爲一個令人「驚嘆」的新發現（雖然在《戰國策》中也有出於策士之口、令人難以置信的「啓攻益」之說，詳後）。據《史記・夏本紀》「帝禹東巡狩，至於會稽而崩，以天下授益」，益是已經完成了「禪讓」之程式的。因此，益被啓取代，只能是益先避讓，然後才有啓賢或不賢的問題。《竹書紀年》記此事爲「益干啓位，啓殺之」，不但益的結局與經、史大異，而且此事的起因也與經、史矛盾。也就是說，益沒有避讓啓，而是「干」啓之位，權位的合法性從一開始就在啓一邊。看來，在《竹書紀年》作者的筆下，啓殺益是一個歷史事實，只能直書實錄，而「益干啓位」則滲入了作者的價值判斷，使用了「春秋筆法」。相比之下，《容成氏》的「禹於是乎讓益，啓於是乎攻益自取」可能是較早的對當時「傳說」的一種「原始」記述。〔註1000〕

李存山先生的論述值得參考。《韓非子・外儲說右下》：「古者禹死，將傳天下於益，啓之人因相與攻益而立啓。」又「禹愛益，而任天下於益，已而以啓人爲吏。及老，而以啓爲不足任天下，故傳天下於益，而勢重盡在啓也。已而啓與友黨攻益，而奪之天下，是禹名傳天下於益，而實令啓自取之也。此禹之不及堯、舜明矣。」〔註1001〕

〔註1000〕李存山〈反思經史關係：從「啓攻益」說起〉，簡帛研究網，03/01/20，
　　　　　http://www.bamboosilk.org/Wssf/2003/lichunshan01.htm。
〔註1001〕陳啓天《增訂韓非子校釋》（臺北：商務印書館，1982.8 四版），頁 603。

《戰國策·燕策一》：「禹授益，而以啓爲吏。及老，而以啓爲不足任天下，傳之益也。啓與支黨攻益而奪之天下。是禹名傳天下於益，其實令啓自取之。」〔註1002〕此段記載，亦見於《史記·燕召公世家》。以上所錄，與簡文所述較爲接近。另外，對於禹之後禪讓之道熄，成爲「家天下」的局勢，晁福林先生有著不同的看法：

> 這樣的形式終於在堯的時期被發明出來，那就是「禪讓」。……社會結構在禹的時代有了比較顯著的變化，於是禪讓制也呈現出微妙狀態。禹在位時選擇皋陶爲繼承人。此舉反映了禹的智謀與狡黠。皋陶早在舜的時期就有很高的威望，……并且是一位以治獄訟著稱的人物。禹選擇皋陶爲繼承人，表明自己重視薦舉賢才。然而，皋陶和禹年齡相仿，甚至還要稍長於禹。禹去世時據説「年百歲」（《史記·夏本紀》集解引皇甫謐説），在其去世前十年皋陶被舉薦，此時皋陶和禹均已至耄耋之年。禹選擇這樣的繼承人顯然不會對自己和兒子—啓構成威脅。皋陶被薦舉不久即死去，禹又薦益爲繼承人。禹死之後，益重演禪讓故事，「避禹之子於箕山之陰。朝覲訟獄者不之益而之啓，曰：『吾君之子也。』謳歌者，不謳歌益而謳歌啓，曰：『吾君之子也。』」（《孟子·萬章》上）。爲什麼人們擁戴啓而不信服益呢？司馬遷解釋説：「及禹崩，雖授益，益之佐禹日淺，天下未洽，故諸侯皆去益而朝啓。」（《史記·夏本紀》）禹一方面樹立自己和族人的權威，另一方面又通過舉薦耄耋之年的皋陶以延宕益開始佐政的時間，造成益「佐禹日淺」的事實，這就爲啓掌握權位鋪平了道路。戰國時人多認爲禹「名傳天下於益，其實令啓自取之」（《戰國策·燕策》一），説禹行禪讓實際上是精心設下的一個圈套。他采取靈活、巧妙地手腕使禪讓徒具虛名，在舊傳統的範圍裏爲世襲制替代禪讓制解決了關鍵問題，而把「家天下」的任務留給兒子啓來完成。〔註1003〕

晁先生的論述將「禹」的形象描繪成「縱橫家」的形象，與傳統儒家所描述的「聖王」畫像不盡相同。聯繫到葛兆光先生的〈思想史：既做加法也做減法〉一文，他說：「加法」，就是指歷史上不斷涌現的東西，而「減法」就是指歷史上不斷消失的東西，這兩者并不是對立的，反而常常是一回事。……近來考古很熱，因爲考古發現常常讓人們驚嘆，原來古代還有這樣的東西、這樣的文化、這樣的奧秘，這是因爲我們過去的記憶中、文獻中，沒有這樣的傳統、這樣的文化。其實，文獻中間也有很多被遺棄的邊角資料，之所以被遺棄，是因爲它無法按照傳統的歷史觀念被安置在歷史敘述的某

〔註1002〕〔漢〕劉向集錄《戰國策》（臺北：里仁出版社，1990.9），頁1059。
〔註1003〕晁福林《先秦社會形態研究》（北京：北京師範大學出版社，2003.3），頁99。

個部位……如果歷史叙述的觀念有所變化，可能這些「邊角廢料」就會突然身價百倍。〔註1004〕李存山先生補充說：「『加法』和『減法』其實就是孔子曾經說過的『損益』。從經史關係上說，史的『損益』往往受到經的影響。《唐虞之道》、《子羔》篇的『禪而不傳』，《容成氏》的『啓攻益』、『湯攻桀』等等，這些都是被以往的經、史所『損』（減）掉的東西。當我們從『禪而不傳』或『至於禹而德衰』的思想中發現早期儒家還有一種比肯定『湯武革命』、『王道政治』更具理想性和批判性的意識時，就可以說這些新出土的、曾經被『損』掉的『邊角廢料』不僅在它們的那個時代有其正當性，而且在我們的這個時代也會啓發新知。」〔註1005〕其中「禹」是否「德衰」還可討論，但依其說，晁氏之說未必就一筆抹煞，故存此備考。

〔四二〕入乌（焉）以行政

白於藍先生〈補議〉：將簡32移至簡34與簡35A之間，這有兩方面原因：首先，該簡首句是「入焉以行政」。若將簡32置於簡31和簡33之間，「高山隆，藜林入」，似可通，但「焉以行政」這句話太難懂了。簡文前面已經講述「禹聽政三年」，而且將國家治理的很好，所謂「四海之內及，四海之外皆請貢」，可以說是「太平盛世」，為何還要「焉以行政」，并「治爵而行祿」？可見整體文義上是不好講的。今將簡32移至簡34與簡35之間，則「入焉以行政。於是乎治爵而行祿……」這些事發生在禹之子啓的身上的，這樣就不存在上述問題。其次，簡32有「德速衰」語，典籍中雖然記禹之德衰的情況，但是，就絕大多數傳世典籍的記載情況來看，「禹」之「德」并未衰……另外，從〈容成氏〉全篇內容來看，除了簡32之外，對「禹」竟無一字是貶義的，也暗示簡32所記內容應該不是講述「禹」的。……此外，《太平御覽》卷八二皇王部七引《帝王世紀》說「啓」「貴爵而尚齒」，此亦與簡32「於是乎治爵而行祿」相合。「啓於是乎攻益自取，入焉以行政」，「自取」後當省略了賓語，從文義看，似指「其位」。關於「入」字。《春秋·桓公十五年》：「許叔入於許。」杜預《注》：「許叔，莊公弟也。隱十一年，鄭使許大夫奉許叔居許東偏。鄭莊公既卒，乃入居位。」孔穎達《疏》：「入者，自外之辭，本其所自之處。言其自許東偏而入於許，非從外國入也。」簡文「入焉以行政」之「入」蓋用此義。「焉」用與「之」同，在此亦指代「其位」。典籍中「行政」一詞很常見，可指執掌國家政權。……故「入焉以行政」似指入居其位以執掌國家政權。

〔註1004〕葛兆光〈思想史：既做加法也做減法〉《讀書》2003.1 頁7～10。

〔註1005〕李存山〈反思經史關係：從「啓攻益」說起〉，簡帛研究網，03/01/20，
http://www.bamboosilk.org/Wssf/2003/lichunshan01.htm。

　　陳劍先生〈傳說〉：此處簡文難以理解，但「曰德速蓑（衰）」可能跟《孟子‧萬章上》所謂的「萬章問曰『人有言：至於禹而德衰』有關」。萬章所敘是以「不傳於賢而傳於子」爲禹之德衰，《漢書‧刑法志》則云：「禹承堯舜之後，自以德衰而制肉刑。」又《莊子‧天地》：「子高曰：『昔堯治天下，不賞而民勸，不罰而民畏。今子賞罰而民且不仁，德自此衰，刑自此立，後世之亂自此始矣。』」簡文前文言堯之前「不賞不罰，不刑不殺」，堯時「不勸而民力，不刑殺而無盜賊……其政治而不賞，官而不爵，無勵於民」，而禹「始爵而行祿」，禹之「德衰」或即指此而言，跟《莊子‧天地》文相類。

　　建洲按：二位先生由於編連順序不同，解釋自然有所差異。不過如同白先生所說禹已治國三年，海內外一片升平氣象，此時若說「乃以行政」的確是頗爲奇怪的，故改從白氏之說。

〔四三〕台（始）簅（爵）而行彔（祿）

　　李零先生：讀作「治爵而行祿」。（頁275）

　　陳劍先生〈傳說〉：「始」原釋爲「治」，研究者無異說。按此字原作「台」，本篇用爲「始」之字多次出現，皆作「台」形，而用爲「治」之字則作「絈」形，如簡43「治而不賞」、「治亂」之「治」皆是。「爵」用作動詞，「始爵而行祿」謂此時才開始制定實行爵祿之制，跟前文簡43「官而不爵，無勵於民」相呼應。（頁20注42）

　　建洲按：陳劍先生之說大抵可從。〈容成氏〉中「台」字釋爲「始」者，見於簡14、21、25、26、27、29、36、37。唯一例外是簡22當作「辭」用（二見）。「絈」字釋爲「治」者，見於43、19。其中簡36似乎解爲「辭」。以此觀之，則本簡「台」釋爲「始」的確可能性較大，而且這樣的說法，與我們編連從白氏之說並不衝突。因爲「入焉以行政」，可能指禹之子啓剛主政，所以才要開始制定實行爵祿之制。

【釋　文】

　　……【啓】〔一〕王天下十又六年〈世〉而桀复（作）〔二〕。桀不述亓（其）先王之道，自爲【芑（改）爲】〔三〕……**35A**豈（當）是峕（時），弜（強）溺（弱）〔四〕不絈（辭）諹（聽）〔五〕，眾寡〔六〕不聖（聽）訟〔七〕，天陞（地）四峕（時）之事〔八〕不攸（修）〔九〕。湯〈桀？〉〔十〕乃尃（博）爲正（征）复（籍）〔十一〕，吕正（征）闗（關）坆（市）。民乃宜肎（怨）〔十二〕，虍（虐）疾〔十三〕台（始）生，於是**36**虎（乎）又（有）詥（暗）、聾、皮（跛）、⚫（眇）

〔十四〕、瘦（瘦）、窠（府）、婁（瘦或僂）〔十五〕訇（始）迉（起）。湯乃萁（謀）戒求臤（賢），乃立泗（伊）尹〔十六〕㠯爲差（佐）。泗（伊）尹既巳（已）受命，乃執兵欽（禁）暴〔十七〕。㒸（佯）旻（得）于民〔十八〕，述（遂）迷，而37不量〔十九〕亓（其）力之不足，迉（起）帀（師）㠯伐昏（岷）山是（氏）〔二十〕，取亓（其）兩女瑨（琰）、𤫊（琬）〔二一〕，妖北迲（去）亓（其）邦〔二二〕，□爲昏宮〔二三〕，篁（築）爲璿室〔二四〕，戈（飾）爲柔（瑤）臺（臺）〔二五〕，立爲玉閨〔二六〕，亓（其）喬（驕）38大（泰）〔二七〕女（如）是眉（狀）▂。湯餌（聞）之，於是唐（乎）慚（慎）戒陸（徵）臤（賢）〔二八〕，悳（德）惠而不賈（恃）〔二九〕，秖三十尼（年？）而能之〔三十〕，女（如）是而不可〔三一〕，肰（然）句（後）從而攻之。降自戎述（遂）〔三二〕，內（入）自北39門〔三三〕，立於中□〔三四〕，傑（桀）乃逃之鬲（歷）山氏〔三五〕。湯或（又）從而攻之〔三六〕，墬（降）自鳴攸（條）之述（遂）〔三七〕，㠯伐高神之門〔三八〕，傑（桀）乃逃之南菓（巢）是（氏）。湯或（又）從而攻之，40述（遂）逃迲（去），之喪（蒼）虘（梧）之埜（野）〔三九〕。湯於是唐（乎）諲（徵）九州之帀（師）〔四十〕，㠯畧（略）四淪（海）之內〔四一〕，於是唐（乎）天下之兵大迉（起），於是唐（乎）罙（亡）宗〔四二〕鹿（戮）族戔（殘）群，𡖉（焉）備（服）〔四三〕。41……惻（賊）逃（盜），夫是㠯旻（得）眾而王天下。（248～290）

【校　釋】

〔一〕……【啓】

　　李銳先生〈初札〉：據文意當補「啓」。

　　建洲按：說可信。

〔二〕十又六年〈世〉而桀复（作）

　　李銳先生〈初札〉：「年」當爲「世」之訛。「十六世」爲自啓至桀總共十六世。據《史記・夏本紀》，啓之後有太康、中康、相、少康、予、槐、芒、泄、不降、扃、廑、孔甲、皋、發、履癸（桀），正爲十六世。《太平御覽》卷八十二皇王部引《紀年》：「自禹至桀十七世」，《史記・夏本紀》集解、索隱等說法相同，是包括禹在內。

　　建洲按：其說可信。另外，關於夏代君王世系，李學勤先生說：

　　　　以上夏代早期的歷史故事，曾有人表示過懷疑，現在看來是不必要

的。我們認為這段故事有它的真實性，這從它的名號－太康、仲康、少康中可以得到證明。大家知道，商朝的王大都是用天干命名的，其中有許多太、仲、少之稱，如太丁、太甲、太庚、太戊、中壬、中丁、小甲、小辛、小乙等等。這些在甲骨文裡都有記載，大等於太，中即仲，小就是少。在甲骨文裡，「康」就是「庚」，因此，太康、仲康、少康，實際上就是太庚、仲庚、少庚。夏王的世系中還有孔甲、胤甲、履癸（桀），也是用天干命名的。這種命名法不是造假的人能夠想像出來的。周代的人已經不懂得這種名號是怎麼起的，怎麼用的，是什麼意思。所以從這一點上來看，我們也可以相信太康、仲康、少康這個世系一定有它的背景，有它的歷史根據。〔註1006〕

此說可參。

　　經與簡42「湯王天下卅＝（三十）又（有）一傑（世）而受（紂）复（作）。」相較，可知本簡「世」乃「年」之訛。而且《論語・子路》：「如有王者，必世而後仁。」何晏《集解》：「如有受命王者，必三十年仁政乃成。」〔註1007〕，可知「年」是小於「世」的時間概念。筆者懷疑此處的誤寫是受簡5「坒（匡）天下之正（政）十又（有）九年而王天下」文句的影響，抄寫者遂順手寫下「【啟】王天下十又六『年』」，此乃「涉上下文而誤」。〔註1008〕

〔三〕自為【芑（改）為】

　　李零先生：根據42簡，於此補了（芑為於）三字。（頁277）

　　陳劍先生〈編連二〉亦是參照簡42，但僅補（芑為）二字。因為簡42下接簡44，讀作「自為『芑為』。於42是乎……44」，「芑」讀作「改」。

　　建洲按：陳說可信，見簡42注釋。又李零先生的拼合是35～42。陳劍〈編連二〉將簡35分為A、B兩段，其下的拼合是35A+38～41+36～37+42，並說「從簡40以後至此處，大意是說湯雖然攻滅夏桀，但隨後天下大亂，且湯行政事不善，故尚未得以王天下。湯乃立賢人伊尹以為佐，天下遂得治，湯終於得眾而王天下。」筆者以為似有不妥。首先，若照這樣的順序，則夏桀逃之鳴條、南巢（40），殘群焉服（41）在前，而「乃立伊尹為佐」（37）在後，與史實不符。《史記・殷本紀》：「湯

〔註1006〕李學勤〈夏商周與山東〉《烟台大學學報》2002.7，頁333。

〔註1007〕《十三經注疏——論語》，頁117。

〔註1008〕俞樾《古書疑義舉例》，收於楊家駱主編《樸學叢書之一——古書疑義舉例七卷》（台北：世界書局，1956.2），頁85。

乃興師伐諸侯，伊尹從湯，湯自把鉞以伐昆吾，遂伐桀。……桀奔於鳴條，夏師敗績。」〔註1009〕《呂氏春秋‧慎大覽‧慎大》：「民心積怨，皆曰：『上天弗恤，夏命其卒。』……湯與伊尹盟，以示必滅夏。……未接刃而桀走，逐之至大沙（南巢）。」〔註1010〕其中《呂氏春秋‧慎大覽‧慎大》一條，亦說明夏朝民怨四起，湯乃起而攻桀。但按〈編連二〉則「民乃宜怨，虐疾始生」（36）在夏桀逃之鳴條、南巢（40）之後，此不妥之二。其三，35A下、42上均是殘簡，并無證據支援〈編連二〉的拼合。以此之故，筆者同意李零先生的拼接，但簡35則從陳劍分爲A、B。亦即本文的拼合是35A～42。附帶一說，日本東北大學淺野裕一教授〔註1011〕及于凱〔註1012〕先生的看法與筆者相同，均贊成整理者的簡序編連。

〔四〕弨（強）溺（弱）

建洲按：江陵天星觀竹簡有鬼名「弨死」，雲夢秦簡《日書》作「強死」；《璽彙》2343「強」作 𢏚；李家浩先生釋《上海博物館藏印選》14.3的 𢏚 爲「強」。〔註1013〕以上均可證明簡文「弨」字爲「強」。「弨」是從「口」的，如此則正好與「弘」字形相同。所以，裘錫圭先生說：

> 在較早的古文字裡，「弘」可能既是「弘」字，又是強弱之「強」的本字；但是并不是由於「弘」、「強」音近而用同一個字，而是由於這個字形恰好同時適用於「弘」、「強」這兩個詞……一部分春秋戰國文字在用作「強」字的「弘」的「口」旁下加兩橫，把它寫作「弨」，可能就是爲了要跟「弘」字相區別〔註1014〕

由裘先生的話，我們知道「△」下加二橫的寫法是爲了別嫌。又劉釗先生以爲下加二橫的符號僅是飾筆〔註1015〕，如此則「弘」與「弨」是相同，我們認爲除非有充分的證據，否則不宜僅視爲無意義的筆劃。就如同《集成》2360王后左棡室鼎的「棡」作 𣚦，裘先生舊以爲下加二橫的符號僅是飾筆，後於補訂時，亦說如此根據不足〔註

〔註1009〕〔漢〕司馬遷《史記》（北京：中華書局，1964.4四刷），頁95～96。
〔註1010〕〔漢〕高誘注《呂氏春秋》（臺北：藝文印書館，1974.1三版），頁363。
〔註1011〕淺野裕一〈上博楚簡《容成氏》中的禪讓與攻伐〉《日本漢學的中國哲學研究與郭店、上海竹簡資料會議論文》（台北：台灣大學哲學系，2003.12.28），頁5～6。
〔註1012〕于凱〈上博楚簡〈容成氏〉疏札九則〉，簡帛研究網，03/09/24。
〔註1013〕李家浩〈戰國　布考〉《古文字研究》第3輯，頁163。
〔註1014〕裘錫圭〈釋「弘」「強」〉《古文字論集》，頁56。
〔註1015〕劉釗《古文字構形研究》，頁531。
〔註1016〕裘錫圭〈戰國貨幣考〉《古文字論集》，頁453。

1016〕。所以我們仍以爲「強」作「弜」是爲了別嫌。

「溺」作🐛。字亦見《郭店・老子甲》8「溺」作🐛、〈老子甲〉37作🐛，《包山》7作🐛、246作🐛。廖名春先生曾對「溺」字作過考釋。其曰：所謂「弓」，乃人的側身形象，戰國文字中的「人」作偏旁時與「弓」混。兩人側身站著灑尿，這就是「弱」字的本義。加水旁繁化爲「溺」。而「尿」則爲「弱」字的簡化，將二人簡化爲一人，所以應是「弱」字別體。正因爲「溺」、「尿」皆爲「弱」的異寫，所以文獻中不但「溺」與「弱」可互作，而且「溺」也讀作「尿」。〔註1017〕劉釗先生贊同廖說，並補充說：廖名春先生指出字所從的「彡」象尿水的形象，應該是可信的說法。其實以往的考釋諸家忽視了「弓」字本來就是「尿」的本字。……🐛（按：《集成》1.261，王孫遺鬲鐘〔註1018〕）字從「尿」的本字「弓」，從「水」爲疊加意符，左邊是「人」字，也是疊加的意符。因爲古文字中「人」、「尸」、「弓」三者時常相混，所以左邊有時寫作從「人」，有時寫作從「尸」，有時又寫成象「弓」。〔註1019〕「溺」又作🐛（《珍秦齋》99）、🐛（《珍秦齋》）。依此說，則「🐛」亦可分析爲左從「人」，右從「弓」（「弱」的本字），下從「水」。簡文「弜溺」即「強弱」，指強或弱。《管子・侈靡》：「國雖強，令必忠以義，國雖弱，令必敬以哀。強弱不犯，則人欲聽矣。」

〔五〕絔（辭）諹（聽）

李零先生：疑讀「辭揚」。（頁278）

建洲按：疑讀作「辭聽」。易，余紐陽部；聽，透紐耕部，聲紐同爲舌頭音，韻部則爲旁轉。《左傳・哀公二十三年》：「越諸鞅來聘」，《吳越春秋・句踐入臣傳》諸「鞅」作諸稽「郢」（余耕）。《禮記・月令》：「民殃於疫」，《後漢書・魯恭傳》引「殃」作「傷」。〔註1020〕又如《史記・范睢蔡澤列傳》：「成荊、孟賁、王慶忌、夏育之勇

〔註1017〕廖名春〈楚文字考釋三則〉《吉林大學古籍整理研究所建所十五周年紀念文集》，頁94。亦見廖名春〈楚簡老子校釋（九）〉《簡帛研究2001》，頁76。

〔註1018〕原名「王孫遺者鐘」。2002年6月李家浩先生在吉林大學做了題爲「楚國蔿氏銅器銘文研究」的名家講座，用大量材料證明舊釋「王孫遺者」的「者」應是「鬲」字，并指出「王孫遺鬲」即《左傳》中的「蔿艾獵」。引自李守奎〈出土楚文獻文字研究綜述〉《古籍整理研究學刊》2003.1，頁10。

〔註1019〕劉釗〈金文字詞考釋（三則）〉《第十三屆全國暨海峽兩岸中國文字學學術研討會論文集》（臺北：萬卷樓，2002.4），頁96。

〔註1020〕高亨、董治安編纂《古字通假會典》（濟南：齊魯書社，1997.7二刷），頁61、270。

焉死。」《集解》引徐廣曰：「『荊』（見耕）一作『羌』（溪陽）。」〔註1021〕可證「易」、「聽」音近可通。

《周禮・秋官・小司寇》：「以五聲聽獄訟，求民情。一曰辭聽。」鄭玄《注》曰：「觀其出言，不直則煩。」〔註1022〕其次，李零先生以爲「強弱不辭揚……天地之事不修」是說夏桀失政。但是以上三句主語應該相同，皆指「諸侯國」。而「天地之事不修」屬於反面論述，則所謂「不紲賜」、「不聖頌」也應從反面來理解。所以筆者以爲應讀作「不辭聽」、「不聽訟」（詳下）。

〔六〕眾　寡

建洲按：指多或少。《論語・堯曰》：「君子無眾寡，無小大，無敢慢，斯不亦泰而不驕乎」、《左傳・襄公二四年》：「（國）無有眾寡，其上一也。」楊伯峻《注》曰：「言國之與國不在兵眾多少，我爲御，自在車左、車右之上，各國相同。」〔註1023〕

〔七〕聖（聽）訟

李零先生：疑讀「聲頌」。（頁278）

陳劍先生〈編連二〉讀作「聽訟」。

建洲按：《論語・顏淵》：「聽訟，吾猶人也，必也使無訟乎。」孔《疏》：「（聽訟）聽斷訟獄」。簡文「眾寡不聽訟」與上句「強弱不辭聽」意思相近，互文可通。「辭聽」即「聽訟」；而《韓非子・安危》曰：「安危在是非，不在於『強弱』。存亡在虛實，不在於『眾寡』。」〔註1024〕可說明「強弱」、「眾寡」應可互用。簡文疑指諸侯之國不論強或弱、大或小都不依民情聽斷訟獄，不諦聽兩造之辭來斷獄，致使人民的眞實情況無法上達。《呂氏春秋・慎大覽・慎大》：「桀爲無道，暴戾頑貪，天下顫恐而患之，言者不同，紛紛介介（**建洲按**：「介介」，王念孫說，怨恨之意）其情難得。」陳奇猷曰：「情讀爲誠，實也，猶今語『眞實情況』」〔註1025〕這與簡文的背景非常吻合。《禮記・大學》：「子曰：『聽訟，吾猶人也，必也使無訟乎。』無情者不得盡其辭。」朱熹《注》曰：「猶人，不異於人也。情，實也。引夫子之言，而言聖人能使無實之人不敢盡其虛誕之辭。」《荀子・王霸》：「質律禁止而不偏」，

〔註1021〕高亨、董治安編纂《古字通假會典》（濟南：齊魯書社，1997.7二刷），頁52。

〔註1022〕《十三經注疏──周禮》，頁524。

〔註1023〕楊伯峻《春秋左傳注》（臺北：洪葉書局，1993.5），頁1091

〔註1024〕陳啓天《增訂韓非子校釋》（臺北：商務印書館，1982.8四版），頁811。

〔註1025〕陳奇猷《呂氏春秋校釋》（臺北：華正書局，1988.7），頁847。

楊《注》曰：「質律，質劑也，可以爲法，故言質律也。禁止而不偏，謂禁止姦人，不偏聽也。」〔註1026〕蓋爲「理」者，惟需「聽微決疑」，《韓詩外傳・卷二》：「聽獄執中者，皋陶也」可爲證。另外，《說苑・指武》：「文王先伐崇，先宣言曰：余聞崇侯虎蔑侮父兄，不敬長老，『聽獄不中』……乃伐崇」〔註1027〕可見，聽斷獄訟若立場不公正，亦是一種嚴重的過失。

〔八〕天陞（地）四旹（時）之事

建洲按：《晏子春秋・卷一・景公欲使楚巫致五帝以明德晏子諫第十四》：「古之王者……是故天地四時，合而不失。星辰日月，順而不亂。」〔註1028〕《莊子・至樂》：「死，无君於上，無臣於下；亦無四時之事，從然以天地爲春秋，雖南面王樂，不能過也。」《疏》曰：「夫死者，魂氣歸於天，骨肉歸於土。既無四時炎凉之事，寧有君臣上下之累乎！從容不復死生，故與二儀同其年壽」。〔註1029〕

〔九〕不攸（修）

建洲按：首先釋出「攸」字是李家浩先生。〔註1030〕「攸」讀作「修」。「修」有「遵循」的意思。《史記・殷本紀》：「昔高後成湯與爾之先祖俱定天下，法則可修。」《漢書・藝文志》：「祖述堯舜，憲章文武。」顏師古《注》曰：「述，修也。言以堯舜爲本始而遵修之。」簡文意謂不遵行天地四時的常理。《左傳・昭公二十五年》：「夫禮，天之經也，地之義也，民之行也。天地之經，而民實則之。」可與簡文互參。

〔十〕湯〈桀？〉

建洲按：此處的「湯」似爲「桀」的誤寫。如同《郭店・窮達以時》簡3-4提到「呂昚……聥（釋）板箸（築）而差（佐）天子，氫（遇）武丁也」，學者多已指出此處的「呂昚（皋陶）」應該是「傅說」之誤寫。〔註1031〕此外，〈容成氏〉簡文他處

〔註1026〕〔清〕王先謙《荀子集解》（北京：中華書局，1997.10四刷），頁228。
〔註1027〕向宗魯《說苑校證》（北京：中華書局，2000.3三刷），頁377～378。
〔註1028〕張純一《晏子春秋校注》《新增諸子集成》六（臺北：世界書局，1983.4新四版），頁20。
〔註1029〕〔清〕郭慶藩《莊子集釋》（臺北：貫雅文化，1991.9），頁619。
〔註1030〕李家浩〈包山楚簡中的旌旆及其他〉《第二屆國際中國古文字學研討會論文集續編》（香港：香港中文大學，1995.9），頁377。
〔註1031〕黃德寬、徐在國〈郭店楚簡文字考釋〉《吉林大學古籍整理研究所建所十五周年紀念文集》（長春：吉林大學出版社，1998.12），頁103，17條、徐在國〈釋「呂昚」〉《古籍整理研究學刊》1999.3頁36、池田知久〈郭店楚簡〈窮達以時〉研究〉（上）

亦有誤寫之例，如簡4「邦無食人」，「食」，陳劍先生以為是「飢」之誤寫、簡47「夏臺」，李零先生以為是「羑里」之誤寫、簡48「陞文王」，李零先生以為是「降文王」之誤寫（筆者以為或許不是誤寫，詳下）。換言之，此處認為是「桀」的誤寫並非特例。倘若釋為「湯」，依李零先生讀作「當是時，強弱不辭揚，眾寡不聖頌，天地四時之事不修。湯乃輔為征籍，以征關市」，即「在當時，諸侯國不論國力強弱或人民眾寡，都不稱頌夏桀」但是下却接「湯幫助來收取稅款」，如此湯豈不是不辨是非、助「桀」為虐了嗎？這種「眾人皆醒我獨醉」的事情，以常理判斷，不會發生在湯身上。余嘉錫先生曾說：「古人引書，唯于經史特為謹嚴，至於諸子用事，正如詩人運典，苟有助於文章，固不問其真偽。」〔註1032〕現在不僅子書記載湯為賢主，如《荀子·王霸》：「用國者，得百姓之力者富，得百姓之死者彊，得百姓之譽者榮。……湯、武者，循其道，行其義，興天下同利，除天下同害，天下歸之。」〔註1033〕在經典中也是少見例外的，如《尚書·多士》：「自成湯至于帝乙，罔不明德恤祀。」《尚書·多方》：「天惟時求民主，乃大降顯休命于成湯，刑殄有夏。……乃惟成湯，克以爾多方，簡代夏作民主。」《左傳·襄公二十六年》：「商頌有之曰：『不僭不濫，不敢怠皇。命于下國，封建厥福』，此湯所以獲天福也。」《論語·顏淵》：「子夏曰：『富哉言乎！舜有天下，選於眾，舉皋陶，不仁者遠矣；湯有天下，選於眾，舉伊尹，不仁者遠矣。』」而且治國者，莫不以弛關市之征為德，如《韓非子·外儲說右上》：「吾弛關市之征而緩刑罰，其足以戰民乎？」〔註1034〕《管子·五輔》：「薄徵斂，輕征賦，弛刑罰，赦罪戾，宥小過，此謂寬其政。……凡此六者，德之興也。」〔註1035〕《荀子·王霸》：「關市幾而不征，質律禁止而不偏」，另外簡18提到禹的德政是「關市無賦」，以上均可說明此處的「湯」可能是誤寫。

最近看到淺野裕一教授的文章，其贊同筆者的編連，但將「湯乃謀戒求賢」斷句作「湯乃謀，戒求賢」，並對簡文此處「湯」有著獨到的詮釋：「自禹建立夏朝起，經過十六代之後，由桀即位。桀不遵循先王之道而特立獨行，於是天下開始混亂。湯一邊假意輔佐桀，一邊製作課稅帳冊在關口與市集徵稅，以助長惡政。果然民怨四起，又發生疫病，其後遺症致使身體殘障者大增。湯於是行使陰謀，勸誡桀應該晉用賢才，並且將心腹伊尹送去輔佐桀。伊尹接受湯的密令，佯稱夏朝擁有強大的

《古今論衡》第四輯（臺北：中央研究院歷史語言研究所，2000.6），頁62。

〔註1032〕見余嘉錫《古書通例·古書多造作故事》《余嘉錫說文獻學》（上海：上海古籍出版社，2001.3），頁234。

〔註1033〕〔清〕王先謙《荀子集解》（北京：中華書局，1997.10四刷），頁224。

〔註1034〕陳啟天《增訂韓非子校釋》（臺北：商務印書館，1982.8四版），頁584。

〔註1035〕陳麗桂師等校注《新編管子》（臺北：國立編譯館，2002.2），頁240。

軍隊，使桀產生錯覺，然後慫恿桀派軍遠征。被朦蔽的桀於是出兵攻打昏山氏，擄回其女二人爲妻，並且爲它們興建豪華的宮殿。湯聽說桀日益驕慢，自己就晉用賢才、公平施恩，以收攬人心、見時機成熟之後，湯就以無法棄天下於不顧爲由，聲討桀的荒虐無道，策反人心，然後出兵攻伐桀。」〔註1036〕我們不得不承認淺野教授說得很巧，將簡文詮釋得很傳神。但在其筆下，湯成爲了「心狠手辣的陰謀家」，這與典籍對「湯」形象的描繪極不相同已見上述。其次，前引「湯乃『謀戒求賢』」，相同文例亦見於下一句「愼戒徵賢」。「求賢」、「徵賢」意思相同，按理說「謀戒」、「愼戒」意亦應相似。但淺野教授對這二句斷句、讀法並不相同。但通覽淺野教授的文章亦有其道理在，茲存其說。

〔十一〕乃專（博）爲正（征）复（籍）

李零先生：「專」，讀爲「輔」。「正复」即「征籍」，是抽稅的意思。中山王方壺「籍斂中則庶民附」，「籍」作「复」。（頁278）

陳劍先生〈傳說〉：「湯乃溥爲征籍，以征關市」與前文簡18「禹……關市無賦」相對。（頁21注57）

建洲按：「乃」，王引之《經傳釋詞》：「乃，異之之詞也。《尚書·盤庚》曰：『女不憂朕心之攸困，乃咸大不宣乃心。』《詩·山有扶蘇》曰：『不見子都，乃見狂且。』是也。亦常語也。」楊樹達《詞詮》：「『乃』，與口語『却』同。王引之云：異之之詞。『然則鬥與不鬥，亡於辱之與不辱也，乃在於惡之與不惡也。』（《荀子·正論》）。」〔註1037〕意思是說夏朝的諸侯國不依民實來聽訟，但夏桀不但不制止，却又向人民大規模的徵稅。或是有「竟然」的意思。裴學海《古書虛字集釋》卷六：「乃，猶竟也。《列子·湯問》：『穆王始悅而嘆曰：人之巧乃可與造化者同功乎？』」〔註1038〕後說於文意亦可通。

「專」，依文意，此處的「專」應釋爲「博」，即範圍廣大之意。

「正复」，對於中山王方壺「复」釋爲「籍」，朱德熙先生說：「『乍』與『昔』古音相近，『醋』、『酢』古通，……皆其證。銘文『复』當讀爲『籍』，《墨子·辭過》『苦於厚作斂於百姓』，亦借『作』爲『籍』。」〔註1039〕《詩·大雅·韓奕》：「實

〔註1036〕淺野裕一〈上博楚簡《容成氏》中的禪讓與攻伐〉《日本漢學的中國哲學研究與郭店、上海竹簡資料會議論文》（台北：台灣大學哲學系，2003.12.28），頁6。
〔註1037〕謝紀鋒編纂 《虛詞詁林》（哈爾濱：黑龍江人民出版社，1993.1三刷），頁6、11。
〔註1038〕謝紀鋒編纂 《虛詞詁林》（哈爾濱：黑龍江人民出版社，1993.1三刷），頁10。
〔註1039〕朱德熙〈平山中山王墓銅器銘文的初步研究〉《朱德熙古文字論集》（北京：中華書局，1995.2），頁101。

塘實壑，實畝實籍」，鄭玄《箋》曰：「籍，稅也。」〔註1040〕本句意思見下。

〔十二〕民乃宜肙（怨）

建洲按：簡文「宜」的用法是「表示所述的事實正當如此。可譯爲『難怪』、『怪不得』等。《左傳・襄公二十八年》：『車甚澤，人必瘁，宜其亡也。』」〔註1041〕簡文至此，意爲「在當時，諸侯國不論國力強弱、國人多寡都不依民情聽斷訟獄，不諦聽兩造之辭來斷獄，致使人民的真實情況無法上達，而且不遵行天地四時的常理。桀（不但不制止）竟又廣爲向通過關市的人民征稅，難怪人民會怨恨」。

〔十三〕虐（虐）疾

建洲按：釋爲「虐」。《說文》古文「虐」作𧇇，與簡文同形。

〔十四〕 ▲（眇）

李零先生：以爲從位置看，似相當於上文的「罣」字，但字形難以隸定，也可能是寫壞的字。

何琳儀先生〈滬二〉：原篆以黑白相間表示迷惑之意，疑爲「幻」之异體。「幻」通作「眩」，簡文「幻（眩）」應指神經系統的疾病。

劉釗先生〈容釋二〉：我們認爲此字是個會意字，即「眇」字的本字，本像「目」一邊明亮一邊暗昧形，「眇」則爲後起的形聲字。「眇」本義爲「一目小」或「一目失明」，一目失明則自然比正常之目要小。《易・履》：「眇能視，跛能履。」陸德明《釋文》：「眇，《說文》云：『小目。』」《穀梁傳・成西元年》：「季孫行父禿，晉郤克眇，衛孫良夫跛，曹公子手僂，同時而聘於齊。」以上兩例「眇」字都用爲「一目失明」之意。值得注意的是上引兩段典籍中「眇」都與「跛」相連提及，這與《容成氏》簡文中「▲」與「跛」相連提及相一致。《北史・魏紀三・孝文帝》有「路見跛眇，停駕親問，賜衣食，複終身。」句，也是「跛」、「眇」連及的例子。《穀梁傳・成西元年》同時提到「眇」、「跛」、「僂」，這與《容成氏》同時提到「跛」、「▲」、「僂」也相同。這說明釋「▲」爲「眇」有相當的可信程度。《韓詩外傳・卷三》：「太平之時，無暗、瘤、跛、眇、尪、蹇、侏儒、折短。」「瘤」字乃「聾」字异體，或是受上一「暗」字影響類化而成。這一句中的「瘖、瘤、跛、眇」四種殘疾同《容

〔註1040〕《十三經注疏——詩經》，頁683。

〔註1041〕中國社會科學院語言研究所古代漢語研究室編《古代漢語虛詞詞典》（北京：商務印書館，2000.1 二刷），頁710。

成氏》簡文中「喑、聾、跛、🌢」四種殘疾排列順序完全相同。《容成氏》的「🌢」正相當於《韓詩外傳》的「眇」，這也證明釋楚簡《容成氏》之「🌢」爲「眇」應該是正確的。

　　建洲按：劉文於字形、文獻均有徵，應可信從。不過，最近徐在國先生認爲《上博（三）・周易》15☒字，「當分析爲從『木』、『冥』聲，釋爲『梋』。此字『木』上所從并非是『日』，右部有一小部分塗黑，當是有意爲之，這很自然地使我們想到上博竹書（二）《容成氏》37 簡中『皮』後之字，一半明一半黑，與☒上半所從同，當釋爲『冥』字。說詳另文。」〔註1042〕由於徐文尚未得見，暫存其說於此。

〔十五〕痞（瘺）、寠（痀）、婁（瘺或僂）

　　李零先生：隸「寠」作从「呆」。（頁 279）

　　何琳儀先生〈滬二〉則釋作「痗」。

　　建洲按：李零先生依形隸定當無問題，但與通行字「呆」并不相同。《說文》未見「呆」字。《說文》古文「保」作☒，與從「木」的「呆」沒有關係。字應從「某」，金文「某」作 ☒（禽簋）、☒（諫簋），從「甘」從木，《包山》255 作☒、《說文》古文「某」作☒，上省從口，〔註1043〕簡文字形是將「口」形填實。亦可與同簡及簡 3 的「☒」對比。其次，若與簡 3 對照，則「寠」相當於「皀」，若釋爲「禿」（透屋），韻部旁對轉，聲紐則較遠。若依李零先生將「皀」釋爲「疣」（匣之），疊韻，但聲紐同樣較遠。〈滬二〉釋爲「痗」。「某」，明紐之部；「痗」，明紐之部，雙聲疊韻。但《爾雅・釋詁下》：「痗，病也。」《詩・衛風・伯兮》：「顧言思伯，使我心痗。」《毛傳》：「痗，病也。」似是泛稱，與其他所列「喑」、「聾」、「跛」等是具體病症并不相同，可見亦是有問題。筆者以爲疑讀作「痀」，並紐侯部；「某」，明紐之部，聲紐同爲唇音，韻部旁轉音近。《說文》曰：「痀，俛病也。」（七下十二）徐鍇《繫傳》曰：「《爾雅》注：『戚施之疾，俯而不能使仰也。』」〔註1044〕可見「痀」應該相當於「戚施」，指駝背的人。則其下的「婁」不論依李零先生先生釋爲「僂」，指駝背之人或從簡 2 孟蓬生先生釋爲「瘺」，指脖子腫起的人，均無害文意。因爲在《國語・晉語四》：「僬僥不可使舉，侏儒不可使援」，其中「僬僥」，宋庠曰：「人長三尺，

〔註1042〕徐在國〈上博竹書（三）《周易》釋文補正〉，簡帛研究網，2004.4.24
　　　　　http://www.jianbo.org/ADMIN3/HTML/xuzaiguo04.htm。

〔註1043〕陳偉先生武先生以爲：「古文字從口從甘每無別，某字古文此體實從二某，音義不變。」
　　　　　參氏著〈同符合體字探微〉《中山大學學報》1997.4，頁 107。

〔註1044〕〔宋〕徐鍇《說文繫傳》（臺北：華文書局，1971.5），頁 631。

短之極也。」與「侏儒」屬於身體有同一種殘缺的人。換言之，簡文「窐」釋爲「府」，〔註1045〕雖與李零先生先生釋「婁」爲「僂」病症相近；或是我們改釋「婁」爲「瘻」則與「瘻」並指脖子毛病的人，均不妨害我們的釋讀。

〔十六〕泗（伊）尹

李零先生：即「伊尹」。「泗」是心母質部字，上文「伊水」之「伊」作「沝」（簡26），字從死，「死」是心母脂部字，與「泗」讀音相近，都是「伊」字的通假字。（頁279）

建洲按：李零先生之說可信。簡文「伊」既作「沝」又作「泗」，又如「皋陶」作「咎䈬」、「咎䳸」（簡29）；「厺咎」、「厺秀」（簡34）足見〈容成氏〉異體字之多。

〔十七〕欽（禁）暴

陳劍先生〈編連二〉：引董珊之說讀作「禁暴」。「暴」亦見《郭店・性自命出》簡64、《上博（二）・從政甲》簡15，說見周鳳五〈郭店〈性自命出〉「怒欲盈而毋暴」說〉。〔註1046〕

建洲按：說可從。

〔十八〕羕（佯）旻（得）于民

陳偉武先生〈合證〉：「羕旻」讀作「養德」。（頁204）

建洲按：陳偉武先生之說恐不可信。依此讀則簡文下面似讀不通。況且「旻」一般均指「得」，〈容成氏〉自有「德」作「悳」。

《孟子・告子下》：「五就湯五就桀者，伊尹也。」《注》曰：「伊尹爲湯見貢於桀，桀不用而歸湯，湯復貢之，如此者五，思濟民，冀得施行其道也。」〔註1047〕《呂氏春秋・慎大覽・慎大》：「主道重塞，國人大崩。湯乃惕懼，憂天下之不寧，欲令伊尹往視曠夏，恐其不信，湯由親自射伊尹。伊尹奔夏三年，反報於亳，曰……」高誘《注》：「恐夏不信伊尹，故由揚言而親自射伊尹，示伊尹有罪而亡，令夏信之也。」盧文弨曰：「是明明以伊尹爲間諜。」陳奇猷曰：「視，察也，見《國語・晉

〔註1045〕本簡「窐」釋爲「府」也得到了日本竹田健二先生的贊同，見氏著〈〈容成氏〉中有關身體障害者之論述〉《出土文獻研究方法第二次學術研討會論文》（台北：台灣大學東亞文明研究中心，2004.4.10），頁2。
〔註1046〕《新出土文獻與古代文明研究國際學術研討會會議論文》（陳劍先生〈編連二〉引）。
〔註1047〕《十三經注疏——孟子》，頁213。

語》韋注。察即含間諜之義。」又說：「《國語·晉語》：『夏桀伐有施，有施人以妹喜女焉。妹喜有寵，與伊尹比而亡夏』，與《紀年》同意。蓋比即比周，與交同義（《文選》顏延年〈陽給事誄〉『周、衛是交』，李善《注》：『交，黨與也』，『黨與』與『比周』義近）；《荀子·解蔽》：『桀蔽於末喜』；《史記·外戚世家》：『桀之放也以末喜』；并《紀年》與《呂氏》此文『桀迷惑於末嬉』、下文末嬉告桀之夢於伊尹觀之，末嬉一方面有寵於桀，而另方面又與伊尹相交通以爲內應，是各書所載，并不衝突。」〔註 1048〕《古本竹書紀年》：「末喜氏以與伊尹交，遂以間夏。」〔註 1049〕《孫子兵法·用間》：「昔殷之興也，伊摯在夏」，李零先生譯說：「從前殷國的興起，是因爲伊摯在夏國」〔註 1050〕當時伊尹曾以苦肉計取信於夏桀，進而潛入夏國，除了收集敵情外，可能也蒙蔽夏桀的耳目，使「桀愈自賢，矜過善非。」（《呂氏春秋·慎大覽·慎大》）簡文「湯乃謀戒求賢……羕旻於民，遂迷」意謂「於是湯謹慎持戒，徵求賢人，所以請伊尹來輔佐他。伊尹既然已經接受命令，乃拿起兵器禁止殘暴的行爲。其後伊尹又以苦肉計取信於夏桀，進而潛入夏國，蒙蔽桀的耳目，使他自以爲頗得民心，於是沈迷在其中而不自覺。」這如同《禮記·緇衣》「惟尹躬天〈先〉見〈視〉於西邑夏」所記載伊尹去夏朝伺察敵人的情況－實際也就是爲商湯準備伐夏桀作間諜和內應之事。〔註 1051〕

〔十九〕不量

建洲按：字形亦見於《說文》古文作 𪐗 、《包山》73 作 𣍵 、《九店》56.44「糧」作 𥞃 。

〔二十〕昏（岷）山是（氏）

李零先生：即「岷山氏」。（頁 280）

建洲按：《古本竹書紀年》：「后桀伐岷山」，「岷山」即「岷山氏」，如簡 40「鬲山氏」應該就是典籍「歷山」、「南巢氏」典籍多作「南巢」（詳下）。「昏」、「岷」音近可通，如《玉篇·日部》：「昏，同昏。」王引之《經義述聞》卷三〈牧誓〉「昏弃」

〔註 1048〕陳奇猷《呂氏春秋校釋》（臺北：華正書局，1988.7），頁 850～851。
〔註 1049〕王國維《古本竹書紀年輯校·今本竹書紀年疏證》（臺北：世界書局，民 66.12 再版），頁 5。
〔註 1050〕李零《吳孫子發微》（北京：中華書局，1997.6），頁 130。
〔註 1051〕陳劍〈據戰國竹簡文字校讀古書兩則〉《第四屆國際中國古文字學研討會論文》（香港：香港中文大學，2003.10.15），頁 373。

條：「昏，蔑也，讀若泯。昏棄，即泯棄也。」〔註1052〕

〔二一〕替（琰）、鼏（琬）

　　李零先生：岷山氏之二女曰「琰」、「琬」，見《竹書紀年》。簡文「替」疑讀「琰」，「鼏」疑讀「琬」。（頁280）

　　建洲按：《古本竹書紀年・桀》曰：「后桀伐岷山，進女於桀二人，曰琬、曰琰。」其中「鼏」字與《上博（一）・孔子詩論》8讀作「小『宛』〔註1053〕」的字形近，所以讀作「宛」當無問題。〔註1054〕另外，「替」（清侵）可能讀作「琰」（余談），聲紐舌齒鄰紐，韻部旁轉。另外，《呂氏春秋・慎大覽・慎大》：「桀迷惑於末嬉，好彼琬、琰」，高誘《注》：「『琬』當作『婉』。婉順阿意之人。或作『琬琰』，美玉也。」〔註1055〕殊誤。

〔二二〕　北迲（去）亓（其）邦

　　李零先生：隸作「妖」，疑讀為「火伴」（亦作「夥伴」）之「火」，這裡是偕同之義。（頁280）

　　陳劍先生〈編連二〉：則以為不識字。

　　陳劍先生〈傳說〉：妖（？）

　　建洲按：李說於字形上可從。但「妖」是否一定有「偕同」之意則待考。

〔二三〕呂宮

　　李零先生：《竹書紀年》有桀「作傾宮」之說。（頁280）

　　陳劍先生〈傳說〉：桀所為「丹宮」古書未見，古書多言桀或紂築「傾宮」或「頃宮」。「丹」與「頃（傾）」讀音甚遠，難以相通。「丹宮」或是由「宮牆文畫」、「朱丹其宮」而得名。（頁12）

　　建洲按：《古本竹書紀年》：「築傾宮」；《今本竹書紀年》：「三年，築傾宮」。以此觀之，簡文「呂宮」可能是「傾宮」。「傾」，溪紐耕部；「丹」，端紐元部，韻部「耕

〔註1052〕〔清〕王引之《經義述聞》（臺北：廣文書局，1963.5），頁85。

〔註1053〕李守奎先生以為是「三兔」的省形，字讀同「冤」，見〈楚簡《孔子詩論》中的《詩經》篇名文字考〉《上博館藏戰國楚竹書研究》（上海：上海書店出版社，2002.3），頁344。

〔註1054〕參季師旭昇先生〈由上博詩論「小宛」談楚簡中幾個特殊的從肙的字〉《漢學研究》第20卷第2期（2002.12），頁377～397。

〔註1055〕〔漢〕高誘注《呂氏春秋》（臺北：藝文印書館，1974.1三版），頁363。

元」裘錫圭、李家浩二先生以爲關係密切，如楚系文字常見以「妟」（元部）代替「嬰」
（耕部）；《左傳・僖西元年》：「公敗邾師於偃」之「偃」（元部），《公羊傳》引作「纓」
（耕部）。〔註1056〕其他又如〈大雅・大明〉：「大邦有子，俔天之妹」，《毛傳》：「俔，
磬也。」《釋文》：「俔（元），《韓詩》作磬（耕）。磬，譬也。」〈齊風・雞鳴〉：「子
之還（元）兮」，《漢書・地理志》引作「子之營（耕）兮」。聲紐「溪」、「端」有相
通之例如從甚（禪母）聲的字或屬端系端母（如湛、椹），或屬見系溪母（如堪、勘）。
〔註1057〕以此觀之，簡文「呂宮」，的確有可能就是文獻的「傾宮」。

〔二四〕璿室

　　李零先生：《竹書紀年》有桀「作璿室」之說。

　　建洲按〔註1058〕：「璿」，字作 ，《說文》：「璿，美玉也。從玉睿聲。……（籀
文璿。（段玉裁改作 ）」（一上八）。「叡，深明也。通也。從叔從目從谷省。 ，古
文叡。」（四下四）。又「睿，深通川也。從谷從 。 ，殘地阬坎意也。（段《注》
依《韵會》改爲「從 、谷。 ，殘也。谷，坑坎意也。」）……　古文睿」（十一
下三）。新出爋公盨「睿（浚）」作 ，裘錫圭先生考釋說：「字從『叔』從『川』從
『○』（『圓』的初文）。……字從『叔』從『川』，與『睿』字從『 』從『谷』意近，
（原注釋⑭：從古文字看，疑『 』本象鏟臿之類挖土工具）而且把『深通川』之意
表示得更爲明白，當是『浚』字初文無疑。此字所從的『圓』之初文，應是加注的音
符。」〔註1059〕又中山王譻鼎「叡（從見）」作 ，字形與「△」右旁相近。總結以
上，則「△」右旁的「睿」應分析爲從「 」，從「谷」省，從「目」。

　　惟簡文偏旁字形乍看似近於「尹」作 （〈容成氏〉37）、 （《郭店・窮達以
時》8）；「穀」作 （〈容成氏〉28）、 （《楚帛書》乙12.4）的「戶」旁；「晃」
作 （〈容成氏〉52）的「目」旁。許多學者指出，「冂」、「戶」、「目」古本一字。〔註

〔註1056〕中國社會科學院考古研究所編《曾侯乙墓》（北京：文物出版社，1989.7），頁517
　　　　注127。亦見李家浩〈仰天湖楚簡十三號考釋〉《中國典籍與文化論叢》第一輯，
　　　　頁449，亦見《著名中年語言學家自選集——李家浩卷》，頁213。
〔註1057〕陳劍〈據郭店簡釋讀西周金文一例〉《北京大學古文獻研究中心集刊》第二輯（北
　　　　京：北京燕山出版社，2001.12），頁392。
〔註1058〕底下內容曾刊載於《中國文字》新29期（臺北：藝文印書館，2003.12）。又陳劍
　　　　先生曾對鄙說表示贊同。
〔註1059〕裘錫圭〈爋公盨銘文考釋〉《中國歷史文物》2002.6，頁15。
〔註1060〕湖北省文物考古研究所、北京大學中文系編《九店楚簡》（北京：中華書局，2000.5），
　　　　頁69注45。

〔註1060〕不過，楚文字的◆形既可釋「尹」，也可釋「冃」（帽字初文），爲數字同形現象。

〔註1061〕意即簡文「△」偏旁似有可能是「尹」或「冃」。這種字形亦見於《楚帛書》甲6.30作◆，文例是「毋敢△天靁」，相關說法有：（一）商承祚先生釋爲「睿」，讀作「睿天命」，謂命帝俊掌管日月是聖明的。俊生日月，故命之率領。〔註1062〕（二）李零先生亦釋爲「叡」，他說：「叡，通也；天靁，讀爲天靈，指天神。這段話大約是說，若非九天傾側（？），則不得上通於天神。《國語‧楚語》有所謂重、黎『絕地天通』的神話，其中的火正黎，《國語‧鄭語》說就是祝融（祝融是官名，即火正），與帛書正相符合。」〔註1063〕（三）饒宗頤先生則認爲是「細察字形，乃從首加◆及攴旁，仍是首之繁形。」最後他認爲於形當釋「貲」，其意即「懷」，整句讀作「毋敢蔑天命」。〔註1064〕馮時、董楚平二先生贊同其說。〔註1065〕（四）曹錦炎、何琳儀二先生釋爲「冒」，如何琳儀先生認爲「冃，甲骨文作◆、◆（《類纂》三二九七。建洲按：應爲《類纂》一二七九）。從冃或冃，象帽之形。上從北爲疊加音符。……楚系文字或作◆，顯然直接上承甲骨文◆而來。或作◆則與甲骨文◆（《類纂》○○四二）吻合，爲◆之繁文。或作◆則◆之省。」最後，何先生將帛書該字隸作「戬」，亦作「冒」，意爲「牴觸」。〔註1066〕劉信芳先生亦隸作「戬」，但改讀爲「蒙」。〔註1067〕相似字形亦見於《包山》170作◆、183作◆、165作◆，皆用作人名。《包簡》隸作「叡」，何先生隸作「戬」，劉信芳先生隸作從「詧」，以爲上部即《說文》「卝」（音乖）。〔註1068〕又《包山》82作◆、167作◆、177作◆，偏旁寫法與上述相同，皆作人名用。《包簡》釋文隸作「瞻」，何琳儀先生隸作「䁅」。〔註1069〕劉信芳先生隸作「䁤」，並說：「或隸定作『䁅』，非也。該字從視，詧聲，詧字上部即《說文》『卝』（音乖）字。就字形結構而言，應是『瞢』字異構。《說文》『瞢，目不明也。』」

〔註1061〕李運富《楚國簡帛文字構形系統研究》（長沙：岳麓書社，1997.10），頁115。

〔註1062〕商承祚〈戰國楚帛書述略〉《文物》1964.9，頁17。

〔註1063〕李零《長沙子彈庫戰國楚帛書研究》（北京：中華書局，1985.7），頁71～72、李零《中國方術考》（北京：東方出版社，2000.4），頁193。

〔註1064〕饒宗頤《楚帛書新證》收於《楚地出土文獻三種研究》（北京：中華書局，1993.8），頁245～246。

〔註1065〕馮時《中國天文考古學》（北京：社會科學文獻出版社，2001.11），頁28、董楚平〈楚帛書「創世篇」釋文釋義〉《古文字研究》24輯，頁347。

〔註1066〕何琳儀〈長沙帛書通釋校補〉《江漢考古》1989.4，頁52、《戰國古文字典》，頁259、261。

〔註1067〕劉信芳《子彈庫楚墓出土文獻研究》（臺北：藝文印書館，2002.1），頁45～46。

〔註1068〕劉信芳《包山楚簡解詁》（臺北：藝文印書館，2003.1），頁80、174。

〔註1069〕何琳儀《戰國古文字典》，頁261。

〔註1070〕**建洲按**：▨等字上不從「北」，所以將「△」與甲骨文▨劃上等號是有問題的。而將這些字皆隸作從「冒」，劉信芳先生本從之，後來已指出「非是」，這是對的。因爲楚簡「冒」字從「冃」，其上從未見有其他筆劃，如《仰天湖》簡4「緢（冒）」作▨。〔註1071〕又說▨與甲骨文▨吻合，亦屬牽強。因爲▨下部絕不從「人」，因爲尙有一形作▨（《包山》82），其下作「公」形。其次，饒宗頤、劉信芳二先生認爲上從「卄」則有可能，如「舊」除作▨（《郭店·性自命出》26），亦作▨（《郭店·老子甲》37）、▨（《包山》247）。但是字形中間作▨形，與「瞢」所從的「目」形實不相同，如《楚帛書》甲1.22「夢」作▨，所從「目」形是非常清楚的。可見說「▨」是「瞢」的異構，是證據不足的，而且無法說明字形中間所從的「八」或「公」形。又最近看到廖名春先生將上引《楚帛書》的▨釋爲「曼」，讀作「慢」。〔註1072〕他的主要理由是引李運富先生的說法：「李運富認爲，楚簡中的『M』象角冠繩頭之類型，構件『冃』和『▨』的功能相同，都是表示『冒』的形音義。」〔註1073〕但是筆者遍查李氏之書未見此說，而且前引文已指出李運富認爲楚文字的「尹」與「冃」（帽字初文）是數字同形現象，都作▨形。所以廖氏之說應該是不能成立的。今由〈容成氏〉「璿」字的發現，可知上述諸字皆應該隸作從「叡」，即▨、▨是「歑」；▨、▨、▨是「歑」；▨是「睯」，舊說實可從。又新出《葛陵》乙一：13「或塦禱於盛武君、令尹之子璈（璿），各大牢，百☒」，其中「璈」作▨，〔註1074〕亦是一證。需要說明的是釋爲「叡」則其「歹」旁作「▨」形，字形比較接近《包山》225「殤」作▨、《望山》1.48「死」作▨、《郭店·窮達以時》9「死」作▨的「歹」旁，筆劃稍有訛變。

筆者另作一推測：如「庚」除作▨（庚兒鼎），亦作▨（䣄孝子鼎）、▨（䣄孝子鼎）、▨（徐郊尹鼎）；「享」除作▨（《楚帛書》，「毃」偏旁），亦作▨（殷毃盤，「毃」偏旁）〔註1075〕；「青」除作▨（《楚帛書》甲5.24），亦作▨（〈唐虞之道〉

〔註1070〕劉信芳《包山楚簡解詁》（臺北：藝文印書館，2003.1），頁80

〔註1071〕湖北省文物考古研究所、北京大學中文系編《望山楚簡》（北京：中華書局，1995.6），頁118注31。

〔註1072〕廖名春《出土簡帛叢考》（武漢：湖北教育出版社，2004.2），頁147～150。

〔註1073〕原注釋說：「《楚國簡帛文字構形系統研究》，136頁」。見廖名春《出土簡帛叢考》（武漢：湖北教育出版社，2004.2），頁149注3。

〔註1074〕河南省文物考古研究所編著《新蔡葛陵楚墓》（河南：大象出版社，2003.10）圖版一二七。

〔註1075〕朱德熙〈戰國記容銅器刻辭考釋四篇〉《朱德熙古文字論集》（北京：中華書局，1995.2），頁24。

11）。則□形與□形有互作的現象，則□右上與□右旁似亦可目爲「互作」。值得注意的是，春秋楚金文蔡侯龘盤「諧」作□，其「皆」旁的寫法由甲骨文□（《甲》542）、西周金文□（櫨伯簋）發展而來，其「牙」旁與中山王譽壺「皆」作□的「牙」旁形近。（詳參〈子羔〉簡1「膚」字考釋）。二者比對起來，蔡侯龘盤的「牙」旁已演變作□形，字形與《集成》9.4695 鄴陵君豆「君」作□的「尹」旁同形，這也說明「牙」、「尹」有形混的現象。站在上述「互作」的觀點，則□與□關係也是密切的。特別是《古文四聲韵》卷一皆、階、諧大概都從□偏旁。（《古文四聲韻》上平二十八）。李學勤、何琳儀二先生皆將□字形歸入甲骨文「龘」一系。〔註1076〕則其「牙」旁訛變作「□」形。〔註1077〕《侯馬》16：3「君」作□〔註1078〕；《璽彙》9「君」作□；《說文》古文「君」作□；《說文》古文「尹」作□；《古文四聲韻》上聲14「尹」引《古孝經》作□，《汗簡》13「尹」引《古尚書》作□，後三者的「尹」其實是「紖」字之假借。〔註1079〕換言之，以上諸字可說明「尹」作「□」形。這也再次說明「牙」、「尹」有形混的現象（同作「□」形）。更爲明確的證據是《郭店・唐虞之道》27有字作□，亦見於〈忠信之道〉7。〈忠信之道〉整理者以爲：「膚，簡文字形與《古文四聲韻》引《道德經》『皆』字形近，釋作『皆』。簡文『膚』、『皆』二形並用。」〔註1080〕「膚」其下的「君」旁正從「尹」。要說明的是，楊澤生先生分析楚文字□爲從「虍」「皆」聲，所以□應分析爲從「虍」「君」聲，讀作「均」。〔註1081〕筆者以爲此說未確。首先《郭店・語叢一》71□，亦見於〈子羔〉1□、《楚帛書》乙7.24□，這樣的字形是由甲骨文「□」發展而來，朱德熙、裘錫圭二先生說□即《說文》的「龘」、「龘」。〔註1082〕換言之，整個字形是一體的，不能分析作從「虍」「皆」聲。之所以會有這樣的分析，可能是因爲楚簡常見「皆」作□。但我們知道這種字形是由□（《甲》677）、□（皆壺）而來，

〔註1076〕李學勤、李零〈平山三器與中山國史的若干問題〉《新出青銅器研究》（北京：文物出版社，1990.6），頁180、何琳儀《戰國古文字典》，頁1114。

〔註1077〕何琳儀《戰國古文字典》，頁1114。

〔註1078〕《侯馬盟書》（臺北：里仁書局，1980.10），頁311。

〔註1079〕黃錫全《汗簡注釋》（武昌：武漢大學出版社，1990.8），頁140、何琳儀《戰國古文字典》，頁1336。

〔註1080〕荊門市博物館《郭店楚墓竹簡》（北京：文物出版社，1998.5），頁164注17。

〔註1081〕楊澤生〈郭店簡幾個字詞的考釋〉《中國文字》新27期（臺北：藝文印書館，2001.12），頁167。

〔註1082〕朱德熙〈平山中山王墓銅器銘文的初步研究〉《朱德熙古文字論集》（北京：中華書局，1995.2），頁93。

即省掉「虍」頭。所以我們不能倒果爲因說 ![字] 是從「虍」「皆」聲。換言之，〈唐虞之道〉的 ![字] 字仍應理解爲「皆」字異體。〔註1083〕字形演變如下：

![字]（《甲》542）、![字]（秦詔版）→ ![字]（中山王䜣壺）→ ![字]（蔡侯䚡盤「諧」旁）、![字]（《郭店·唐虞之道》27）、![字]（〈容成氏〉38）→![字]（《古文四聲韻·道德經》）。

可見「![字]」的類「尹」形本來是「丂」，同理可證「![字]」的類「尹」形亦由「丂」演變而來。若上述不誤，則《郭店·性自命出》31![字]〔註1084〕、《上博（一）·性情論》19![字]雖然二者稍有訛變，但彼此字形正可互相參照。字亦從類「尹」旁，而學者釋爲「濬」，讀作「濬」〔註1085〕由我們以上的討論此說應可信。新出《上博（三）·周易》54-55 內容是有關「![字]」卦，相當於今本的「渙」卦。其中八個「![字]」字大概都作![字]，其「睿」旁明顯從「丂」，〔註1086〕可證楚簡「![字]」字中，其「丂」旁與「尹」形確實有行混的現象。

李零先生引《竹書紀年》有桀「作璿室」。**建洲按：**經查今本及古本竹書紀年，似未見「作璿室」一句。《竹書紀年》曾載「紂」作瓊室，如《古本竹書紀年》：「殷紂『作瓊室』，立玉門」、《今本竹書紀年》：「（帝辛）九年……『作瓊室』，立玉門。」幸而在《太平御覽》八十二引《竹書紀年》「桀傾宮，飾瑤臺，『作瓊室』，立玉門。」《太平御覽》卷八十二、《後紀》卷十四《注》：「桀爲『璇室』瑤台」〔註1087〕《晏子春秋·卷二·景公登路寢臺不終不說晏子諫第十八》：「及夏之衰也，其王桀背棄德行，作爲『璿室』玉門。」〔註1088〕《淮南子·本經》：「晚世之時，帝有桀紂，爲琁室、瑤臺、象廊、玉床。」高誘《注》：「琁、瑤，石之似玉，以飾室臺也。」〔註1089〕《說文》「璿」條下段玉裁曰：「璇，或從旋省。」並說「璿、琁同字矣」。〔註1090〕

〔註1083〕李守奎《楚文字編》（上海：華東師範大學，2003.12），頁305有相同的意見。

〔註1084〕字形摹自《簡帛書法選》編輯組編《郭店楚墓竹簡——性自命出》（北京：文物出版社，2002.12），頁31

〔註1085〕劉釗〈讀郭店楚簡字詞札記〉《郭店楚簡國際學術研討會》（武漢：武漢大學出版社，2000.5），頁78、陳偉〈郭店簡〈性自命出〉校釋〉《新出土文獻與古代文明研究國際學術研討會會議論文》2002.7、李天虹《郭店竹簡《性自命出》研究》（武漢：湖北教育出版社，2003.1），頁208。

〔註1086〕馬承源主編《上海博物館藏戰國楚竹書（三）》（上海：上海古籍出版社，2003.12），頁66～67。

〔註1087〕〔清〕汪繼培輯《尸子》收錄於《二十二子》（京都：中文出版社，1982.6），頁410。

〔註1088〕張純一《晏子春秋校注》《新增諸子集成》六（臺北：世界書局，1983.4新四版），頁55。

〔註1089〕劉文典《淮南鴻烈集解》（北京：中華書局，1997.1二刷），頁256。

〔註1090〕〔清〕段玉裁注《說文解字注》（臺北：漢京文化，1985.10），頁11。

正可與簡文互參。而所謂「瓊室」、「璿室」意義相近，均指玉飾的豪華宮室。

〔二五〕戈（飾）爲条（瑤）臺（臺）

李零先生：指出「戈」亦見於《曾侯》遣冊，讀作「飾」，參《曾侯乙墓》頁510注。而「条臺」即「瑤臺」。（頁280）

建洲按：「戈」見於《曾侯》頁514注98，文例是「黃金是戈」（簡42）。裘錫圭、李家浩二先生注釋說：「『戈』，77號簡作『釴』，並從『弋』聲；據文意當讀爲『飾』。『弋』、『飾』古音相近可通。」

其次，「条」作 。字形與《包山》278反作 同形。何琳儀先生隸作「条」，即「㮚」，是「柔」或「脜」之異文，《包山》簡文當地名用，讀「鄾」。〔註1091〕劉國勝先生從黃錫全先生釋 （《包山》34）爲「瑤」，〔註1092〕加上《郭店·性自命出》24歌「謠」作 ，遂釋 字可能是「榣」的初文，榣通搖，與「 （廚）」（《包山》278反）連讀爲「搖廚」。〔註1093〕說可信，所以〈容成氏〉的「△」可隸作「条」，讀作「瑤」。

其三，「臺」讀作「臺」，字作 。李零先生隸作從「止」作「臺」，不確。可與《郭店》11.28「武」作 、《容成氏》簡31「衛（從「止」）」作 相比對。「之」作 （簡24），可見應隸作從「之」。另外，字亦見於《郭店·老子甲》簡26「九成之 」。《說文》曰：「臺，觀四方而高者。從至，從之，從高省，與室屋同意。」段玉裁認爲從「之」聲（十二上三）。「臺」，定紐之部；「之」，章紐之部，聲紐同爲舌音，韻部疊韻，可見爲聲符是可以的。《詩·靈臺》：「經始靈臺」，毛《傳》：「四方而高曰臺。」《爾雅·釋宮》：「闍謂之臺。」《注》：「積土四方。」《疏》：「積土四方而高者名臺，即下云四方而高者也，一名闍。李巡云：積土爲之所以觀望。」〔註1094〕

〔註1091〕何琳儀〈吳越徐舒金文選釋〉《中國文字》新19期（臺北：藝文印書館，民83.9），頁138、〈包山楚簡選釋〉《江漢考古》1993.4，頁60、《戰國古文字典》，頁219、顏世鉉《包山楚簡地名研究》（臺北：台灣大學中文所碩士論文，民86.6），頁172。

〔註1092〕黃錫全〈《包山楚簡》部分釋文校釋〉《湖北出土商周文字輯證》（武昌：武漢大學出版社，1992.10），頁187

〔註1093〕劉國勝〈包山二七八號簡釋文及其歸屬問題〉《第十三屆全國暨海峽兩岸中國文字學學術研討會論文集》（臺北：萬卷樓，2002.4），頁234。劉信芳先生釋「条」爲「冑」，由新出土證據來看，恐待商榷。劉氏文見《包山楚簡解詁》，頁319。

〔註1094〕《十三經注疏——爾雅》，頁73。

〔二六〕玉閏

李零先生：《竹書紀年》有桀『立玉門』之說。簡文『閏』可能是表示玉門的專用字。（頁280）

建洲按：目前所見古本或今本《竹書紀年》未見「桀立玉門」之說。實際上應是《太平御覽》八十二引《竹書紀年》，參上引文。至於「玉門」顧名思義，其材質應是由「玉」所構成，所以李零先生認為「閏」是表示玉門的專用字，應可信。如同〈緇衣〉9「君䚦」，「䚦」即「牙」。何琳儀先生分析「䚦」為「增添標義偏旁」。〔註1095〕陳偉武先生則認為為了能突出表示某依事物的質料，人們往往新造一個字，添加一個表示事物類別的義符，所以「䚦」為「牙」之專字。〔註1096〕其他例證如：《包山》214「牸」是公羊之專字；〈孔子詩論〉「木瓜」之「瓜」作「苽」。「閏」除「專用字」的解釋外，亦可分析為「隨文改字」。〔註1097〕如簡29「𥕢」，李零先生指出涉下文「而」字而誤。前文亦指出《左傳·僖公十六年》：「隕石於宋五」，《說文》引「隕」作「磒」。《韓詩外傳·卷三》：「太平之時，無痔、尩、跛、眇、尪、蹇、侏儒、折短。」「尩」字乃「尩」字异體，或是受上一「痔」字影響類化而成。〔註1098〕以此觀之，則「閏」不妨視為受「玉」影響而改字。附帶一提，《太平御覽》卷四百八十六引《尸子》有：「武王覊於玉門」，〔註1099〕此「玉門」，李守奎先生認為指「山名」，引《楚辭·九嘆·遠遊》：「回騰車俾西引兮，襄虹旗於玉門。」王逸《注》：「玉門，山名。」〔註1100〕《尸子》所載之事，似未見其他典籍，此處「玉門」與簡文所指應該不同。

〔二七〕喬（驕）大（泰）

建洲按：「大」，定月；「泰」，透月，聲韻俱近，故得通假。《禮記·大學》：「是故君子有大道，必忠信以得之，驕泰以失之。」朱熹《注》曰：「驕者矜高，泰者侈肆。」

〔註1095〕何琳儀《戰國文字通論訂補》，頁221。

〔註1096〕陳偉武〈新出楚系竹簡中的專用字綜議〉《新出楚簡與儒學思想國際學術研討會論文》（北京：清華大學，2002.3）。

〔註1097〕劉釗《古文字構形研究》（長春：吉林大學博士論文，1991），頁92、162。

〔註1098〕劉釗〈容二〉。

〔註1099〕〔清〕汪繼培輯《尸子》收錄於《二十二子》（京都：中文出版社，1982.6），頁415。

〔註1100〕李守奎等《尸子譯注》（哈爾濱：黑龍江人民出版社，2003.1），頁124。

〔二八〕陸（徵）〔〕臤（賢）

李零先生：讀作「登賢」。（頁281）

陳劍〈編連二〉讀作「徵賢」。

建洲按：字作△，本从「徵」，參簡31注釋〔三四〕「高山陸（阧）」。而且讀作「徵賢」文意順暢。

〔二九〕惪（德）惠而不礩（恃）

李零先生：「礩」，待考。此字或與《郭店楚墓竹簡・緇衣》第三十六簡「展也大成」句的「展」有關。（頁281）

陳偉武先生〈合證〉：「礩」從石從則，疑可讀爲同是從則得聲之「賊」。「秕」，從「矛」「此」聲，而從「此」得聲之字如「疵」可與「刺」通用，故「秕」當是表示矛刺（即矛鋒）之專字。諸家學者均將「秕」字屬下讀，今改從上讀。「德惠」指德澤恩惠，……「賊刺」一詞雖不見傳世典籍，但分用均可指傷害，據簡文知「礩（賊）秕（刺）」之義當指傷害，而與「德惠」相對立。「尼」讀爲「年」。（頁205）

建洲按：上述陳偉武先生之說不能算錯，但是接下來如何釋讀陳先生未說，故不從其說。不過，其將「尼」讀作「年」是與筆者舊文相同的。〔註1101〕（詳下）本句筆者讀作「德惠而不恃」。「礩」，字作（△1）。亦見於〈語叢四〉簡25-26「一縷（家）事乃又（有）（△2）」，△2舊說從「人」，實際較接近《郭店》的「刀」形，如〈窮達以時〉1「分」、〈緇衣〉42「剴」。〔註1102〕加上《容成氏》的△1，更可確定△2從「刀」。李零先生分析《郭店》「△2」從貝從石從刀是很對的。〔註1103〕△2，《郭店》整理者讀爲「祏」，《說文》訓爲「宗廟主」。李零先生認爲△1、△2讀爲「則」，字與《郭店・緇衣》36的「則」，今本讀作「展」有關。〔註1104〕李零先生以爲△1、△2及《郭店・緇衣》36作（△3）均從「貝」，這是有問題的。我們知道「則」本從「鼎」，如鄂君啓舟節作，曾侯乙鐘作，「鼎」旁下部訛作「火」形，字與《郭店》「則」形同。所以△3楊澤生先生分析爲：從石省、從鼎、

〔註1101〕蘇建洲〈《容成氏》譯釋〉《《上海博物館藏戰國楚竹書（二）》讀本》（台北：萬卷樓，2003.7），頁168注31。

〔註1102〕張光裕主編《郭店楚簡研究——文字編》，頁80～86。

〔註1103〕李零《郭店楚簡校讀記——增訂本》（北京：北京大學出版社，2002.3），頁47。

〔註1104〕李零《郭店楚簡校讀記——增訂本》（北京：北京大學出版社，2002.3），頁49、馬承源主編《上海博物館藏戰國楚竹書》（二），頁281。

從土，其中「鼎」又爲聲符。鼎，端母耕部；展，端母元部，聲韵俱近。《上博・緇衣》相應字簡 18 作 ，所從是「鼎」的變形。〔註 1105〕換言之，△1、△2 此二者，與 △3 字形之間應該是沒有關係的。林素清先生讀「△2」爲「石」，引《國語・周語》：「大不出鈞，重不過石」，韋《注》：「百二十爲斤」，連接上下句，其翻譯爲「治理國家其實不像舉起一百二十斤重物那般困難，只要把握住原則，好比一雌帶三雄，一樹開眾花，都是自然容易的事情。」〔註 1106〕并說：「這裏用反詰語氣表示否定，意思是說治理一個諸侯之國，難道有一百二十公斤重嗎？」〔註 1107〕這個意見值得參考，不過最近看到陳劍先生對〈語叢四〉的編連作一些調整，他認爲「相連處的『罷（一）25 豕（家）事』很彆扭，是有問題的。我認爲第 25 簡下面應接第 3 簡」，所以第 25 簡與第 26 簡的連接被否定之後，第 26 簡可以單獨起讀，跟下文自成一段：「豕事乃又貢：三雄一雌，三𧤼一麈，一王母 [26] 保三嬰（嬰）兒（婗）。」而對於「貢」字引裘錫圭先生的意見認爲：「『貢』如分析爲以『石』爲基本聲符，『豕事乃又貢』可讀爲『家事乃有度』。」〔註 1108〕不管簡文的釋讀如何，《郭店》「△2」理解爲從「石」得聲應該是可以的，則 △1 可能讀作「恃」。「石」，古音禪紐鐸部；「恃」，禪紐之部，雙聲，韻部「之」、「魚」常見相通，而「鐸」是魚部的入聲，則之、鐸亦可相通。如金文「其」（之部）字繁構作「𢆷」（秦公鐘），而「丮」是「鐸」部。〔註 1109〕又《禮記・王制》：「執左道以亂政殺」，《孔子家語・刑政》引「與」（魚部）作「以」（之部）。《尚書・微子》：「若之何其？」《史記・宋微子世家》引「若」（鐸部）作「如」（魚部）。〔註 1110〕以上可證「之」、「鐸」音近可通。《說苑・君道》曰：「湯問伊尹曰：『三公、九卿、二十七大夫、八十一元士，知之有道乎？』伊尹對曰：『昔者，堯見人而知，舜任人然後知，禹以成功舉之。夫三君之舉賢，皆异道而成功，然尚有失者，況無法度而任己直意用人，必大失矣。故君使臣自貢其能，則萬一之不失矣。』」〔註 1111〕，又曰：「故明君在上，慎於擇士，務於求賢」。〔註 1112〕《管子・五輔》曰：「舉賢良，務功勞，布德惠，則賢人進。」〔註 1113〕《史記・夏

〔註 1105〕楊澤生〈上海博物館所藏楚簡文字說叢〉，簡帛研究網——網上首發。
〔註 1106〕林素清〈郭店竹簡《語叢四》箋釋〉《郭店楚簡國際學術研討會論文集》，頁 394。
〔註 1107〕林素清〈郭店竹簡《語叢四》箋釋〉《郭店楚簡國際學術研討會論文集》，頁 394。
〔註 1108〕陳劍〈郭店簡《窮達以時》、《語叢四》的幾處簡序調整〉《國際簡帛研究通訊》2002.6 第二卷第 5 期，頁 4。
〔註 1109〕王輝《古文字通假釋例》，頁 8。
〔註 1110〕《古字通假會典》，頁 391、888。
〔註 1111〕向宗魯《說苑校證》（北京：中華書局，2000.3 三刷），頁 12。
〔註 1112〕同上。
〔註 1113〕陳麗桂師等校注《新編管子》，頁 250。

本紀》：「湯修德，諸侯皆歸湯，湯遂率兵以伐夏桀。」〔註1114〕可見君王施政以德惠，自然能吸引賢人貢獻心力。而《呂氏春秋・用民》曰：「湯、武因夏商之民也，得所以用之也。……民之用也有故，得其故，民無所不用。……威愈多，民愈不用。亡國之主，多以多威使其民矣。故威不可無有，而不足專恃。」〔註1115〕《呂氏春秋・孝行覽・本味》：「士有孤而『自恃』，人主有奮而好獨者，則名號必廢熄，社稷必危殆。」由上下文來看，「自恃」相當於「有奮」。俞樾曰：「奮猶矜也。」〔註1116〕張雙棣先生亦以爲「奮」、「恃」均有「矜、自負、驕傲」之義。〔註1117〕換言之，在上位者應該不自恃，不傲慢，才不會導致社稷危殆。簡文「湯聞之，於是乎愼戒徵賢，德惠而不恃」，是說湯聽到夏桀荒淫無度，「驕泰如是狀」，於是乎謹愼持戒，徵求賢才，廣施德惠而不驕傲自恃，爲「從而攻之」作準備。其中「不驕傲自恃」正與夏桀「驕泰如是狀」的行爲相對，可說明我們的釋讀應可成立。

〔三十〕秕三十尸（年？）而能之

李零先生：待考。（頁281）

何琳儀先生〈滬二〉：「△三十夷而能之」。△，原篆左從「矛」，右從「此」。疑「上此下手」之異文。《說文》：「上此下手，積也。」（引按：見於12上38，字作 𢲐）至於「能」似讀若「柔遠能邇」之「能」。

建洲按：「秕」疑從「此」（清支）得聲，則字可讀作「積」（精錫）。如《周禮・夏官・羊人》：「凡沈辜，侯禳，釁積，共其羊牲。」鄭《注》：「『積』故書爲『秕』」可證。〔註1118〕「尸」，何琳儀先生釋爲「夷」，陳劍先生〈編連二〉釋「仁」。由字形來說，皆有根據。如《說文》：「尸，古文仁」、《玉篇》：「尸，古文夷字。」〔註1119〕仁（日眞）與夷（余脂）聲紐同爲舌音，韻部則陰陽對轉，聲韻關係還算密切。筆者以爲簡文可能讀爲「年」，泥紐眞部，與上述仁（日眞）與夷（余脂）聲韻俱近。「能」，大概是「成」、「實行」的意思，如《周禮・天官・小宰》：「小宰之職……以聽官府之六計，弊群吏之治：一曰廉善，二曰廉能。」鄭《注》：「能，政令行也。」〔註1120〕「之」，指前一句的「德惠」，即「仁政」。總和以上，簡文

〔註1114〕〔漢〕司馬遷《史記》（一）（北京：中華書局，1964.4 四刷），頁88。

〔註1115〕高誘注《呂氏春秋》（臺北：藝文印書館，1974.1 三版），頁545～548。

〔註1116〕陳奇猷《呂氏春秋校釋》（臺北：華正書局，1988.7），頁746。

〔註1117〕張雙棣《呂氏春秋譯注》（北京：北京大學出版社，2000.9），頁381、386。

〔註1118〕《十三經注疏——周禮》，頁458。

〔註1119〕〔宋〕陳彭年《大廣益會玉篇》（臺北：國立中央圖書館，1992），頁173。

〔註1120〕《十三經注疏——周禮》，頁45。

意謂累積三十年而後仁政才能實行成功。《論語・子路》:「如有王者,必世而後仁。」何晏《集解》:「如有受命王者,必三十年仁政乃成。」〔註 1121〕另外,《禮記・表記》:「子曰:『仁之難成久矣,惟君子能之。』」《論衡・宣漢》:「孔子曰:『如有王者,必世然後仁。』三十年而天下平。漢興,至文帝時,二十餘年。賈誼創議,以爲天下洽和,當改正朔、服色、制度,定官名、興禮樂。文帝初即位,謙讓未遑。夫如賈生之議,文帝時已太平矣。漢興二十餘年,應孔子之言『必世然後仁』也。漢一代(世)之年數已滿,太平立矣,賈生知之。」〔註 1122〕均可與簡文參看。

〔三一〕女(如)是而不可

建洲按:「如是」疑指前文所指的「三十年」,意即商湯經過三十年的施行德惠,仍無法使夏桀受其影響。夏桀依然不行仁政,導致全國民不聊生,於是商湯只好從而攻之。《今本竹書紀年》紀錄夏桀三年「築傾宮」,意即即位初年已有侈靡的現象。而且他在位時間正好是「三十一年」,與簡文所說商湯推行仁政三十年嘗試影響他的時間是相近的。《今本竹書紀年》曰:「殷商成湯……二十九年,陟。」王國維《疏證》曰:「《御覽》八十三引《韓詩內傳》:『湯爲天子十三年,百歲而崩。』」〔註 1123〕換言之,以商湯的歲數,在他未登基之前,在自己的領地先行三十年的德政是可能的。

〔三二〕降〔升〕自戎述(遂)

李零先生:「△」隸作「升」,讀作「升」。「戎」或是「武」字的訛寫。「述」同「遂」。武遂,地名,可能相當於《尚書・湯誓序》的「陑」。(頁 281)

建洲按〔註 1124〕:雖然現有的楚國文字材料是否有「升」字,學者尚有不同的看法。〔註 1125〕但與上引比較有可能釋爲「升」字的《隨縣》150「　」、《郭店・唐虞之道》17「　」相較,二者字形似有不同。筆者曾在李零先生之說的基礎上隸作「陞」,讀作「升」,徵(端蒸)、升(書蒸),聲同爲舌音,叠韵。但現在來看,似有誤。首先,由字形來看,簡39「陞賢」之「陞」作　、簡31「陞高山」,即「登

〔註 1121〕《十三經注疏——論語》,頁 117。
〔註 1122〕黃暉《論衡校釋》(北京:中華書局,1996.11 三刷),頁 818。
〔註 1123〕王國維《古本竹書紀年輯校・今本竹書紀年疏證》(臺北:世界書局,民 66.12 再版),頁 24。
〔註 1124〕底下內容曾刊載於《中國文字》新 29 期(臺北:藝文印書館,2003.12)。又陳劍先生曾贊同拙說,並以爲〈成之聞之〉「天△大常」仍應讀作「天降大常」較好。
〔註 1125〕見簡 31 注釋〔三四〕「高山陞(阩)」。

高山」，「隉」作 ![字] 。二者字形與《包山》137 反「謜（證）」作![字]、138 反作![字]、《望山》2.50「隉」作![字]、《郭店‧性自命出》22「謜」作「![字]」，故釋爲「隉」可信。要說明的是，「徵」作![字]，上從三筆；簡文作![字]，上作二筆。這種情形如同「廌」，《郭店‧語叢三》41 作![字]，上從三筆；〈語叢三〉44 作![字]，上作二筆。但是「△」右上與「隉」並不相同。

筆者頗疑△字，應釋爲「降」。「△」右旁與〈容成氏〉26「洛」作![字]的「夊」旁寫法相同。又與《郭店‧性自命出》60「凡於路毋謂」的「路」作「![字]」右旁同形。「![字]」整理者隸作「迻」。〔註 1126〕陳偉先生釋爲「路」，其後《上博（一）‧性情論》簡 30 相應字的確作「路」，可證此說不誤。〔註 1127〕又如《郭店‧成之聞之》簡 31「天![字]大常」，![字]與上述「△」字右旁寫法相同。![字]的說法不少。〔註 1128〕李零先生說：「字形與〈性自命出〉簡 60 的字同形，舊作釋『降』，今改讀爲『登』。當然這裡簡文![字]也有可能是『降』字的誤寫。」〔註 1129〕李零先生指出〈性自命出〉及〈成之聞之〉二字相同是對的，而我們已知〈性自命出〉隸作「迻」，讀作「路」，所以「![字]」《郭店》整理者隸作「夅」是對的。學者隸作「韵」讀作「登」恐怕是不必要的。陳偉先生本釋「![字]」爲「降」，〔註 1130〕後在![字]釋爲「路」的基礎上，改釋「![字]」爲「格」。「格」有至、匡正、法式諸義，用在簡書中皆可讀通。〔註 1131〕李守奎先生《楚文字編》隸作「夅」，注釋說「讀作降或垂」。〔註 1132〕周鳳五先生則認爲「![字]」上從「丑」，分析作從「止」，「丑」聲，讀作「迪」。〔註 1133〕但是目前我們所見楚文字「丑」多作![字]（《包山》20）、![字]（《望山》1.164）

〔註 1126〕荊門市博物館《郭店楚墓竹簡》（北京：文物出版社，1998.5），頁 181。

〔註 1127〕陳偉〈郭店楚簡〈六德〉諸篇零釋〉《武漢大學學報》1999.5，頁 31。亦見《郭店竹書別釋》（武漢：湖北教育出版社，2003.1），頁 110、200。

〔註 1128〕如李學勤先生以爲此字係「徵字省體」，可參李守奎《楚文字編》（吉林大學博士論文）2586 及其《歸字說明》。《廣雅‧釋詁》「徵，明也」，「天徵大常」，即「天明大常」。〈試說郭店簡〈成之聞之〉兩章〉，《清華簡帛研究》第 1 輯，頁 25。劉信芳先生隸作「韵」，釋作「升」，〈郭店簡文字例釋三則〉《中央研究院史語所集刊》71：4，頁 934。楊澤生先生以爲是「複」字簡體，讀「覆」，審查之意。〈《郭店‧語叢四》箚記〉，簡帛研究網。

〔註 1129〕李零《郭店楚簡校讀記——增訂本》，頁 126。

〔註 1130〕陳偉〈郭店楚簡別釋〉《江漢考古》1998.4，頁 70。

〔註 1131〕陳偉《郭店竹書別釋》，頁 110。

〔註 1132〕李守奎《楚文字編》（上海：華東師範大學，2003.12），頁 83。

〔註 1133〕周鳳五〈楚簡文字考釋〉《第一屆簡牘學術研討會》（民雄：國立嘉義大學中國文學研究所，2003.7.12），頁 1。

（天星觀）、（「丮」，《郭店·語叢一》89）、（「丮」，《郭店·語叢二》21）、（「丮」，《上博·詩衣》簡1）。〔註1134〕其上似未見突出一筆，是以暫不取其說。由「墻盤」云：「上帝降懿德，大丂。」《郭店·性自命出》2-3「眚（性）自命出，命自天降。」《孟子·梁惠王下》引《書》曰：「天降下民，作之君，作之師。」〔註1135〕《史記·魯周公世家》：「無墜天之降葆命」，〔註1136〕可見「天降」一詞並非特例。其實，上對下本有「降某」的用法，〔註1137〕如《集成》238「虢叔旅鐘」：「皇考嚴才（在）上，異才（在）下，……降旅多福」。「燹公盨」亦有「降民監德」一句，乃承上以「天」爲主詞，周鳳五先生指出「自天言之，謂之降民；在受命者言之，則謂之受民。」〔註1138〕總之，〈成之聞之〉讀作「天降大常」應無不可，而學者當初釋爲「降」的證據是《古文四聲韻》引《義雲章》的「降」作，〔註1139〕劉信芳先生分析作從夊從止，〔註1140〕正與本簡△右旁形同，可見由字形來說的確可以釋爲「降」。或是簡26「洛」作，其「夊」旁與「△」亦是完全同形。其次，與本簡文例相同亦見於簡40「降自鳴條之遂」，「降」作，字形與「△」相同，這種字形亦見於《郭店·五行》12 作。李零先生注釋曰：「此『遂』字並上『武遂』之『遂』，可能都是指山陘即山間通道。」此說可信，所以簡39 讀作「降自戎遂」應該是可以的。同樣的情形亦見於簡48「文王」，字形與「△」相同。李零先生以爲字原作「陸」，是「降」的誤寫。若依前說，則本就是「降」字，則不存在誤寫的問題。茲將彼此字形差別列出如下：

（《包山》138 反，「謹」旁）

（簡31，「陘」旁）

〔註1134〕滕壬生《楚系簡帛文字編》（武漢：湖北教育出版社，1995.7），頁1075～1077、張光裕、袁國華《包山楚簡文字編》（臺北：藝文印書館，1992.11），頁8～9。

〔註1135〕《十三經注疏——孟子》，頁32。

〔註1136〕〔漢〕司馬遷《史記》（五）（北京：中華書局，1964.4 四刷），頁1516。

〔註1137〕參王冠英〈再說金文套語「嚴在上，異在下」〉《中國歷史文物》2003.2，頁56～59。

〔註1138〕周鳳五〈遂公盨銘初探〉《華學》第六輯（北京：紫禁城出版社，2003.6），頁8。亦參饒宗頤〈燹公盨與夏書佚篇《禹之總德》〉《華學》第六輯（北京：紫禁城出版社，2003.6），頁6、江林昌〈燹公盨銘文的學術價值綜論〉《華學》第六輯頁42。

〔註1139〕《汗簡·古文四聲韻》，頁7。

〔註1140〕劉信芳〈郭店簡文字例釋三則〉《中央研究院史語所集刊》71：4，頁934 注4。

（簡 26，「洛」旁）　　（△，「降」旁）　　（簡 48，「降」旁）

值得注意的是，我們同意李零先生釋「戎遂」為《尚書‧湯誓序》的「陑」（詳下）。但《尚書‧湯誓序》原文作「升自陑（遂）」，〔註 1141〕則我們讀作「降自戎遂」是否無據呢？幸好簡 40「『降』自鳴條之遂」，相應文獻《呂氏春秋‧仲秋紀‧簡選》：「『登』自鳴條。」〔註 1142〕亦是簡文作「降」，傳世文獻作「升」。許全勝先生認為「遂」是高地，可知戎遂、鳴條之遂為高地無疑，而湯則據此戰略要地，以利用兵，克敵制勝。所以簡 40「降自鳴條之遂」之「降」應是「陞」之形訛。〔註 1143〕筆者以為此說不一定對，反過來想，正因為「遂」是高地，所以湯由高地往下（降）進攻夏桀。如《吳孫子‧地形》：「通形者，先居高陽，利量道，以戰則利。……險形者，我先居之，必居高陽以待敵」，所謂「高陽」即「地勢較高并且向陽的地點」。〔註 1144〕簡文背景已是「從而攻之」，即由本來的「占據戰略要地」（居高陽之地），往下（降）進攻，可見傳世文獻與〈容成氏〉的作者所描述的角度有所不同，但後者更加傳神。簡文二處皆書作「降」，說是錯字，證據稍嫌不足。

　　「戎述」，李零先生於簡 40「鳴攸（條）之述（遂）」注釋曰：「此『遂』字並上『武遂』之『遂』，可能都是指山陘即山間通道。」此說可參。《史記‧蘇秦列傳》：「越王句踐戰敝卒三千人，禽夫差於干遂。」《索隱》曰：「干遂，地名，不知所在。然按干是水旁之高地，故有『江干』、『河干』是也。又左思〈吳都賦〉云『長干延屬』，是干為江旁之地。遂者，道也。於干有道，因為地名。」〔註 1145〕所以本簡「戎遂」的構詞如同「干遂」、「鳴條之遂」，指的是「陑」地。「戎」，日紐東部；「而」，日紐之部，雙聲旁對轉。《史記‧高祖本紀》：「此後亦非而所知也」，《漢書‧高帝紀》「而」作「乃」。而《左傳‧昭公四年》：「夏桀為仍之會」，《韓非子‧十過》「仍」作「戎」。〔註 1146〕可見「戎」與「而」音近可通。換言之，李零先生將「戎遂」改成「武遂」，

〔註 1141〕李零先生注釋讀作「升自陑，遂與……」，見《上博（二）》，頁 281。許全勝先生則改讀作「升自陑遂，與……」《〈容成氏〉篇釋地》《第四屆國際中國古文字學研討會論文》（香港：香港中文大學，2003.10.15），頁 1。

〔註 1142〕〔漢〕高誘注《呂氏春秋》（臺北：藝文印書館，1974.1 三版），頁 187。

〔註 1143〕許全勝《〈容成氏〉篇釋地》《第四屆國際中國古文字學研討會論文》（香港：香港中文大學，2003.10.15），頁 2。

〔註 1144〕李零《吳孫子發微》（北京：中華書局，1997.6），頁 103～104。

〔註 1145〕〔漢〕司馬遷《史記》（北京：中華書局，1964.4 四刷），頁 2255～2256。

〔註 1146〕《古字通假會典》，頁 20、36。

應該是不必要的。另外，「戎」作⬚，這種寫法亦見於簡1「愼（神）『戎（農）』」作
⬚。「戎」所從的「戈」旁上加一筆，與⬚（簡9 戠（戴））相同。除了可考慮是「戈」
上加一飾筆外，似乎亦有可能變形音化從「弋」。「戎」（日冬）；「弋」（精之），聲紐
日精爲舌齒鄰紐，在秦漢簡帛通假的次數是很多的。〔註1147〕韻部「之」、「幽」楚方
言中關係密切，而「冬」「幽」陰陽對轉，則之、冬音近可通。又如《隨縣》179「戎
逄（路）」，裘錫圭、李家浩先生以爲即古代「五路」之一的「戎路」，〔註1148〕亦可
作相同理解。又如「成」作⬚（《郭店・太一生水》2），筆者的解釋有二：李家浩先
生曾說：「本墓（建洲按：指「九店楚墓」）竹簡『戌』字原文作⬚，『城』字原文作
⬚，皆於『戌』之上加有一短橫，寫法比較特別。」〔註1149〕則⬚有可能是⬚形的
省簡，如同「滅」作⬚（《郭店》7.28），亦作⬚（《信陽》2.3）。另外，也不能完全
排除變形音化的可能，「弋」（精之）；「成」（禪耕），聲紐舌齒鄰紐，韻部陰入對轉。
不過，李家浩先生已指出這種寫法較爲特別，如《上博（二）》的「武」全未見這種
寫法，我們可以想作「弋」（精之）與「武」（明魚）的聲紐關係太遠。換言之，「成」
作⬚的寫法恐怕當作從「弋」聲，比當作加飾筆合理。換言之，本簡的「戎」如李
零所說當作「武」的誤寫機會就更小了。

〔三三〕北門
　　建洲按：可能指北向之門。《詩・邶風・北門》：「出自北門，憂心殷殷。」

〔三四〕中□
　　李零先生：不識字。（頁281）

　　何琳儀先生〈滬二〉：「△，《考釋》不識。按，△上從『宀』，下從『束』。其義
待考。」

〔三五〕⬚（歷）山氏
　　李零先生：即「鬲山氏」，或「歷山氏」。（頁281）
　　建洲按：「⬚山氏」應該就是「歷山」。如同簡文其下的「南巢氏」，典籍多作「南
巢」。《說苑・權謀》：「湯乃興師伐而殘之，遷桀『南巢氏』焉。」，《太平御覽》四

〔註1147〕李玉《秦漢簡牘帛書音韻研究》（北京：當代中國出版社，1994.10），頁79。
〔註1148〕裘錫圭、李家浩〈曾侯乙墓竹簡釋文與考釋〉《曾侯乙墓》（北京：文物出版社，1989.
　　　　7），頁528注254。
〔註1149〕李家浩〈五六號墓竹簡釋文與考釋〉《九店楚簡》，頁65注29。

百五十無「氏」字，《藝文類聚》作「遷於南巢」。〔註1150〕《淮南子·脩務》：「（湯）百姓親附，政令流行，乃整兵鳴條，困夏南巢，譙以其過，放之歷山。」〔註1151〕《史記·律書·正義》引《淮南子》曰：「湯伐桀，放之歷山，與末喜同舟浮江，奔南巢之山而死。」〔註1152〕《太平御覽·皇王部》七引《尸子》曰：「桀放於歷山。」簡文的「鬲山氏」可能就是這裡的「歷山」。

〔三六〕湯或（又）從而攻之

陳偉先生〈魯邦筍記〉：在楚簡中，「或」除如字讀外，往往用作「又」。如包山121號簡「邡拳竊馬於下蔡而價之於易城，或殺下蔡人余睪」；郭店《老子》乙3、4號簡「損之或損，以至亡爲也」。

〔三七〕墜（降）自鳴攸（條）之述（遂）

李零先生：即「鳴條之遂」，湯敗桀於鳴條之野，……此「遂」字並上「武遂」之「遂」，可能都是指山陘即山間通道。（頁282）

建洲按：「墜」即「降」。字作🔲《詩·大雅·公劉》：「陟則在巘，復降在原。」鄭《箋》：「陟，升；降，下也。」

「鳴攸之述」即「鳴條之遂」。湯與桀戰於「鳴條之野」，除見於李零先生所列古籍，亦見《呂氏春秋·仲秋紀·簡選》：「殷湯良車七十乘，必死六千人，……登自鳴條，乃入巢門，遂有夏。」〔註1153〕

〔三八〕高神之門

李零先生：待考。（頁282）

許全勝先生〈釋地〉：若將簡文「降〈陞〉自鳴條之遂，以伐高神之門」與上引《呂氏春秋簡選》：「登自鳴條，乃入巢門」對照，可知「高神之門」即「巢門」。其名或作「焦門」，見《淮南子·主術》。上古「巢」、「焦」、「高」皆爲宵部字，音近可通。蓋「高車（按：應作「神」）之門」省稱「高門」，又以音訛爲「巢門」、「焦門」也。

建洲按：「高」（見宵）；「焦」（精宵）；「巢」（崇宵），疊韻，音雖稍遠，但也有

〔註1150〕向宗魯《說苑校證》（北京：中華書局，2000.3 三刷），頁329。
〔註1151〕劉文典《淮南鴻烈集解》（北京：中華書局，1997.1 二刷），頁632。
〔註1152〕〔漢〕司馬遷《史記》（北京：中華書局，1964.4 四刷），頁1241。
〔註1153〕〔漢〕高誘注《呂氏春秋》（臺北：藝文印書館，1974.1 三版），頁187。

互通之例，如〈容成氏〉14「冊」讀作「錢」即爲一例。但是這樣的釋讀基本上難度不高，李零先生之所以說「待考」，可能是因爲「高神之門」是否眞能對應於「巢門」、「焦門」？此仍從舊說待考。

〔三九〕迷（遂）逃达（去），之喪（蒼）虗（梧）之埜（野）

李零先生：讀作「遂逃，去之蒼梧之野。」（頁282）

陳劍先生〈編連二〉：讀作「遂逃去，之蒼梧之野。」

建洲按：「去之」一詞常見於古籍，如《呂氏春秋・離俗覽・離俗》：「以舜之德爲未至也，於是乎夫負妻、妻携子以入於海，去之終身不反。」〔註1154〕《莊子・讓王》：「大王亶父居邠，狄人攻之。事之以皮帛而不受，事之以犬馬而不受，事之以珠玉而不受。狄人之所求者土地也。……因杖筴而去之。」〔註1155〕《公羊・莊公十三年》：「已盟，曹子摽劍而去之。」《左傳・昭公二十五年》：「心之精爽，是謂魂魄。魂魄去之，何以能久？」這些「之」作代詞用，所以其後不加賓語，與簡文「之」作動詞，表「前往」之意，後加賓語「蒼梧之野」實不相同。簡文句式類似《呂氏春秋・孟冬紀・异寶》：「五員亡，荊急求之，登太行而望鄭曰：『蓋是國也，地險而民多知；其主，俗主也，不足與舉。』去鄭而之許」〔註1156〕、《墨子・耕柱》：「高石子三朝必盡言，而言無行者。去而之齊」〔註1157〕簡文「遂逃去，之蒼梧之野」即「於是逃離開，前往蒼梧之野」。以上均可說明陳劍先生的讀法是對的。

「喪（蒼）虗（梧）之埜（野）」。喪作 🔣，字形近於「喪」作《包山》92 作 🔣、113 作 🔣、167 作 🔣、《郭店・老子丙》8 作 🔣、〈老子丙〉9 作 🔣、〈語叢一〉98 作 🔣。〈容成氏〉的「△」雖然字形稍怪，但仍可辨析出來。字從四「口」，從「木」，從「九」形，並增添「亡」聲符，而且「九」（🔣）與「亡」（🔣）有共筆的現象。李零先生將本字隸作「桑」，實際上是不夠精確的。雖然「桑」、「喪」本一字分化，但在甲骨文時即有區別，如「桑」作 🔣（《後》1.1.11）；「喪」作 🔣（《粹》470），於「桑」旁上加「口」形分化而來。〔註1158〕又如上述《包山》92 文例是「吕其△其子丹」，讀作「喪」是很適當的。但是《戰國文字編》釋爲「桑」，〔註1159〕此釋

〔註1154〕〔漢〕高誘注《呂氏春秋》（臺北：藝文印書館，1974.1 三版），頁 528。

〔註1155〕〔清〕郭慶藩《莊子集釋》（臺北：貫雅文化，1991.9），頁 967。

〔註1156〕〔漢〕高誘注《呂氏春秋》（臺北：藝文印書館，1974.1 三版），頁 235。

〔註1157〕〔清〕孫詒讓《墨子閒詁》（臺北：華正書局，1995.9），頁 395。

〔註1158〕季旭昇師《說文新證》（臺北：藝文印書館，2002.10），頁 95。

〔註1159〕湯餘惠《戰國文字編》，頁 385。

文尚須通讀，同樣是不精準的。

　　喪，心紐陽部；蒼，清紐陽部，聲近韻同，故得通假。「蒼梧之野」地望說法有二：其一，《山海經・海內經》：「南方蒼梧之丘，蒼梧之淵，其中有九嶷山，舜之所葬，在長沙零陵界中。」郭璞《注》：「山在今零陵營道縣南，其山九溪皆相似，故云九疑；古者總名其地爲蒼梧也。」〔註1160〕〈海內南經〉：「蒼梧之山，帝舜葬於陽」，郭璞《注》：「（蒼梧），即九疑山也。《禮記》亦曰：『舜葬蒼梧之野』」〔註1161〕、〈大荒南經〉：「赤水之東，有蒼梧之野，舜與叔均之所葬也。」〔註1162〕其二，《孟子・離婁下》：「舜生於諸馮，遷於負夏，卒於鳴條。」《今本竹書紀年》：「四十九年，帝居於鳴條。五十年，帝陟。義均封於商，是謂商均。後育，娥皇也。鳴條有蒼梧之山，帝崩，遂葬焉。」錢穆曰：「則舊說舜葬地本近安邑」。〔註1163〕

〔四十〕諹（徵）〔圖〕九州之币（師）

　　建洲按：「諹」，右旁與曾侯乙鐘「徵」作圖形近。〔註1164〕

〔四一〕霝（略）〔圖〕四海（海）之內

　　李零先生：隸作「𩅣」，讀作「批」。（頁282）

　　何琳儀先生〈滬二〉：分析字爲從「雨」，「瓜」聲。《五音篇海》「霝，下也。」有降落之意。簡文意謂「湯徵九州之師，以降四方。」

　　楊澤生先生〈箚記〉：分析祚從匕從丙，讀「柄」，義爲控制。

　　蘇建洲《譯釋》：何說可參，簡文「瓜」形與《包山》259「瓝（狐）」作圖，右旁形近。字亦見於《龍龕手鑑・雨部》：「霝，下也。正從穴。」換言之，字與「窌」應爲一字。《說文》「窌」下，段《注》曰：「凡下皆得謂之窌。」《廣韻・禡韻》：「窌，下處也。」至於字形上部「雨」旁與簡2「需」的「雨」同形，釋爲「雨」當無可疑。楊澤生先生釋爲「丙」，黃錫全先生已指出雨中間有豎筆貫下筆迹，似不從丙。附帶一提，黃錫全〈箚記四〉改釋「霝」上一字爲「亡」，是沒有必要的。字與簡10、24、30的「昌」形似，仍應從李零先生釋爲「昌」。（頁170注41）

〔註1160〕袁珂譯注《山海經全譯》（貴陽：貴州人民出版社，1995.2四刷），頁343注77。

〔註1161〕袁珂譯注《山海經全譯》（貴陽：貴州人民出版社，1995.2四刷），頁238注18。

〔註1162〕袁珂譯注《山海經全譯》（貴陽：貴州人民出版社，1995.2四刷），頁283。

〔註1163〕錢穆《古史地理論叢》，頁25。

〔註1164〕黃錫全《湖北出土商周文字輯證》（武昌：武漢大學出版社，1992.10），頁186銘222。

陳劍先生〈傳說〉：「霬」的聲符「瓜」跟「略」聲母相近、韻部魚鐸陰入對轉，疑兩字可相通。《廣雅·釋詁》：「略，行也。」……《宣公十五年》：「壬午，晉將治兵於稷，以略迪土。」《隱公五年》：「公將如棠觀魚者……公曰：吾將略地焉。」《隱公五年》：「齊侯不務德而勤遠略」楊伯峻《春秋左傳注》：「略，《詩·魯頌譜》『謀東略』，《疏》云：『是征伐爲略也。』勤遠略，即下文之北伐、南伐。」（頁 21 注 56）

建洲按：陳說有理，可從。又「霬」其下「瓜」旁字形證據尚可補《葛陵》零9、甲三 23、57「孤」作 。

〔四二〕罔（亡）〔 〕宗

李零先生：「罔」讀作「亡」。（頁 282）

何琳儀先生〈滬二〉分析原篆上從「網」，下從「廾」，是殷周文字中的習見偏旁。疑即字書之「摑」。《集韻》：「摑，舉也。或作抗、扛。」簡文「△宗」讀「亢宗」。《左傳·昭公元年》：「吉不能亢身，焉能亢宗。」注「亢，蔽也。」

黃錫全先生〈箚記四〉：簡文「罔」字亦見於《甲骨文合集》10759、10760。

陳劍先生〈傳說〉：罔（亡）宗。（頁 11）

建洲按：上述何琳儀先生所謂「殷周文字中的習見偏旁」的詳細說明，見〈莒縣出土東周銅器銘文彙釋〉一文。〔註 1165〕該文所舉字例如 （頌壺）、（嗣馬南弔匜）、（昊生鐘）等（見《金文編》頁 1206）。此字亦見新出陝西眉縣楊家村的「逨盤」，文例是「康 」，〔註 1166〕四十二年逨鼎乙則作 。〔註 1167〕除昊生鐘省成上面一手、四十二年逨鼎省作下面一手。其餘字形從上下二手，相當於「受」。《說文》曰：「，物落上下相付也。從爪，從又。」（四下三）。金文「受」作 （卯簋）、（格伯簋）、（融比鼎），〔註 1168〕皆作上下二手，未見易成「廾」旁。所以與簡文從「廾」象左右兩手，是否能完全等同，不無疑問。其次，引《左傳》以爲簡文讀作「亢宗」，但杜預《注》曰：「亢，蔽也。」楊伯峻《注》曰：「即

〔註 1165〕何琳儀〈莒縣出土東周銅器銘文彙釋〉《文史》50 輯，2000 年 1 輯，頁 29。
〔註 1166〕陝西省考古研究所等〈陝西眉縣楊家村西周青銅器窖藏發掘簡報〉《文物》2003.6，頁 34 圖 42。
〔註 1167〕陝西省考古研究所等〈陝西眉縣楊家村西周青銅器窖藏發掘簡報〉《文物》2003.6，頁 16 圖 21。
〔註 1168〕裘錫圭〈釋「77」〉《容庚先生百年誕辰紀念文集》（廣東：廣東人民出版社，1998.4），頁 148～155。

扞蔽、保護之義。游吉爲宗子，任卿大夫，有『保卒宜家』之責。」〔註 1169〕文意與簡文正好相反，故不取何說。李零先生釋爲「亡宗斃族」應可信，《左傳・文公十六年》：「雖亡子，猶不亡族。」「亡族」、「亡宗」、「斃族」義皆相近。另外，「羿」似同於《璽彙》265、312、334、336 等，如《璽彙》336 作 ，曹錦炎、何琳儀二先生均分析作從「冂」從「豕」，前者釋爲「豕」，〔註 1170〕後者則讀作「家」。〔註 1171〕《璽彙》、《戰國文字編》則隸作從「網」從「又」，〔註 1172〕筆者認爲《戰編》所隸可信，而且古文字中作爲偏旁的「廾」可以省作「又」，〔註 1173〕則璽文與簡文「△」應可視爲同一字。本則寫畢之後，又見裘錫圭先生亦釋璽文爲「罭」。〔註 1174〕另外，最近徐在國先生重新考釋這四方璽印，將共同出現的兩個字讀作「祈望」，乃齊國官名。李家浩先生亦有相同意見。〔註 1175〕可見將容成氏「△」與璽印「罭」視爲一字，應該是可以的。

〔四三〕 夊（焉）備（服）

李零先生：讀作「乃服」。（頁 282）

建洲按：如同《國語・吳語》：「若不戰而結成，王安厚取名而去之。」王引之說：「安，猶乃也。」〔註 1176〕

以上簡文所描述關於湯伐桀的史實，李存山先生〈啓攻益〉有段精采的分析：

> 湯攻桀是一路追殺不止，直到「天下之兵大起」、「亡宗斃族殘群」才告結束。這比起《史記・夏本紀》所云「湯修德，諸侯皆歸湯，湯遂率兵以伐夏桀，桀走鳴條，遂放而死」，要艱難、殘酷得多。由此再看《尚書・湯誓》篇所謂「爾不從誓言，予則孥戮汝，罔有攸赦」，還多少透露出當時的一片殺氣。《帝王世紀》記湯伐桀，「三年而天下悉服，湯即天子位，遂遷九鼎於亳，至大坰而有慚德。湯自伐桀後，大旱七年，洛川竭……」湯爲什麼「有慚德」？如果眞是「民之望之，若大旱之望雨也；歸市者弗

〔註 1169〕楊伯峻編著《春秋左傳注》下（臺北：洪葉文化，1993.5），頁 1213。

〔註 1170〕曹錦炎〈戰國古璽考釋（三篇）〉《第二屆國際中國古文字學研討會論文集》，頁 397。

〔註 1171〕何琳儀《戰國古文字典》，頁 483～484。

〔註 1172〕湯餘惠《戰國文字編》，頁 543。

〔註 1173〕李家浩〈釋弁〉，《古文字研究》第一輯，頁 392、裘錫圭〈戰國文字釋讀二則〉《于省吾教授百年誕辰紀念文集》，頁 155、劉釗《古文字構形研究》，頁 57～58。

〔註 1174〕裘錫圭〈釋「弘」、「強」〉《古文字論集》，頁 58。

〔註 1175〕徐在國〈釋齊官「祈望」〉《第四屆國際中國古文字學研討會論文》（香港：香港中文大學，2003.10.15），頁 565～567。

〔註 1176〕徐元誥《國語集解》，頁 556。

止，芸者不變；誅其君，吊其民，如時雨降，民大悦」，湯何必「有慚德」呢？「大旱七年」，除了自然灾害外，我們不難想見當時戰爭過後「赤地千里」的境況，或如《老子》所云：「師之所處，荊棘生焉；大軍之後，必有凶年。」關於湯放桀，《逸周書‧殷祝》篇另有一種與《容成氏》完全相反的記述：「湯將放桀於中野，士民聞湯在野，皆委貨扶老攜幼奔，國中虚。桀請湯曰：『……今國無家無人矣，君有人，請致國君之有也。』湯曰：『否。昔大帝作道，明教士民，今君王滅道殘政，士民惑矣。吾爲王明之。』湯不接受桀的讓國（「何必君更」）。於是，「桀與其屬五百人，南徙千里，止於不齊」，桀再次讓王於湯，湯仍不受。桀又與其屬五百人，徙於魯，第三次讓王於湯，湯仍不受。桀又與其屬五百人，去居南巢。此後，湯乃「放桀而複薄，三千諸侯大會……讓三千諸侯，莫敢即位，然後湯即天子之位」。「盡信書，則不如無書」。在《容成氏》中，湯對桀是一路追殺；而在《殷祝》篇中，桀對湯是三次讓王。《殷祝》篇成書時，當另有一種與《容成氏》不同的歷史背景，因史文闕軼，我們對此背景亦「爲之茫昧」。劉知幾在《史通‧疑古》篇中講到《殷祝》篇與《湯誓‧序》的不同，懷疑這是「湯既勝桀，力制夏人，使桀推讓，歸王於己，蓋欲比迹堯、舜，襲其高名」。若此，可以想見當時「禪讓」具有很高的合法性，而「征伐」的合法性尚未完全確立，所以才有桀三讓王於湯之説。

【釋　文】

湯王天下世=（三十）又（有）一傑（世）〔一〕而受（紂）〔二〕复（作）。受（紂）不述亓（其）先王之道，自爲芑（改）爲〔三〕，於 **42** 是虖（乎）复（作）爲九城（成）之臺（臺）〔四〕。視（寘）盃炙（炭）〔五〕亓（其）下，加缲（圜）木於亓（其）上，思（使）民道（蹈）之，能述（遂）者述（遂），不能述（遂）者▬〔六〕，內（墜）而死〔七〕。不從命者，從而桎㚔（梏）〔八〕之，於是 **44** 虖（乎）复（作）爲金桎三千〔九〕。既爲金桎，或（又）爲酉（酒）池〔十〕，詨（厚）樂於酒，専（溥）亦（夜）〔十一〕曰爲槿（淫），不聖（聽）亓（其）邦之政。於是虖（乎）九邦畔（叛）之〔十二〕，豐、鎬（鎬）、郍（舟）〔十三〕、䇞（石）〔十四〕、于（邘）、鹿、**45** 坴（黎）〔十五〕、宗（崇）、奮（密）須是（氏）〔十六〕。文王䎹（聞）之，曰：「唯（雖）君亡道，臣敢勿事虖（乎）？唯（雖）父亡道，子敢勿事虖（乎）？箮（孰）天子而可反？〔十七〕」受（紂）䎹（聞）之，乃出文王〔十八〕於 **46** 量（夏）臺（臺）〈羑里？〉〔十九〕之下而䎹

（問）每（焉），曰：「九邦者亓（其）可逨（來）〔二十〕虖（乎）？」文王曰：「可。」
文王於是虖（乎）素專（端）〔二一〕籌（？）〔二二〕裳曰行九邦，七邦逨（來）
備（服），豐、喬（鎬）不備（服）。文王乃迉（起）帀（師）呂鄉（嚮）**47** 豐、喬
（鎬），三鼓而進之，三鼓而退之，曰：「虞（吾）所暂（知）多鷹（災）〔二三〕，
一人爲亡道，百耆（姓）〔二四〕亓（其）可（何）辠（罪）？」豐、喬（鎬）之
民龺（聞）之，乃降文=王=（文王〔二五〕。文王）時（持）故時而孚（教）民 **48**
時〔二六〕，高下肥堯（磽）〔二七〕之利聿（盡）暂（知）之，暂（知）天之道，
暂（知）陸（地）之利，思（使）民不疾。昔者文王之差（佐）受（紂）也，如是
眉（狀）也。（頁290～312）

【校　釋】

〔一〕倴〔殊〕

建洲按：右旁乍看從「桀」，但仔細觀察上面從三直筆，如同《上博（二）·子
羔》簡8「殊」作，與「桀」並不相同。

〔二〕受（紂）

「紂」，定紐幽部；「受」，禪紐幽部。聲紐同爲舌音，疊韻，故得通假。另外，
《尙書》、今古本《竹書紀年》皆稱「受」。

〔三〕自爲芑（改）〔　〕爲

陳劍先生〈編連二〉：「芑」，釋爲「改」。並將「於」字歸於下一段，連簡 44
讀作「於是乎」。

劉釗先生〈容釋一〉則以爲此字與鄂君啓節的「芸」字寫法相同，也應該釋爲
「芸」。「芸」字在簡文疑讀爲「混」或「昏」。而「於」字在簡文中應該讀爲「汙」
或「惡」。古音「於」、「汙」、「惡」皆在影紐魚部，三者於音可通。所以簡文就應讀
爲「受不述其先王之道，自爲溷（昏）爲汙（惡）。」

黃錫全〈札記四〉指出：「芑字與鄂君啓節或釋作『芸』的字類同，但筆意有別。
所以，陳劍、楊澤生以爲從已。我們反復比較所從的偏旁，雖有混淆之例，但從『已』
似乎更爲合理。『已』字多先寫上一小彎筆，再寫下一長勾筆；鄂君啓節則是上筆轉
折後大筆竪下右彎勾，區別較明顯。因此，我們傾向將此字釋從『已』。」

建洲按：鄂君啓節「芸」作，本簡「芑」作。黃說似較合理，但亦非絕

對，如《集成》9.4694 楚系青銅器「鄴陵君豆」，其「祀」作 ；〈從政乙篇〉3「巳」作 ，二者「巳」旁筆法與上述鄂君啓節「芸」作 的下部同形。〔註1177〕其次，字應從「巳」，不從「已」，古文字目前未見「已」字。上述黃文所引楊澤生的文章亦是說從「巳」，黃氏誤植爲「已」。雖然如此，我們就簡序編連而言，仍可證明劉釗先生之說恐不可從。首先若單獨從本簡來看，「自爲△爲於」，則劉釗先生所釋似乎可行。但考慮到簡 42 的「於」接簡 44 的「是乎」的拼合，則簡文應讀作「自爲△爲」。若讀作「昏爲」似不見典籍。相反的「改爲」見於《詩·鄭風·緇衣》：「緇衣之宜兮，敝，予又『改爲』兮。」《傳》：「改，更也。」《墨子·經下》：「景不徙，說在『改爲』。」「改」，古文字多從「巳」，巳、已古本一字之分化。〔註1178〕如《郭店·老子甲》31「」，即「起」、〈語叢三〉10「」亦「起」〔註1179〕、《葛陵》甲三：126「」，亦是「起」、《侯馬盟書》「弁改」讀作「變改」、《郭店·尊德義》簡 1「改慎勳」即「改慎勝」、《上博（一）·孔子詩論》簡 10「關雎之改」即「關雎之改」。〔註1180〕「改」，《說文》曰：「更也。」所以本句是說：紂不遵循先王的治國之道，反而自行更改作爲禍國殃民。

〔四〕九城（成）之臺（臺）

建洲按：本簡「城」與 （《包山》120）同形。《說文》說「成」從「戊」「丁」聲，李家浩先生分析 是把「土」旁寫在「成」（，《包山》91）旁之下，並把「土」與「丁」的筆劃共用。〔註1181〕如同《葛陵》乙一：14「城」作 ，若將「土」與「丁」的筆劃共用即是「」字。白於藍先生則認爲《包山》已有「城」作 （簡 2），與《說文》籀文「城」字相合。則 應釋爲「成」，並分析爲從「壬」聲，古音壬、成俱屬舌音耕部字。〔註1182〕筆者以爲 釋爲「城」應該好一點，筆者在討論簡 3「墮」時已討論過楚簡文字有「異字同義」的現象，更嚴格一點來說，是「異體字」的現象。則 、 視爲一字似無不可，因爲 左旁可理解爲增添同義偏旁

〔註1177〕李守奎《楚文字編》（上海：華東師範大學，2003.12），頁 37 即隸作「芑」。

〔註1178〕李家浩〈九店楚簡「告武夷」研究〉《著名中年語言學家自選集——李家浩卷》（合肥：安徽教育出版社，2002.12），頁 321。

〔註1179〕李零〈郭店楚簡中的「敏」字和「文」字〉《古文字研究》24 輯，頁 389。亦見李零《郭店楚簡校讀記——增訂本》，頁 147

〔註1180〕李守奎《《戰國楚竹書·孔子詩論·邦風》釋文訂補》《古籍整理研究學刊》2002.3，頁 9。

〔註1181〕李家浩〈讀《郭店楚墓竹簡》瑣議〉《中國哲學》第 20 輯，頁 349。

〔註1182〕白於藍〈古璽印文字考釋（四篇）〉《考古與文物》1999.3，頁 85。

「韋」，右旁正作 ，可見釋爲「城」應無問題。劉信芳先生正是將「」隸作從「韋」從「城」。〔註1183〕

《尸子》：「人之言君天下者瑤臺九累，而堯白屋」〔註1184〕、《呂氏春秋·季夏紀·音初》：「有娀氏二佚女，爲之九成之臺。」高誘《注》：「成猶重。」〔註1185〕，通「成」

〔五〕盂庡（炭）

李零先生：即「盂炭」，可能以盂盛炭，或讀爲「塗炭」。（頁284）

建洲按：「庡」字形上部與《郭店·五行》簡32「顏色」合文作 的「彥」旁形似。炭，透元；彥，疑元，疊韻。字亦見於《信陽》2.028「茗（烙）庡（炭）盥」，中山大學楚簡小組指出「庡」應釋爲「炭」，〔註1186〕可謂卓識。

〔六〕不能述（遂）者▬

建洲按：「述」讀作「遂」。《廣雅·釋詁一》：「遂，行也。」又由彩版來看，「不能述者」下有「▬」號，形體與簡39「女（如）是捔（狀）」下的「▬」號同形，皆爲句讀號。

〔七〕視（窴）盂庡（炭）……內（墜）而死

建洲按：「內」，李零先生讀作「入」。此從陳劍先生〈傳說〉之說（頁13）。以上是說「炮烙之刑」的過程。《太公·六韜·武韜》：「紂患刑輕，乃更爲銅柱，以膏塗之，加於炭之上，使有罪者緣焉，滑跌火中，紂與妲己，笑以爲樂，名曰炮烙之刑。」（見嚴可均《全上古三代文》卷六）此文記行刑過程詳細可參，惟「炮烙」似應易爲「炮格」。〔註1187〕《史記·殷本紀》：「百姓怨望而諸侯有畔者，於是紂乃重刑辟，有炮格之法。」《集解》引《列女傳》曰：「膏銅柱，下加之炭，令有罪者行焉，輒墮炭中，妲己笑，名曰炮格之刑。」《索隱》曰：「鄒誕生云：『格，一音閣』。又云『見蟻布銅鬥，足廢而死，於是爲銅格，炊炭其下，使罪人步其上』，與《列女傳》少異。」

〔註1183〕劉信芳《包山楚簡解詁》（台北：藝文印書館，2003.1），頁6。

〔註1184〕〔清〕汪繼培輯自《初學紀》第九卷及二十四卷、《太平御覽》八十卷、《文選·辯命論注》、《路史·後紀十一注》。〔清〕汪繼培輯《尸子》收錄於《二十二子》（京都：中文出版社，1982.6），頁405。

〔註1185〕〔漢〕高誘注《呂氏春秋》（臺北：藝文印書館，1974.1三版），頁144。

〔註1186〕中山大學古文字研究室《戰國楚簡研究》（二）（廣州：中山大學，1977），頁26。

〔註1187〕王念孫《讀書雜志·史記殷本紀·炮烙》，頁72、〈漢書谷永杜鄴傳·炮烙〉頁361。

〔註1188〕簡文所載比較接近《六韜》、《列女傳》，惟簡文以「圓木」加其上，似不同傳統文獻所說「銅柱」。但所謂「以炭其下」則諸說皆然。至於詹鄞鑫先生認爲「久」是「炙」字初文，皆有灼烙義。又說：『炮烙』本來也是爲用畜牲而設，并非專施於人。如《韓非子・喻老》的『紂爲肉圃，設炮烙，登糟丘，臨酒池』此『炮烙』與『肉圃』『糟丘』『酒池』并舉，顯然是用畜牲之法」但我們由原文得不出這樣的結論，大家知道所謂的「酒池肉林」是商紂的荒淫行爲，與所謂的「畜牲之法」實不相關。其實在《韓非子》中已明白地說「炮烙」是施用於人，如〈難勢〉「桀紂爲高臺深池以盡民力，爲炮烙以傷民性」〔註1189〕、〈難二〉「仲尼聞之曰：『仁哉文王！輕千里之國而請解炮烙之刑。』」〔註1190〕其次，詹氏執著在炮烙乃「用牲之法」，遂以爲上述文獻所說爲「臆說」，最後他的結論是「銅格」就是所謂的「漏鑕」。〔註1191〕趙平安先生贊同其說，并說「卜辭中久用爲炙，表示祭祀或刑法中的炮烙之法，而久正是炮烙用的工具。」〔註1192〕由〈容成氏〉簡文來看，傳統文獻實有相當的根據，不可輕易抹滅。至於「久」字之義，楊樹達先生認爲「古人治病，燃艾灼體謂之炙，久即炙之初字也。字形從臥人，人病則臥床也。末畫象以物灼體之形。」〔註1193〕對照《睡虎地・封診式》60「其腹有久故瘢二所」《注釋》說：「久，讀爲炙。炙故瘢，炙療遺留的疤痕。」〔註1194〕楊說或可參。此外，魏德勝先生歸納《睡虎地》中「久」字義的變化，由「燒灼」義到「在官有器物上作記號」，又引申爲名詞義的「標記」。〔註1195〕。總之，就目前現有的資料來看，上述詹氏之說有待商榷。

〔八〕桎羍（梏）

　　李零先生：字見於商代甲骨文，朱芳圃釋「枷」，得此可知當釋爲「梏」。「桎」是足械，「梏」是手械，此字正像手械之形。（頁284）

　　建洲按：「桎」，《說文》：「桎，足械也。」「羍」字亦見於甲骨文作 𦥑、𦥑、𦥑、

〔註1188〕〔漢〕司馬遷《史記》一（北京：中華書局，1964.4四刷），頁106～107。
〔註1189〕〔清〕王先慎撰《韓非子集解》（北京：中華書局，2003.4二刷），頁390。
〔註1190〕〔清〕王先慎撰《韓非子集解》（北京：中華書局，2003.4二刷），頁361。
〔註1191〕詹鄞鑫《釋甲骨文『久』字》《中國語文》1985.5，頁384～387。
〔註1192〕趙平安《說文小篆研究》（南寧：廣西教育出版社，1999.8），頁142。
〔註1193〕楊樹達《積微居小學述林》（北京：中華書局，1983.7），頁44～45。
〔註1194〕睡虎地秦墓整理小組《睡虎地秦墓竹簡》（北京：文物出版社，2001.12二刷），頁158注16。
〔註1195〕魏德勝〈雲夢秦簡與《說文》的用字〉《簡帛語言文字研究》第一輯（成都：巴蜀書社，2002.11），頁273、亦見魏德勝《睡虎地秦墓竹簡詞匯研究》（北京：華夏出版社，2003.1），頁14。

🈐；〔註1196〕《郭店・成之聞之》簡 36「言語🈐（🈐）之」〔註1197〕。另外，《包山》164🈐，何琳儀先生釋爲「摯」，〔註1198〕現在看來也應該釋爲從「桍」。字又見於《上博楚簡・周易》，廖名春先生釋爲「桍」是對的。〔註1199〕《說文》：「桍，手械也。」《周禮・秋官・大司寇》：「凡萬民之有罪過，……桎桍而坐諸嘉石」，鄭玄《注》：「木在足曰桎，在手曰桍」。〔註1200〕

〔九〕金桎三千

陳劍先生〈傳說〉：謂簡文「金桎」爲此「金柱」之誤，「簡文作者或抄手把『柱』字誤寫成『桎』，說不定是由於上文有『桎』字的緣故。」恐皆非。按賈誼《新書・道術》云：「紂作桍數千，睨諸侯之不諂己者，杖而桍之。」「作桍數千」當即簡文之「作爲金桎三千」，桎、桍爲同類的刑具也。（頁13）

建洲按：陳說可從。

〔十〕酉（酒）池

建洲按：《史記・殷本紀》：「（紂）以酒爲池，懸肉爲林。」〔註1201〕《說苑・反質》：「紂爲鹿台、糟池、酒池、肉林。」〔註1202〕

〔十一〕尃（溥）亦（夜）

建洲按：讀作「溥夜」，即「徹夜」。《詩・小雅・北山》：「溥天之下，莫非王土」，毛《傳》曰：「大也。」《孟子・萬章》引作「普」，趙《注》曰：「遍也。」《史記・殷本紀》：「大聚樂戲於沙丘……爲長夜之飲。」〔註1203〕可與簡文互看。

〔十二〕九邦畔（叛）〔🈐〕之

李零先生：「九邦」即下述豐、鎬等國。文王平九邦之叛，於史無考，唯《禮記・

〔註1196〕于省吾主編《甲骨文字詁林》，頁 2682～2683。

〔註1197〕李零《郭店楚簡校讀記——增訂本》124 頁、趙平安〈釋🈐及相關諸字〉《第一屆中國語言文字國際學術研討會論文》，頁 3。

〔註1198〕何琳儀《戰國古文字典》，頁 1381。

〔註1199〕廖名春《新出楚簡試論》（臺北：台灣古籍出版社，2001.5），頁 292，亦見氏著《《周易》經傳與易學史新論》（濟南：齊魯書社，2001.8），頁 52～53。

〔註1200〕《十三經注疏——周禮》，頁 517。

〔註1201〕〔漢〕司馬遷《史記》一（北京：中華書局，1964.4 四刷），頁 105。

〔註1202〕向宗魯《說苑校證》（北京：中華書局，2000.3 三刷），頁 515。

〔註1203〕〔漢〕司馬遷《史記》一（北京：中華書局，1964.4 四刷），頁 105。

文王世子》露其端緒。《文王世子》曰:「文王謂武王曰:『女何夢矣?』武王對曰:『夢帝與我九齡。』文王曰:『女以為何也?』武王曰:『西方有九國焉,君王其終撫諸?』文王曰:『非也。古者謂年齡,齒亦齡也。我百爾九十,吾與爾三焉。』文王九十七乃終,武王九十三而終。」文中所說文王平撫的西方「九國」即簡文「九邦」。(頁285)

　　陳劍先生〈傳說〉:九邦之中就有五個是在周之東方(**建洲按:**指鄦、鹿、郍、邢、崇),這很容易使人對將簡文「九邦叛之」跟前引《禮記・文王世子》「西方有九國焉,君王其終撫諸」相聯繫的可靠性產生懷疑。按《左傳・襄公四年》云:「文王帥殷之叛國以事紂。」《詩經・小雅・四牡》「四牡騑騑,周道倭遲」毛傳:「文王率諸侯,撫叛國,而朝聘乎紂。」《後漢書・西羌列傳》:「(文王)乃帥西戎,征殷之叛國以事紂。」簡文記文王征服叛殷的九邦,與此類傳說相近,很可能跟《禮記・文王世子》所記之事並無關係。(頁15)

　　建洲按:陳劍先生所舉《左傳・襄公四年》等文獻來說明簡文記文王征服叛殷的九邦是很恰當的。其次,他的懷疑也是相當有理的。比如《尚書・牧誓》:「王左杖黃戉,右秉白旄以麾,曰:『逖矣,西土之人。』王曰:『嗟!我友邦冢君,御事:司徒、司馬、司空、亞、旅、師氏、千夫長、百夫長,及庸、蜀、羌、髳、微、盧、彭、濮人,稱爾戈,比爾干,立爾矛,予其誓。』」武王口中的「西土之人」,即「庸、蜀、羌、髳、微、盧、彭、濮」,所謂「牧誓八國」,是以「岐周」為定點所說的方位。可見《禮記・文王世子》武王口中所稱「西方九國」應該也是以「岐周」為基準點所定的方位,換言之,《禮記・孔疏》云:「或以為是庸、蜀、羌、髳、微、盧、彭、濮之徒」不是沒有道理的。所以李零先生將簡文的「九邦」(多數位於「岐周」東方)與《禮記・文王世子》的「西方九國」畫上等號的確是有問題的。筆者比較好奇的是,李零先生明知「鄦、鹿、郍、邢、崇、耆」六國是位於「周」的東方,他稱之為「夏板塊」,〔註1204〕為何還與「西方九國」畫上等號?不過,他認為「九邦」與《史記・周本紀》所提到的「文王受命七年」有關,即七年裡征服的國家,還是很有啟發性。他說:對比文獻,我們可以發現,這些國家也就是所謂「文王受命七年」,在這七年裡征服的國家。古書講這七年,如《史記・周本紀》,它是以文王決虞、芮之訟為受命之年,第二年伐犬戎,第三年伐密須,第四年伐耆,第五年伐邘(即上「于」),第六年伐崇,第七年作豐邑。簡文未及虞、芮,也沒提犬戎(疑

〔註1204〕李零〈三代考古的歷史斷想——從最近發表的上博楚簡〈容成氏〉、饕公盨和虞述諸器想到的〉《中國學術》(北京:商務印書館,2003.8),頁200,並參頁198所附地圖。

與密須爲同類，而有意省略），但比它多出豐、鎬和舟、石、鹿。……簡文的發現，對理解武王克商太重要。因爲光靠周人自己，光靠牧誓八國，周人滅商是斷不可能。……我們可以說，沒有文王平九邦，就沒有武王克殷商。簡文的補充，使我們對武王克商有了順理成章的解釋。〔註 1205〕

〔十三〕郍（舟）

李零先生：即見於《國語・鄭語》的「舟人」。（頁 286）

何琳儀先生〈滬二〉：指出「郍」，亦見邢丘所出陶文「郍公」（**建洲按：**又見《陶彙》6.30）。〔註 1206〕又見於典籍，如「郍州」（《水經・漯水》）等等。

陳劍〈傳說〉：按此陶文裘錫圭先生曾作過考釋，認爲當爲見於《左傳》等書的、先屬於周，後屬於晉的「州」邑，故城在今沁陽縣東南。（頁 14）

〔十四〕郶

李零先生：釋作「石」。疑爲戰國時期的石邑，在今河北獲鹿東南（頁 286）

建洲按：相近字亦見於《郭店・語叢四》簡 26、〈容成氏〉簡 39 作「貿」。「郶」字可分析爲從邑，從弓，「石」聲，讀作「石邑」應是對的。

〔十五〕坴（黎）

李零先生：隸作「耆」，以爲即《尚書・西伯戡黎》的「黎」，《尚書大傳》、《史記・周本紀》作「耆」。

蘇建洲《譯釋》：即「來」，讀作「黎」。字不從「耆」，可與簡 17「老」字相比對。似从「來」，來紐之部；「黎」，來紐脂部，雙聲，韻部之、脂可通。如《馬王堆・五十二病方》的「治加（痂）方」中有「蛇床實（船質）」，《注釋》說即「蛇床子（精之）」，「質」爲「脂」的入聲。此外，《左傳・隱公十一年經》：「公會鄭伯於時來」，《公羊傳》「時來」作「祁黎」〔註 1207〕可以說明「來」、「黎」確可相通。（頁 175 注 11）

陳劍先生〈傳說〉：「坴」。原釋爲「耆」，讀爲《尚書・西伯戡黎》之「黎」（《尚書大傳》、《史記・周本紀》作「耆」）。按此字原形下半略有模糊之處，諦審圖版，其爲「耆」字的可能性很小。蘇建洲先生釋爲「坴」，應該是正確的。「坴」即「來」

〔註 1205〕李零〈三代考古的歷史斷想——從最近發表的上博楚簡〈容成氏〉、燹公盨和虞逑諸器想到的〉《中國學術》（北京：商務印書館，2003.8），頁 199～200。

〔註 1206〕參裘錫圭《古文字論集》，頁 396～397。

〔註 1207〕《古字通假會典》402 頁。

字的異體，讀爲「黎」或「耆」從古音看有困難。頗疑「坕」當讀爲「邰」。《史記・周本紀》「封棄於邰」《集解》引徐廣曰：「今斄鄉，今扶風。」《索隱》：「即《詩・生民》曰：『有邰家室』是也。邰即斄，古今字異耳。」（頁 14）

建洲按：關於這個字的考釋，陳劍先生告訴我：段玉裁將「之」、「支」、「脂」三分是可信的，所以本簡「坕」讀作「黎」韻部恐不可通。不過，陳先生又說隨著越來越多簡帛文獻出土，將會有更多例外通假出現。裴學海先生曾說：「《詩經》時代原不合韻的『脂』、『之』兩部，到了戰國末年，則有合韻的事實，而且直到漢代，亦復如此。」〔註 1208〕我們認爲陳劍先生後說以及上引裴先生之說，比較符合事實。黃綺先生就主張支、脂、之三者不可分，〔註 1209〕如《郭店・窮達以時》簡 6「管寺（之）吾」，即「管夷（脂）吾」；《馬王堆・五十二病方》的「治痂方」中有「蛇床實（質）」，《注釋》說即「蛇床子（之）」，〔註 1210〕「質」爲「脂」的入聲字。又如《詩・小雅・青蠅》：「營營青蠅，止於樊」，《漢書・昌邑王傳》引「止」（之）作「至」（質）。〔註 1211〕至於「脂」、「支」相通的例證如：視從「示」聲，屬脂部；「是」、「氏」是「支」部字。《左傳・宣公六年》：「提（從「是」）彌明」，《史記・晉世家》作「示眯明」，《公羊・宣公六年》作「祁（從「示」）彌明」。《周禮》一書「地祇」的「祇」（從氏）都作「示」。戰國文字「視」的異體，作從目從氏。〔註 1212〕又如《山海經・北山經》：「隸虢之水……其中有師魚」，《郭注》：「師（脂）或作鯢（支）」。〔註 1213〕以上均可證之、支、脂確有音近的關係。又如楚地文獻《老子》65 章「治（之）知（支）」合韻、《楚辭・遠遊》「涕（脂）洟（支）」合韻。〔註 1214〕綜合以上，筆者以爲簡文「坕」（來之）讀作「黎」（來脂），聲韻關係還算密切，通假應無問題。還且讀作「黎」即「耆」可與上述「文王受命七年」中第四年伐「耆」相呼應。

〔註 1208〕轉引自王彥坤《古籍異文研究》（台北：萬卷樓，1996.12），頁 99。

〔註 1209〕黃綺〈論古韻分布及支、脂、之是否應分爲三〉《河北大學學報》1980.2，頁 74。方孝岳先生亦有相同意見，〈論諧聲音系的研究和「之」部韻讀〉《中山大學學報》1957.3，頁 85。亦見顏世鉉先生〈郭店楚簡散論（一）〉《郭店楚簡國際學術研討會論文集》，頁 107、陳立〈段玉裁「之、脂、支」分立說的商榷——試以出土的戰國時期材料爲例〉《第一屆應用出土資料國際學術研討會》（竹南：育達商業技術學院，2003.4.23）。

〔註 1210〕馬王堆漢墓帛書整理小組編：《馬王堆漢墓帛書》（肆），頁 66。

〔註 1211〕王志平〈簡帛叢札二則〉《簡帛研究》第三輯，頁 130。

〔註 1212〕朱德熙《朱德熙古文字論集》，頁 31～32。

〔註 1213〕高亨、董治安編《古字通假會典》，頁 473。

〔註 1214〕分見楊素姿《先秦楚方言韻系研究》（高雄：中山大學中文研究所碩士論文，1996.6），頁 232、241。

〔十六〕畨（密）〔〕須是（氏）

李零先生：即「密須氏」。（頁 287）

徐在國先生〈雜考〉：分析「畨」為從宀、甘，米聲，釋為「蜜」，此說可信。

李天虹先生：指出本簡的與「審」作（五祀衛鼎）、（楚王畨審盞）的唯一的差別是「密」字所從米旁之上比「審」字多了一橫劃。而在古文字裏，同一個字可以有存在細微差別的不同寫法。單從字形看，將、看作一個字，也是可以成立的。但因為有確切的辭例，可知二者的確是不同的字。就目前的資料，這一橫劃可說是確認密或審字的關鍵所在。〔註1215〕

建洲按：我們前面（簡 6）曾經引述過朱德熙先生認為從「亼」與從「宀」同意，〔註1216〕如《郭店・老子乙》簡13「賽」作；〈民之父母〉7「塞」作。「賽」，《包山》208 作，亦作（200）。但若以李天虹先生所指出的「密」與「審」的別嫌符號來看，則朱先生所指出的現象，並無法放諸四海皆準。

「須」作，看到此形體我們自然而然會聯想到《郭店・老子甲》2「少 汈（私）欲」，《郭店釋文》作「須」，《注釋》說：「『須』為『寡』之誤寫」。〔註1217〕又〈老子甲〉24「居以復也」，《釋文》作「須」，《注釋》說：「『須』，待也。各本作『觀』。」〔註1218〕對《郭店釋文》的解釋，學者多表示不同的看法。如顏世鉉先生以為是系（〈緇衣〉22）、系（〈魯穆公問子思〉4）、系（〈尊德義〉15）的省體，「二字為一字當無疑。《老子》甲之『寡』字，其形與『須』字形近。」並認為〈老子甲〉24 應讀作「居以顧復也」。〔註1219〕白於藍先生有相同的看法，並認為「須」，一般作（《包山》88）；（《曾侯》10）、（《曾侯》68），他認為「很顯然，這兩種形體之須字與上引之寡字均有差別，包山簡之須字象徵鬍鬚的部分均一致為三筆，而寡字頁旁左下均為兩筆；曾侯乙墓簡之須字象徵鬍鬚的部分雖為兩筆，但卻作彎曲飄逸狀，且均與象徵面頰的部分連為一體。可見，『』之為寡，當無可疑。」〔註1220〕建洲案：《包山》的「須」左旁的確从三撇。〔註1221〕，張守

〔註1215〕李天虹〈上博館藏竹書（二）雜識〉，簡帛研究網，03/09/18。

〔註1216〕湖北省文物考古研究所、北京大學中文系編《望山楚簡》，頁 103 注 106。

〔註1217〕荊門市博物館《郭店楚墓竹簡》（北京：文物出版社，1998.5），頁 114 注 7。

〔註1218〕荊門市博物館《郭店楚墓竹簡》（北京：文物出版社，1998.5），頁 116 注 58。

〔註1219〕顏世鉉〈郭店楚簡散論（二）〉《江漢考古》2000.1，頁 38 第一條。

〔註1220〕白於藍〈郭店楚簡拾遺〉《華南師範大學學報》2000.3 期，頁 88 第一條。

〔註1221〕《楚系簡帛文字編》，頁 715～716。

中將《包山》102 寫作 ✦，則屬誤摹。〔註1222〕但是《曾侯》簡 6「須」作 ✦，則所謂「彎曲飄逸狀」並不明顯。而且由〈容成氏〉「須」字作 ✦ 來看，上述〈老子甲〉兩個 ✦ 字，似應釋爲「須」。這種情況除如《注釋》所說是「誤寫」之外，似乎也有「同形字」的現象。比如〈語叢三〉簡 31「智鈉者猴（寡）蒴（謀）」，寡作 ✦，字下從「頁」。若以楚系文字加四點飾筆爲常態，〔註1223〕則語叢三 ✦ 字顯然飾筆全部省略，則類似 ✦ 字若解釋爲作二飾筆似乎也不能說完全不可能，也就是說 ✦ 可以釋爲「寡」。總之，✦ 形的讀法，恐怕依照文例來讀會準確一點。

〔十七〕唯（雖）君亡道，……箭（孰）天子而可反？

　　建洲按：本句幾乎完全同於《呂氏春秋‧恃君覽‧行論》：「文王曰：『父雖無道，子敢不事父乎？君雖不惠，臣敢不事君乎？孰王而可畔也？』」〔註1224〕但有學者指出二者「語境截然不同」。〔註1225〕

〔十八〕乃出文王

　　建洲按：《正字通》：「出，宥罪曰出。」

〔十九〕虽（夏）臺（臺）〈羑里？〉

　　李零先生：簡文「夏臺」應是「羑里」之誤寫。（頁 288）

　　建洲按：「虽」字亦見於《包山》240 作 ✦，作偏旁者如《包山》115 作 ✦、120 作 ✦。關於「夏」字字形的演變，學者論述已多。〔註1226〕關於「夏」字作 ✦，魏宜輝先生認爲字的演變過程是：✦（邙伯罍）➔ ✦（遅邙編鐘）➔ ✦。其中關鍵的第一字到第二字，他解釋說：「Ⅲ式（按：指 ✦）的『夏』字，看上去從是從頁，實際上與Ⅱ式相類，其左半所從並非『是』字，而是從日從止。在 B 式（按：指 ✦）『夏』字中，人的手臂向外伸展與『日』相連；在Ⅲ式字中，連接『日』的手臂被保留了一小部分，就形成了『日』和『止』中間的部分。」並圖示如下：✦（B

〔註1222〕張守中《包山楚簡文字編》（北京：文物出版社，1996.8），頁 146

〔註1223〕參何琳儀《戰國文字通論訂補》（南京：江蘇教育出版社，2003.1），頁 261。

〔註1224〕〔漢〕高誘注《呂氏春秋》（臺北：藝文印書館，1974.1 三版），頁 595。

〔註1225〕許子濱〈讀《上海博物館藏戰國楚竹書（二）》小識〉《第四屆國際中國古文字學研討會論文》（香港：香港中文大學，2003.10.15）。

〔註1226〕曹定雲〈古文「夏」字考——夏朝存在的文字見證〉《中原文物》1995.3，頁 65～75、何琳儀《戰國古文字典》，頁 468。

的局部）→ ⊕（Ⅲ的局部）。〔註1227〕**建洲按：**此說表面看來似有理，實則有待商榷。因為「邿伯罍」是戰國早期的銅器，（《集成》10006-10007 稱為「邿伯缶」）而「蓬邚編鐘」則是春秋銅器。〔註1228〕依魏說，則變成時代較晚的寫法影響時代較早的寫法，於常理不合。況且「蓬邚編鐘」的寫法手形已省，下啟 （《楚帛書》丙 6.1）一類的寫法。與「邿伯罍」一系的寫法尚保留手形實不相同。〔註1229〕至於蓬邚編鐘「夏」字「止」旁上加「八」形，可能影響了「夏」作 （《天星觀》）〔註1230〕、 （《石刻篆文篇》5.24）、 （《古文四聲韻》上聲二十二引《王存義切韻》）、 （《訂正六書通》引《古文》）〔註1231〕類似「是」旁的產生。反過來也說明瞭 的寫法有其獨特性，實在不必牽強與 合觀。對於「罍」字另一說是何琳儀先生認為是「以虫旁易止旁」。〔註1232〕此說似嫌空泛。陳劍先生對〈忠信之道〉5 的考釋能給我們一些啟發：

> 我懷疑，此字所從的 ，或者包括其下部似「虫」形的筆劃在內的 ，也許是「夏」字訛體。夏字秦公簋作 （《金文編》384 頁），秦公大墓石磬殘銘作 ，《說文》篆形作夏，秦簡、秦印文字與《說文》篆形大體相同。簡文字形與之相比較，上部的「目」形可能即「百」形之訛，二者中間的 形則十分接近。而且「 」這類形體在別的字中很難看到，也有助於說明它們為同字。又「慶」字西周春秋金文多作 類形（《金文編》716 頁），下端所從的尾形「↑」與「虫」相近，六國文字承襲此類寫法，而戰國秦文字「虫」形則訛變作「夂」。可見 形下端的「↑」也有可能就來源於 下端的「夂」。（原注：參看何琳儀《戰國文字字典－戰國文字聲系》上冊 644 頁）〔註1233〕

雖然對〈忠信之道〉的 究為何字，尚有異說，〔註1234〕但陳劍先生指出「虫」形

〔註1227〕魏宜輝〈試析楚簡文字中的「顯」「宁」字〉《江漢考古》2002.2，頁 74～77。

〔註1228〕董楚平《吳越徐舒金文集釋》（杭州：浙江古籍出版社，1992.12），頁 322 注 6。

〔註1229〕參曹定雲〈古文「夏」字考——夏朝存在的文字見證〉《中原文物》1995.3，頁 70 所列字表。

〔註1230〕滕壬生《楚系簡帛文字編》（武漢：湖北教育出版社，1995.7），頁 425。

〔註1231〕〔明〕閔齊伋輯 〔清〕畢弘述篆訂《訂正六書通》（上海：上海書店，1996.8 四刷），頁 218。

〔註1232〕何琳儀《戰國古文字典》，頁 468。

〔註1233〕陳劍〈釋《忠信之道》的「配」字〉，《國際簡帛研究通訊》第二卷第六期（2002 年12 月），頁 5。

〔註1234〕如裘錫圭先生「按語」以為從「要」之變體；陳斯鵬以為字從「蠅」，見〈讀郭店楚墓竹簡札記（十則）〉《中山大學學報論叢》1999.6，頁 147。

則訛變作「夂」的說法是可以參考的。上述「慶」字的字形變化，裘錫圭先生亦有類似說法。〔註1235〕依此說，則**尽**、**夐**下端的「↑」（虫）形，亦可能來源於**夐**下端的「夂」。附帶一提，（《上博（一）·紂衣》18）「虽」作**夸**，何琳儀先生以爲這是以爲這是「平直筆劃」的現象。〔註1236〕

《淮南子·本經》：「於是湯乃以革車三百乘伐桀於南巢，放之夏臺。」〔註1237〕《意林》引《風俗通》曰：「自三王制肉刑而始有獄。夏曰夏臺，殷曰羑里，周曰圜圖。」《史記·周本紀》：「（西伯）其囚羑里」，以上可證李零先生所說可能是對的。

〔二十〕逨（來）

李零先生：逨，即「來」，指來服。（頁288）

建洲按：字從「辶」，會行動之意，與「陵」作「陸」從「阜」不同。另外，同簡下一句「七邦逨備（服）」，饒宗頤先生認爲：「『邦逨備』的來字，用作語助，用於動詞之前。王氏《經傳釋詞》說『來』猶『是』也，舉《詩經》『來墍』、『來赫』、『來威』、『來求』、『來鋪』諸例爲證。」〔註1238〕或可參。

〔二一〕素專（端）

李零先生：即「素端」。《周禮·春官·司服》等書，是凶事所服，其服作縞冠，白布衣，素裳，素屨。兵事爲凶事，故文王服之。（頁288）

建洲按：《周禮·春官·司服》：「其齊服有玄端、素端。」鄭《注》曰：「士齊有素端者，亦爲札荒有所禱請。變素服，言素端者，明异制。」〔註1239〕《禮記·雜記上》：「素端一，皮弁一，爵弁一，玄冕一。」孫希旦《集解》曰：「素端制若玄端，而用素爲之，蓋凶札祈禱致齊之服也。」〔註1240〕總之，「素端」指凶事齋戒時所服，其服縞冠，白布衣，素裳，素屨。〔註1241〕

〔二二〕**寤**（？）〔**夐**〕裳

〔註1235〕裘錫圭《文字學概要》（台北：萬卷樓，1999.1再版二刷），頁165。
〔註1236〕何琳儀《戰國文字通論訂補》（南京：江蘇教育出版社，2003.1），頁246。
〔註1237〕劉文典《淮南鴻烈集解》（北京：中華書局，1997.1二刷），頁257。
〔註1238〕饒宗頤〈**巤**公盨與夏書佚篇《禹之總德》〉《華學》第六輯（北京：紫禁城出版社，2003.6），頁3。
〔註1239〕《十三經注疏——周禮》，頁327。
〔註1240〕〔清〕孫希旦《禮記集解》（中）（北京：中華書局，1998.12三刷），頁1069。
〔註1241〕錢玄《三禮辭典》（南京：江蘇古籍，1998.3二刷）671頁。

李零先生：隸作下部从「衣」。讀作「襄裳」。（頁 288）

建洲按：字的下方似不從「衣」，應從「宀」從「父」，「父」旁與《郭店》10.7 作 形近。△字的下部即是「府」，如《集成》5697 象尊「賓」作 ，字聲化從「父」。〔註1242〕而「宀」與「广」當作偏旁可互通，如「匠」作 （農卣）、 （長霽盉），亦作 （師虎簋）。此外，字形中間李零先生隸作「弇」，但「弇」上部一般從「亼」，如《隨縣》31 作 ，但是簡文似乎作「人」，這除了可能有「共筆」的現象。亦不排除受「人」、「亼」二形互作現象的影響，如「宜」作 （《郭店·六德》26），亦作 （《九店》56.46），參簡六「不懽（勸）而民力」注釋。最後，「△」最上部李零先生隸作「朋」，但我們知道楚系文字的「目」作上作尖形，如 （〈語叢一〉50）；「貝」字上圓平，二者區別甚嚴。〔註1243〕「△」上部比較接近「貝」，如《包山》150「贔」作 、《郭店·老子甲》29 作 ，「貝」旁筆劃有所省簡。總之，「△」應分析為從「賏」從「弇」從「府」。李零先生讀作「襄」（溪元）但與△的三個偏旁韻部較遠，如「賏」（耕）、「弇」（侵）、「府」（侯）。所以是否讀作「襄」似可保留，以不識字處理可能比較好。

〔二三〕虗（吾）所智（知）多廌（災）

李零先生說：「疑讀作『盡』。下文『孟津』作『孟瀳』，字亦從廌。」（頁 288）。

建洲按〔註1244〕：李零先生讀作「多盡」不是很好理解。筆者曾讀作「矜」，證據力也是不強的。〔註1245〕而楚簡及古籍中其他與「廌」相通假的字，如「晉」、「進」、「津」、「濟」、「存」、「薦」等等，〔註1246〕似無法讀通簡文。筆者以為「廌」可讀作「災」。《說文》曰：「廌，解廌獸也。似山牛（段《注》刪「山」）字，一角。古者決訟，令觸不直（段《注》補「者」）。象形，從豸省。（段《注》曰：『此下當有豸亦聲』。）」〔註1247〕（十上七）則「廌」古音與「豸」同為「定紐支部」。〔註1248〕

〔註1242〕蘇建洲《戰國燕系文字研究》，頁 134、161。

〔註1243〕李守奎〈江陵九店 56 號墓竹簡考釋四則〉《江漢考古》1997.4 頁 67～68。

〔註1244〕底下內容曾刊載於《中國文字》新 29 期（臺北：藝文印書館，2003.12）。

〔註1245〕蘇建洲〈〈容成氏〉譯釋〉《《上海博物館藏戰國楚竹書（二）》讀本》（臺北：萬卷樓，2003.7），頁 176。

〔註1246〕高亨、董治安編纂《古字通假會典》（濟南：齊魯書社，1997.7 二刷），頁 83～84、《郭店·語叢四》簡 9「者（諸）侯之門，義士之所廌（存）」。

〔註1247〕〔清〕段玉裁注《說文解字注》（臺北：漢京文化，1985.10），頁 469。

〔註1248〕郭錫良《漢字古音手冊》（北京：北京大學出版社，1986），頁 51、陳復華、何九盈《古韻通曉》（北京：中國社會科學出版社，1987.10），頁 176、李零〈上博楚簡校讀記（之二）：《緇衣》〉，簡帛研究網，02/01/12，亦以為「廌」是「定紐支部」。

而「災」，精紐之部，聲紐舌齒鄰紐。朱德熙先生說：「《說文》把『薦』解釋爲會意字十分牽強。邵王簋『薦』字作『盧』，應該是從皿廌聲。可見『廌』字古有『薦』音，『薦』本是從艸廌聲的形聲字。」〔註1249〕而「薦」正是「精」紐。又如〈容成氏〉簡51孟「瀗」即孟「津」，「津」亦是「精」紐。其次，韻部「之」、「支」旁轉，段玉裁將上古音支、脂、之三分，但學者有不贊同其說者，黃綺先生就主張支、脂、之三者不可分。〔註1250〕如〈小雅・采薇〉：「莫知（支）我哀」，《鹽鐵論・備胡》引作「莫之（之）我哀」；〔註1251〕《尙書・無逸》：「惟耽樂之從。」《漢書・鄭崇傳》、《論衡・語增》引「之」作「是」（支）。〔註1252〕又如「斯」（支）從「其」（之）聲；「弭」（支）從「耳」（之）聲。以上可說明「廌」、「災」音近可通。

〈容成氏〉簡16提到舜行善政，得「天地之佐」，所以「癘疫不至，祅祥不行，禍災去亡，禽獸肥大，草木晉長」。意即古人將天災降臨與否，歸咎於君上能行仁政否。〈魯邦大旱〉簡1孔子回答魯哀公邦大旱的問題時，亦提到「邦大旱，毋乃遊（失）者（諸）型（刑）與惪（德）虖（乎）乚」，劉樂賢先生認爲「孔子說刑、德有問題，實際上就是說國家的政令有失誤。這種將天災與政治聯繫的說法，與古代流行的天人感應說相合。⋯⋯第3簡說『政（正）刑與德以事上天』，認爲旱災係上天的警告，執政者應端正政令以順應天意，也是從天人感應的角度立論。」〔註1253〕雖然本簡的「廌（災）」並不侷限於「旱災」（詳下引文），但劉先生之說正可加強我們的看法。這種思想，古籍常見，如《呂氏春秋・季夏紀・明理》：「故眾正之所積，其福無不及也；眾邪之所積，其禍無不逮也。其風雨則不適，其甘雨則不降，其霜雪則不時，寒暑則不當，陰陽失次，四時易節，人民淫爍不固，禽獸胎消不殖，草木庳小不滋，五穀萎敗不成，⋯⋯國有此物，其主不知驚惶亟革，上帝降禍，凶災必亟。其殘亡死喪，殄絕無類，流散循饑無日矣。此皆亂國之所生也，不能勝數，⋯⋯故子華子曰：『夫亂世之民，長短頡忤百疾，民多疾癘，道多襁緥，盲禿傴尪，萬怪皆生。』」〔註1254〕《詩・魯頌・閟宮》：「上帝是依，無災無害。」〔註1255〕《左傳・莊公十

〔註1249〕朱德熙〈關於侯馬盟書的幾點補釋〉《朱德熙古文字論集》（北京：中華書局，1995.2），頁55。

〔註1250〕黃綺〈論古韵分布及支、脂、之是否應分爲三〉《河北大學學報》1980.2，頁74。方孝岳先生亦有相同意見，〈論諧聲音系的研究和「之」部韵讀〉《中山大學學報》1957.3，頁85。亦見顏世鉉先生〈郭店楚簡散論（一）〉《郭店楚簡國際學術研討會論文集》，頁107

〔註1251〕高亨、董治安編纂《古字通假會典》（濟南：齊魯書社，1997.7二刷），頁404。

〔註1252〕高亨、董治安編纂《古字通假會典》（濟南：齊魯書社，1997.7二刷），頁404。

〔註1253〕劉樂賢〈上博簡《魯邦大旱》簡論〉《文物》2003.5，頁60。

〔註1254〕〔漢〕高誘注《呂氏春秋》（臺北：藝文印書館，1974.1三版），頁150～154。

一年》：「秋，宋大水。公使弔焉，曰：『天作淫雨，害於粢盛，若之何不弔？』對曰：『孤實不敬，天降之災，又以爲君憂，拜命之辱。』臧文仲曰：『宋其興乎！禹、湯罪己，其興也悖焉；桀、紂罪人，其亡也忽焉。』」〔註1256〕此段文獻亦見於《韓詩外傳·卷三》〔註1257〕、《說苑·君道》。〔註1258〕《尚書·微子》：「微子若曰：『父師、少師，殷其弗或亂正四方。我祖厎遂陳於上；我（**建洲按**：《傳》曰：「我，紂也。」）用沈酗於酒，用亂敗厥德於下。⋯⋯』父師若曰：『王子！天毒降災荒殷邦，方興沈酗於酒。⋯⋯』」〔註1259〕《尚書·湯誥》：「夏王滅德作威，以敷虐於爾萬方百姓，爾萬方百姓，罹其凶害，弗忍荼毒，并告無辜於上下神祇。天道福善禍淫，降災於夏，以彰厥罪。」〔註1260〕《尚書·咸有一德》：「惟吉凶不僭在人，惟天降災祥在德。」〔註1261〕《尚書·泰誓》：「今商王受，弗敬上天，降災下民。」〔註1262〕上述這些災變即漢代王充所說的「政治之災」，所謂「德衰政失，變應來者，政治（之災）也」。〔註1263〕總合以上，簡48周文王對豐、鎬二地的人民說：「吾所知多災。一人爲亡道，百姓其何罪？」意思是說「我所知道的豐、鎬各地多災。這只是紂王一人不行王道，百姓哪有什麼罪過呢？」所以簡文下接周文王教「豐、鎬之民」知「高下肥磽之利」、「天之道」、「地之利」，使他們不再有憂患（思民不疾），如同簡29「民又（有）余（餘）飤（食），無求不昙（得）」，如此解釋，文意通暢。

〔二四〕百眚（姓）

建洲按：《論語·顏淵》：「百姓足，君孰與不足？百姓不足，君孰與足？」劉寶楠曰：「『百姓』者，《說文》云：『姓，人之所生也。』民不一姓，故稱百焉。」〔註1264〕此「百姓」指人民。

〔二五〕乃降〔〕文王

李零先生以爲字原作「陞」，是「降」的誤寫。

〔註1255〕《十三經注疏——詩經》，頁776。
〔註1256〕《十三經注疏——左傳》，頁153。
〔註1257〕屈守元《韓詩外傳箋疏》（成都：巴蜀書社，1996.3），頁274。
〔註1258〕向宗魯《說苑校證》（北京：中華書局，2000.3 三刷），頁22。
〔註1259〕《十三經注疏——尚書》，頁145。
〔註1260〕《十三經注疏——尚書》，頁112。
〔註1261〕《十三經注疏——尚書》，頁120。
〔註1262〕《十三經注疏——左傳》，頁152。
〔註1263〕黃暉《論衡校釋》（北京：中華書局，1996.11 三刷），頁671。
〔註1264〕〔清〕劉寶楠《論語正義》（北京：中華書局，1998.12 三刷），頁495。

建洲按：據簡 39「降自戎述」注釋，「△」本應釋爲「降」，并非誤寫。

〔二六〕時（持）故時而孝（教）民時

李零先生：指遵循老的曆法以授民時。（頁 289）

陳劍先生〈傳說〉：疑所謂「故時」、「老的曆法」即是指「夏時」、「夏曆」。夏曆合於農事。（頁 22 注 72）

建洲按：如同《大戴禮記・五帝德》：「羲和掌厤，敬授民時」。

〔二七〕高下肥毳（磽）

李零先生：「毳」，從文義看，似應讀爲「磽」。「毳」有二音，一同「脆」，爲月部字；一同「橇」，爲宵部字。這裡可能用後一種讀法。（頁 289）

何琳儀先生〈滬二〉：以爲「脆」、「橇」與「磽」聲韵均不合。「肥脆」應讀「肥膌」。

蘇建洲《譯釋》：《說文》曰：「毳，獸細毛也，從三毛。」段《注》曰：「毛細則叢密，故從三毛，眾意也。」〔註1265〕陳偉武先生補充說：「從鳥獸毛的細密義引申出脆弱義。」〔註1266〕《說文》古文「脆」作𣬉，从三「毛」。字亦見於《郭店・老子甲》25 作「𤲃」，字從二毛，讀作「脆」。另外，〈子羔〉簡 1 亦有此字，馬承源先生讀作「肥磽」。〔註1267〕但筆者以爲讀作「肥磽」應該可從。「磽」是宵部；「毛」及從毛的「旄」、「芼」等字古音均爲明紐宵部。〔註1268〕故不用改釋。此外，《荀子・王制》：「相『高下』，視『肥墝』，序五種」〔註1269〕、《管子・立政》：「相『高下』，視『肥墝』，觀地宜」〔註1270〕、《淮南子・脩務》：「宜燥濕『肥墝高下』」，「墝」即「磽」，文句正與簡文相同，亦可證釋爲「肥磽」是對的。（頁 177 注 23）

陳劍先生〈傳說〉：高下肥毳（磽）。（頁 15）

建洲按：「毳」讀作「磽」應無問題。

〔註1265〕〔清〕段玉裁《說文解字注》（臺北：漢京文化，1985.10），頁 399。

〔註1266〕陳偉武先生〈同符合體字探微〉《中山大學學報》1997.4，頁 110。

〔註1267〕馬承源主編《上海博物館藏戰國楚竹書（二）》（上海：上海古籍出版社，2002.12），頁 185。

〔註1268〕郭錫良《漢字古音手冊》，頁 160。

〔註1269〕〔清〕王先謙《荀子集解》（北京：中華書局，1997.10 四刷），頁 168。

〔註1270〕陳麗桂師等校注《新編管子》（臺北：國立編譯館，2002.2），頁 102。

【釋　文】

　　文王塞（崩），武王即立（位）。武王**49**曰：「成悳（德）者，虛（吾）敓（說）而弋（代）之〔一〕。亓（其）即（次），虛（吾）伐而弋（代）之。含（今）受（紂）爲無道，酭（泯）者（捨）〔二〕百眚（姓），至（桎或制）絤（約？敓？）〔三〕者（諸）矣（侯），天酒（將）戈（誅）鹵（焉），虛（吾）歔（勵）天畏（威）之〔四〕。」武王於**50**是虒（乎）复（作）爲革車〔五〕千輦（乘），黐（帶）摩（甲）〔六〕塝（萬）人，戊午耆＝（之日），涉於孟瀘（津）〔七〕，至於共、滕之閉（間）〔八〕，三軍大軋（範）〔九〕。武王乃出革車五百輦（乘），黐（帶）甲三千〔十〕，**51**吕少（小？宥？）會〔十一〕者（諸）矣（侯）之帀（師）於畱（牧）之埜（野）〔十二〕。受（紂）不暂（知）亓（其）未又（有）成正（政）〔十三〕，而旻（得）遊（失）行於民之唇（辰？則？）〔十四〕也，或亦迡（起）帀（師）吕逆之〔十五〕。武王於是虒（乎）素晃（冠）叟（弁）〔十六〕，吕造**52**呇（類）于天〔十七〕，曰：「受（紂）爲亡道，酭（泯）者（捨）百眚（姓）〔十八〕，至（桎）約諸侯，幽（絕）穜（種）悉（侮）眚（姓），土玉水酉（酒），天酒（將）戈（誅）鹵（焉），虛（吾）歔（勵）天畏（威）之。」武王素摩（甲）〔十九〕吕申（陳）於瑩（殷）蒿（郊），而瑩（殷）〔二十〕**53**正訟（容）城（成）氏（氏）。**53**背（頁312-330）

【校　釋】

〔一〕成悳（德）者，虛（吾）敓（說）而弋（代）之

　　建洲按：《管子·內業》：「敬守勿失，是謂成德。」「成德」，謂修成聖德。〔註1271〕

　　其次，楚簡「敓」多假借爲「說」、「祟」或「悅」，如《郭店·語叢四》：「凡敓之道」，裘錫圭先生「按語」以爲讀作「說」；《包山》常見的「以其故敓之」，學者多指出「敓」是見於《周禮·春官·大祝》「六祈」之一的「說」。〔註1272〕釋爲「祟」者如《葛陵簡》乙一：22「有敓（祟）見於司命、老童、祝融、空（穴）螽」。另外，《郭店·緇衣》11：「則民至（致）行冨（己）以敓（悅）上」。本簡的「敓」應釋爲「說」。《呂氏春秋·孟秋紀·禁塞》：「凡救守者，太上以『說』，其次以『兵』。」高誘《注》：「說，說言也。」陳奇猷案：「注當作『說，言說也。』……『太上以說』

〔註1271〕陳麗桂等師《新編管子》，頁1069。

〔註1272〕湖北省文物考古研究所、北京大學中文系編《望山楚簡》（北京：中華書局，1995.6），頁93考釋38、頁95考釋52、李家浩〈包山楚簡「籤」字及其相關之字〉《第三屆國際中國古文字學研討會論文集》（香港：香港中文大學，1997.10），頁564。

者，謂太上以言說服他人使之罷兵也。」〔註1273〕《呂覽》所論述的順序（先說後兵）與簡文相似，則本簡的「說」亦指游說之意。其次，「弋」讀「代」。《說文》：「代，更也。」段《注》曰：「凡以此易彼謂之代。」就我們一般的理解，「成惪（德）者，虗（吾）敚（說）而弋（代）之」這「代之」似應指「成惪（德）者」，以筆者的理解簡文這句話似乎是個類似前提式的說明，或是說是一種類似偏義複詞的句式，重點應擺在「其次，吾伐而代之」，不必做實爲眞的有德之人。所謂「其次」，是指次「成德者」。這樣的說法可以突顯出紂王德性不佳的事實，增加自己攻打紂王的正當性。最近讀到淺野裕一教授的文章，他詮釋這段話認爲「武王首要目的，是說服殷紂王將天子之位禪讓給有德之人；若紂王不聽勸說，再使用武力逼迫紂王退位，將王位強制禪讓給有德者，因此是兩階段的計劃。也就是說，這是以武力爲背景的強行禪讓，而且禪讓的對象並非武王本人。」〔註1274〕這樣的理解似乎言之成理，但是這樣解釋除了句式理解似有問題之外，筆者還擔心有增字解經的現象，因爲武王所說這句話中「紂王」是後面才出現的。而且從〈容成氏〉敘述的順序來看，從「夏啓」已是帝位世襲了，若到武王時，沒頭沒腦跑出了「禪讓」是頗爲奇怪的。

〔二〕䛍（泯）者（捨）

　　李零先生：「䛍」讀「昏」，疑同《尚書・牧誓》的「昏棄」。「者」，或讀爲「捨」。（頁290）

　　建洲按：《玉篇・日部》：「昬，同昏。」〔註1275〕王引之《經義述聞》卷三〈牧誓〉「昏棄」條：「昏，蔑也，讀若泯。昏棄，即泯棄也。……《傳》以昏爲亂，失之。」〔註1276〕「泯」明紐眞部與「昏」曉紐文部，韻部眞文關係密切，古籍常見通假。聲紐亦常見互諧，如每（明之）與悔（曉之）；勿（明物）與忽（曉物）；潣（明眞）與昏（曉文）。〔註1277〕而「捨」（書魚）與「者」（章魚），聲近韻同。《尚書・泰誓中》：「今商王受，……播棄犁老」、《史記・周本紀》：「今殷王紂維婦人言是用，自棄其先祖肆祀不答，昏棄其家國」，〔註1278〕則簡文讀作「泯捨百姓」應可從。即「泯捨」。

〔註1273〕陳奇猷《呂氏春秋校釋》（臺北：華正書局，1988.7），頁403注4。
〔註1274〕淺野裕一〈上博楚簡《容成氏》中的禪讓與攻伐〉《日本漢學的中國哲學研究與郭店、上海竹簡資料會議論文》（台北：台灣大學哲學系，2003.12.28），頁8。
〔註1275〕〔宋〕陳彭年《大廣益會玉篇》（臺北：國立中央圖書館，1992），頁293。
〔註1276〕〔清〕王引之《經義述聞》（臺北：廣文書局，1963.5），頁85。
〔註1277〕李方桂《上古音研究》（北京：商務印書館，2001.3四刷），頁99。
〔註1278〕〔漢〕司馬遷《史記》一（北京：中華書局，1964.4四刷），頁122。

〔三〕至（桎或制）絀（約？斂？）〔〕

李零先生：疑讀「制約」。（頁290）

建洲按：但由彩版看來，字應從「曰」。不過，要說明的是，根據簡53亦有「至約」一詞，則不能排除本簡的「△」，乃「約」之誤寫。此外，由文字偏旁的布局來看，「約」作（《包山》268）、（《郭店・性自命出》9）、（《望山》2.32）、（《望山》2.33），「勹」旁的類「口」形通常位於「糸」旁的下方，而簡文「△」字的「曰」旁位於「糸」旁較高位置有所不同，但是簡53「約」作，位置亦高，應是書手的特色。李零先生讀作「制約」。孟蓬生〈字詞〉：「至當讀爲質。質約爲同義連文，即訂立攻守同盟之義。」**建洲按：**孟說似可商。簡文是述說商紂無道之處，若按孟說，則成爲商紂與諸侯訂立攻守同盟，與文意不合。李零先生讀作「制約」，大概有限制約束的意思，與文意較合，惟古籍少見此詞。季旭昇先生則認爲讀作「桎約」，有箝制諸侯的意思，較爲有理。

但是假設此處的「絀」並非誤寫，則不能讀作「約」，「曰」，匣月；「約」，影藥，聲紐同爲喉音，但韻部遠隔。筆者以爲或可讀作「制斂」。《韓非子・八姦》：「爲人臣者重賦歛，盡府庫，虛其國以事大國，而用其威求誘其君；甚者舉兵以聚邊境而『制斂』於內」，王先愼云：「《詩・桑扈・孔疏》：『斂者，收攝之名。』爲臣者，當強兵壓境則在內制攝其君，以便己私。」〔註1279〕所述情境與簡文相差不多，只是人物易爲君上對臣下，即商紂在內制攝其諸侯。「曰」，匣月；「斂」，來談。聲紐「匣來」有相通之例，如《望山》1.22「以其未有嗦立」，朱德熙先生〈釋文〉：「疑當讀爲爵位」。〔註1280〕「立」，來紐緝部；「位」，匣紐物部。又如《郭店・老子丙》簡10：「則以恢（哀）悲位之」，「位」（匣物），即「蒞」（來質）〔註1281〕；亦見於《郭店・緇衣》簡25：「恭以位之」，即「蒞之」。韻部「月」、「談」主要母音相同，可以通轉，李家浩先生曾對此二韻部的通假關係加以論述。〔註1282〕如上述簡16「剡」（談）可讀爲「瘸」（月）。本簡「絀」讀作「斂」的聲韻關係，正如上述「立」讀作「位」，聲紐同爲來、匣；韻部亦爲通轉關係。

〔註1279〕〔清〕王先愼撰《韓非子集解》（北京：中華書局，2003.4二刷），頁53。

〔註1280〕朱德熙等〈一號墓竹簡釋文與考釋〉《望山楚簡》（北京：中華書局，1995.6）頁92注34

〔註1281〕劉信芳《荊門郭店竹簡老子解詁》（臺北：藝文印書館，1999）頁71

〔註1282〕李家浩〈南越王墓車馹虎節銘文考釋〉《容庚先生百年誕辰紀念文集》（廣東：廣東人民出版社，1998.4），頁664～665。

〔四〕虗（吾）戲（勵）天畏（威）之

李零先生：「戲」即「勵」，是贊助之義，《說文‧力部》作「勳」，《爾雅‧釋詁上》作「勵」。（頁 290）

陳劍先生〈傳說〉：《國語‧越語上》記句踐伐吳之前「乃致其眾而誓之曰：『……今夫差衣水犀之者三千，不患其志行之少恥也，而患 其眾之不足也。今寡人將助天威之……』」（據明道本）「助天威之」顯即簡文之「勵天威之」。……而《國語》公序本「威」字作「滅」，顯然是由「威」因形近而誤爲「㓕」後再變爲「滅」。徐元誥《國語集解》572 頁（中華書局，2002 年 6 月）反以明道本作「威」者爲非，得簡文可正其誤。（頁 22 注 73）

建洲按：「膚」，幫魚；「慮」，來魚，疊韻，聲紐「來」、「明」常見相通，如常見「命」（明）、「令」（來）互通。又如「吝」（來文），《說文》謂從口「文」聲（明文）。〔註1283〕《睡虎地‧封診式》61「今甲以布群狸男子某所」，「狸」（來）；「埋」（明）。〔註 1284〕又《爾雅‧釋詁上》：「導、助，勵也。」郭璞《注》曰：「勵謂贊勉。」郝懿行《義疏》：「勵者，勵字之省也……教導所以爲贊助，故又爲勵也。」〔註1285〕《說文》：「勳，助也。從力從非慮聲。」（十三下十八）。其次，「畏」讀「威」。畏、威常見通用，如《集成》2837 大盂鼎「畏天畏（威）」、《郭店‧緇衣》30「敬尔悁（威）義（儀）。」湖南常德夕陽坡楚簡簡二：「念愼〔註1286〕王之畏（威）。」〔註1287〕簡文的「威」有「刑罰」之義。《尚書‧洪範》：「惟辟作威」，孫星衍《注》引鄭玄曰：「作威，專刑罰也。」〔註1288〕則簡文意謂「我助上天來處罰紂。」如同《尚書‧牧誓》：「今予發惟恭行天之罰」，意即「現在，我姬發執行老天的懲罰。」

〔五〕革 車

李零先生：戰車。《孫子‧作戰》提到「革車千乘」。（頁 290）

建洲按：《左傳‧閔公二年》：「元年革車三十乘」，杜預《注》：「革車，兵車。」〔註1289〕

〔註1283〕裘錫圭〈關於《孔子詩論》〉《中國哲學》24 輯，頁 140～141。

〔註1284〕睡虎地秦墓整理小組《睡虎地秦墓竹簡》（北京：文物出版社，2001.12 二刷），頁 157。

〔註1285〕〔清〕郝懿行《足本爾雅郭注義疏》（臺北：鼎文書局，1972.4），頁 27。

〔註1286〕原考釋釋爲「哲」，今由摹本看來，似爲「愼」字。

〔註1287〕劉彬徽〈常德夕陽坡楚簡考釋〉《早期文明與楚文化研究》（長沙：岳麓書社，2001.7），頁 217、何琳儀〈舒方新證〉《安徽史學》1999.4，頁 20。

〔註1288〕〔清〕孫星衍《尚書今古文注疏》（臺北：文津出版社，1987.9），頁 308。

〔註1289〕《十三經注疏——左傳》，頁 194。

〔六〕緤（帶）　　（甲）

李零先生：即「帶甲」，指被帶鎧甲的戰士。（頁290）

建洲按：李零以爲「緤」左旁楚簡讀如「竊」（清質）或「察」（初月）。與「帶」，端紐月部，舌齒鄰紐，韵部叠韵或旁轉，故可通假。「業」，左邊「業」旁如同簡30「鈒（質）」。「廃」讀作「甲」，學者多已述及。〔註1290〕最近李家浩先生又認爲「（廃）字庚壺作『䩞』，其義同『甲』。張正烺先生讀爲『介』，于豪亮先生讀爲『甲』。我過去是贊成張先生的說法的，但現在考慮到『介』、『甲』是同源詞，認爲可以根據『廃』、『䩞』、『幸』等字在古文字資料中跟其他的字構成的不同的詞，按照古人的語言習慣作不同讀法，不必強求一致。例如根據古書有『駟䩞』一詞（見《詩・鄭風・清人》），庚壺的『駟䩞』可以讀作『駟介』；根據古書中有『兵甲』一詞（見《左傳》哀公十五年等），包山81號簡的『兵幸』可以讀作『兵甲』；根據古書中有『甲裳』一詞（見《呂氏春秋・去尤》等），仰天湖37號簡的『廃衣』可以讀作『甲衣』；根據古書中既有『甲冑』一詞（見《左傳文公十三年》等），又有『介冑』一詞（見《管子・小匡》等），戰國中山王壺的『幸冑』不妨兩讀。」〔註1291〕說極是，今由《國語・越語上》：「有帶甲五千人將以致死」〔註1292〕、《銀雀山・孫臏兵法》234正「使將軍龐涓、帶甲八萬至於茬丘。」〔註1293〕「帶甲」，指披甲的將士，可知本簡的「廃」讀作「甲」自無問題。又李零先生曾指出「帶甲」稱步卒，是戰國時期特有的名詞。〔註1294〕

〔七〕涉於孟瀍（津）

李零先生：「瀍」「津」。《尚書・泰誓》：「惟十有三年春，大會於『孟津』」，「惟戊午，王次於河朔」。（頁291）

建洲按：《史記・殷本紀》：「西伯既卒，周武王之東伐，至『盟津』，諸侯叛殷會周者八百。」楊伯峻說：「孟津即盟津，在今河南孟縣南十八里。」〔註1295〕簡文意謂「渡過孟津」。

〔註1290〕李零〈古文字雜釋兩篇〉《于省吾教授百年誕辰紀念文集》（長春：吉林大學出版社，1996.9），頁270、李家浩〈讀《郭店楚墓竹簡》瑣議〉《中國哲學》第20輯，頁351。

〔註1291〕李家浩〈包山遣冊考釋（四篇）〉《古籍整理研究學刊》2003年9月第5期，頁2。

〔註1292〕徐元誥《國語集解》（北京：中華書局，2002.6），頁568。

〔註1293〕李興斌《孫臏兵法新譯》（濟南：齊魯書社，2002.7），頁79。

〔註1294〕李零《孫子古本研究》（北京：北京大學出版社，1995.7），頁215。

〔註1295〕楊伯峻《春秋左傳注》（臺北：洪葉書局，1993.5），頁1251。

〔八〕共、縢

李零先生：「共」，在今河南輝縣。「綹」，待考，應與共地鄰近。二地在孟津至殷都朝歌（在今河南淇縣）的路上。（頁291）

陳劍〈編連二〉：釋爲「縢」。

許全勝先生〈釋地〉：「綷」，從卷省聲，即綣字，讀作「管」。

陳劍先生〈傳說〉：我在《上博簡〈容成氏〉的拼合與編連問題小議》一文逕釋爲「縢」。當時僅是就字形而釋，後來裘錫圭先生告訴我，《左傳·閔公二年》有「衛之遺民，男女七百有三十人。益之以共、縢之民，爲五千人，立戴公以廬於曹。」「共、縢」即簡文之「共、縢」。（頁15）

陳偉先生：至於閔公二年同時記載的縢地，史籍中毫無線索。現在竹書《容成氏》的發現使問題出現轉機，如前所述，竹書「共、縢之間」與《荀子》、《淮南子》中武王伐紂所至的「共頭」應即一事。……縢邑大致應在共山的另外一側，即其以北處；其距離也當不致太遠。〔註1296〕

建洲按：字亦見於《包山》277「縢」作**綟**，亦見於《望山》2.2，朱德熙等先生已指出字從「糸」從「关」（「朕」字所從），當是「縢」字所從。〔註1297〕只是簡文作上下構形，《包山》、《望山》作左右構形。可知△應隸作「綷」，可讀作「縢」。地點則依陳偉之說。（【洲再按】：吳良寶在《古籍研究》2004年上冊（安徽大學出版）亦指出釋爲「縢」。同時指出許全勝釋爲「管」從「卷」省聲絕不可信，古文字「关」、「卷」有形混的現象。）

〔九〕三軍大軓（範）

李零先生：「軓」即「範」，指合於規矩。（頁291）

何琳儀先生〈滬二〉：範，指祭祀。《說文》：「範，範軷也。」、「軷，出將有事於道，必先告其神。立壇四通，樹茅以依神爲軷，既祭軷轢於牲而行爲範。《詩》曰，取羝以軷。」簡文特指三軍出行前的祭祀。

建洲按：何說似可商。《史記·周本紀》：「九年，武王上祭於畢。東觀兵，至於盟津。」《索隱》：「按，文云『上祭於畢』，則畢，天星之名。畢星主兵，故師出而

〔註1296〕陳偉〈竹書《容成氏》共、縢二地小考〉《文物》2003.12，頁89～90。

〔註1297〕湖北省文物考古研究所、北京大學中文系編《望山楚簡》（北京：中華書局，1995.6），頁115考釋8、李家浩〈包山遣冊考釋（四篇）〉《古籍整理研究學刊》2003年9月第5期，頁2、6。

祭畢星也。」〔註1298〕可見當時武王出行前是祭「畢星」，并非如何文所說是行「範載」，祭道路之神。況所謂「範軷」通常指天子、諸侯、卿大夫出外遠行的祭道神之禮。與戰爭未必有關。〔註1299〕而且簡文「大範」的背景是武王已經出師了，并已渡過孟津了，與何文所說「三軍出行前的祭祀」不合。《史記·周本紀》：「十一年十二月戊午，師畢渡盟津，諸侯咸會。曰：『孳孳無怠！』」《史記》所載「戊午」之日與簡文相合，而諸侯會合所表現出的群策群力與李零先生所說「合於規矩」是一致的。這種說法是由《爾雅·釋詁上》：「範，常也」引申出來。

〔十〕縶（帶）甲三千

建洲按：讀作「帶甲三千」。《淮南子·主術》：「武王甲卒三千人，擒之於牧野。」〔註1300〕

〔十一〕少（小？宵？）會

李零先生：「小會」。（頁291）

陳偉先生〈零釋〉：宵，字本作「少」，原釋文讀爲「小」，未作解釋。「小會諸侯」似無說。少、宵皆從小得聲，疑當讀爲「宵」。《說文》：「宵，夜也。」《國語·周語下》：「王以二月癸亥夜陳，未畢而雨。……王以黃鍾之下宮，布戎於牧之野，故謂之屬，所以屬六師也。」韋昭《注》：「二月，周二月。四日癸亥，至牧野之日。夜陳師，陳師未畢而雨。」《禮記·祭統》：「夫祭有三重焉：獻之屬，莫重於裸，聲莫重於升歌，舞莫重於《武宿夜》，此周道也。」孔疏引皇侃所述《書傳》云：「武王伐紂，至於商郊，停止宿夜，士卒皆歡樂歌舞以待旦，因名焉。」這與讀『少』爲『宵』可以相合。」（原注xxv：「《尚書·牧誓》：『時甲子昧爽，王朝至於商郊牧野，乃誓。』鄭注引馬融云：『昧，未旦也。』依馬說，此條並不與上引二書衝突。」）

建洲按：《史記·匈奴列傳》：「歲正月，諸長『小會』單於庭，祠。」簡文特別指出「『小』會諸侯之師」，此「會」應該有會合、聚會的意思。即除了諸侯帶領自己的兵馬來會合，同時也與武王聚會，由常理判斷也應該是如此。這裏是說武王與各地的諸侯作小規模的集會，交換彼此所掌握的情報，并討論進攻前的諸項事情，有點類似「行前會議」的味道。下接「受不知其未有成政」等等，正是諸侯向武王報告商紂失政的情況（詳下）。對於陳偉先生之說，筆者以爲與拙說並不衝突。因爲

〔註1298〕〔漢〕司馬遷《史記》（北京：中華書局，1964.4四刷），頁120。
〔註1299〕參錢玄《三禮辭典》，頁301～302。
〔註1300〕劉文典《淮南鴻烈集解》（北京：中華書局，1997.1二刷），頁289。

就時間而言，的確是「宵會」（出發攻擊前一晚）；而就會議型態，正是「小會」，而非全部兵卒一起聽令，如此方能收「提綱挈領」之效。

〔十二〕畋（牧）之埜（野）

李零先生：即「牧之野」，牧邑的野，古書亦稱「牧野」。牧在殷都朝歌的郊區，周圍的野叫「牧野」（古人以「國」以外為「郊」，「郊」以外為「野」，這裏的「野」是郊邑以外的「野」），周滅商的「牧野之戰」發生於此，古書屢言之。（頁291）

建洲按：「畋」，原隸作「畋」，不精確，參簡 14「旬畋」注釋。《說文》：「坶，朝歌南七十里地。《周書》曰：『武王與紂戰於坶野』。」王國維說：「牧野，《說文》引作坶，乃眞古文。」〔註1301〕雖然楚簡「牧」從「毋」，但「母」、「毋」本一字之分化，而「土」、「田」作偏旁可互用，〔註1302〕可證《說文》、王說之確。《尚書‧牧誓》：「武王戎車三百兩，虎賁三百人，與受戰於牧野作牧誓。」〔註1303〕《淮南子‧本經》：「武王甲卒三千破紂牧野，殺之於宣室」〔註1304〕不過，俞樾《古書疑義舉例‧語緩例》說：「《尚書‧牧誓篇》：『王朝至于商郊牧野。』按郊牧野者，《爾雅》所謂『邑外謂之郊，郊外謂之牧，牧外謂之野也。』《枚傳》云：『至牧地而誓眾。』則但謂之商牧可矣。國語曰：『庶民弗忍，欣戴武王，以致戎于商牧。』（洲按：出自《國語‧周語上》）是其正名也。乃連郊野言之曰郊牧野，又或連野言之曰牧野，《詩》曰：『牧野洋洋』是也。此皆古人語緩，故不嫌辭費。」〔註1305〕說似有誤。按《爾雅‧釋地‧邢疏》曰：「云郊外謂之牧者，言可放牧也；牧外謂之野者，言牧外之地名野。」則此「牧」乃是區域的泛稱。但是《尚書》及〈容成氏〉所言之「牧」可能是地名，《說文段注》「坶」下曰：「坶作牧。《詩‧大明》：『矢於牧野』，《正義》引鄭《書‧序注》云：『牧野，紂南郊地名。』」〔註1306〕也有學者明確指出「牧（野）」在今河南淇縣西南。〔註1307〕可見所謂「牧野」或「牧之野」應該不能理解為古人語緩。

〔註1301〕王國維《古史新證》（北京：清華大學，1997.8 四刷），頁 267。

〔註1302〕高明《中國古文字學通論》，頁 154～155。

〔註1303〕《十三經注疏——尚書》，頁 157。

〔註1304〕劉文典《淮南鴻烈集解》（北京：中華書局，1997.1 二刷），頁 257。

〔註1305〕楊家駱主編《樸學叢書之一——古書疑義舉例七卷》（台北：世界書局，1956.2），頁 17。

〔註1306〕〔清〕段玉裁注《說文解字注》（台北：漢京文化，1985.10），頁 683。

〔註1307〕譚其驤主編《中國歷史大辭典——歷史地理卷》（上海：上海辭書出版社，1997.7 二刷），頁 516。亦見臧克和《尚書文字校詁》（上海：上海教育出版社，1999.5），頁 216。

〔十三〕成正（政）

李零先生：讀「正」爲「政」。（頁291）

建洲按：李說可信。而「成」，有成功、成就之意。《論語‧子路》：「苟有用我者，朞月而已可也，三年有成。」朱熹《注》：「有成，治功成也。」〔註1308〕則「成政」大約指成功的政績。何有祖先生釋「成政」爲「善政，即好的政績。」〔註1309〕與筆者相同。

〔十四〕旻（得）遊（失）行於民之唇（辰？則？）

李零先生：「唇」，讀作「朕」。（頁291）

楊澤生先生〈箚記〉：我們認爲「唇」不一定需要改讀。《說文》嘴唇的「唇」作脣；而震驚的「震」作「唇」，如《說文‧口部》：「唇，驚也。」「唇」字後來用作嘴唇的「唇」，而「震」則挪用了它的驚懼義。當然，爲了避免誤會，簡文「唇」最好釋作「震」。《逸周書‧作雒》：「二年，又作師旅，臨衛政殷，殷大震潰。」黃懷信等《集注》引陳逢衡云：「前此牧野之戰一用師旅，今複用以定武更之亂，故曰又作。衛，即東地，爲管叔所據，故臨衛政殷一時并舉，使彼首尾不能相顧，故殷大震潰。」引朱右曾云：「衛在殷南。政讀爲征。震，懼。」（黃懷信等《逸周書彙校集注》上冊551頁，上海古籍出版社，1995年）據此和前面所引簡文的上文：「武王乃出革車五百乘，帶甲三千，以小會諸侯之師於牧之野，」簡文「唇」義爲驚懼，而「正」應讀作「征」。簡文大意是說，受（紂）不知道武王的征伐未到，而成敗得失出在殷民的震懼，有些人又帶領軍隊迎接他們。

季師旭昇：「唇」即「辰」之繁體。民之辰，可以理解爲百姓的日子，《毛詩‧小雅‧小弁》：「天之生我，我辰安在。」毛《傳》：「辰，時也。」則「得失行於民之則」一句應解爲「施政不能讓百姓過正常的日子」。

何有祖先生：唇後來用作脣齒的唇。這裏的「行」當作「言」解。《爾雅‧釋詁》：「行，言也。」這裏的「正」當讀作「政」，「成政」當指「善政」，即好的政績。這句話的意思是，受不知道自己沒有施行善政，（他的）得與失早就在民眾脣齒間言說了，即早有評論。用現代的話說，受在民眾中的口碑不好。〔註1310〕

〔註1308〕〔宋〕朱熹集注，蔣伯潛廣解《廣解四書讀本——論語》（臺北：啓明書局，1976.5），頁196。

〔註1309〕何有祖〈讀上博簡《容成氏》偶得〉，簡帛研究網，03/07/10，
http://www.jianbo.org/Wssf/2003/heyouzhu01.htm。

〔註1310〕何有祖〈讀上博簡《容成氏》偶得〉，簡帛研究網，03/07/10，
http://www.jianbo.org/Wssf/2003/heyouzhu01.htm。

　　白於藍〈補議〉：原注③：「制孝厚」之「厚」字，過去釋爲「辰」。其字形與〈容成氏〉簡 52「紂不知其未有成政，而得失行於民之辰也，或亦起師以逆之」之「辰」字相同，彼字筆者認爲是「厚」字，則該字亦當是「厚」。詳拙作〈讀上博簡（二）箚記〉，待刊。）

　　建洲按：「遊」字常見於楚系文字，如《郭店・緇衣》簡 18「教此以遊（失）」、《楚帛書》乙 1.30「緅紲遊裏」，但對字形的來源未有定論。〔註1311〕《韓非子・難一》：「今管仲不務尊主明法，……故曰：管仲有『失行』」〔註1312〕《晏子春秋・卷五・景公慚刖跪之辱不朝晏子稱直請賞之第十一》：「古者明君在上，下多直辭；君上好善，民無諱言。今君有『失行』，刖跪直辭禁之，是君之福也。」〔註1313〕則「失行」是指一種錯誤或失禮的行爲。一說「得失」應連讀，成一偏義複詞，重點在「失」，如此亦可理解爲「失行」，不妨害我們的結論。

　　「民之唇」此句頗難理解。上述楊澤生先生之說令人不知所云。季師旭昇、何有祖先生所言均有相當的可信度。白於藍先生之說尚未見，不敢妄加推測，暫置其說於此。筆者順著上述「失行」的注釋，疑讀「唇」爲「則」。「唇」，船紐文部；「則」，精紐職部。聲紐舌齒鄰紐，如《馬王堆・五十二病方》的「治加（痂）方」中有「蛇床『實』（船）」，《注釋》說即「蛇床『子』（精）」。韻部主要母音相同。《尚書・呂刑》：「制以刑」，《墨子・尚同中》引「以」作「則」。而「以」（余之）、「夷」（余脂），雙聲，韻部之脂可通，參前注文。另外，《左傳・宣公十一年經》：「楚子陳侯鄭伯盟於辰陵」，《穀梁傳》「辰陵」作「夷陵」，可見「則」與「辰」可通。〔註1314〕又如「限」（文）與「閾」（職）是一組同源詞，〔註1315〕亦是一證。《呂氏春秋・審應覽・重言》：「其不鳴，將以覽『民則』也。」〔註1316〕《尚書・君牙》：「弘敷五典，式和民則。」《大雅・抑》：「訏謨定命，遠猶辰告。敬愼威儀，維民之則。」《箋》：「則，法也。」《詩・魯頌・泮水》：「穆穆魯侯，敬明其德。敬愼威儀，維民之則。」《左

〔註1311〕李家浩〈讀《郭店楚墓竹簡》瑣議〉《中國哲學》第 20 輯，頁 344。趙平安以爲是逃逸的「逸」的增累字，亦即「逸」的本字，見氏著〈戰國文字的「遊」與甲骨文「𡊃」爲一字說〉《古文字研究》22 輯（北京：中華書局，2000.7），頁 275，劉樂賢贊同其說，見氏著〈讀包山楚簡札記〉《第四屆國際中國古文字學研討會論文》（香港：香港中文大學，2003.10.15），頁 213。

〔註1312〕〔清〕王先愼撰《韓非子集解》（北京：中華書局，2003.4 二刷），頁 358。

〔註1313〕張純一《晏子春秋校注》《新增諸子集成》六（臺北：世界書局，1983.4 新四版），頁 132。

〔註1314〕《古字通假會典》，頁 140、391。

〔註1315〕王力《同源字典》，頁 511。

〔註1316〕〔漢〕高誘注《呂氏春秋》（臺北：藝文印書館，1974.1 三版），頁 492～493。

傳‧襄公三十一年》：「公曰：『子何以知之？』對曰：『《詩》云：『敬慎威儀，惟民之則。』令尹無威儀，民無則焉。民所不則，以在民上，不可以終。』公曰：『善哉！何謂威儀？』對曰：『有威而可畏謂之威，有儀而可象謂之儀。君有君之威儀，其下畏而愛之，則而象之，故能有其國家，令聞長世。臣有臣之威儀，其下畏而愛之，故能守其官職，保族宜家。順是以下皆如是，是以上下能相固也。……文王伐崇，再駕而降爲臣，蠻夷帥服，可謂畏之。文王之功，天下誦而歌舞之，可謂則之。文王之行，至今爲法，可謂象之。有威儀也。故君子在位可畏，施捨可愛，進退可度，周旋可則，容止可觀，作事可法，德行可象，聲氣可樂；動作有文，言語有章，以臨其下，謂之有威儀也。』」尤其，《國語‧周語下》：「（武）王以二月癸亥夜陳，未畢而雨。以夷則上宮畢，當辰。辰在戌上，故長夷則之上宮，名之曰羽，所以藩屏『民則』也。」〔註1317〕此段引文上述陳偉先生亦引過，乃因與簡文時代背景相吻合。引文中亦提到『民則』的確是要藩屏的。商紂違法亂紀，失去人主之威儀，人民對其無所畏，無所儀，故曰「失行於民之則」，相當於《國語‧晉語五》：「今宋人弒其君，是反天地而逆『民則』也，天必誅焉。」韋昭《注》：「宋人，宋成公之子文公鮑也。昭公，鮑之兄杵臼也。……則，法也。」〔註1318〕文公鮑這種違法亂紀的行爲，亦是不見容於民之則的，最終「天必誅焉」。此正與簡文53武王誓辭中預言「天將誅焉（紂）」相吻合。

〔十五〕或亦迡（起）帀（師）吕逆之

建洲按：先說「逆」，其字形與《郭店‧性自命出》17「逆」作 形近。《孫子‧軍爭》：「故用兵之法，高陵勿向，背丘勿逆」，李零先生說：「逆，簡本、《通典》卷一五六、《禦覽》卷二七〇、三〇六引作『迎』。杜牧注：『逆者，迎也。』意義相通。」〔註1319〕而「或」，可譯爲「有時」、「間或」等，《說苑‧君道》：「武王問太公曰：『得賢敬士，或不能以爲治者，何也？』」〔註1320〕其次，「亦」是接連上句「民之唇」而來，則「之」應指「人民」，其中當然包括地方諸侯。這些人民在商紂眼中是所謂的「邦賊」，《周禮‧秋官‧士師》：「掌師之八成，……二曰邦賊，三曰邦諜」，鄭《注》：「（邦賊）爲逆亂者。」〔註1321〕又《周禮‧秋官‧掌戮》：「掌戮，掌斬殺賊諜而搏

〔註1317〕徐元誥《國語集解》（北京：中華書局，2002.6），頁127。
〔註1318〕徐元誥《國語集解》（北京：中華書局，2002.6），頁379。
〔註1319〕李零《吳孫子發微》（北京：中華書局，1997.6），頁83注44。
〔註1320〕中國社會科學院語言研究所古代漢語研究室編《古代漢語虛詞詞典》（北京：商務印書館，2000.1二刷），頁252。
〔註1321〕《十三經注疏——周禮》，頁527。

之」，〔註1322〕此「賊」應該也是指與統治者作亂、反抗統治者的人。如同簡 45 即提到「九邦叛之」，想必當時起兵反抗商紂者應非孤例。另外，由《史記・周本紀》「帝紂聞武王來，亦發兵七十萬人距武王」是在「（武王）誓已，諸侯兵會者車四千乘，陳師牧野」之後，本簡「逆之」所指的對象應不會是「武王之師」。總之，簡文意謂：「紂以爲自己有成功的政績，就有恃無恐違法亂紀，失去了民心，有時也會興師來迎戰、鎮壓反抗的人民。」蓋武王本來帶甲「萬人」，出革車「千乘」於孟津。之後又只率領「三千」士兵，革車「五百乘」於牧野，與各地諸侯會合（以「少會」諸侯之師），而聚會期間各地諸侯向武王報告商紂的暴行（受不知其未有成政……起師以逆之），於是武王誓師出兵拯救黎民（武王於是乎素冠冕，以告閔於天，曰：『受（紂）爲亡道，昏者百姓，……天將誅焉，吾勳天威之。』武王素甲以陳於殷郊……）整個看來，文意通暢。

〔十六〕素晃（冠）〔〕叟（弁）

李零先生：即「素冠冕」，亦所以臨凶事。（頁 292）

黃德寬先生〈補正〉：第一字讀「冠」是，第二字當讀「弁」，從「元」乃蒙「冠」字而類化訛變。

建洲按：「晃」作，字亦見於《望山》、《九店》，李家浩先生說：

> 此字原文作，從「目」從「兀」；下三六號、四一號等簡作，從「目」從「元」。「兀」、「元」古本一字，故可通作。此字見於望山二號楚墓竹簡（四九號、六一號、六二號）和包山楚墓竹簡（二一九號、二三一號、二五九號、二六三號）。《望山楚簡》一二七頁考釋〔一二〇〕謂「元」是「冠」的古體。《說文》冂部說「冠……從冂，從元，元亦聲；冠有法制，從寸」。許多學者指出，「冂」、「冖」、「目」古本一字，所以簡文「冠」將「冂」旁寫作「目」。爲書寫方便，釋文將、皆釋寫作「冠」。〔註1323〕

「叟」上部的確從「弁」，《說文》認爲「弁」是「冕也」。加上「弁」（並元）、「冕」（明元）古音相近，而且「冠冕」或「冠弁」俱見於古籍，是以二說均可成立，此處依黃德寬先生讀作「冠弁」。《禮記・曲禮下》：「大夫、士去國，逾竟，爲壇位，鄉國而哭，素衣、素裳、素冠。」孔《疏》：「素衣、素裳、素冠者，今既離君，故

〔註1322〕《十三經注疏——周禮》，頁 545。
〔註1323〕湖北省文物考古研究所、北京大學中文系編《九店楚簡》（北京：中華書局，2000.5），
　　　　頁 69 注 45。

其衣、裳、冠皆素，爲凶飾也。」〔註1324〕

〔十七〕造〔〕㤧（類）于天

　　李零先生：讀作「告㤧」。「㤧」，即「閔」，哀憐之義，字亦作「愍」。（頁292）

　　陳劍先生〈傳說〉：「造㤧」原釋讀爲「告閔」，諸家無異說。按所謂「告」字作，跟簡22「謁告」之「告」作比較，其上端明顯不同，而跟郭店簡《窮達以時》簡11「造父」之「造」作相近。《郭店楚墓竹簡》146頁注〔十三〕引「裘按」云：「楚簡『告』字中的上端皆直，此『告』字上端則向左斜折，與楚簡『告』、『俈』等字所從之『告』相同，故此字無疑當讀爲『造』。有學者指出『造』所從之『告』與祝告之『告』本非一字，是有道理的。」據此將此字直接改釋爲「造」。「㤧」疑當讀爲古書裡指軍隊出征之禮中的類祭之「類」，字或亦作「禷」，《說文》：「禷，以事類祭天神。」……《周禮・春官・肆師》云：「凡師甸，用牲於社宗，則爲位。類造上帝，封於大神，祭兵於山川，亦如之。」可見「造」祭亦可施於上帝。「類造上帝」即簡文此處「造類於天」，皆謂舉行祭祀將征伐之事報告上天，既以祈福佑，亦表示承天之命「恭行天罰」（下文所告之辭歸結爲「天將誅焉，吾勴天威之」，正即此意）。（頁22注76）

　　建洲按：陳說可從。值得注意的是，以往這種上端則向左斜折筆者多引李家浩先生的說法以爲是飾筆，但從「造」、「告」之例來看，這左斜筆亦有「別嫌」的作用在。依此觀點，則《葛陵》甲三：337「☐父一☐」，整理者隸作「郜」，〔註1325〕似乎與「造父」沒有關係。

〔十八〕㡭（絕）穜（種）悉（侮）眚（姓）

　　李零先生：即「絕種」，指滅族。（頁292）

　　建洲按：「㡭」，讀「絕」。字常見於《郭店》。〔註1326〕「悉」，《說文・力部》「務」從「敄」聲；《說文・攴部》「敄」從「矛」聲。而「侮」、「務」古音同爲明紐侯部，所以本簡「悉」可分析爲從心柔聲，讀作「侮」。《詩・大雅・烝民》：「不侮矜寡，不畏彊禦」，孔《疏》：「不欺侮於鰥寡孤獨之人。」「眚」，大約是「種姓」

────────

〔註1324〕《十三經注疏——禮記》，頁75。
〔註1325〕賈連敏《新蔡葛陵楚墓出土竹簡釋文》，河南省文物考古研究所編著：《新蔡葛陵楚墓》（河南：大象出版社，2003.10），頁199，照片見圖版一一六。
〔註1326〕參張光裕《郭店楚簡研究——第一卷——文字編》，頁81。

之意,《史記‧匈奴列傳》:「父子兄弟死,取其妻妻之,惡『種姓』之失也。故匈奴雖亂,必立宗種。」

〔十九〕素麛（甲）

建洲按:《國語‧吳語》:「萬人以爲方陣,皆白常、白旂、素甲、白羽之矰,望之如荼。」韋昭《注》:「素甲,白甲。」〔註 1327〕《戰國策‧秦策一》:「武王將素甲三千領,戰一日,破紂之國。」鮑彪《注》:「絹素爲之,非金革也。正曰:素,以色言。」〔註 1328〕

〔二十〕醫（殷）〔圖〕薦（郊）〔圖〕,而醫（殷）

李零先生:隸作「醫」。（頁 292）

徐在國先生〈雜考〉:贊同其說,并分析△1、△2 爲從邑、殷聲,并認爲《包山》182、《璽彙》2581～2582 均應改釋爲「殷」。

趙彤先生〈隸定〉:「簡帛研究」網 3 月 8 日首發蘇建洲先生《上博楚竹書（二）考釋四則》一文認爲《容成氏》簡 53 原釋從邑從殷之字當爲從「啓」。今按,蘇先生的意見從字形上看應該是沒有問題的。我們再補充一點,族名之「殷」字在上古當讀影母微部。《禮記‧中庸》:「壹戎衣而有天下。」鄭玄注:「衣讀如殷,聲之誤也,齊人言殷聲如衣。今姓有衣者,殷之冑與。」《呂氏春秋‧愼大》:「夏民親郼如夏。」高誘注:「郼讀如衣,今兗州人謂殷氏皆曰衣。」張樹錚先生在《「齊人言殷聲如衣」補釋》(《方言歷史探索》19-26 頁,內蒙古人民出版社,1999 年)一文中指出,「齊地正是殷人故地,『殷』應當是他們的自稱,恐怕不能設想殷人自己把『殷』念訛了。……因此,很可能『殷』本來就音『衣』。……事實眞相很可能是恰恰相反,是西方人（周人）『言衣聲如殷』。」張先生的意見應該是對的。《容成氏》此字當釋作「醫」,讀爲「殷」。

建洲按:「殷」,甲骨文作 （《乙》4046）、 （《乙》276）,于省吾先生以爲從身從攴。〔註 1329〕西周金文作 （保卣）、 （盂鼎）、 （牆盤）。春秋晚年楚系銅器「宋公繼簠」作 （《集成》9.4589）,古文字正反無別,可證於先生所說是對的。上述△1、△2 明顯不從「身」,所以是否就是「殷」是可以懷疑的。

〔註 1327〕徐元誥《國語集解》（北京:中華書局,2002.6）,頁 549。

〔註 1328〕〔漢〕劉向集錄《戰國策》（臺北:里仁出版社,1990.9）,頁 110。

〔註 1329〕于省吾《甲骨文字釋林》（北京:中華書局,1993.4 三刷）,頁 321。

　　《郭店》的「所」作 （3.33）、（6.31），其「戶」旁與△1、△2、《包山》182作 （△3）同形。此外，《集成》18.12113 鄂君啓節，「啓」作 ，左上與△1同形。《郭店》1.2.13「啓」作 、《上博二・從政甲篇》簡 17「啓」作 ，字的上部與△2、△3 同形。而「啓」本無「口」形，如商金文作 （攷爵），會以手啓戶（門）之意。〔註1330〕所以△3 舊隸爲從「攴」從「邑」應是可信的。筆者以爲△1、△2 亦應隸作從「攴」從「邑」。而「啓」古音溪紐脂部；「殷」，影紐文部，聲古同爲喉音，韵則旁對轉。〔註1331〕上引趙彤先生認同拙說，並舉《禮記・中庸》、《呂氏春秋・愼大》爲例，說明「殷」與「衣」音近，當讀如影紐微部，說可信。如《集成》4261「天亡簋」：「不（丕）克气『衣』王祀」，意謂「一定能永遠終止『殷』王朝的祭祀」。〔註1332〕依其說則韻部微、脂旁轉關係更接近。換言之，簡文是「替換聲符」的現象，似不可將△1、△2 直接釋爲從「殷」聲。至於△3 簡文中當作姓氏用，古有「啓」姓，《通志・氏族略・以名爲氏》曰：「出自姒姓，夏禹之子名啓，其後以其名爲氏。」〔註1333〕所以△3 不論改釋與否，字形分析亦不可直接說從「殷」。近有陳松長先生亦對楚系文字的「戶」有相關論述，可參。〔註1334〕至於《璽彙》2581作 ，左旁與璽印文字「門」字所從的「戶」相似，〔註1335〕吳振武、何琳儀先生釋爲「啓」可信，〔註1336〕恐不須改釋。《璽彙》2582 亦然。二說皆可商。字形上部從「攴」（啓），應隸作「鼙」。與「殷」的關係是聲旁互換。

　　「蒿」，從「高」與從「交」的字，古籍常見通假。〔註1137〕《周禮・載師・注》更明云：「故書……『郊』或爲『蒿』」。依照禮家的傳統說法，「郊」指圜丘，是用以祭天的所在，因位於國之南郊故名。〔註1138〕

〔註1330〕楊樹達《積微居小學述林・釋启啓》（北京：中華書局，1983.7），頁 87、何琳儀《戰國古文字典》，頁 743。

〔註1331〕王力《同源字典》，頁 13

〔註1332〕北京大學考古文博學院等編《吉金鑄國史——周原出土西周青銅器精粹》（北京：文物出版社，2002.6），頁 177。

〔註1333〕杜建春《中華萬姓溯源》（濟南：山東人民出版社，1998.2 二刷），頁 44。

〔註1334〕陳松長〈湖南新出戰國楚璽考略（四則）〉《第四屆國際中國古文字學研討會論文》（香港：香港中文大學，2003.10.15），頁 598。

〔註1335〕見《古璽文編》，頁 282～285。

〔註1336〕吳振武《古璽文編校訂》67 條、何琳儀《戰國古文字典》，頁 743

〔註1137〕《古字通假會典》786 頁。

〔註1138〕參李學勤〈釋郊〉《綴古集》（上海：上海古籍出版社，1998.10）191 頁，亦見《文史》36 輯。